北京大學《儒藏》編纂與研究中心　編

《儒藏》精華編選刊

〔北宋〕李覯　撰
王國軒　校點

北京大學出版社
PEKING UNIVERSITY PRESS

圖書在版編目(CIP)數據

直講李先生文集 / (北宋) 李覯撰；北京大學《儒藏》編纂與研究中心編 . -- 北京：北京大學出版社，2025.1. -- （《儒藏》精華編選刊）. -- ISBN 978-7-301-35776-7

Ⅰ. B244.1-53

中國國家版本館CIP數據核字第2024SF6026號

書　　名　直講李先生文集
ZHIJIANG LIXIANSHENG WENJI

著作責任者　〔北宋〕李覯 撰
王國軒 校點
北京大學《儒藏》編纂與研究中心 編

策劃統籌　馬辛民

責任編輯　方哲君

標準書號　ISBN 978-7-301-35776-7

出版發行　北京大學出版社

地　　址　北京市海淀區成府路205號　100871

網　　址　http://www.pup.cn　新浪微博：@北京大學出版社

電子郵箱　編輯部 dj@pup.cn　總編室 zpup@pup.cn

電　　話　郵購部 010-62752015　發行部 010-62750672
編輯部 010-62756449

印 刷 者　三河市北燕印裝有限公司

經 銷 者　新華書店

650毫米×980毫米　16開本　35印張　425千字

2025年1月第1版　2025年1月第1次印刷

定　　價　138.00元

未經許可，不得以任何方式複製或抄襲本書之部分或全部內容。

版權所有，侵權必究

舉報電話：010-62752024　電子郵箱：fd@pup.cn

圖書如有印裝質量問題，請與出版部聯繫，電話：010-62756370

目録

直講李先生文集卷之三十六

五言四韻 …… 四〇〇

直講李先生文集卷之三十七

校點説明

李覯（一〇〇九—一〇五九），字泰伯，北宋建昌軍南城（今江西南城縣）人。[1]曾爲直講、通州海門主簿、太學説書，權同管勾太學。著名思想家、教育家、文學家。北宋儒學功利派的先驅，慶曆新政的理論支持者，王安石變法的理論先導。時人余靖評價説：「博學通識，包括古今，潛心著書，研極治亂，江南儒士，共所師法。」授官《告詞》曰：「醇明茂美，通于經術，東南士人，推以爲冠。」（俱見本書《外集》卷一）清康熙四年（一六六五）李來泰《宋泰伯公文集原敘》説：「前引關、閩、濂、洛之緒，後啓青田（劉基）、豫章（羅從彦）之傳，是公之出處誠正，公之學問誠可與周、程、張、朱後先並耀者矣。」清陸瑶林《李泰伯先生文集原序》云：「道德文章，卓絶一世，且多所著作，學者皆斗山仰之，蓋屹然爲宋代儒宗。」（本書《附録三》）「共所師法」，「推以爲冠」，「宋代儒宗」，「與周、程、張、朱後先並耀」，這些評價説明了李覯的學術地位和影響。

---

[1] 其出生地在今江西省資溪縣。

李覯少年時家境衰落，生活窘迫，兩次應試不中。晚年由范仲淹等人舉薦爲太學助教，後升爲直講。一生以教授爲業，從學者常達數十百人，注録者達千餘人。創建盱江書院，故又被稱爲「盱江先生」。

李覯在青年時代就勤奮好學，關心時政。二十二歲開始寫作，後來在教學和著述中，處處「以康國濟民爲意」（本書卷二十七《上孫寺丞書》）。他的著述大都是「憤弔世故，警憲邦國」（本書卷二十《潛書》序）的政論，廣泛地反映了當時的社會現實，被譽爲「醫國之書」。特别是《富國》《安民》《强兵》等策，都是對北宋中期社會政治和思想的批判。

李覯的著作舊稱《盱江集》或《直講李先生文集》。李覯生前曾自編《退居類稿》十二卷、《皇祐類稿》八卷，並付梓行世。其友祖無擇曾爲《退居類稿》作序。李覯自序説：「自冠迄兹十五年，得草稿二百三十三首。將恐亡散，姑以類辯爲十二卷。」據《宋史》本傳載，熙寧中，門人鄧潤甫曾上《退居類稿》《皇祐類稿》並《後集》於朝廷，但未有卷數記載。宋陳振孫《直齋書録解題》著録李覯的著作有《退居類稿》十二卷、《續稿》八卷、《常語》三卷、《周禮致太平論》十卷、《後集》六卷，總計三十九卷，並説《後集》爲門人傅野所編。南宋理宗景定三年（一二六二），張淵微在《李覯年譜》跋中説：魏雪軒讀李覯書，「獨恨《年譜》有闕遺，字畫有訛脱，更與盱之士參以它書讎正」。可見南宋理宗時，李覯文集已具有現行文集的規模。

現存最早的李覯文集是明代成化年間左贊編刻的。這個刻本對《常語》作了删節，删去的部分在宋余允文《尊孟辨》一書中還可看到，邵博《邵氏聞見後録》及黄宗羲《宋元學案》也保存了一些。

一九八一年由筆者整理，中華書局出版的《李覯集》，用的底本是《四部叢刊》影印明成化左贊刻本。校本有明正德十三年（一五一八）孫甫刻本（簡稱正德本）、明萬曆十七年（一五八九）孟紹慶刻本（簡稱萬曆本）、清光緒二十九年（一九〇三）謝甘棠刻本（簡稱光緒本）。此外還參校了影印文淵閣《四庫全書》本《盱江集》、《宋文鑑》（宋吕祖謙編，《四部叢刊》影宋刊本）、《宋詩鈔》（清吴之振等編，影印文淵閣《四庫全書》本）、阮元校刻《十三經注疏》（中華書局影印世界書局縮印本）、《二十四史》（中華書局校點本）等相關書籍。凡改動處，或有參考價值的異文，都在校記中作了説明。避諱字，如「貞」作「正」、「玄」作「元」、「恒」作「常」、「敬」作「恭」之類，逕改不出校。

全書編次也稍有調整，原本《建昌新建李泰伯祠堂記》《左贊乞修李覯墓狀》《建昌府重修李泰伯先生墓記》《直講李先生年譜》在目録前，現一併移於《外集》卷三《門人陳次公撰先生墓誌銘》之後。《年譜》中加注公元紀年，以方便讀者。《外集》卷一據《范文正公集》補入范仲淹薦章一首。此外，整理時還從宋余允文《尊孟辨》中輯得《常語》佚文十六條，並附上《宋史・儒林傳・李覯傳》及各本序跋和書目提要，供研讀時參考。又，卷二十《潛書十五篇》《廣潛書十五篇》文中各篇序號原無，爲整理時所加。

此次收入《儒藏》，反復校閱原書，進一步核對了引文，改正了一些錯誤，增删了部分校勘記。底本《四部叢刊》是影印本，存在誤描、誤改字，對照明成化本作了訂正。校本、參校本則一仍其舊。感謝本書責任編委李峻岫女史，她又從《邵氏聞見後録》中輯録了《常語》三條。校書如掃落葉，缺失難免，敬祈指正。

校點者　王國軒

直講李先生文集序

祖無擇[1]

孔子没千有餘祀，斯文衰敝。其間作者孟軻、荀卿、賈誼、董仲舒、揚雄、王通之徒，異代相望而不能興衰救敝者，位不得而志不行也。苟得位以行其志，則三代之風吾知其必復。嗟乎！秦漢以來，禮樂則不爲，而任刑以毆其民，將納於治，適所以亂之也。歷世寖久，皆謂天下當如是，可以致治而不治者，時耳。故有奮筆舌爲章句，卒不及於禮樂者，末哉文也！

盱江李泰伯，其有孟軻氏六君子之深心焉。年少志大，常憤疾斯文衰敝，曰：「墜地已甚，誰其拯之？」於是夙夜討論文、武、周公、孔子之遺文舊制，兼明乎當世之務，悉著于篇。且又歎曰：「生處僻遐，不自進，孰進哉？」因徒步二千里入京師，以文求通于天子。乃舉茂材異等，得召第一。既而試于有司，有司黜之。嗚呼！豈有司之過邪？其泰伯之命邪？或者天徒付泰伯以其文而命則否邪？亦將位得志行後有時邪？吾不得而知已。

[1] 「祖無擇」，原無，爲整理時補加。

泰伯退居之明年，類其文稿，第爲十有二卷，以寄南康祖無擇，且屬爲序。無擇既受之，讀之朞月不休。善乎！文、武、周公、孔子之遺文舊制與夫當世之務，言之備矣。務學君子可不景行於斯！

慶曆三年冬至日序

自序

李覯泰伯以舉茂材罷歸。其明年，慶曆癸未秋，因料所著文，自冠迄兹十五年，得草稿二百三十三首。將恐亡散，姑以類辯爲十二卷，寫之。間或應用而爲，未能盡無媿，閔其力之勞，輒不棄去。至於妖淫刻飾尤無用者，雖傳在人口，皆所弗取。

噫！天將壽我乎？所爲固未足也。不然，斯十二卷庶可籍手見古人矣。故自序云。

直講李先生文集卷之一

賦

長江賦

臣聞：養萬物者，惟地之大，水居其上，則地不能載。以觸以齧，以斷以掘，深或無底，遠或幾千萬里，則江之爲水，臣不得而計之矣。蜀焉我頂，吴焉我腹，淮我之腋，海我之足。朝谿暮谷，刮骨磨肉，委之填之，而莫飽其欲。萬山崔崔，將裹將束，如兒童之見犇馬，縮頭斂手，避路而躑躅。時清氣和，無濤無波，千丈一席，可眠可歌。變動頃刻，四天怒色，凶煙暴雲，對面漆黑，誰爲風師？誰爲水伯？不軌不法，無別無識。風兮何聲？水兮何形？前雷後霆，冰堆雪層。操舟之老，尚不能自保，況乃遠而行客，孰不椎心而太息？出如登山，入如沈泉，退無所止，進不得前。龍螭蛇黿，固執殺生之權；蝦蠏瑣瑣，猶或賈勇而争先。

嗟乎！生之難，成之難，父母君師之所愛，而託命於其間。幸而免者，蓋有之矣；不幸而死者，何可勝紀？魚腹未消，觵聲相繼，豈非利欲之牽人，而危亡之不避？揚荆巴蜀，交廣甌閩，地有常産，物有常珍。

衣者食者，器者玩者，歌童舞女，詭異妖冶，官所不取，則掠之私舍。孰賢孰才？貪哉鄙哉？重裝疊載，踰江越淮。然則視長鯨之怒東海，不啻如蟣蠓之浮杯。

嗚呼！山川之阻，土地之富，天下有道，則王之外府；天下無道，則姦雄所處。蓋足於財用，而利於守禦。故周之衰也，有吳有楚；漢之亂也，曰策曰權。琅琊因之以建大號，劉裕得之以入中原。道成、蕭衍，迄于霸先，自取自守，人誰敢言？赤壁之敗曹操，壽春之走符堅，雖曆數之有在，亦事勢之使然。及夫孫皓之虐，叔寶之昏，而後能滅焉。勞乎哉！經幾代而幾年？

臣聞《周書》曰：制治于未亂，保邦于未危，陰陽有消長，日月有蔽虧。在乎備之得所，則禍何能爲？伏惟國家重西北而輕東南。臣何以知之？彼之官也特舉，此之官也累資。斂於此，則莫知其竭；輸於彼，則唯恐不支。官以資則庸人並進，斂之竭則民業多隳。爲貪爲暴，爲寒爲飢，如是而不爲盜賊，臣不知其所歸。

諸夏內也，爲腹心；夷狄外也，爲手足。輕重之理，豈神明之所不燭？秦備胡而陳勝起事，唐戍蠻而龐勛肆毒，覩其土崩之由，誠可爲之痛哭。古者有采詩之官，惟賦亦古詩之流，賤臣不獲言于朝，敢賦心之憂愁。安得爲太平之草木，蒙雨露兮千秋。

麻姑山賦

巍乎高哉！兹山之爲異也，吾不知夫幾百千里之廣，但見土老而石頑，頂天而直上。驗地勢之所極，固亦東南之藩障者乎？路蹊蟠鬱，前後相失。岡巒崒嵂，左右馳突。鳴泉百雷，躍下雲窟。喬杉萬矛，❶舞破煙骨。靈奇怳惚，變見出没。匱耳目之觀聽，曾不究夫萬一。

其間則有名天之洞，禮神之堂。高臺層瑶，吸日月之光；繚垣築粉，孕芝蘭之香。偏門曲廊，入迷其方；斜軒亂窗，或温而凉。況乎御龍膏之酒，倚雲和之瑟，一飲一石，一醉千日。安知億萬人，塵衣飛蚤虱。

其或黯然而霧，飄然而雨，跬步之内，則朦無所覩。夜長漫漫，山空月寒。鶴群戲風，舞羽蹁蹁。老猨抱子，吟聲欲乾。怪物參差，松柯水湄。或步或馳，或嘯而悲。仙乎鬼乎，千態萬狀，而使人心疑。别有澗石之迤邐，圜潭之無底，是曰蛟龍之所止。嬾而爲旱，怒而爲水。嗟我力耕之民，輟衣食之資，而爲禱祠之費。巖岫㝠㝠，古無人行。百獸飢死，虎狼夜鳴。是何假上真之名，而神姦之所憑也？

悲夫！以地之奇，以物之靈，而逋客之經營。全形養氣，采朮茹菁，未嘗有笳簫之聲，鸞鳳之迎。謝人品而凌太清者，徒見山寒兮青青，水秋兮泠泠。雲路咫尺，而不能以升。豈非仙可得而不可求，道可悟而不可學？彼其叛稼穡之功，遺室家之樂，越天常而慕㝠寞，宜乎白首於丹竈之下，幽死而無所託也。

疑仙賦并序

覵家旴江，其西十里則麻姑山，顔太師真卿有《記》存焉。少北則麻源，謝靈運詩所謂「入華子崗是

❶「矛」，光緒本作「株」。

麻源第三谷」者也。其山水清媚，與神仙趾迹相附，著在人口吻。

吾母初無子，凡有可禱，無不至。祥符元年，夢二道士弈棋户外，往觀之。其一人者，取局之一子授焉，遂娠。及覯生十餘歲，從先父適田間，宿東郊。既寐，有人以書與覯，方制如牘，表用黄，其目曰《王狀元文集》。夢中以爲沂公之文也。就學以來，果不甚魯。或時開卷，憪然憶念，謂曾讀此書。再思之，未嘗見也。墨筆著辭雖未善，顧出自然，不多勞力。私心喜幸，以所從受頗靈異，而不敢言。今兹年三十有八矣，乃用自疑，作《疑仙賦》。儒者不言仙，蓋患乎傷財舍生以學之者也。苟異於彼，宜無害，賦曰：

噫噫仙乎，爲有爲無？爲天之居？爲地之廬？爲山之國？爲水之都？爲古爲今？爲智爲愚？爲崇爲卑？爲肥爲臞？與人類乎？與人異乎？將天下之利乎？將一身而已乎？既匪聞而匪見，我焉知其所如。緊我之生，卓犖瓌怪。地氣殊絶，神休合會。導愚心之趨驟，犯古人之畿界。攀或無高，博或無大。戲鈞天之遺音，冒慶雲之渥彩。意靈物之所右，❶幸速成於當代。難得而易失者，時哉！青春走兮素髮催，銜金丹而不售，撫道殣而銜哀。然則何爲而生？何爲而來？已矣夫！嵩高降神生申、甫，收拾中興還聖主。長庚入夢生李白，叫噪江南爲逐客。今之生我豈無意？二者他年終一得。仙人若在金銀宫，歸去來兮誰阻隔？

❶ 「右」，光緒本作「鍾」。

直講李先生文集卷之二

禮論七篇 并序

予幼而好古，誦味經籍，窺測教意，然卒未能語其綱條。至于今兹，年二十四，思之熟矣。比因多病，退伏廬下，身無他役，得近紙筆，故作《禮論》七篇。推其本以見其末，正其名以責其實。崇先聖之遺制，攻後世之乖缺。邦國之龜筮，生民之耳目，在乎此矣。

禮論第一

或問：聖人之言禮，奚如是之大也？

曰：夫禮，人道之準，世教之主也。聖人之所以治天下國家，脩身正心，無他，一於禮而已矣。

曰：嘗聞之，禮、樂、刑、政，天下之大法也。仁、義、禮、智、信，天下之至行也。八者並用，傳之者久矣，而吾子一本於禮，無乃不可乎？

曰：是皆禮也。飲食、衣服、宫室、器皿、夫婦、父子、長幼、君臣、上下、師友、賓客、死喪、祭祀，禮之本也。曰樂，曰政，曰刑，禮之支也。而刑者，又政之屬矣。曰仁，曰義，曰智，曰信，禮之别名也。是七者，蓋皆禮矣。

敢問何謂也？

曰：夫禮之初，順人之性欲而爲之節文者也。❶ 人之始生，飢渴存乎内，寒暑交乎外。飢渴寒暑，生民之大患也。❷ 食草木之實、鳥獸之肉，茹其毛而飲其血，不足以養口腹也。被髮衣皮，不足以稱肌體也。聖王有作，於是因土地之宜，以殖百穀；因水火之利，以爲炮燔烹炙。治其犬豕牛羊及醬酒醴酏，以爲飲食。藝麻爲布，繰絲爲帛，以爲衣服。夏居櫓巢，則有顛墜之憂；冬入營窟，則有陰寒重膇之疾，於是爲之棟宇。取材於山，取土於地，以爲宫室。手足不能以獨成事也，飲食不可以措諸地也，於是范金斲木，或爲陶瓦，脂膠丹漆，以爲器皿。夫婦不正，則男女無别；父子不親，則人無所本；長幼不分，則强弱相犯，於是爲之婚姻，以正夫婦。爲之左右奉養，以親父子。爲之伯仲叔季，以分長幼。君臣不辨，則事無統；上下不列，則群黨爭，於是爲之朝覲會同，以辨君臣。爲之公、卿、大夫、士、庶人，以列上下。人之心不學則懵也，於是爲之庠序講習，以立師友。人之道不接則離也，於是爲之宴享苞苴，以交賓客。死者人之終也，不可以不厚也，於是爲之衣衾棺槨，衰麻哭踊，以奉死喪。神者人之本也，不可以不事也，於是爲之禘嘗郊社，山川中霤，以脩祭祀。豐殺有等，疏數有度。貴有常奉，賤有常守。賢者不敢過，不肖者不敢不及。此禮之大

❶「節文」，光緒本作「范圍」。
❷「生」，光緒本作「乃」。

本也。

飲食既得，衣服既備，宮室既成，器皿既利，夫婦既正，父子既親，長幼既分，君臣既辨，上下既列，師友既立，賓客既交，死喪既厚，祭祀既脩，而天下大和矣。人之和必有發也，於是因其發而節之。和久必怠也，於是率其怠而行之。率之不從也，於是罰其不從以威之。是三者，禮之大用也，同出於禮而輔於禮者也。不別不異，不足以大行於世。是故節其和者，命之曰樂；行其怠者，命之曰政；威其不從者，命之曰刑。此禮之三支也。

在禮之中，有溫厚而廣愛者，有斷決而從宜者，有疏達而能謀者，有固守而不變者。是四者，禮之大旨也，同出於禮而不可缺者也。於是乎又別而異之。溫厚而廣愛者，命之曰仁；斷決而從宜者，命之曰義；疏達而能謀者，命之曰智；固守而不變者，命之曰信。此禮之四名也。

三支者，譬諸手足焉，同生於人而輔於人者也。手足不具，頭腹豈可動哉？手足具而人身舉，三支立而禮本行。四名者，譬諸筋骸之類焉，是亦同生於人而異其稱者也。言乎人，則手足筋骸在其中矣；言乎禮，則樂、刑、政、仁、義、智、信在其中矣。故曰：夫禮，人道之準，世教之主也。聖人之所以治天下國家，脩身正心，無他，一於禮而已矣。

禮論第二

或人不諭，曰：節其和者謂之樂，行其怠者謂之政，威其不從者謂之刑，信然矣。其所以統於禮者，願聞其指。

曰：昔者聖人之制禮也，因十二月之氣分而爲律吕，因六律六吕作爲十二管，因其清濁與其輕重配而爲五聲，因其五聲變而雜之以爲八音。或爲歌詩，或被於金石絲竹、匏土革木之器，爰及干戚羽旄，以導人之和心，以舞人之手足。小大有所，終始有經，倡和有秩，節奏有差。詘伸俯仰，必有齊也；綴兆行列，必有正也。宫軒特縣，各當其位；四六八羽，各昭其數。以範五行，以調八風，以均百度，以象德行，以明功業，以觀政治，以和人神。此禮之一支，樂著矣。

出號令，立官府，制軍旅，聚食貨，號令所以明約束，官府所以正職掌，軍旅所以待不虞，食貨所以贍不足。是故爲之符璽節旄，以信號令；爲之掾屬胥徒，以備官府；爲之甲胄五兵，以成軍旅；爲之井田賦貢，以興食貨。爲之城郭溝池，所以限内外也；爲之度量權衡，所以平多少也；爲之書契版圖，所以窮變詐、備遺忘也；爲之囹犴桎梏，所以嚴推劾、禁犇逸也。官各有守，事各有程。先後有次，遲速有檢。以辨國之大事，以平天下之民，以躋至治。此禮之二支，政成矣。

伐不義，侵不庭，刺有罪，或以鈇鉞，或以刀鋸。爲大辟，爲宫，爲刖，爲墨，爲劓，爲剕，爲鞭，爲扑，爲流，爲贖。輕有其等，重有其常。用之有地，決之有時。所以懲天下之人，使皆遷善而遠罪。此禮之三支，刑行矣。

夫所謂禮者，爲而節之之謂也。是三者，其自成乎，果有爲之者乎？其自治乎，果有節之者乎？苟不爲也，不節也，則十二管不作，五聲不辨，八音之器不具，干戚羽旄不設。小大無其所，終始無其經，倡和無其秩，節奏無其差。詘伸俯仰不齊也，綴兆行列不正也，縣之面不殊也，❶羽之數不分也。如此，則何以見樂哉？

不爲也，不節也，則號令不出，官府不立，軍旅不制，食貨不聚，符璽節旄不作，掾屬胥徒不備，甲胄五兵不成，井田賦貢不興，城郭溝池不修，度量權衡不均，書契版圖不著，圄犴桎梏不嚴，官無其守，事無其程，先後無其次，遲速無其檢。如此，則何以見政哉？

不爲也，不節也，則不義不伐，不庭不侵，有罪不刺，鈇鉞無其準，刀鋸無其平，大辟、宫、刖、墨、劓、刵、鞭、扑、流、贖，皆無其法，輕無其等，重無其常，用之無其地，決之無其時。如此，則何以見刑哉？

由是而言，故知三者果有爲而節之者，然後能成也，能治也。爲乎飲食、衣服、宫室、器皿、夫婦、父子、長幼、君臣、上下、師友、賓客、死喪、祭祀，而節之者，既謂之禮矣。爲乎十二管、五聲、八音、干戚、羽旄、號令、官府、軍旅、食貨、符璽節旄、掾屬胥徒、甲胄五兵、井田賦貢、城郭溝池、度量權衡、書契版圖、圄犴桎梏、鈇鉞刀鋸、大辟、宫、刖、墨、劓、刵、鞭、扑、流、贖，而節之者，反不謂之禮可乎？若是，則三者果禮之支也，而强其名者也。

❶ 「面」，光緒本作「位」。

禮論第三

或曰：樂刑政之説，既承教矣。敢問温厚而廣愛者仁也，斷決而從宜者義也，疏達而能謀者智也，固守而不變者信也，則然矣。其何繫於禮哉？

曰：百畝之田，不奪其時，而民不飢矣。五畝之宅，樹之以桑，而民不寒矣。達孝悌，則老者有歸，病者有養矣。正喪紀，則死者得其藏。修祭祀，則鬼神得其饗矣。征伐有節，誅殺有度，而民不横死矣。此温厚而廣愛者也，仁之道也。

君爲君焉，主政令，必生殺，不得不從矣。臣爲臣焉，守職事，死干戈，不得少變矣。男女有別，不得相亂矣。長幼有序，不得相陵矣。興廉讓，則財不得苟取，位不得妄受矣。立諫諍，則不得諱其惡矣。設選舉，則賢者不遺矣。正刑法，則有罪者必誅矣。此斷決而從宜者也，義之道也。

爲衣食，起宫室，具器皿，而人不乏用矣。異親疏，次上下，而人不興亂矣。列官府，紀文書，而姦詐可窮矣。築城郭，治軍旅，而寇賊不作矣。親師傅，廣學問，而百慮畢矣。此疏達而能謀者也，智之道也。

號令律式，以約民心，蔑有欺矣。禄位班次，以等賢愚，蔑相犯矣。車馬服御，以章貴賤，而人不疑矣。百官不易其守，四民不改其業，而事不譽矣。言必中，行必果，而天下率從矣。此固守而不變者也，信之道也。

若夫百畝之田不奪其時，五畝之宅樹之以桑，達孝悌以養老病，正喪紀以藏其死，脩祭祀以饗鬼神，征伐有節，誅殺有度，定君臣，别男女，序長幼，興廉讓，立諫諍，設選舉，正刑法，爲衣食，起宫室，具器皿，異親疏，次上下，列官府，紀文書，築城郭，治軍旅，親師傅，廣學問，爲號令律式，禄位班次，車馬服御，官守民業，言而必中，行而必果者，謂之非禮可乎？既曰仁矣，曰義矣，曰智矣，曰信矣，總而言之，又皆禮矣。若是，則仁、義、智、信，果禮之别名也。

禮論第四

或曰：仁義智信，疑若根諸性者也。以吾子之言，必學禮而後能乎？

曰：聖人者，根諸性者也。賢人者，學禮而後能者也。

聖人率其仁、義、智、信之性，會而爲禮，禮成而後仁、義、智、信可見矣。仁、義、智、信者，聖人之性也。禮者，聖人之法制也。性畜於内，法行於外，雖有其性，不以爲法，則曖昧而不章。今夫木大者，可以爲棟梁；小者，可以爲榱桷。不以爲屋室，則朽於深山之中，與樸樕同，安得爲棟梁榱桷也？温厚可以爲仁，斷決可以爲義，疏達可以爲智，固守可以爲信。不以爲禮，則滯於心胸之内，與無識同，安得謂之仁、義、智、信也？屋既成，雖拙者，必指之曰：此棟也，此梁也，此榱也，此桷也。禮既行，雖愚者，必知之曰：此仁也，此義也，此智也，此信也。

賢人者，知乎仁、義、智、信之美而學禮以求之者也。禮得而後仁、義、智、信亦可見矣。聖與賢，其終一也。始之所以異者，性與學之謂也。《中庸》曰：「自誠明，謂之性；自明誠，謂之教。誠則明矣，明則誠矣。」

自誠明者，聖人也；自明誠者，賢人也。

然則賢人之性果無仁、義、智、信乎？

曰：賢人之性，中也。揚雄所謂「善惡混」者也。安有仁、義、智、信哉？性之品有三：上智，不學而自能者也，聖人也。下愚，雖學而不能者也，具人之體而已矣。中人者，又可以爲三焉：學而得其本者，爲賢人，與上智同。學而失其本者，爲迷惑，守於中人而已矣。兀然而不學者，爲固陋，與下愚同。是則性之品三，而人之類五也。

請問學之得失。

曰：所謂本者，禮也。知乎仁、義、智、信之美而不知求之於禮，率私意，附邪説，蕩然而不反，此失其本者也。故世有非禮之仁矣，有非禮之義矣，有非禮之智矣，有非禮之信矣，是皆失其本而然也。

敢問其目。

曰：奪其常産，廢其農時，重其賦税，以至飢寒憔悴，而時賜米帛以爲哀人之困。憲章煩密，官吏枉酷，殺戮無數，而時發赦宥以爲愛人之命。軍旅屢動，流血滿野，民人疲極，不知喪葬，而收斂骸骨以爲惠及死者。若是類者，非禮之仁也。

背其君親，疏其兄弟，而連結私黨，以死相赴，以爲共人之患。諂諛機巧，以動上心，而數辭其爵位及其貨財，以爲謙讓。君有過失而不能諫正，而暴揚於外。身有隱惡，不能自改，而專攻人之短，以爲强直。賢才果勇，不能用於公家，而私相援舉，以爲己力。下民之愚而不能教訓，陷之於惡，然後峻刑以誅之，以爲奉法。若是類者，非禮之義也。

爲智不能以制民用，修世教，起政事以治人，齊師旅以禦亂，以爲天下國家久長之策，而專爲姦詐巧辯，以儌一時之利。若是類者，非禮之智也。

爲信不能以一號令，重班爵，明車服以辯等，守職業以興事，使天下之人仰之而不疑，而專爲因循顧望，以死兒女之言。若是類者，非禮之信也。

今有欲爲仁、義、智、信而不知求之於禮，是將失其本者矣。❶

禮論第五

或人請問：樂、刑、政亦有非禮者乎？

曰：善哉！爾之問也。夫夷蠻戎狄荒淫靡曼之音，雜其倡優，輔以子女，諧笑顛亂，以動人耳目，移人心氣。若是類者，非禮之樂也。

或重刑辟，變法律，伺人小過，鉤人微隱，以爲明察；或悲哀怯愞，容貸姦宄，以爲慈愛；或急征横賦，多方掊索，抔聚畜積，以爲强國；或時起土功，毆人爲卒，用於無用，以爲豫備。若是類者，非禮之政也。

或爲轘裂鼎鑊，炮烙菹醢，剥面夷族，以威天下。若是類者，非禮之刑也。

---

❶ 「將」，光緒本無。

曰：子所謂禮者，爲之節之者也。若是三者，豈無爲之者乎？豈盡無其節乎？

曰：夫所謂爲者，先王之爲也。所謂節者，先王之節也。先王之所以爲而節之者，非妄也，必有仁、義、智、信之善存乎其間矣。不念古昔，不師先王，是皆妄爲也，妄節也，君子不以爲禮也。

或曰：樂、刑、政皆禮也，先儒之述何以不止於禮而言禮、樂、刑、政？

曰：樂、刑、政雖統於禮，蓋以聖人既別異其名，世傳已久，止言禮，則人不知樂、刑、政，故並列之，使人得以兼用。然首之以禮，而樂、刑、政次之，意者謂樂、刑、政咸統於禮歟！譬諸孔門四教曰文、行、忠、信，忠、信豈非行乎？蓋以止言行，則人不知忠信，故並列之。然先之以行，而次以忠信，謂忠信咸統於行也。

然則所謂仁、義、禮、智、信者，亦猶是哉？

曰：非矣！樂、刑、政者，禮之支也，未盡於禮之道也。其本存焉，亦猶忠信者未盡於行也。舉禮之本，而與樂、刑、政並列，可矣。今言乎仁、義、智、信，則禮之道靡有遺焉。禮與仁、義、智、信豈並列之物歟？仁、義、智、信者，實用也。禮者，虚稱也，法制之總名也。

然而所以與仁、義、智、信並列，而其次在三者，意者謂雖有仁、義、智、信，必須以禮制中而行之乎？

曰：鄭氏注《中庸》性命之説謂「木神則仁，金神則義，火神則禮，水神則信，土神則智」，疑若五者並生於聖人之性，然後會而爲法制。法制既成，則禮爲主，而仁、義、智、信統乎其間，若君臣之類焉。

曰：爾謂禮之性果何如也？

曰：豈非能節者乎？有温厚、斷決、疏達、固守之性，而加之以節，遂成法制焉。

曰：節之者，義之性也。義斷決而從宜，豈非能節者哉！法制之作，其本在太古之時，民無所識，飢寒亂患，罔有救止，天生聖人，而授之以仁、義、智、信之性。仁則憂之，智則謀之，謀之既得，不可以不節也，於是乎義以節之。節之既成，不可以有變也，於是乎信以守之。四者大備，而法制立矣。法制既立，而命其總名曰禮，安有禮之性哉？鄭氏之學，其實不能該禮之本，但隨章句而解之。句東則東，句西則西，百端千緒，莫有統率。故至乎性命之説，而廣求人事以配五行，不究其端，❶不揣其末，是豈知禮也哉？

或曰：《月令》之推五性亦然矣。何如？

曰：《月令》之書，蓋本於戰國之時吕氏門人所作，至唐增修之，未足以觀聖人之旨也。後之人見仁、義、禮、智、信列名而齊齒，謂五者之用，各有分區。故爲仁、義、智、信則不取於禮，而任其私心爲禮，則不能辯仁、義、智、信。但以器服物色、升降辭語爲玩，以爲聖人作禮之方，止於窮奢極富、炫人聽覽而已矣。行其事不知其本，觀其象不知其意，因謂禮有質文，可隨時而用。先王有作，我可以作；先王有變，我可以變，而不知先王之所以作而變者，有所爲于僞反。也。此之所以作而變者，❷復何以哉？苟禮之所之，止於器服物色、升降辭語，而無仁、義、智、信之大則，是瑣瑣有司之職耳，何聖人拳拳之若是乎？《郊特牲》曰：「禮

❶ 「端」，萬曆本、光緒本作「本」。
❷ 「者」，正德本、萬曆本、光緒本作「也」。

之所尊，尊其義也。失其義，陳其數，祝史之事也。故其數可陳也，其義難知也。知其義而謹守之，❶天子之所以治天下也。」

或曰：吾子所稱先儒並列禮、樂、刑、政及仁、義、禮、智、信之意，曷以知先儒之意果若吾子之言乎？

曰：以予度之，先儒之意，當若是也。若是，則善矣。或異於此，則先儒之言者，皆不知禮而妄言也。予何咎哉！

曰：先儒既並列之，而吾子乃論而爲一，敢問何謂也？

曰：並列之，使人記其條目，用之而不遺，先儒之事也。論而爲一，使人知其本根，學之而不失，予之志也。

或曰：前所謂節其和者，命之曰樂；行其怠者，命之曰政；威其不從者，命之曰刑；温厚而廣愛者，命之曰仁；斷決而從宜者，命之曰義；疏達而能謀者，命之曰智；固守而不變者，命之曰信。徇是而言，則七者似皆禮之别名也。何以樂、刑、政則謂之支，而强其名，仁、義、智、信則止謂之别名也？

曰：樂、刑、政各有其物，與禮本分局而治。十二管、五聲、八音、干戚、羽旄，樂之物也；號令、官府、軍旅、食貨，政之物也；鈇鉞刀鋸，大辟、宫、刖、墨、劓、刵、鞭、扑、流、贖，刑之物也。是三者之物，與飲食、衣服、宫室、器皿、夫婦、父子、長幼、君臣、上下、師友、賓客、死喪、祭祀之目少異，故得謂之支而强其名也。夫

❶「謹」，《禮記·郊特牲》作「敬」。

仁、義、智、信豈有其物哉？ 總乎禮、樂、刑、政而命之，則是仁、義、智、信矣，故止謂之别名也。有仁、義、智、信，然後有法制，法制者，禮、樂、刑、政也。有法制，然後有其物。無其物，則不得以見法制。無法制，則不得以見仁、義、智、信。備其物，正其法，而後仁、義、智、信炳然而章矣。

或曰：前所謂刑者政之屬，誠然矣。而吾子復並列之，何謂也？

曰：因先儒之言從而論之，不違變易耳。其旨既明，其辭雖在，奚有害於事哉？

曰：敢問吾子之列禮、樂、刑、政之物，仁、義、智、信之用，盡於吾子之言乎？ 抑有所遺者乎？

曰：凡予所言者，大也，不及其細也；略也，不及其詳也。從其類而推之，苟合乎禮、本乎聖者，皆是也。奚待予之盡言哉！

禮論第六

或曰：《樂記》曰：「聖人作樂以應天，制禮以配地，禮樂明備，天地官矣。」又以天地卑高，動靜方物，在天成象，在地成形，以爲禮者，天地之别也。地氣上齊，天氣下降，陰陽相摩，天地相蕩，雷霆風雨，四時日月，百化之興，以爲樂者，天地之和也。由此觀之，則禮樂之比隆競大，蓋已著矣。而吾子統之於禮，益有疑焉？

曰：彼以禮爲辯異，樂爲統同，推其象類，以極于天地之間，非能本禮樂之所出者也。禮也者，豈止於辯異而已哉？ 樂也者，豈止於統同而已哉？ 是皆見其一而忘其二者也。

曰：古之言禮樂者，必窮乎天地陰陽，今吾子之論，何其小也？

曰：天地陰陽者，禮樂之象也；人事者，禮樂之實也。言其象，止於尊大其教；言其實，足以軌範於人。❶前世之言教道者衆矣，例多闊大，其意汪洋，其文以舊説爲陳熟，以虚辭爲微妙，出入混沌，上下鬼神，使學者觀之耳目驚眩，不知其所取，是亦教人者之罪也。

或問：孟子曰「惻隱之心，人皆有之；羞惡之心，人皆有之；辭讓之心，人皆有之；是非之心，人皆有之」。「惻隱之心，仁之端也；羞惡之心，義之端也；辭讓之心，禮之端也；是非之心，智之端也。」孟子既言人皆有仁義之性，而吾子之論獨謂聖人有之，何如？

曰：孟子以爲人之性皆善，故有是言耳。古之言性者四：孟子謂之皆善，荀卿謂之皆惡，揚雄謂之善惡混，韓退之謂性之品三：上焉者善也，中焉者善惡混也，下焉者惡而已矣。今觀退之之辯，誠爲得也，孟子豈能專之？

曰：性之説既盡之矣，然其以禮與仁、義、智並列，何如？

曰：是皆據世俗而言，不及爲之統率耳。辭讓者，義之一節也。

又淳于髡問曰：「男女授受不親，禮也。嫂溺則援之以手乎？」孟子曰：「嫂溺不援，是豺狼也。男女授受不親，禮也；嫂溺援之以手，權也。」夫權，智之動，義之會也。詳孟氏此言，則義而智者，不在先王之

---

❶「於」，萬曆本、光緒本作「後」。

禮歟？

曰：孟子據所聞爲禮，以己意爲權，而不謂先王之禮固有其權也。自今言之，則必曰男女授受不親，禮也；嫂溺援之以手，亦禮也。《喪服四制》曰：「父在，爲母齊衰期者，見無二尊也。」「百官備，百物具，不言而事行者，扶而起；言而后事行者，杖而起。身自執事而后行者，面垢而已。秃者不髽，傴者不袒，跛者不踊，老病不止酒肉。凡此八者，以權制者也。」若是，則先王之禮豈無權乎？然其上文則曰，恩者，仁也；理者，義也；節者，禮也；權者，智也。於此則是言之者惑矣。其所謂恩者，爲父斬衰三年也；所謂理者，爲君亦斬衰三年也。若兹二服與父在爲母齊衰、扶杖、面垢、不髽、不袒、不踊，不止酒肉之事，非禮何以著之？自今言之，則必總四制以爲禮，而分仁、義、智於其間可也。

或人變色而作曰：善哉！吾子之論樂、刑、政、仁、義、智、信咸統於禮也。其始得之於心歟？抑嘗聞聖人之言及此者歟？

曰：予聞諸聖人矣。《禮運》記孔子之言曰：禹、湯、文、武、成王、周公，「此六君子者，未有不謹於禮者也。以著其義，以考其信，著有過，刑仁講讓，示民有常」。其下文曰「禮者，君之大柄也。所以别嫌明微，儐鬼神，考制度，别仁義，所以治政安君也」。❶周公作六官之典，曰治典，曰教典，曰禮典，曰政典，曰刑典，曰事典，而并謂之《周禮》。今之《禮記》其創意命篇有不爲威儀制度者，《中庸》《緇衣》《儒行》《大學》之類是

❶「君」，原作「居」，據《禮記·禮運》改。

也。及其成書，總而謂之《禮記》。是其本傳之者，亦知禮矣，不獨此二書而已也。韓宣子適魯，見《易象》與魯《春秋》曰：「周禮盡在魯矣！」則當時亦謂《易象》《春秋》爲《禮經》也。故知禮者，生民之大也。樂得之而以成，政得之而以行，刑得之而以清，仁得之而不廢，義得之而不誣，智得之而不惑，信得之而不渝。聖人之所以作，賢者之所以述，天子之所以正天下，諸侯之所以治其國，卿大夫士之所以守其位，庶人之所以保其生，無一物而不以禮也。窮天地，亘萬世，不可須臾而去也。

或曰：《曲禮》謂「禮不下庶人」，而吾子及之，何哉？

曰：予所言者，道也。道者，無不備，無不至也。彼所言者，貨財而已耳。謂人貧富不均，不可一以齊之焉。然而《王制》曰：「庶人縣封，葬不爲雨止，不封不樹，喪不貳事。」此亦庶人之喪禮也。庶人春薦韭，夏薦麥，秋薦黍，冬薦稻。韭以卵，❶麥以魚，黍以豚，稻以鴈，此亦庶人之祭禮也。既庶人喪祭皆有其禮，而謂「禮不下庶人」者，抑述《曲禮》者之妄也。

禮論第七

或人敢問：禮之所興，自於何聖？

曰：揚子雲謂「法始於伏犧而成乎堯」。今觀《易・繫辭》，其制器取象，信自伏犧、神農、黄帝以來也。

---

❶「卵」，原作「卯」，據正德本、《禮記・王制》鄭玄注改。

禮本之興，其在三皇可知矣！《大章》，章之也；《咸池》，備矣。《咸池》者，黄帝之事。上古結繩而治，後世聖人易之以書契。百官以治，萬民以察，此亦黄帝之事也；弦木爲弧，剡木爲矢，弧矢之利，以威天下，此亦黄帝之事也。則樂、政、刑之興，亦在三皇矣。及夫堯、舜繼禪，禹成其功，成湯、文、武翦其禍難，周公坐而修之，孔子著之於册，七十子之徒奉之以爲教，而後禮、樂、刑、政之物，仁、義、智、信之用，囊括而無遺矣。

或曰：周道其盛矣，然魯諸侯也，而用天子之禮樂，何如？

曰：昔者武王既崩，成王幼，不能涖阼，周公攝天子之位，作禮樂，朝諸侯，而天下大定。七年致政於成王。成王以周公爲有勳勞於天下，於是封之曲阜。地方七百里，革車千乘，命魯公世世祀周公以天子之禮樂。此蓋成王謂周公有王者之德，攝王者之位，輔周室致太平者，周公之爲也。故於其死，用王禮祀之，以尊之焉。若是，則魯以此祀周公可也，豈及其餘哉？至其子孫，遂徹而用之。❶凡制宫廟，設官職，祭祀喪紀，車馬服器，率倣於周，此則非矣。周，君也；魯，臣也。人臣而用其君之禮樂，何以示民哉！成王必欲其臣行天子禮樂，則當賜之周公，俾其身用之，不須命魯公世世以此祀之也。生則臣也，死則鬼也。鬼與人異，用之非僭，故知魯以此祀周公可也。穆公之母卒，使人問於曾子曰：「如之何？」曾子曰：「哭泣之哀，齊斬之情，饘粥之食，自天子達。布幕，衛也；縿幕，魯也。」夫布幕，諸侯禮也；縿幕，天子禮也。疾魯之僭，故舉諸侯以示之焉。隱公考仲子之宫，將萬焉，問羽數於衆仲，對曰：「天子八，諸侯六，大夫四，士二。」公從

❶ 「徹」，萬曆本作「倣」。

之。書曰「九月考仲子之宫，初獻六羽」。觀《春秋》之旨，蓋謂僭上既久，賢君能詳問而更始之，故書也。彼杞、宋者，各自爲一王之後耳。其祖天子禮樂異於周，使行之可也。周尚在而魯傚之，則僭矣。孔子曰：「唯名與器不可以假人。」夫魯之事，假人孰甚焉。

或曰：議者以三代之後，漢、唐爲盛，如之何可比隆於古昔也？

曰：漢、唐其卑矣！高帝起於隴畝，草創天下，法制未修。文、景繼立，齪齪守成，公卿多武人，而黄老刑名之學熾於其間。賈生之徒，稱先聖，誦仁義，眊焉而不知所從也。武帝聰明特達，攘袂而作，聘賢良，尊文學，改正朔，易制度，有志於先王矣。然而黷兵好勝，竭天下之財，以事四夷，延方士，築宫館，以求神仙，用不經之言，以東封泰山，禪梁父。光武憂勤民事，而不務大體，專求俗吏之課，不師經籍，而聽用圖讖之書，以疑天下耳目。唐高祖凡庸之材，乘運而起。太宗有非常之度，而殘殺長適，以取其位，不能純用先王之制而因循駮雜，浮屠亂法而不知禁，進士壞文而不知革，易置儲貳，依違不決。明皇親見禍亂，心思矯正，而興起老子、莊周之説，以害教化，寵任武功，注意兵食，鑾輿展狩，出入不時，進用女色，間以讒賊，以紊經紀。自此數君，其餘蓋不足數矣。

曰：封泰山、禪梁父，前世之大典也。而吾子以爲不經之言，何如？

曰：所謂經者，二帝三王之事而孔子述之者也，六籍是矣。而封禪之文，安在哉？獨司馬遷《封禪書》稱：「自古受命帝王，曷嘗不封禪？蓋有無其應而用事者矣，未有睹符瑞見而不臻乎泰山者也。」於是引《尚書》舜「歲二月，東巡狩，至于岱宗，柴」，似以此爲封禪事。斯禮也，蓋繫巡狩矣！天子巡狩至于方岳，祭天告至，爰及名山大川，皆以其秩望祭之，乃事鬼神之常道，非封禪之謂也。且舜「自正月上日，受終于文祖」，孔氏謂「上日，朔日也」。後至「輯五瑞，既月，乃日覲四岳、群牧，班瑞于群后」，孔氏謂盡以正月中，日日見四岳及九州牧監，還其瑞。「歲二月，東巡狩，至于岱宗」，孔氏謂既班瑞之明月，乃順春東巡至於岱宗，若是則舜攝帝位纔朞月耳。德未必遽洽於人也，功未必遽濟於世也，符瑞之見未必如此之速也。況又未真即帝位，則將何辭以封禪哉？五載一巡狩，巡狩而封禪，則舜之在位凡幾年，凡幾封禪？其禮儀必有可采，何以不廣記之，乃獨言「柴」而已乎？封禪之禮，固不止於柴也。夫摯見生死之物，蓋其微者猶列之于後，矧封禪之盛，乃得略之乎？其不然必矣。又稱齊桓公既霸，會諸侯於葵丘，而欲封禪。管仲曰：古者封泰山，禪梁父者七十二家，而夷吾所記者十有二焉。曰無懷氏，曰伏羲，曰神農，曰炎帝，曰黄帝，曰顓頊，曰帝嚳，曰堯，曰舜，曰禹，曰湯，曰周成王。夷吾此言，亦無所證。孔子修六經，「祖述堯舜，憲章文武」，豈前世有封禪之言，管氏聞之，而孔子不得聞乎？雖誠有之，孔子削而不書，是亦不足取也。

子必謂稱古帝王封禪者皆妄也，未知此説根於何時？

至秦始皇遂舉而行之。逮孝武即位，又議封禪事。齊人公孫卿稱其師申公書曰：「封禪七十二王，唯黄帝得上封。」又稱申公之言曰：「漢主亦得上封，上封則能僊登天。」孝武後乃登封，無風雨災。於是自喜，幸庶幾遇神仙矣！吁，可怪哉！文中子曰：「封禪之費非古也，以夸天下，其秦、漢之侈心乎？」是誠知言矣！

或曰：子謂漢、唐數君訛雜之如此，然其所以闡基緒、致昇平者，何也？

曰：其始皆能求輔佐，納諫諍，夙興夜寐，以安天下、濟生人爲意，此其所以興也。及其後世，則放逐忠良，昵近邪辟。❶或婦人用事，或外戚專政，或宦豎竊命。官爵授於匪人，貨財散於無用，兵革疲於不急。荒淫怠慢，厭棄民物。皇天震怒，奸雄並起，而海内土崩矣。嗚呼！漢、唐之盛，猶不足觀，漢、唐之衰，萬世之鑑也。

禮論後語

吾爲《禮論》七篇，既十五年，學者有持章望之論一篇來，以吾爲好怪，率天下之人爲禮不求諸内，而競諸外，人之内不充而惟外之飾焉，終亦必亂而已矣。亦猶老子之言「禮者，忠信之薄」。蓋不知禮之本，徒以其節制文章，獻酬揖讓，登降俯仰之繁而罪之也。

嗚呼！章子有耳目邪？抑矇且聵邪？有則奚不視吾文，聽吾言？吾之論則曰：「後之人見仁、義、禮、智、信列名而齊齒，謂五者之用，各有分區。故爲仁、義、智、信，則不取於禮而任其私心爲禮，則不能辯仁、義、智、信，但以器服物色升降辭語爲玩，以爲聖人作禮之方，止於窮奢極富，炫人聽覽而已矣！」繇是推本之曰：「仁、義、智、信者，實用也。禮者，虚稱也，法制之總名也。」「聖人率其仁義智信之性，會而爲禮，禮成而後仁義智信可見矣！」「賢人者，知乎仁、義、智、信之美，而學禮以求之者也。禮得而後仁、義、智、信亦

---

❶ 「昵」，萬曆本、光緒本作「數」。

可見矣！」吾之論如此，豈嘗使人爲禮不求諸内而競諸外邪？豈嘗以節制文章之類爲禮之實邪？章子有耳目，不至乎此也。

夫章子以仁、義、禮、智、信爲内，猶飢而求食，渴而求飲，飲食非自外來也，發於吾心而已矣。禮、樂、刑、政爲外，猶冠弁之在首，衣裳之在身，必使正之耳，衣冠非自内出也。

嗚呼！章子之惑甚矣！夫有諸内者必出於外，有諸外者必由於内。孰謂禮、樂、刑、政之大，不發於心而僞飾云乎？且謂衣冠非自内出，則寒而被之葛，熱而被之裘可乎？夏則求輕，冬則求暖，固出於吾心，與飢渴之求飲食一也。而章子異之，不已惑乎？故天下之善，無非内者也。聖人會其仁、義、智、信而爲法制，固由於内也。賢人學法制以求仁義，亦内也。謂藍之青，朱之赤，固其質也。布帛之青赤則染矣。然染之而受者，亦布帛之質也，以染鐵石則不入矣。是故賢人學法制以求仁義，亦内也。下愚雖學，弗之得矣。《中庸》曰：「或生而知之，或學而知之，或困而知之。及其知之，一也。或安而行之，或利而行之，或勉强而行之。及其成功，一也。」然則吾之論何嘗有外邪？何憂乎終之必亂邪？吾之論則曰「聞諸聖人」，於是引《禮運》、周公六典之類以明之。今章子乃曰「學乎聖人者何必易其言」，是未嘗讀吾之論也。趙簡子問子太叔揖讓周旋之禮焉。對曰：「是儀也，非禮也。」「夫禮，天之經也，地之義也，民之行也。天地之經，而民實則之。」是故「爲九歌，八風，七音，六律，以奉五聲」；「爲政事，庸力行務，以從四時；爲刑罰威獄，使民畏忌，以類其震曜殺戮」。以是言之，樂、政、刑非禮者乎？顔淵問仁，孔子曰：「克己復禮爲仁。」「請問其目。」曰：「非禮勿視，非禮勿聽，非禮勿言，非禮勿動。」以是言之，仁非禮者乎？章子尚未讀《左氏傳》、《論語》，宜其病吾言也。

聖人之於禮，其言蓋參差：言其大則無事不包，言其小則庶事之一耳。故周官三百六十職，題曰《周禮》以該之，言其大也。其次則曰禮典，與治教政刑事配焉。其小則曰五禮，與射御書數並焉。章子得其小而不得其大，宜其病吾言也。故其説曰：「走百步外以救人隕溺，難也；趨百步外以揖人，易也。趨則爲之，走則不爲之矣。已後鄉人一日之生，拜之能也；坐其下，行其後能也；聞其急難，則不爲之死矣！是仁義難於禮也。」又曰：「順父，禮也；違父，非禮也。有人蹈於水火之中，已將救之，而父在側曰『勿救』，匍匐救之無避也，違父可也。夫婦異列，禮也。如妻蹈於舅姑之前，傷而不興，盡力以扶之，可也。」又曰：「心則愛兄，而拜先仲叔，此禮之易者，固勝仁也；千金之寶，分則多伯兄，是禮不勝仁也。吾兄與嫂鬬，則不救，有嫂之嫌也。❶此禮之易者，固勝義也。鄉人之長者鬬於兄，救兄不勝，則佐之鬬，是禮不勝義也。」嗚呼！章子以揖拜爲禮，宜乎其不得以兼仁義也。

且章子焉知仁義哉？萬物之生無不遂，吾所謂仁也；萬事之理無不當，吾所謂義也。而章子方區區以救隕溺、死急難爲事，不亦小乎！以一人之力而見隕溺必救，見急難必死，吾懼章子之仁義所及者寡，而天年不獲終也。其所謂仁，吾曰浮屠而已耳；其所謂義，吾曰游俠而已耳。

孔子曰：「父在，觀其志；父没，觀其行。三年無改於父之道，可謂孝矣。」父没三年，尚不忍改其道，父

---

❶「有嫂之嫌也」，萬曆本作「存嫌之嫂也」，光緒本作「存嫌於嫂也」。

在側，曰勿救人於水火，而違之可乎？　己以救爲仁，而父曰勿救，則父不仁矣！　已欲仁而彰父之不仁，未見可以爲仁也。　父不仁則違之，兄之鬭則不辯是非而佐之，是父輕而兄重乎！　兄與嫂鬭，則以嫌而不救，懼失禮也。　妻踣而傷則扶之，不顧禮焉，是妻厚而嫂薄乎？　厚於妻而薄於嫂，兹小人之情；輕其父而重其兄，雖小人亦不爲也。　章子以是爲仁義，非吾所敢聞也。　抑其所謂禮之在内者，喪哀、祭恭、忠君、孝父，蓋皆仁義之目而不論焉，悖矣！　人不知而不愠，謂之君子。　吾不得已而申之者，爲其惑衆也。　吾言止是矣，章子雖復言，吾不愠也。

直講李先生文集卷之三

易論十三篇

易論第一

或曰：《易》之爲書也，其不可學邪，何其微而不顯也？

曰：學者之過也。聖人作《易》，本以教人，而世之鄙儒，忽其常道，競習異端。有曰我明其象，則卜筮之書未爲泥也；有曰我通其意，則釋、老之學未爲荒也。晝讀夜思，疲心於無用之説，其以惑也，不亦宜乎？包犧畫八卦而重之，文王、周公、孔子繫之辭，輔嗣之賢，從而爲之注。炳如秋陽，坦如大逵。君得之以爲君，臣得之以爲臣。萬事之理，猶輻之於輪，靡不在其中矣。爾欲聞之乎？

曰：然則請問爲君之道。

曰：夫用貴莫若恭，用富莫若儉。恭則衆歸焉，儉則財阜焉。恭儉者，先王之所以保四海也。《損》六五曰：「或益之十朋之龜，弗克違，元吉。」龜可決疑，喻明智也。以柔居尊，而爲損道，明智之士，皆樂爲用矣。非徒人助，天且福之。故《象》曰：「六五元吉，自上祐也。」恭之得衆也如此。《賁》六五曰：「賁于丘園，束帛戔戔，吝，終吉。」丘園謂質素之地也。處得尊位，爲飾之主，而每事質素，與丘園相似，則費財物，❶束帛乃戔戔衆多也，儉之足用也如此。非徒儉於身也，祭祀鬼神尚可菲薄。《既濟》九五曰：「東鄰殺牛，不如西鄰之禴祭，實受其福。」禴，祭之薄者也。謂修德以祭，雖薄而受福也。夫上之利民，以財則不足也，百姓安堵而不敗其業，利之大者也。《益》九五曰：「有孚惠心，勿問，元吉。有孚惠我德。」謂因民所利而利之，惠而不費，則不須疑問，必獲大吉，而物亦以信惠歸於我也。夫溥愛無私，君之德也。反是則非《益》之謂也。《屯》九五曰：「屯其膏，小貞吉，大貞凶。」膏，謂恩惠也。處屯難之時，居尊位之上，不能博施群小，而繫應在二，所惠偏狹，於有司之貞則吉，於大人之貞則凶也。《比》九五曰：「顯比，王用三驅，失前禽，邑人不誡，吉。」謂爲《比》之主，而有應在二，顯比者也。不能無私於物，唯賢是與，愛於來而惡於去，用三驅之道者也。伐不加邑，動必討叛，雖得乎顯比之吉，而可以爲上之使，非爲上之道。故《象》曰：「邑人不誡，上使中也。」夫執剛莫如體柔，責人莫如自脩，尚力取勝亦已勞矣。《同人》九五曰：「同人先號咷而後笑，大師克相遇。」謂不能使物自歸，而用其强直，故必大師克之，然後得志也。《困》九五曰：「劓刖困于赤紱，乃徐有説，利用祭祀。」赤紱，謂異方之物也。五以剛猛，物所不附，忿物不附，而行威刑，則異方愈不懷矣。而體在中直，能不遂迷，乃徐脩德，則得喜説。履夫尊位，過而能改，以斯祭祀，必受福也。夫以至尊敵至賤，勝之不足爲武也。《夬》九五曰：「莧陸夬夬，中行無咎。」莧陸，草之柔脆者，謂上六也。夬之時，以君子決除小

❶ 「費」上，據《周易正義》，此處疑脱「不」字。

人，而五處尊位，躬自決之，雖其克勝，未足多也。處中而行，足以免咎而已。故《象》曰：「中行無咎。」中未光也，夫安非福也，危非禍也，知危而懼，安莫如之。《否》九五曰：「休否，大人吉，其亡其亡，繫于苞桑。」處君子道消之時，已當尊位，能施否於小人而自戒，其將亡則得苞桑之固也。夫救弊之術，莫大乎通變。然民可與樂成，難與慮始，非斷而行之，不足以有爲矣。《巽》初六曰：「進退，利武人之貞。」謂處令之初，未能服令，故進退也，則宜用武威以整齊之，乃能成命也。《革》上六曰：「君子豹變，小人革面。」謂居變之終，變道已成，則小人變面以順上也。夫治國始於齊家，王化本乎夫婦，百代不易之道也。《家人》九五曰：「王假有家，勿恤，吉。」謂居於尊位，而明家道，則下莫不化矣。父父子子，兄兄弟弟，夫夫婦婦，六親和睦，交相愛樂，而家道正。正家而天下定，故勿恤而吉也。凡此皆爲君之道也。

或曰：子謂執剛莫如體柔，責人莫如自脩，而乃以威武成命，何也？曰：《同人》九五敵剛也。《困》九五來異方也。其欲勝敵懷遠，不可暴也。舜於有苗，文王於崇，乃其迹也。《巽》之初六行令於吾人也。令善而衆疑，不濟以威，是終不可爲也。《周官》凡出教令，必徇以木鐸，曰「不用法者，國有常刑」，乃其事也。蓋所施之異，胡可結以一言哉！

易論第二

或曰：爲君之道，任官其急也。請言其要。

曰：《井》九五曰：「井冽寒泉，食。」謂五居中得正，而體剛直，不食汙穢，必須井潔而寒泉，然後乃食。

以言剛正之主，不納非賢，必須行潔才高，然後乃用也。《兑》九五曰：「孚于剥有厲。」謂處尊正之位，不説信乎君子，而説信乎小人，則小人道長而國有危也。《剥》六五曰：「貫魚以宫人寵，無不利。」謂施寵小人，但同之於宫人，勿使害正，則終無尤也。然則人君所任，宜得賢才，不可説信小人，雖未能不加以寵，亦當處之散地，無俾乘勢以消君子可也。

或曰：人君有不自爲國而委之大臣，可乎？

曰：兹禍福之機也。事有不可不然，亦不可必然，在度宜而行之耳。《蒙》六五曰：「童蒙，吉。」謂委於二也。夫蒙之時，陰昧而陽明，五以陰質，居於尊位，不敢以其蒙昧自任，而委之剛陽，付物以能，故獲吉也。《師》六五曰：「田有禽，利執言無咎，長子帥師，弟子輿尸，貞凶。」謂柔非軍帥，陰非剛武，故不躬行，必以授也。授不得主，衆猶不從，故長子則可，弟子則凶。蓋九二得中，可以任也。「自閫以外，將軍制之」，用兵之法，亦其宜矣。《臨》六五曰：「知臨，大君之宜，吉。」夫臨，剛浸而長，君子道盛之時也。因而納之，委以其事，則不勞而成功矣。任得君子，庸非智乎！《大壯》六五曰：「喪羊于易，無悔。」羊，壯也。君大壯之時，以陰處陽，以柔乘剛，用壯之甚。敵寇之來，將失其居，故不待險難而先舍其壯，委任於二，則得無悔也。此皆事之宜，不得不然也。歷觀衆卦，此類頗多，率由陰居尊位，未得剛正，在上而廢其聰明，委政於下也。得其人則民受其賜，非其人則職爲亂階，此不得不然也。《恒》六五曰：「恒其德，貞婦人吉，夫子凶。」謂居得尊位，不能制斷，而係應於二，專從其唱，以此爲常，則婦人之吉，非夫子之道也。以言人君在位，苟不能獨斷，而牽於臣下，權時則可矣，以之爲常，則非君之道也。《坤》初六曰：「履霜堅冰至。」戒其漸也。上六曰：

「龍戰于野。」辯之不早，疑盛乃動，故必戰也。此任官之要，先王其慎之也。

易論第三

或人請問爲臣之道。

曰：君子之進也，難哉！苟進則諂，諂則何有於君？唯利而已矣。《否》初六曰：「拔茅茹，以其彙，貞吉，亨。」《象》曰：「拔茅貞吉，志在君也。」謂居否之時，動則入邪，三陰同道，皆不可進，故茅茹以類。正而不諂，志在於君，故不苟進也。夫執剛用直，進不爲利，忠誠所志，鬼神享之。《升》九二曰：「孚乃利用禴，无咎。」謂與五爲應，往必見任，體夫剛德，進不求寵，閑邪存誠，志在大業，故乃利用，納約于神明也。❶夫君臣之交，初未見親，未信而諫，人以爲謗。《損》初九曰：「已事遄往，无咎，酌損之。」謂剛以奉柔，當自酌損其剛，乃得合志。志既合，則道可行也。然剛德之長，不可全削，志意既合，當自守正。九二曰：「利貞，征凶，弗損益之。」謂初已損剛以順柔，二復損己以益柔，則剥道成焉，故不可遄往而利貞也。夫道雖正矣，宜得其中，不可過也。《小畜》上九曰：「既雨既處，尚德載，婦貞厲，月幾望，君子征凶。」謂體巽處上，剛不敢犯，尚德者也。爲陰之長，能畜剛健，德積載者也。婦制其夫，臣制其君，雖正近危。故曰「婦貞厲」也。滿而又進，必失其道。陰疑於陽，必見戰伐。雖復君子，以征必凶，故曰「君子征凶」也。《恒》初六曰：「浚

❶「約」，光緒本作「禴」。

恒，貞凶，無攸利。」《象》曰：「浚恒之凶，始求深也。」謂求深窮底，物無餘藴，以此爲常，凶正害德，無施而利，蓋人不可以至察也。《節》上六曰：「苦節，貞凶，悔亡。」謂過節之中，以至亢極，苦節者也。以斯施正，物所不勝，正之凶也。以斯脩身，行在無妄，故得悔亡。蓋政不可以峻刻也。雖不可過，亦不可未至而止也。《晉》初六曰：「晉如摧如，貞吉，罔孚，裕無咎。」謂進明退順，不失其正，而處卦之始，功業未著，物未之信，若以此爲足，自喪其長者也。故必裕之，然後無咎也。夫爲君耳目，所以司聰明也。不能去邪人，使至君側，誰之罪也？《兑》九四曰：「商兑未寧，介疾有喜。」謂三爲佞説，將近至尊，四以剛德，裁而隔之，初則未寧，終則有喜也。此之爲喜，乃爲至尊所善，天下所賴，故《象》曰：「九四之喜有慶也。」夫事君盡禮，致恭存位，古之道也。《履》九四曰：「履虎尾，愬愬，終吉。」謂逼近至尊，處多懼之地，然以陽居陰，以謙爲本，雖處危懼，終獲其志也。夫君唱臣和，理之常也。專而見疑，鮮不及矣。《坤》六三曰：「含章可貞，或從王事，無成有終。」謂含美於内，待命而發，不爲事首，順上而終，可謂智矣。故《象》曰：「含章可貞，以時發也；或從王事，知光大也。」《無妄》六二曰：「不耕穫，不菑畬，則利有攸往。」亦謂代終已成，而不造也。不擅其美，乃盡臣道，故利有攸往也。雖不獲自專，而時有未安，不可不憂也。《涣》六四曰：「涣其群，元吉。涣有丘，匪夷所思。」謂與五合志，内掌機密，外宣化命，能爲群物散其險害，然處上體之下，不可自專，猶有丘墟未平之慮，雖已得大功，所思不可忘也。若時不我用，不與於政，則宜卷而懷之，毋使動而之悔也。《坤》六四曰：「括囊，無咎無譽。」謂以陰居陰，不與陽事，隱其賢德，乃可免咎。故《象》曰：「括囊無咎，慎不害也。」或竭其忠信，志在立功，圖國忘身，雖慎可也。《隨》九四曰：「隨有獲，貞凶。有孚在道，以明，何咎？」謂居於臣地，以擅其民，失於臣道，違正者也。體剛居説，而得民心，能幹其事，而成其功者也。雖違常義，志在濟物，著信在道，以明其功，何咎之有哉！夫權之所在，衆之所附，不守以正，速禍而已矣。《益》六二曰：「或益之十朋之龜，弗克違，永貞吉。」謂居中得位，益自外來，朋龜獻策，同於《損》卦六五之位。位不當尊，故永貞乃吉也。夫忠臣之分，雖處險難，義不忘君也。《蹇》六二曰：「王臣蹇蹇，匪躬之故。」謂居位應五，不以五在難中，私身遠害。執心不回，志救王室者也。故《象》曰：「王臣蹇蹇，終無尤也。」凡此皆爲臣之道也。孔子曰「爲臣不易」，豈虛言哉！

易論第四

或曰：大哉君臣之道，既得而聞之矣。請問凡所以治其身何如？

曰：性不能自賢，必有習也；事不能自知，必有見也。習之是，而見之廣，君子所以有成也。《蒙》六四曰：「困蒙，吝。」謂獨遠於陽，處兩陰之中，困於蒙昧，不能比賢以發其志，故曰「吝」也。《觀》初六曰：「童觀，小人無咎，君子吝。」謂處於觀時，而最遠朝美，體於陰柔，不能自進，無所鑒見，故曰「童觀」。在小人則無咎，君子處之，吝道也。夫道之於人，不可斯須去之也。進則飾其行，退則不勉焉，是爲利者也，君子耻之。《履》九二曰：「履道坦坦，幽人貞吉。」謂在内卦幽隱之地，而履其中道，不以居外爲榮，處内爲屈，隱顯皆同，常行其正，宜其吉也。《中孚》九二曰：「鳴鶴在陰，其子和之。我有好爵，吾與爾靡之。」謂處内而居重陰之下，履不失中，不徇於外，立誠篤至，雖在闇昧，物亦應之也。《晉》六二曰：「晉如，愁如，貞吉。受茲介福，于其王母。」謂進而無應，其德不昭，不以無應而回其志，處晦而能致其誠，故得貞之吉也。其初愁如，履正不回，則乃受茲大福于其母也。《井》九三曰：「井渫不食，爲我心惻。可用汲，王明，並受其福。」謂井渫而不見食，猶人脩己全潔而不見用，故使我心惻也。不下注而應上，❶是可汲也。井之可汲也，猶人可用。若逢明王，則既嘉其行，又欽其用，故曰「並受其福」也。夫欲不可逞，强不可恃，放其私心，罔知戒懼，凶之道也。《震》初九曰：「震來虩虩，後笑言啞啞，吉。」謂體夫剛德，爲卦之先，能以恐懼而脩其德，乃致福也。《豫》初六曰：「鳴豫，凶。」謂處《豫》之初，而特得志於上，樂過則淫，志窮則凶也。《大壯》九三曰：「小人用壯，君子用罔，貞厲。羝羊觸藩，羸其角。」謂處健之極，以陽處陽，用其壯者也。故小人用之以爲壯，君子用之以爲羅己者也。雖復羝羊，以之觸藩，必拘羸其角矣。《益》上九曰：「莫益之，或擊之，立心勿常，凶。」謂處益之極，過盈者也。求益無厭，人弗之與，怨者非一，故「或擊之」也。夫靜以俟時，則無悔；躁而求利，則有耻，不可不慎也。《頤》初九曰：「舍爾靈龜，觀我朵頤，凶。」謂居養賢之世，不能正其所履，而舍其靈龜之明德，羨我朵頤而躁求，不足貴也。《咸》六二曰：「咸其腓，凶，居吉。」腓，謂動躁者也。感物以躁，凶之道也。由躁故凶，居則吉矣。夫遵道而行，不牽於俗，明哲之任也；與衆雷同，❷善柔之事也。《豫》六二曰：「介于石，不終日，貞吉。」謂順不苟從，豫不違中，不改其操，是以吉也。《咸》九三曰：「咸其股，執

❶「上」，原作「止」，據《周易》井卦九三爻王弼注改。
❷「同」下，光緒本有「則」字。

其隨，往吝。」謂志在隨人所執，亦已賤矣。用斯以往，吝其宜也。《小過》九三曰：「弗過防之，從或戕之，凶。」謂居下體之上，以陽當位，而不能先過防之，至令小者咸過，而復應而從焉，其從之也則戕之，凶至矣。然而絕類離倫，衆之所非，毀方瓦合，亦儒之權也。《萃》六二曰：「引吉，無咎。」謂處坤之中，己獨處正，與衆殊異，民之多僻，獨正者未能變體以遠於害，故必見引，然後乃吉而無咎也。凡此皆治身之道也。

或曰：脩身及家，自天子達庶人，一也。請問家道。

曰：《蠱》初六曰：❶「幹父之蠱，有子，考無咎，厲，終吉。」《象》曰：「幹父之蠱，意承考也。」謂幹父之事，不可大小損益，一依父命，當量事制宜，以意承考而已。九二曰：「幹母之蠱，不可貞。」《象》曰：「幹母之蠱，❷得中道也。」謂婦人之性，難可全正，宜屈己剛，既幹且順，故曰「不可貞」也。雖不宜全正，亦不可納之於邪，故曰「得中道」也。《家人》初九曰：「閑有家，悔亡。」謂治家之法，及其志之未變而豫防之，則悔亡也；家瀆而後嚴之，則無逮矣。九三曰：「家人嗃嗃，悔厲，吉。婦子嘻嘻，終吝。」謂家人雖嗃嗃，悔其酷厲，猶保其吉。婦子嘻嘻，乃失其節也。是威克厥愛，家道之善者矣。

---

❶「六」，原脱，據《周易》蠱卦初六爻辭補。
❷「之」，原脱，據《周易》蠱卦九二爻象辭補。

易論第五

或曰：修身及家，前聞之矣。請問凡所以遇於人，何如？

曰：夫上之遇下有道。《屯》初九曰：「盤桓利居貞，利建侯。」《象》曰：「雖盤桓，志行正也；以貴下賤，大得民也。」貴謂陽，賤謂陰也。初九之陽，在三陰之下，是以貴下賤，故大得民心也。《無妄》初九曰：「無妄往，吉。」《象》曰：「無妄之往，得志也。」亦謂體剛處下，以貴下賤，行不犯妄，故往得其志也。《困》九二曰：「困于酒食，朱紱方來，利用享祀，征凶，無咎。」謂以陽居陰，尚謙者也。體夫剛質，而用中履謙，應不在一，心無所私，雖以處困，物莫不至，不勝豐衍，故曰「困于酒食」也。能招異方，故曰「朱紱方來」也。然而不可以瀆也。《頤》六四曰：「顛頤，吉，虎視眈眈，其欲逐逐，無咎。」謂居得其位，以上養下，得頤之義，而下交不可以瀆，故虎視眈眈，威而不猛，不惡而嚴也。

夫下之遇上有道。《大過》初六曰：「藉用白茅，無咎。」謂以柔處下，心能謹慎，故得無咎也。《訟》六三曰：「食舊德，貞厲，終吉。或從王事無成。」謂體夫柔弱，以順於上，不爲九二，自下訟上，不見侵奪，保全其有，故得食其舊德而不失也。然而不可以諂也。《頤》六三曰：「拂頤，貞凶，十年勿用，無攸利。」謂履夫不正，以養於上，納上以諂者也。處頤而爲此行，十年見棄者也。立行於斯，無施而利也。《兑》六三曰：「來兑，凶。」謂以不正而來求説，邪佞之道，故凶也。《巽》九二曰：「巽在牀下，用史巫，紛若吉，無咎。」謂處巽之中，既在下位，而復以陽居陰，卑巽之甚。故曰「巽在牀下」也。若惟施至卑於神祇，而不用之於威勢，則得吉而無咎也。夫陽爲君子，陰爲小人，同於君子則吉，附於小人則凶。《臨》九二曰：「咸臨，吉，無不利。」謂有應在五，而五體柔，若順於五，則剛德不長矣。雖感應之時，不可全與相違，必未順其命，乃得吉，無不利也。六四曰：「至臨，無咎。」謂處順履正，不忌剛長，而乃應之，故得無咎也。《剥》六三曰：「剥之無咎。」謂與上爲應，群陰剥陽，我獨協焉，雖處於剥，可以無咎也。《夬》九三曰：「壯于頄，有凶。君子夬夬，獨行，遇雨若濡，有愠，無咎。」謂夬爲剛長，而三獨應上六，助於小人，是以凶也。君子處之，必能棄夫情累，決之不疑。故曰「君子夬夬」也。若不與衆陽爲群，而獨行殊志，應於小人，則受其困焉。遇雨若濡，有恨而無所咎也。夫心貴乎公，而量貴乎大，公則視人如一，大則無物不包。視人如一，則惟善是從也。無物不包，則雖愚有處也。《比》初六曰：「有孚比之，無咎也。有孚盈缶，終來有它吉。」謂處比之首，應不在一，心無私吝，則莫不比之，故必「有它吉」也。《同人》初九曰：「同人于門，無咎。」謂爲《同人》之首，而無應於上，心無係吝，通夫大同，出門皆同，誰與爲咎也。《兑》初九曰：「和兑，吉。」謂居兑之初，應不在一，無所黨係，「和兑」之謂也。説不在諂，履斯而行，未見有疑之者，吉其宜矣。《大過》九四曰：「棟隆，吉；有他吝。」謂雖能拯其弱，不爲下所撓，而應在初，用心不廣，故「有他吝」也。《蒙》九二曰：「包蒙吉，納婦吉，子克家。」謂以剛居中，童蒙所歸也。包而不距，則遠近咸至，故「包蒙吉」也。《泰》九二曰：「包荒，用馮河。不遐遺，朋亡，得尚于中行。」謂體健居中，而用乎泰，能包含荒穢，受納馮河者也。用心廣大，無所遐棄，無所朋黨，乃可以得配于五也。凡此皆遇人之道也。

易論第六

或曰：「吉凶悔吝，生乎動者也」，請問動而無悔則奚由？

曰：時乎時，智者弗能違矣。先時而動者，妄也；後時而不進者，怠也。妄者過之媒，怠者功之賊也。《蹇》初六曰：「往蹇來譽。」謂處難之始，居止之初，獨見前識，覩險而止，以待其時，故往則遇蹇，來則譽也。《歸妹》六三曰：「歸妹以須，反歸以娣。」謂室主猶存，而求進焉，進未值時，故有須也。不可以進，故反歸待時，以娣乃行也。凡此不可先時者也。《豐》上六曰：「豐其屋，蔀其家，闚其户，闃其無人，三歲不覿，凶。」謂處於明動尚大之時，而深自幽隱，以高其行。大道既濟，而猶不見隱，不爲賢。更爲反道，凶其室也。三年豐道之成，治道未濟，隱猶可也。既濟而隱，以治爲亂也。《節》九二曰：「不出門庭，凶。」謂初已造之，至二宜宣其制矣。而故匿之，失時之極，則遂廢矣。故不出門庭，則凶也。凡此不可後時者也。嗚呼！進取之時易見，退避之時難知。蓋利者，人之所欲，欲則存諸心，存諸心則計之熟矣。害者，人之所惡，惡則幸其無之，而不知爲謀矣。

或人請問退避之道。

曰：君子見機而作，愚者闇於成事，禍至而避，亦無及也。《涣》初六曰：「用拯馬壯，吉。」謂處散之初，乖散未甚，故可以遊行，得其志，而違於難也。不在危劇，而後乃逃竄，故曰「用拯馬壯，吉」也。《遯》初六曰：「遯尾，厲，勿用有攸往。」謂處遯之時，而爲遯尾，禍所及也。危至而後求行，難可免乎？故「勿用有攸往」也。然而矯枉過正，衆之所憎，和而不同，身乃無患。《明夷》初九曰：「明夷于飛，垂其翼；君子于行，三日不食。有攸往，主人有言。」謂處卦之始，最遠於難，遠難過甚，明夷遠遯，絶跡匿形，不由軌路，殊類過甚，以斯適人，人必疑之，故曰「有攸往，主人有言」也。六二曰：「明夷，夷于左股，用拯馬壯，吉。」夷于左股，示不能行也。以柔居中，用夷其明，進不殊類，退不逃難，故可用拯馬而壯吉也。夫有所避者，不可有所顧也，以欲而忘患，鱗屬所以死於餌也。《遯》九三曰：「係遯，有疾厲，畜臣妾，吉。」謂在内近二，以陽附陰，宜遯而繫，故曰「繫遯」。遯之爲義，宜遠小人，以陽附陰，繫於所在，不能遠害，亦已憊矣。宜其屈辱而危厲也。繫於所在，畜臣妾可也。施於大事，凶之道也。九四曰：「好遯，君子吉，小人否。」謂處於外而有應於内，君子好遯，故能舍之；小人繫戀，是以否也。若夫分有所定，義不可去，則莫若守正之爲利也。《泰》九三曰：「無平不陂，無往不復。艱貞無咎，勿恤其孚，❶于食有福。」謂處天地之將閉，平路之將陂，時將大變，世將大革，而居不失其貞，動不失其應，艱而能貞，不失其義，故無咎也。信義誠著，故勿恤其孚，于食有福也。《明夷》六五曰：「箕子之明夷，利貞。」謂最近於晦，與難爲比，猶闇不能没，明不可息，正不憂危，故利貞也。凡此，避禍之道也。《詩》曰「既明且哲，以保其身」，此之謂也。

---

❶「勿恤其孚」，原脱，據光緒本、《周易》泰卦九三爻辭補。

易論第七

或曰：獨陰孰始，獨陽孰生，萬事云爲，未有不因人以成。故大則有君臣之交，小則有同志之會，變故非一，願聞其詳。

曰：人事之變，或遠而相應，或近而相得。遠而相應，君臣之分定也；近而相得，以各無應同志者也。然而應於遠者，或爲近所困；承於上者，或爲下所逼。臣欲應君，而寇難阻之；君欲應臣，而讒邪制之。惟其明哲，決所去就，秉心不回，終乃無過也。《屯》六二曰：「屯如邅如，乘馬班如，匪寇婚媾，女子貞不字，十年乃字。」謂志在乎五，不從於初，與初相近而不相得，困於侵害，時方屯難，正道未通，涉遠而行，難可以進。屯難之世，勢不過十年，十年則反常，反常則本志斯獲矣。《大有》九四曰：「匪其彭，無咎。」謂既失其位，而上近至尊之威，下比分權之臣，其爲懼也，可謂危矣。唯夫有聖知者，乃能免斯咎也。三雖至盛，五不可舍，能辨斯數，專心承五，常匪其旁，則無咎矣。《睽》六三曰：「見輿曳，其牛掣，其人天且劓，魚器反。無初有終。」謂以陰居陽，以柔乘剛，志在於上，而不和於四，二應於五，則近而不相比，故滯隔所在，不獲進也。四從上取，二從下取，而應在上九，執志不回，初雖受困，終獲剛助也。《漸》九五曰：「鴻漸于陵，婦三歲不孕，終莫之勝，吉。」謂進得中位，而隔乎三四，不得與其應合，然各履正而居中，三四不能久塞其塗，不過三歲，必得所願矣。九三曰：「鴻漸于陸，夫征不復，婦孕不育，凶。」謂以陽爻爲下卦之主，而棄其群醜，與四相得，遂乃不反，夫征不復，樂於邪配，則婦亦不能執正矣。然小人之心，惡直醜正，近不相得，亦宜備之。《既抑又濟》六四曰：「繻有衣袽，終日戒。」謂履得其正，而近不與三五相得，鄰於不親，而得全者，終日戒也。抑又交際之間，理非一致，或名雖爲應，而實不相接，或義有可合，而情不相同，智者三思，故往而必納，愚者徑行，則動而多悔也。《屯》六四曰：「乘馬班如，求婚媾，往吉，無不利。」謂二雖比初，執正不從，不害己志者也。求與合好，往必見納矣。故《象》曰：「求而往，明也。」《小畜》初九曰：「復自道，何其咎，吉。」謂處乾之始，以升巽初，四爲己應，不距己者也。以陽升陰，復自其道，順而無違，何所犯咎，得義之吉也。《隨》六三曰：「係丈夫，失小子，隨有求得，利居貞。」謂雖體下卦，二已據初，將何所附，故舍初係四，志在丈夫，四俱無應，亦欲於己隨之，則得其所求也。《睽》六五曰：「悔亡，厥宗噬膚，往何咎。」謂有應在二，三雖比二，二之所噬，非妨己應者也。以斯而往，何咎之有？往必合也。凡此智者之慮，能見彼情者也。《屯》六三曰：「即鹿無虞，惟入于林中。君子幾不如舍，往吝。」謂三既近五，而無寇難，四雖比五，其志在初，不妨己路，可以進而無屯邅也。見路之易，不揆其志，五應在二，❶往必不納，何異無虞以從禽，其可獲乎？故不如舍，往吝窮也。《大畜》九二曰：「輿説輹。」謂五處畜盛，未可犯也。遇斯而進，故「輿説輹」也。凡此愚者之動，不知彼情者也。故亦有非應比，各亢一方，而涣然合好，罔有猜嫌者，同患相恤，勢使之然也。《睽》九四曰：「睽孤，遇元夫，交孚，厲無咎。」謂無應獨處，而初亦無應特立，處睽之時，俱在獨立，同處體下，故求其疇類而自託焉。相得無疑，故曰「交孚」。雖在乖革，志可得行，雖危無咎也。故曰「苟識其情，不憂乖遠；

❶ 「二」，原作「三」，據光緒本、《周易》王弼注改。

苟明其趣，不煩彊武」。能説諸心，能研諸慮，睽而知其類，異而知其通，其唯明爻者乎。

易論第八

或曰：天有常，故四時行；地有常，故萬物生；人有常，故德行成。而事或有變，勢或有異，以常待之，其可乎？

曰：常者，道之紀也。道不以權，弗能濟矣。是故權者，反常者也。事變矣，勢異矣，而一本於常，猶膠柱而鼓瑟也。《履》九五曰：「夬履，貞厲。」謂履道尚謙，不喜處盈，而五以陽處陽，正當其位，是以危也。《豐》六二曰：「豐其蔀，日中見斗，往得疑疾，有孚發若，吉。」謂處明動之時，爻皆以居陽位，又不應陰爲美，而二以陰居陰，常於厥位，故幽而無覿，不能自發也。若夫排患解紛，❶量時制宜，事出一切，愈不可常也。《益》六三曰：「益之，用凶事，無咎。有孚中行，告公用圭。」謂以陰居陽，處下卦之上，壯之甚也。語以謙沖，則罪可戮，用救衰危，則物所恃。故以此告公，國主所任也。《大過》九二曰：「枯楊生稊，老夫得其女妻，無不利。」謂以陽處陰，能過其本而救其弱者也。上無其應，心無係吝，處過以此，無衰不濟也。九三曰：「棟橈，凶。」謂居大過之時，處下體之極，不能救危拯弱，以隆其棟，而以陽處陽，自守所居，又應於上，係心在一，宜其淹溺而凶衰也。

❶「患」，光緒本作「難」。

或曰：甚哉！幹蠱之難也，才不勝任，亦可勉乎哉？

曰：駑駘疾走，不如良馬之安行也；小人飾智，不能及君子之任真也。天命之性，有限乎中，苟非其宜，是以身鈞禍也。《大有》九二曰：「大車以載，有攸往，無咎。」謂健不違中，爲五所任，任重不危，致遠不泥，故可以往而無咎也。《鼎》九四曰：「鼎折足，覆公餗，其形渥，凶。」謂處上體之下，而又應初，既承且施，非己所勝，故曰「鼎折足，覆公餗」也。既覆公餗，體爲渥沾，智小謀大，不勝其任，受其至辱，災及其身，故曰「其形渥，凶」也。《解》六三曰：「負且乘，致寇至。」謂處非其位，履非其正，乘二負四，以容其身，小人而乘君子之器，盜思奪之矣。凡此皆以身鈞禍者也。亦有才可適用，德可及物，而勢不可爲者，必謹察之也。《井》九二曰：「井谷射鮒，甕敝漏。」謂處上宜下，處下宜上，而二無應於上，反下與初，故莫之與也，是卑者不可以有爲也。《旅》九三曰：「旅焚其次，喪其僮僕，貞厲。」謂居下體之上，與二相得，以寄旅之身，而爲施下之道，與萌侵權，主之所疑，故次焚僕喪而身危也，是疏者不可以有爲也。凡此亦所以鈞禍也。或有不量其力，悖道逆理，以圖非望，兹又罪之至也。《履》六三曰：「眇能視，跛能履，履虎尾，咥人凶。武人爲于大君。」謂以陰居陽，以柔乘剛，志在剛健，不脩所履，欲以陵武於人，爲于大君，行未能免於凶，而志存于五，❶頑之甚也。《同人》九三曰：「伏戎于莽，升其高陵，三歲不興。」謂貪於所比，據上之應，其敵剛健，非力所當，故伏戎于莽，不敢顯亢也。升其高陵，望不敢進，量斯勢也，三歲不能興者也。三歲不能興，則五道亦已

❶「五」，原作「王」，據《周易》履卦六三爻辭王弼注改。

成矣，安所行焉。《隨》上六曰：「拘係之，乃從維之。王用亨于西山。」謂隨之爲體，陰順陽者也。最處上極，不從者也。隨道已成，而時不從，故拘係之乃從也。《離》九四曰：「突如其來如，焚如，死如，棄如。」謂逼近至尊，履非其位，欲進其盛，以炎其上，命必不終也。噫！天不可違，人不可欺，忠孝之美，有生者所宜拳拳也。

易論第九

或曰：如此乎！禍福之猶影響也，何從而慎諸？

曰：火之生也，一勺之勝；及其燎也，川流莫競。是故君子慎乎始也。《節》初九曰：「不出户庭，無咎。」謂爲節之初，將整離散而立制度者也。故明於通塞，慮於險僞，不出户庭，慎密不失，然後事濟而無咎也。初九曰：「壯于前趾，往不勝爲咎。」謂居健之初，爲決之始，宜審其策，以行其事。壯其前趾，往而不勝，宜其咎也。

然則不慎而失之者，尚可及乎？

曰：亦在人之明與昧也。明者則辯之於早，過而能改，故可及也；昧者則以智飾非，至于貫盈，雖悔無及矣。《復》初九曰：「不遠復，無祇悔，元吉。」謂最處復初，始復者也。不遠而復，幾悔而反，以此修身，患難遠矣。錯之於事，其殆庶幾乎？故元吉也。《需》九三曰：「需于泥，致寇至。」《象》曰：「需于泥，灾在外也；自我致寇，敬慎不敗也。」謂以剛逼難，欲進其道，所以招寇而致敵也。猶有須焉，不陷其剛。寇之來也，自我所招。恭慎防備可以不敗也。《訟》九四曰：「不克訟，復即命渝，安貞，吉。」謂處上訟下，可以改變者也，故其咎不大。若能反從本理，變前之命，安貞不犯，不失其道，爲仁由己，故吉從之也。《噬嗑》初九曰：「履校滅趾，無咎。」謂過輕戮薄，足懲而已，小懲大誡，乃得無咎也。《同人》九四曰：「乘其墉，弗克攻，吉。」謂履非其位，以與人争，二自五應，三非犯己，攻三求二，尤而效之，違義傷理，衆所不與，故雖乘墉而不克也。不克則反自思過，以從法則，故得吉也。《臨》六三曰：「甘臨，無攸利，既憂之，無咎。」謂履非其位，居剛長之世，而以邪説臨物，宜其無攸利也。若能盡憂其危，改修其道，剛不害正，故咎不長也。凡此辯之於早可及者也。《復》上六曰：「迷復凶，有灾眚，用行師，終有大敗，以其國君凶，至于十年不克征。」謂最處復後，是迷者也。以迷求復，故曰「迷復」也。用之行師，難用有克，終必大敗，用之於國，則反乎君道也。大敗乃復，量斯勢也，雖復十年脩之，猶未能征也。《噬嗑》上九曰：「何校滅耳，凶。」謂處罰之極，惡積不改者也。罪非所懲，故刑及其首，至于滅耳。及首非誡，滅耳非懲，凶莫甚焉。

凡此至于貫盈，雖悔無及者也。亦有勢猶可救，而弗用謀言，遂及敗覆者，兹又不明之甚也。《夬》九四曰：「臀無膚，其行次且，牽羊悔亡，聞言不信。」謂下剛而進，非己所據，必見侵食，失其所安，而五爲夬主，非下所侵，若牽於五，則可得悔亡而已。剛亢不能納言，自任所處，聞言不信，以斯而行，凶可知矣。噫！過而不能知，是不智也；知而不能改，是不勇也。持疑猶豫，目以無害，古之亡國敗家，未嘗不以此也。

易論第十

或曰：文王之囚，箕子之奴，豈其所自取哉？

曰：患自己招，斯可患也；患非己招，斯不足患也，其必免矣！如其不免，是有命焉，非智之過也。《節》六三曰：「不節若，則嗟若，無咎。」謂以陰處陽，以柔乘剛，違節之道，以至哀嗟。自己所致，故無所怨咎也，此患自己招者也。《漸》初六曰：「鴻漸于干，小子厲，有言，無咎。」謂始進而未得其位，則困於小子，窮於謗言，故曰「小子厲，有言」也。困於小子讒謬之言，未傷君子之義，故曰「無咎」也。《姤》九三曰：「臀無膚，其行次且，厲，無大咎。」謂處下體之極，而二據於初，不爲己乘，居不獲安，行無其應，不能牽據以固所處，故曰「臀無膚，其行次且」也。於履得其位，非爲妄處，不遇其時，故使危厲。災非己招，是以「無大咎」也。此患非己招，必免者也。《蹇》六四曰：「往蹇來連。」謂往則無應，來則乘剛，往來皆難，故曰「往蹇來連」。然得位履正，當其本實，雖遇於難，❶非妄所招也。此患非己招，不可免者也。是有命焉，非智之過也。亦有進不違私，志在救難，以危其身，此又君子之大義，非智者之羞也。《大過》上六曰：「過涉滅頂，凶，無咎。」謂處大過之極，過之甚也。涉難過甚，故至于滅頂，凶。志在救時，故不可咎也。古之人曰：「貪夫徇財，烈士徇名，夸者死權。」有所欲者必得所惡也。關龍逢死於夏，王子比干死於商，人臣之義，不得不

❶「雖」，原作「難」，據光緒本、《周易》蹇卦六四爻辭王弼注改。

然也。是故知幾之賢，少欲之士，拂衣塵外，高蹈不還，鴻飛冥冥，非弋人之所慕也。《蠱》上九曰：「不事王侯，高尚其事。」謂最處事上，而不累於職位，不承事王侯，但自高尚其事，故志可則也。《漸》上九曰：「鴻漸于陸，其羽可用爲儀，吉。」謂進處高潔，不累於位，無物可以屈其心而亂其志，峨峨清遠，儀可貴也。《賁》初九曰：「賁其趾，舍車而徒。」謂在賁之始，以剛處下，居於無位，棄於不義，安夫徒步，以從其志者也。此二疏以免於漢，四皓以免於秦，特立獨行，非凡所及也。噫！天道之變，日星循環，占之而不舛者，以知其數也。人事之動，情僞交錯，應之而不謬者，以知其勢也。持之以正，用之以中，百禄之來，弗可辭也已。噫！非天下之至變，其孰能與於此哉！

易論第十一

或曰：卦者，時也。爻者，適時之變者也。時既不一，事亦不同，不可相假者也。今子統而論之，毋乃咈於時乎？

曰：時雖異矣，事雖殊矣，然事以時變者，其迹也。統而論之者，其心也。迹或萬殊，而心或一揆也。若夫湯湯洪水，禹以是時而濬川；黎民阻饑，稷以是時而播種；百姓不親，契以是時而敷五教；蠻夷猾夏，皋陶以是時而明五刑。其迹殊，其所以爲心一也。統而論之，謂之有功可也。亦有因時立事，事不局於一時，可爲百代常行之法者，如仁、義、忠、信之例是也。故夫子於上、下《繫》所稱者，十有九爻未有言其時者，蓋事不局於一時也。是故時有小大，有以一世爲一時者，此其大也；有以一事爲一時者，此其小也。以一世爲一時者，否、泰之類是也，天下之人共得之也；以一事爲一時者，訟、師之類是也，當事之人獨得之也。借如今之世，泰之時也，天下所共矣。而所遇之事，人各不同。若其倥侗之質，求師辯惑，蒙之時也；立身嚮道，非禮勿行，履之時也；居其德義，以待施惠，井之時也；自遠之近，觀鑒朝美，觀之時也；量能受任，各當其分，鼎之時也；夙夜在公，幹君之事，蠱之時也；用其剛正，辯物之事，訟之時也；斷其刑罰，無有不當，噬嗑之時也；出軍遣將，以討不庭，師之時也；險難在前，按兵觀釁，需之時也；民有困窮，從而養之，頤之時也；事有所失，知而改之，復之時也；禮有過差，議而定之，節之時也；逸樂之情，約之以正，豫之時也；文飾之盛，反之於素，賁之時也；人有解慢，示之以威，震之時也。夫此之類，皆以一事爲一時。而諸卦之時，君之所遇者多，以事無不統也。臣之所遇者寡，以事有分職也。或一人之身而兼數事，或終食之久而移數時，時既屢遷，迹亦皆變。苟不求其心之所歸，而專視其迹，則散漫簡策，百紐千結，豈中材之所了邪？子曰：「天下何思何慮？天下同歸而殊塗，一致而百慮。」天下何思何慮，謂少則得，多則惑也。然則統而論之，不亦可乎？

易論第十二

或人請問：乾坤何時也？

曰：乾者，聖人進取天位，非承平之時也。故初則潛，二則見，三則乾乾，四則或躍，五則飛，上則亢也。坤者，聖人防閑臣下，非大通之時也。故初則履霜，上則龍戰，三則含章而不敢爲首，四則括囊而後無咎，五則黄裳而後元吉。唯二居於下卦，履其中正，乃可任其自然也。

又問：大過之時，則務在救危；遯、明夷之時，則貴乎避難。何其不同也？

曰：大過之時，本末雖弱，而未見君之昏亂，臣之讒邪，是國家之難，何世無之？君子之義，不得不救也。遯則小人得志，明夷則闇主在上，忠良之士徒見害而已，無足可爲也。君子之智，不得不避也。

又問：陰爻浸長，皆小人道盛也。剥之五陰，否之三陰，小人衆多矣，而不見君子避之之意，二陰始進，而君子之遯，猶恐爲尾，何也？

曰：君子之道，知幾其神，故云二陰用事，小人將盛，而亟避之，則無患矣！苟至于否塞，至于剥落，而後退焉，不已晚乎！《易》之爲遯，所以示先見也。

然則剥與明夷孰爲大禍？

曰：小人雖盛，制之在君，故貫魚以宫人寵，則無不利，是禍之小也；主之闇，則末如之何，故南狩得其大首，是禍之大也。

又問：屯也，蹇也，困也，名相近也，請言其别。

曰：屯者，動乎險中可爲之世也，然而足以有功矣。蹇者，見險而止不可爲之世也，然而足以無過矣。困者，剛見揜於柔，君子爲小人所蔽，窮厄委頓者也。人之所患，莫斯之甚也。

比也，同人也，隨也，義相類也，請言其異。

曰：比者，剛得尊位，上下應之，天下之人皆親其君也。同人者，柔履中正，而應乎乾，同志相合，物各有黨也。隨者，剛來下柔，動而之説，謂能下於人，動則人説，莫不從其所爲也。上之所務，莫斯之大也。

謙也，巽也，奚若？

曰：謙者，内陽外陰，屈其剛德，以下於物者也。巽者，内外皆陰，心貌如一，情實卑順者也。

豫也，兑也，奚若？

曰：豫者，主於逸樂。兑者，喜悦而已也。

晉也，升也，奚若？

曰：升者，升得位。晉者，進見於君也。

泰也，既濟也，奚若？

曰：泰者，君臣合好，君子在位，小人在野之世也。❶ 然物既大通，多失其節，故不具利正之德也。若夫物皆得其所，事皆得其宜，未有如既濟之盛者也。堯舜其猶病諸，然安不忘危，戒在終止，故曰：初吉終亂也。泰之極，則城復于隍，既濟之極，則濡其首，禍福倚伏，誠可畏也。昔大禹之訓曰：「予臨兆民，懔乎若朽索之馭六馬。」夫能保萬世無疆之休，其唯知懼者乎！

❶「世」，光緒本作「時」。

易論第十三

或曰：八卦成列，象在其中矣，謂備天下之象也。請言其略。

曰：天地萬物存乎《説卦》矣，姑以人事明之。八卦之道在人靡不有之也，但賢者得其正，不肖者處其偏矣。夫剛而不暴，乾之正也；順而不邪，坤之正也；動而不妄，震之正也；卑而不辱，巽之正也；險而不可犯，坎之正也；明而不可欺，離之正也；静而不可誘以利，艮之正也；和而不可撓以怒，兑之正也。若剛而不容於物，乾之偏也；順而不守其道，坤之偏也；動而爲躁，震之偏也；卑而爲佞，巽之偏也；險而爲賊害，坎之偏也；明而爲苛細，離之偏也；止而不及其時，艮之偏也；説而不由於禮，兑之偏也。是故賢者以功，不肖者以過；賢者以福，不肖者以禍。由所用之道，名同而實異也。然賢者之道也，或其數不備，或所施者狹。夫能具八者之用，發之乎身，充之乎天地之間者，其唯聖人乎？故用之於國，則邇人安；用之於軍，則遠人服。鼓之舞之，無物不得其宜矣。純精勁正，造成庶事，旰食忘倦，終而復始，用乾於國也；含藏廣大，靡物不愛，隤然和順，無有煩擾，用坤於國也；甲兵斧鉞，以重其威，無敢奸宄，無敢怠惰，用震於國也；適時之變，權宜在己，以貴下賤，士争歸之，用巽於國也；封疆阻固，山河分限，貴在常尊，無得褻近，用坎於國也；善靡不照，惡靡不見，人文化成，上下肅雍，用離於國也；脩其典禮，止邪未形，慢易之心，無自而入，用艮於國也；行慶施惠，洽于群心，罔有小大，翕然欣戴，用兑於國也。以剛決事，以勇臨敵，變動不息，罔失其正，用乾於軍也；撫養士卒，如母親子，雖其柔仁，不害方直，用坤於軍也；先聲後實，威聞敵國，動於九天，物莫能亢，用震於軍也；隱其形勢，示之不能，始如處女，後如脱兔，用巽於軍也；深溝高壘，遠其斥候，敵人不得襲，刺客不得近，用坎於軍也；部曲分辯，各有麗著，號令明白，衆罔疑惑，用離於軍也；退北佯爲不追，見利佯爲不知，持重有待，嶷如山立，用艮於軍也；誅其渠魁，弔其民人，簞食壺漿，以迎王師，用兑於軍也。故知八卦之道大矣！有高焉，必乘其上；有深焉，必載其底；有旁焉，必環其外。幽無不貫，微無不徹，惟所用之何如耳！

噫！作《易》者既有憂患矣！讀《易》者其無憂患乎？苟安而不忘危，存而不忘亡，治而不忘亂，以憂患之心，思憂患之故，通其變，使民不倦，神而化之，使民宜之，則自天祐之，吉無不利矣。

直講李先生文集卷之四

删定易圖序論

覯嘗著《易論》十三篇，援輔嗣之注以解義，蓋急乎天下國家之用，毫析幽微，所未暇也。世有治《易》根於劉牧者，其説日不同。因購牧所爲《易圖》五十五首，觀之則甚複重，假令其説之善，猶不出乎《河圖》、《洛書》、八卦三者之内，彼五十二皆疣贅也。而況力穿鑿以從傀異，考之破碎，鮮可信用。大懼詿誤學子，壞隳世教，乃删其圖而存之者三焉：所謂《河圖》也，《洛書》也，八卦也。於其序解之中，撮舉而是正之，諸所觸類，亦復詳説，成六論，庶乎人事脩而王道明也。其小得失，不足喜愠者，不盡糾割。别有一本，黄黎獻爲之序者，頗增多誕謾，自鄶以下，可無譏焉。牧又注《易》，所以爲新意者，合牽象數而已，其餘則攘輔嗣之指而改其辭，將不攻自破矣。先代諸儒，各自爲家，好同惡異，有甚寇讎，吾豈斯人之徒哉？憂傷後學不得已焉耳。

河圖

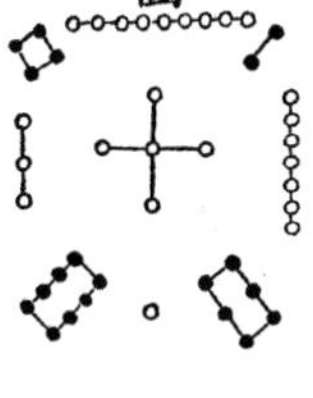

洛書

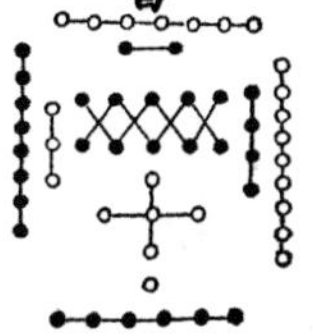

八卦

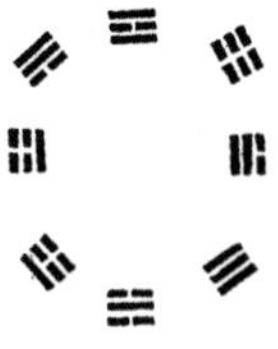

論　一

或問：劉氏之説《河圖》《洛書》同出于伏羲之世，何如？

曰：信也。《繫辭》稱：「河出圖，洛出書，聖人則之。」其指在作《易》也，則不待禹而得之明矣。

其所圖者信乎？

曰：《洛書》五十有五，協於《繫辭》天地之數。《河圖》四十有五，雖於《易》無文，然其數與其位，灼有條理，不可移易，非妄也。惜乎劉氏之辯則過矣！

或曰：敢問《河圖》之數與位，其條理何如？

曰：一、三、五、七、九，奇數，陽也。二、四、六、八，耦數，陰也。非中央則四正矣，坎、離、震、兑之位也。不得其正而得四隅矣，乾、坤、艮、巽之位也。乾、坎、艮、震，陽卦位也，則左旋。兑、坤、離、巽，陰卦位也，則右轉。奇則先左而後右，耦則先右而後左。坎一震三也，兑七離九也，坤二巽四也，乾六艮八也。抑又縱横數之，皆得十五，此非灼有條理不可移易者乎？

或曰：劉氏之辯，其過焉在？

曰：劉氏以河、洛圖書合而爲一，但以《河圖》無十，而謂水、火、木、金不得土數，未能成形，乃謂之象。至于《洛書》有十，水、火、木、金，附於土而成形矣，則謂之形。以此爲異耳。其言四象生八卦，則取《河圖》之七、八、九、六，以其有象字，不可用《洛書》之形故也。其下文又引水六、金九、火七、木八而生八卦，於此則通取《洛書》之形矣。噫！何其自相違也。矧曰天五居中而主乎變化，上駕天一而生地六，下駕地二而生天七，左駕天三而生地八，右駕地四而生天九者，不亦惑乎？夫所謂生者，言乎其始也。苟《河圖》之象生八卦，則《洛書》之形又生八卦者何也？若以聖人既取《河圖》之數以畫卦，而《洛書》之數止爲揲蓍，則其論云：在《河圖》則老陽老陰，少陽少陰之數。此又已言揲蓍矣。反覆不通，故曰自相違也。夫天一至地十，乃天地之氣降出之次第耳。謂之五者，非有五物，謂之十者，非有十枚。而曰五十有五者，蓋聖人假其積數以起算法，非實數也。如人兄弟行下浪反。第一至第十者，乃十人耳，焉可謂有五十五人哉？

厥初太極之分，天以陽高於上，地以陰卑於下。天地之氣，各亢所處，則五行萬物何從而生？故初一則天氣降於正北，次二則地氣出於西南，次三則天氣降於正東，次四則地氣出於東南，次五則天氣降於中央，次六則地氣出於西北，次七則天氣降於正西，次八則地氣出於東北，次九則天氣降於正南。天氣雖降，地氣雖出，而猶各居一位，未之會合，亦未能生五行矣！譬諸男未冠，女未笄，昏姻之禮未成，則何孕育之有哉？況中央八方，九位既足，而地十未出焉，天地之氣誠不備也。由是一與六合于北而生水，二與七合于南而生火，三與八合于東而生木，四與九合于西而生金，加之地十以合五于中而生土，五行生而萬物從之矣。二四易位，而一三五如其初者，當所王之方也。夫物以陰陽二氣之會而後有象，象而後有形。象者，胚胎是也；形者，耳目鼻口手足是也。《河圖》之數，二氣未會，而劉氏謂之象，悖矣！若夫《洛書》之數，五位既合，則五行有象且有形矣。象與形相因之物也，其一、二、三、四、五爲生數，六、七、八、九、十爲成數者，徒以先後分之耳。其實二者合而後能生，生則成矣，蓋非一生之，待六而後成也。假令《河圖》是象，《洛書》是形，則取《洛書》而爲八卦者，亦非酌水燃火，伐木鍛金而成之也，直取其象耳，以法象而言之不亦可乎？何其固執形象之象也？其曰：天五駕一、二、三、四而生六、七、八、九者，愈乖遠矣！且陰陽會合而後能生，今以天五駕天一、天三，乃是二陽相合，安能生六生八哉？天降陽，地出陰，陰陽合而生五行，此理甚明白，豈有陽與陽合而生陰哉？況所謂五者，乃次第當五，非有五物也，其一與六合之類，皆隔五者，蓋以一、二、三、四、五主五方，而六、七、八、九、十合之，周而復始，必然之數，非有取於天五也。其不用五奇主五方，而五耦合之者，陽方則奇爲之主而耦與之合，陰方則耦爲之主而奇與之合，又昭昭矣。至如劉氏所圖，太極生兩儀一、二、三、四，其解曰：畫天左旋，畫地右動，今按其畫，天一在坎，天三在震，誠左旋也；地二在離，地四在兑，亦左旋耳，非右動也。夫所謂左旋者，如斗柄自寅向卯也，右動者，如日月五星自丑向子也。今以自午向酉而爲右動，何哉？若直以東北爲左方，西南爲右方，以分天地之位，則又不可謂之旋且動也。旋動者，進前之意也。設謂陽升陰降，先兑四而後離二，則《繫辭》所陳先二而後四，未嘗倒言之也。如是則劉氏之解果謬矣。注《易》圖《易》，自謂窮天地之理，而乃未明左旋右動之法，甚哉！其可笑也。

論　二

或曰：劉氏謂聖人以《河圖》七、八、九、六而畫八卦，而吾子之意乃取《洛書》，何也？

曰：《繫辭》稱：「八卦成列，象在其中矣。」謂備天下之象也。《河圖》之數，二氣未合，品物未生，何所象乎？《洛書》之數，五行成矣，萬物作矣，於是象金而畫乾兑，象土而畫坤艮，象木而畫震巽，象水而畫坎，象火而畫離，不言五而言四象者，以土分王四時，舉四行，則土可知矣。又以四行之數而揲蓍，七少陽八少陰，九老陽六老陰是也。

曰：敢問畫卦皆取《洛書》矣。其於《河圖》何所則也？

曰：則其位也。《河圖》有八方之位，《洛書》有五行之象，二者相須而卦成矣。

曰：劉氏以爲六居坎而生乾，謂三爲坎三爲乾也。九居兑而生坤，謂三爲兑六爲坤也。七居離而生巽，謂三爲離四爲巽也。八居震而生艮，謂三爲震五爲艮也，何如？

曰：以位數之，則乾、坤、艮、巽亦三位也；以畫數之，則坎、震亦五畫也，離、兑亦四畫也，何其或以位數或以畫數反錯之甚也？況《説卦》稱「六畫而成卦」，「六位而成章」，彼重卦，然畫與位等耳，未嘗析言之也。苟析言之，則坤六位而十二畫矣，焉得曰六畫成卦也。雖《繫辭》「陽一君而二民」，蓋取陰耦以喻人臣代終之義，非可積以爲數也。今謂人有二心者，非可積十人以爲二十心也。且劉氏説天地之數六者有六物耳，而乃以一爻分爲二畫，以當二物可乎？歷觀諸卦，以爻爲人，雖陰爻亦一人耳。帝乙歸妹，非有兩妹也。箕子明夷，非有兩箕子也。然則劉氏畫卦之説，其不可用明矣！矧聰明叡智，創制立法，固不區區專決於圖書，故曰：「古者包犧氏之王天下也，仰則觀象於天，俯則觀法於地，觀鳥獸之文與地之宜，近取諸身，遠取諸物。」是不專決於圖書，參互而後起之者也。聖人既按《河圖》有八方，將以八卦位焉。《洛書》有五行，將以八卦象焉。於是觀陰、陽而設奇耦二畫，觀天、地、人而設上中下三位。純陽爲乾，取至健也；純陰爲坤，取至順也。一陽處二陰之下，剛不能屈於柔，以動出而爲震；一陰處二陽之下，柔不能犯於剛，以入伏而爲巽；一陽處二陰之中，上下皆弱，罔克相濟，以險難而爲坎；一陰處二陽之中，上下皆强，足以自託，以麗著而爲離；一陽處二陰之上，剛以馭下，則止，故爲艮；一陰處二陽之上，柔以撫下，則説，故爲兑也；西北盛陰用事，而陽氣盡矣，非至健莫能與之争，故乾位焉。争勝則陽氣起，故坎以一陽而位乎北。坎者，險也。一陽而犯衆陰，誠不爲易而爲險也。艮者，止也。物芽地中將出而止也，待春之謂也。自此動出乎震，絜齊乎巽。離者，明也。萬物皆盛長，得明而相見也。坤厚以養成之，成而説，故取諸兑也。畫八卦分八方之義，如斯而已也。

或曰：《説卦》稱「勞乎坎」，謂萬物閉藏納受爲勞也。「成言乎艮」，謂萬物之所終也。今吾子之言似不類者，何也？

曰：孔子據物終於地上而言也。覼取諸物始於地下而言也。所以就足先聖之論，使人不疑耳。

或曰：劉氏謂三畫象三才，爲不詳《繫辭》之義，則以乾之三畫爲天之奇數三，一、三、五皆陽也。坤之三畫爲地之耦數三，六、八、十皆陰也。獨陽獨陰，無韞三才之道者，何如？

曰：劉氏學《易》，乃不知畫之與位各一事也。畫者，譬諸人也；位者，人所處之地也。三畫雖純陽象天，而三位有天、地、人之别，何害也？上、中、下三位，譬如公也，卿、大夫也。奇耦二畫，譬如君子也，小人也。公卿大夫皆君子蓋有之矣，皆小人亦有之矣，或一君子而二小人，或一小人而二君子，猶行人之止傳舍，何常之有？安可見純天便曰無地位，見純地便曰無天位哉？且其引《説卦》兼三才而兩之，故《易》六畫而成卦，以爲六畫包三才，無三畫韞三才之説。噫！何其泥也。三畫象三才矣，重之爲六，又象三才，何害也？若三畫之時，乾爲天，坤爲地，六畫之後，亦不免爲天爲地也。三畫之位則初爲地，二爲人，三爲天。六位則初二爲地，三四爲人，五上爲天，從宜改易，何固執之爲哉？且劉氏論三才，則引《説卦》六畫，破先儒三畫以爲不經，及其論奇耦，則用天三奇，地三耦，天地各減其二，不顧《繫辭》五位有合之説，是經乎不經也。又其論乾元用九，謂天一，天三，天五，陽數也；坤元用六，謂地二，地四，陰數也。至其下文以天五散在五行，天一居尊不動，餘有天三地四，合而成九，天三則乾之三畫，地二、地四則坤之六畫，陽得兼陰，故乾三兼坤六而乾元用九也。噫！陽不可兼陰乎，則天三何以稱用九？陽果得兼陰乎，則天一、天三、天五當兼地二、地四，何以不稱乾元用十五也？輕先儒九揲六揲之通義，而務求新，不虞錯亂之至此，鄙哉！

論　三

或人敢問：大衍之數五十，諸儒異論，何如？

曰：京房、馬季長、荀爽之釋，吾無取焉耳。至於鄭康成、姚信、董遇以爲天地之數五十有五，減五而用之，劉氏亦同此説，吾有取焉耳。此章上言大衍之數，下言乾坤之策，中言天地之數，非衍之用而何也？然所以減之之意，或謂減五行，或謂減六畫，或謂減天五，蓋未之思矣。夫五行、六畫、天五減之之可否，不足復詰。吾直謂天地之數，雖五十五，至揲蓍之法，止可用五十，故取其整數而已也。只如期三百六旬有六日，而乾坤之策三百六十。當期之日，又豈可言無六策以當六日者，別有意也。聖人揲蓍，虚一分二，掛一揲四，歸奇再扐，確然有法象，非苟作也。故五十而用四十九，分於兩手，掛其一，則存者四十八，以四揲之，十二揲之數也。左手滿四，右手亦滿四矣。乃扐其八，而謂之多。左手餘一，則右手餘三，左手餘三，則右手餘一，左手餘二，右手亦餘二矣。乃扐其四，而謂之少。三少則扐十二，并掛而十三，其存者三十六，爲老陽，以四計之，則九揲也，故稱九。三多則扐二十四，并掛而二十五，其存者二十四，爲老陰，以四計之則六揲也，故稱六。一少兩多則扐二十，并掛而二十一，其存者二十八，爲少陽，以四計之，則七揲也，故稱七。一多兩少則扐十六，并掛而十七，其存者三十二，爲少陰，以四計之，則八揲也，故稱八。所謂七、八、九、六者蓋取四象之數也。以是五十之策，不可增損，增一損一，則不可揲之矣。故康伯述輔嗣之旨曰：演天地之數，所賴者五十也。苟謂聖人以五行、天五之故，特減其五，則未知不減之時如何揲也。以五十五而虛其一，又掛其一，則兩手五十三，十三揲之數而餘一也。左手雖得四，右手尚餘一，左手三則右手二，左手二則右手三，左手一則右手四，終無平時，雖童子亦知不可爲也。五十之上，唯五十四可矣。虛一掛一，則兩手五十二，十三揲之數也。然三少則存者四十三，多則存者二十八，一少兩多則存者三十二，一多兩少則存者三十六，乾元當用十，坤元當用七，少陽八，而少陰九矣。其下唯四十六，虛一掛一，則兩手四十四，十一揲之數也。然乾元當用八，坤元當用五，少陽六，而少陰七矣。不徒不應四象之數，陽反而耦，陰反而奇矣。吾故謂揲蓍之法，止可用五十，故取其整數而已也。

或曰：虛其一者，康伯以爲太極，劉氏以爲天一，何如？

曰：究觀《繫辭》以「四十九，分而爲二以象兩」，則是虛一在兩儀之前也。下文「太極生兩儀」，則又太極在兩儀之前。太極與虛一相當，則一非太極而何也！且其謂大衍後，天地之數，則太極不可配虛其一之位，此又不思之甚矣。作大衍之法，誠在數之後矣，然其所取象，固在數之先。所謂分而爲二，以象兩者也。蓋有兩儀，而後有數也。既可象兩儀於數之先，豈不得配太極於兩儀之上哉！若以一二三四便爲兩儀，則天非一天，地非一地而已也。是知天地者，其體也；一二三四之類，其氣也。苟虚一以象天一之氣，而分四十九以象兩儀之體，則是逸其末而勞其本，於義乖矣。又破康伯之注「無不可以無明，必因於有」，以謂太極其氣已兆，非「無」之謂。噫！其氣雖兆，然比天地之有容體可見，則是無也。又稱：聖人之辭「易有太極」，既言「有」，則非「無」之謂也。吾以爲天地之先，强名太極，其言「易有太極」，謂有此名曰太極者耳，非謂太極便有形也。❶如《老子》之言，恍忽中「有物」「有象」，不可一見有字，便指爲實物、實象也。凡此，皆巧詆先儒，不自知其罪也。

論　四

或曰：劉氏謂坎生復卦，離生姤卦，何如？

曰：磔裂爻位則巧矣，義則未也。聖人設卦觀象，以陽潛地中，故坎以一陽居二陰之中。陽生陰下，故復以一陽居五陰之下。八卦配八方，則坎當北。十二卦配十二月，則復當建子。復之陽乃坎之陽也。陽則無二而象之之卦有兩也。何哉？八方與十二月不同也，三畫與六畫不同也，是故陽則無二而象之之卦有

---

❶「形」下，正德本、萬曆本、光緒本有「色」字。

兩也。離與姤亦如之。若謂坎之陽生復之陽，離之陰生姤之陰，則是十一月有兩陽也，五月有兩陰也，固不然矣。且其説以復卦生于坎，中動於震，交於坤，變二震、二兑、二乾而終。姤卦生於離，中消於巽，交於乾，變二巽、二艮、二坤而終。自復至坤，凡十二卦，主十二月。噫！以十二月言之，則自復以往，歷臨、泰、大壯、夬而後至乾，此云二震、二兑而後二乾者，何也？自姤以往，歷遯、否、觀、剥而後至坤，此云二巽、二艮而後二坤者，何也？以八方言之，則自坎以往，歷艮、震至巽極矣，陽一於子而六於巳也。此云震、兑、乾者，何也？自離以往，歷坤兑至乾極矣，陰一於午而六於亥也。此云巽、艮、坤者何也？其意以復姤生於坎離，而變初四，變二五，變三上，每爲二卦，則八卦備，謂之巧也宜矣，然義不通也。又以姤巽承於乾，非四正之卦，乃引歸妹之兑云：妹係姊嫁，故兑少女，而用巽之長女主其卦。噫！何僞飾之多也。彼其意欲以兑承於乾則成履，非姤陰生之卦，又不可數變，故引兑於歸妹，假託廣嗣之義，而係巽於姤耳。不徒義理迂怪，以象論之，大可笑也。少女既嫁於震又係巽，而嫁於乾乎？長女既交於乾，又從兑，而交於震乎？則是一女而事二夫也，豈不可笑？此所謂僞飾之多也。聖人之意曷至是哉？

或曰：劉氏之説「七日來復」，不取《易緯》六日七分，何如？

曰：不取宜矣。苟以十二月之卦論之，則剥盡之後經坤，一月非止七日也。以六日七分言之，則剥盡之後經艮、既濟、噬嗑、大過、坤、未濟、蹇、頤、中孚九卦，每卦六日七分，乃至于復，非止七日也。然劉氏更以七爲少陽，必經陰六之數盡，至七日，少陽乃生，斯又未善也。歷觀衆卦，或言七日，或言三日，或言三年，或言十年，强爲配合，時或可言，參相鉤考，辭則易屈。大抵言日遠者，不過七日，震六二，既濟六二，勿逐七日得，不過七日而得也。七日來復，以復不可遠，君子之道雖消不久，不過七日而復。《彖》曰：「天行也。」蓋言來復之義，是天之行，反覆如此，亦非考案氣候實日而云也。萬壽無疆，豈實有「萬」哉？愛而多之之辭也。

或曰：臨「至于八月有凶」，諸儒之論，孰爲得失？

曰：何氏云「建子陽生，至建未爲八月」當矣。臨二陽，遯二陰，合耦之卦也。劉氏破之，以爲果建子則辭當在復卦之下，此不明矣！且復卦陽生，其勢微弱，未足矜也。臨卦剛長，强亢之漸，故戒之以遯卦有凶也。推其本而言之，復生爲一月，臨長爲二月，至遯爲八月，不亦可乎？而劉氏固守臨之建丑，數至遯之建未則七月，以不滿八之故，遂用周正，排建未爲八月。又念文王演卦在商之末，正朔未改，不可以未爲八月，乃稱周公述而成之，故以周正爲定。且先儒以爲文王作《卦辭》，周公作《爻辭》，劉氏既未有以破之，安得謂《卦辭》亦周公所成？以飾臨卦八月用周正之説乎？其下文曰，況乎《易》有三名：夏曰《連山》，商曰《歸藏》，周曰《周易》。《易》既題周以正名，則不得不以周之正朔定其月也。且《周易》書名，周公設官，可題周家，以別餘代，《卦辭》豈得擅改？彼禮樂損益，蓋從時之宜。《易》之爲書，萬世無斁。況文考之手澤，周公改之，何意也！文王若曰「七月有凶」，有何妨害？而周公故以八月定之乎？文王作《易》之時，便題周字亦可矣，何必周公也？號國曰周，其來久矣，故曰：「周雖舊邦，其命惟新。」雖紂在上，而題《易》曰「周」，以別夏、商，何害也？《魯頌》次於《周頌》，亦須周滅而後加「魯」字乎？此類皆閭巷老生誑童耀騃之辨，非天下之公議也。

論　五

或曰：《易緯》以六十卦主三百六十五日四分日之一，信乎？

曰：吾觀於《太玄》，信矣。

所主之日取卦象乎？取卦名乎？

曰：取諸卦名而已。《太玄》所以準《易》者也，起於冬至，其首曰中，陽氣潛萌於黄宫，信無不在乎中，謂是時萬物之萌，信無不在地之中，於《易》則中孚，孚者，信也，亦謂信無不在地之中也。其次曰周，陽氣周神而反乎始。於《易》則復，復者，反也，亦謂反乎始也。其次曰礥，陽氣微動，動而礥。礥，物之生難也，於《易》則屯，屯者，物之始生也。粗舉二三，則知冬至之後，其卦中孚、復、屯者題號，此日之氣候曰中孚也，曰復也，曰屯也。他皆倣此。但玄首八十一，每首四日有半，易卦六十，每卦六日有奇，故前後或參差，蓋大同而小異也。而劉氏以經乾坤之策三百六十，當期之日，不别起數，謂《易緯》六日七分，義無所出，若是則劉氏凡言天五駕天一之類，亦出於經乎？乾坤之策，況其數六十卦，況其名不相妨也。又謂十二卦已主十二月，不可取雜書破經義。今觀六十卦之次，其十二卦仍在本月，稱爲辟卦，則十二卦既總主一月，又與諸卦分治六日，如侯伯有功德者，既作一州之牧，亦未免爲一國之君也。而劉氏區區以月各有主，日無用卦，是欲立州牧而廢二百一十君也。其可乎？

或曰：敢問元亨利貞何謂也？

曰：大哉乎乾之四德也，而先儒解詁未能顯闡，是使天道不大明，君子無所法。若夫元以始物，亨以通物，利以宜物，貞以幹物，讀《易》者能言之矣。然所以始之，通之，宜之，幹之，必有其狀。竊嘗論之曰：始者，其氣也。通者，其形也。宜者，其命也。幹者，其性也。走者得之以胎，飛者得之以卵，百穀草木得之以勾萌，此其始也。胎者不殰，卵者不殈，勾者以伸，萌者以出，此其通也。人有衣食，獸有山野，蟲豸有陸，鱗介有水，此其宜也。堅者可破而不可輭，炎者可滅而不可冷，流者不可使之止，植者不可使之行，此其幹也。乾而不元，則物無以始，故女不孕也。元而不亨，則物無以通，故孕不育也。亨而不利，則物失其宜，故當視而盲，當聽而聾也。利而不貞，則物不能幹，故不孝不忠，爲逆爲惡也。是故《文言》曰：「元者，善之長也；亨者，嘉之會也；利者，義之和也；貞者，事之幹也。」唯君子爲能法乾之德，而天下治矣！制夫田以飽之，任婦功以煖之，輕稅斂以富之，恤刑罰以生之，此其元也。冠以成之，昏以親之，講學以材之，擯接以交之，此其亨也。四民有業，百官有職，能者居上，否者在下，此其利也。用善不復疑，去惡不復悔，令一出而不反，事一行而不改，此其貞也。是故《文言》曰：「君子體仁足以長人，嘉會足以合禮，利物足以和義，貞固足以幹事，君子行此四德者，故曰：乾，元亨利貞。」

論　六

或曰：敢問五行相生則吉，相克則凶，信乎？

曰：相生未必吉，相克未必凶，用之得其宜，則雖相克而吉；用之失其宜，則雖相生而凶。今夫水克於火，則燔燒可救；火克於金，則器械可鑄；金克於木，則宫室可匠；木克於土，則萌芽可出；土克於水，則漂溢可防：是用之得其宜，雖相克而吉也。以水浸木則腐，以木入火則焚，以火加土則焦，以土埋金則鏉，以金投水則沉，是用之失其宜，雖相生而凶也。是以《太玄》之《贊》，決在晝夜，當晝則相克亦吉，當夜則相生亦凶。《玄告》曰：五生不相殄，五克不相逆，不相殄乃能相繼也，不相逆乃能相治也。相繼則父子之道也，相治則君臣之寶也。今夫父之於子，能食之弗能教之，則恩害於義也。君之於臣，能賞之，又能刑之，則威克厥愛也。恩害義則家法亂，威克愛則國事脩。吾故曰「相生未必吉，相克未必凶」也。

或曰：吾子之言性命何其異也？

曰：吾之言也折諸聖，宜乎其異矣！命者天之所以使民爲善也，性者人之所以明於善也。觀其善則見人之性，見其性則知天之命。《説卦》曰：「昔者聖人之作《易》也，將以順性命之理，是以立天之道曰陰與陽，立地之道曰柔與剛，立人之道曰仁與義，兼三才而兩之，故《易》六畫而成卦，人之有仁義，所以順性命也。」董仲舒曰：「天令之謂命，命非聖人不行；質朴之謂性，性非教化不成。」人受命於天，固超然異於群生。入有父子兄弟之親，出有君臣上下之誼，會聚相遇，則有耆老長幼之施，粲然有文以相接，驩然有恩以相愛，此人之所以貴也。生五穀以食之，桑麻以衣之，六畜以養之，服牛乘馬，圈豹檻虎，是其得天之靈，貴於物也。然則本乎天謂之命，在乎人謂之性，非聖人則命不行，非教化則性不成。是以制民之法，足民之用，而命行矣；導民以學，節民以禮，而性成矣。則是聖人爲天之所爲也。《繫辭》曰：「吉凶者，言乎其失得也；悔吝者，言乎其小疵也；無咎者，善補過也。」由此觀之，吉凶由人，乃《易》之教也。黄帝、堯、舜通其變，使民不倦，神而化之，使民宜之。是以自天祐之，吉無不利。若夫釋人事而責天道，斯孔子所罕言。古之龜筮，雖質諸神明，必參以行事。南蒯將亂，而得「黄裳元吉」；穆姜棄位，而遇「元亨利貞」。德之不稱，知其無益。後之儒生，非史非巫，而言稱運命，矯舉經籍，以緣飾邪説，謂存亡得喪，一出自然，其聽之者亦已荒矣。《王制》曰：「執左道以亂政，殺；假於鬼神時日卜筮以疑衆，殺。」爲人上者，必以《王制》從事，則《易》道明而君道成矣。

直講李先生文集卷之五

周禮致太平論五十一篇并序

敘曰：昔劉子駿、鄭康成皆以《周禮》爲周公致太平之迹，而林碩謂末世之書，何休云六國陰謀。然鄭義獲伸，故《周官》遂行。覼竊觀六典之文，其用心至悉，如天焉有象者在，如地焉有形者載。非古聰明睿智，誰能及此？其曰周公致太平者，信矣。鄙儒俗士，各滯所見，林之學不著，何説《公羊》誠不合禮，盜憎主人，夫何足怪？今之不識者，抑又譊譊，將使人君何所取法？是用攟其大略而述之。天下之理，由家道正，女色階禍，莫斯之甚，述《内治》七篇。利用厚生，爲政之本，節以制度，乃無傷害，述《國用》十六篇。備預不虞，兵不可闕，先王之制，則得其宜，述《軍衛》四篇。刑以防姦，古今通義，唯其用之，有所不至，述《刑禁》六篇。綱紀既立，持之在人，天工其代，非賢罔乂，述《官人》八篇。何以得賢？教學爲先，經世軌俗，能事以畢，述《教道》九篇終焉。并序，凡五十一篇，爲十卷，命之曰《周禮致太平論》。噫！豈徒解經而已哉！唯聖人君子知其有爲言之也。

内治第一

男女之際，人道所重，前哲固備言矣。然而賢妃相成之道不世出，亂國家者，往往而是。蓋婦人之性，鮮克正也。陰則昧，柔則弱，昧不足自見，弱不足自立，與物而遷，直情忘反，其體一也。堯試舜，觀厥刑于二女，釐降二女于嬀汭，嬪于虞。以堯之女，其淵源非不善，尚曰舜能以義理下其心，是無聖人爲之耦，則不克使其行婦道也。彼凡人子，而不漸以教，摩以禮，其可乎哉？

今夫數口之家，猶以婦傾，或靡敝財用，或離析骨肉，速刑召禍，至無可救者多矣。況乎后妃，同體於王，其次嬪御，亦所愛幸，一發言，一舉事，足以旋轉天地，薄蝕日月，其爲禍福，可勝言哉！貴則爲驕，富則爲侈，並寵則妬，不答則怨，憎則有讒言，愛則有私謁，府庫或爲之空，刑賞或爲之濫，姦邪或爲之昌，忠良或爲之剥，宗室或爲之棄，冢嗣或爲之易，帷薄或爲之不脩，社稷或爲之不食。末喜之放桀，妲己之殺紂，此類豈少哉！

故内宰「以陰禮教六宫」。陰禮，婦人之禮。六宫，謂后也。又以陰禮教九嬪，不言教夫人、世婦，舉中以見上下，省文也。又「以婦職之法，教九御，使各有屬，以作二事，正其服，禁其奇邪，展其功緒」。九嬪掌婦學之法，以教九御婦德、婦言、婦容、婦功。后，尊也，不得不受教。女御，卑也，而教亦及之。在王宫者，不可不知禮也。如使后、夫人、九嬪、世婦、女御皆受教，皆知禮，德皆正，言皆順，無冶容，無廢功，無侈服，無邪道，則闈門之内，何有不肅？溥天之下，何有不化？《關雎》之不淫，《葛覃》之躬儉，《樛木》之無嫉妬，

《螽斯》之多子孫，《卷耳》之輔佐求賢，《兔罝》之莫不好德，於斯見矣！王道安得不成乎？

内治第二

天官冢宰，其屬則有九嬪、世婦、女御、女祝、女史。唯夫人之於后，猶三公之於王，坐而論婦禮，無官職，故不列。且夫六宫内也，如家人，家人私也；六官外也，乃國事，國事公也。外内異處，國家異分，公私異宜。然而使嬪婦屬天官，無外内、國家、公私之辨者何哉？聖人之意，於是深矣！彼婦人女子，而當於至尊，幽居九重，人弗得見，則驕蹇自恣，無所不至也。是故使之分職於内，而附屬於外。有職則當奉其法，有屬則必考其功。奉法則不敢不謹，考功則不敢不慎。舉宫中之人而知所勸勉者，官有其長之效也。而況内宰亦用大夫、士。《春官》「世婦，每宫卿二人」，蓋皆分命賢臣，以參檢内事，與夫婢妾賤人，自相使令而無畏忌者，不同年而語矣。天子所御，而服官政，從官長，是天子無私人。天子無私人，則群臣焉得不公？庶事焉得不平？「無偏無黨，王道蕩蕩」，此之謂也。

漢高帝欲廢太子，立戚夫人子趙王如意，留侯曰：「骨肉之間，雖臣等百人何益！」此大臣不得與内事之敝也。爰盎引却慎夫人坐，謂妾主豈可以同坐。文帝怒，説以「人豕」，迺説。如使盎輩得制宫中之事，則尊卑有不序，上下有不和者乎？官失其守，一女顓恣，則公卿附離之不暇，其何冢宰之能帥也？悲夫！

内治第三

《昏義》曰：「古者天子后立六宫、三夫人、九嬪、二十七世婦、八十一御妻，以聽天下之内治，以明章婦順，故天下内和而家理也。」至于《天官序》，則世婦以下不言數，謂君子不苟於色，有婦德者充之，無則闕。世婦、女御視大夫、士，尚惟其人，則三夫人、九嬪官不必備可知矣。

自古婦人之賢者，蓋不易得。故其生，則寢之地以教其卑，衣之裼以教其正，弄之瓦以教其事。既十年，姆教婉娩聽從。執麻枲，治絲繭，織紝組紃，學女事以共衣服。觀於祭祀，納酒漿、籩豆、菹醢，禮相助奠。十有五年而笄，二十而嫁。先嫁三月，祖廟未毁，教于公宫；祖廟既毁，教于宗室。教以婦德、婦言、婦容、婦功。教成之祭，牲用魚，芼用蘋藻，所以成婦順也。如此而後，備於從人之道。況乎王之北宫，當貫魚之寵者，可以非其人哉？

故無德以色親，則天有投蜺之異，《詩》曰「蝃蝀在東，莫之敢指」，謂邪色之乘陽也。《曲禮》「納女於天子曰備百姓」，言以廣子姓耳。深山大澤，實生龍蛇；母子傳類，亦不可忽。晉愍懷太子宫中爲市，使人屠酤，手揣斤兩，輕重不差。蓋其母，屠家女也。先王之制，百二十人，猶以無人而闕之，至難、至慎若此。武帝平吴之後，掖庭殆將萬人，復何義也？人多則御幸不可徧，怨恨由是興，費廣則財物不足支，民甿所以困，國家之敗，何莫由斯者邪！

内治第四

「女御掌御敘于王之燕寢。」凡群妃御見之法，月與后妃，其象也。卑者宜先，尊者宜後，十五日而徧。自望後反之。其不使九嬪、世婦掌之，而使女御者，防上之專妬也。蓋以女御官卑，不敢嫉妬自專，則九九之法行矣。九九之法行，則内無怨女，而子孫衆多矣。

夫飲食男女，人之大欲，一有失時，則爲怨曠。《七月》「女心傷悲」，《東山》「婦歎于室」，君子撢於人情，周道所以興也。安得聚少艾之色，幽於深宫之中，而無進御之路，則其性情之所感動何如哉？四時何以能和？百神何以降福？

至于繼嗣，社稷之重事，甚有寵之人，或不宜子，非廣其禮，將無及也。霍光欲上官皇后擅寵有子，雖宫人使令，皆爲窮絝，多其帶，後宫莫有進者，而昭帝無嗣。成帝約不負趙昭儀，掖庭中御幸生子者輒死，飲藥傷墮者無數，終以國統三絶，王莽簒之，愛有所偏之過也。薄姬輸織室而生孝文，爲漢太宗。晉簡文寵徐貴人，彌年無子。李后在織坊，形長色黑，謂之「崑崙」，帝以大計召之，乃生孝武。天命所在，不以貴賤美惡論也。然則九九而御，使無專妬者，聖人之意遠矣。

内治第五

哀公問曰：「冕而親迎，不已重乎？」孔子愀然作色而對曰：「合二姓之好，以繼先聖之後，以爲天地宗廟社稷之主，君何謂已重乎？」然則先王之所以重昏禮，爲其主祭祀也。祭祀之禮，豈唯致齋於內，會君於廟，服副褘於東房，執璋瓚而亞祼，酌瑶爵，進玉齍，薦徹豆籩，以嘉魂魄而已乎！是禮之末節，一日可爲者也，必竭力從事，然後爲至焉。故內宰「中春，詔后帥外內命婦，始蠶于北郊，以爲祭服」。又「上春，詔王后帥六宫之人，而生穜稑之種，獻之于王」。

夫普天王土，率土王臣。蠶者非一女也，將以爲王服，有不足乎？而后且親蠶其夫，以事先舅先姑，敢不用力焉？不可以爲婦道也。耕者非一男也，將以爲粢盛，❶有不足乎？而后且佐耕其夫，以事先舅先姑，敢不用力焉？不可以爲婦道也。王后之尊而親蠶，天下之女子有不遵微行求柔桑者乎？王后之尊而佐耕，天下之女子有不饁南畝喜田畯者乎？王后之尊而爲婦道，天下之女子有不承先祖共祭祀者乎？明王之以孝治天下，此其一助也。而況不知耕之勞，則以爲田自生穀；不知蠶之苦，則以爲桑自生絲。自古愚婦人，糞土貨財，焦爛府庫，農夫病，工女死，而求之不已者，不知民事之難也。干寶之論《晉紀》曰：❷「其婦女粧櫛織紝皆取成於婢僕，未嘗知女工絲枲之業、中饋酒食之事也。」晉之禮法於此大壞，則周之興也宜矣。

❶「粢」，原作「祭」，據光緒本改。
❷「干」，原作「于」，據《晉書·干寶傳》改。

内治第六

《春官》:「内宗,凡内女之有爵者。」内女,王同姓之女。有爵,其嫁於大夫及士者。其職「掌宗廟之祭祀,薦加豆籩。及以樂徹,則佐傳豆籩。賓客之饗食亦如之。王后有事,則從」。「外宗,凡外女之有爵者。」外女,王諸姑姊妹之女。其職「掌宗廟之祭祀,佐王后薦玉豆,眡豆籩,及以樂徹,亦如之。王后以樂羞齍則贊。凡王后之獻,亦如之。王后不與,則贊宗伯。小祭祀,掌事。賓客之事亦如之」。夫富貴驕人,自然之勢,苟非明哲,其能免乎? 矧伊女子,生於王族,雖有葭莩之親者,猶乘勢以輕其家,不順於舅姑,不和於室人,庸奴其夫者,多矣。

夫婦之道,天地之象,人之大倫也。乃由宗室亂之,非所以示天下也。聖人有作,安得不大爲之坊? 夫禮禁亂之所由生,猶坊止水之所自來也。故以内女外女謂之内宗外宗,列爲禮官之屬,其職禮,則視必在禮,聽必在禮,言必在禮,貌必在禮,思必在禮。視、聽、言、貌、思,無不在禮,則其人之智愚、賢不肖何如也? 祭祀賓客,非有切身之急,而不敢不以禮,則己之所以爲婦者,敢有不恭乎? 觀后之事宗廟,則知所以順其舅姑;觀后之饗同姓諸侯,則知所以和其室人;觀后之亞王祼獻,則知所以從其夫。順於舅姑,和於室人,而當於夫,是故婦順備而内和理,内和理而家可長久也。《召南·何彼襛矣》,美王姬之詩,謂雖則王姬,亦下嫁於諸侯,車服不繫其夫,下王后一等,猶執婦道,以成肅雍之德。彼天子所生而若此,況於同姓姑姊妹之女乎? 是其所以爲王化之基也。

内治第七

媒氏「掌萬民之判，凡男女自成名以上，皆書年月日名焉。令男三十而娶，女二十而嫁，凡娶判妻入子者皆書之。中春之月，令會男女。於是時也，奔者不禁。司男女之無夫家者，而會之」。夫昏姻之禮，要在及時。故國無鰥民，則《桃夭》之詠作；喪其妃耦，則《有狐》之刺興。彼室家之好，而繫之王者之風，爲人上者，不可不察也。孟子對齊宣王曰：「昔者太王好色，愛厥妃。《詩》云：『古公亶父，來朝走馬，率西水滸，至于岐下，爰及姜女，聿來胥宇。』當是時也，內無怨女，外無曠夫。王如好色，與百姓同之，於王何有？」誠哉是言也。人主知漁色而不知下無室家，知逞欲而不知下有怨曠，其可乎哉？天地不合，萬物不生。有夫有婦，然後爲家，上得以養父母，下得以育子孫。生民之本，於是乎在。而人主慢之，非計也。

是故聖人設官，主判合之禮，子生三月，必書其名。男自二十以及二十九，女自十五以及十九，皆爲盛年。其昏自季秋至於孟春，惟其所用。若男三十，女二十，爲期盡，雖中春猶可行。所以蕃育人民，是皆言其極也。及此月而父母不娶不嫁之者，相奔不禁。若無故而不用令，則罪罰之。嘗有妃匹而鰥寡者，亦察焉。先王之道如此其至也，既爲之立其家，又使之有其業，國中則典婦功掌婦式之法，野則酇長稽其女功，然而民不庶且富者，未之信也。《越語》：「女子十七不嫁，丈夫二十不娶，父母有罪。」雖於禮爲蚤，而句踐報吴，亦以是也。晉泰始中，博選良家，以充後宮，先下書禁天下嫁娶。噫！大可笑也。

直講李先生文集卷之六

國用第一

人所以爲人，足食也；國所以爲國，足用也。然而天不常生，其生有時；地不徧産，其産有宜；人不皆作，其作有能；國不盡得，其得有數。一穀之税，一錢之賦，給公上者，各有定制。苟不量入以爲出，節用而愛人，則哀公云「二猶不足」，《公羊》謂「大桀小桀，誅求無已」，怨刺並興，亂世之政也。

故大府「凡頒財以式法授之」。王日一舉，其膳六牲，祀兵朝甸，其服有九。故「關市之賦，以待王之膳服」。諸侯來朝，卿大夫來聘，致之則有積飱饔，接之則有饗食燕。故「邦中之賦，以待賓客」。牛馬之食，其用芻禾，車秅之數，皆眡牢禮。故「四郊之賦，以待稍秣」。功懋懋賞，以馭其幸，所受之物，邦之大用。故「家削之賦，以待匪頒」。冬官百工，取材非一，五庫之量，毋或不良。故「邦甸之賦，以待工事」。問勞贈賄，酬爵侑食，皆爲篚實，將其厚意。故「邦縣之賦，以待幣帛」。大祀小祭，事神之禮，牲幣玉器，不奢不儉。故「邦都之賦，以待祭祀」。股肱或虧，君之所痛，賵襚含賻，闕一不可。故「山澤之賦，以待喪紀」。王及冢宰，時有所善，燕好之用，亦以推恩。故「幣餘之賦，以待賜予」。王於諸侯，分災救患，凶禮五事，其費則多。故「邦國之貢，以待吊用」。國家閒暇，要在多積，積貯之道，天下大命。故「萬民之貢，以充府庫」。難得之貨，饑不可食，燕游所用，非國之急。故「式貢之餘財，以共玩好之用」。凡其一賦之出，則給一事之費，費之多少，一以式法。如是，而國安財阜，非偶然也。

國用第二

玉府「掌王之金玉、玩好、兵器，凡良貨賄之藏」；「燕衣服、衽席、牀笫，凡褻器」；「凡王之獻：金玉、兵器、文織，良貨賄之物，受而藏之」；「凡王之好賜，共其貨賄」。內府「掌受九貢、九賦、九功之貨賄，良兵、良器，以待邦之大用。凡四方之幣獻之金玉、齒革、兵器，凡良貨賄入焉。凡適四方使者，共其所受之物而奉之。凡王及冢宰之好賜予，則共之」。按其職文，掌天子器用、財賄、燕私之物及受貢獻，以備賞賜。此帑藏之在宮中、官職之最私褻者，然而爲冢宰之屬，列大府之下，與凡治藏之官不異者，何也？蓋王者無外，以天下爲家，尺地莫非其田，一民莫非其子，財物之在海內，如在橐中，況於貢賦之入，何彼我之云哉？

歷觀書傳，自《禹貢》以來，未聞天子有私財者。漢湯沐邑，爲私奉養，不領於經費，靈帝西園，萬金常聚爲私藏，皆衰亂之俗，非先王之法也。

故雖天子器用、財賄、燕私之物，受貢獻、備賞賜之職，皆屬于大府。屬于大府，則日有成，月有要，歲有會。職內之入，職歲之出，司書之要貳，司會之鉤考廢置，誅賞之典存焉。如此，用安得不節？財安得不聚？若以御府禁錢，捐之親幸之手，省闥之中，外人弗睹，法制所不行，校比所不及，則傷財害民，非細事也。

國用第三

太宰「以九職任萬民。一曰三農，生九穀；二曰園圃，毓草木；三曰虞衡，作山澤之材；四曰藪牧，養蕃鳥獸；五曰百工，飭化八材；六曰商賈，阜通貨賄；七曰嬪婦，化治絲枲；八曰臣妾，聚斂疏材；九曰閒民，無常職，轉移執事」。天之生民未有無能者也，能其事而後可以食，無事而食，是衆之殃，政之害也。是故聖人制天下之民，各從其能，以服於事，取有利於國家，然後可也。太宰授之職，誾師責其功。故曰任農以耕事，貢九穀；任圃以樹事，貢草木；任工以飭材事，貢器物；任商以市事，貢貨賄；任牧以畜事，貢鳥獸；任嬪以女事，貢布帛；任衡以山事，貢其物；任虞以澤事，貢其物。凡無職者，出夫布也。人各有事，事各有功，以興材征，以濟經用。無惰而自安，無賊於糧食，是富民之大本，爲國之上務。雖關百聖，何以易此？昔胥臣對晉文公謂：「戚施植鎛，蘧蒢蒙璆，侏儒扶廬，矇瞍脩聲，聾聵司火。」《王制》：「瘖聾、跛躃、斷者、侏儒，各以其器食之。」古者廢疾之人，猶有所役，後之游民作無益以害有益者，肩相摩，轂相擊，而吏不以是罪之，主不以是棄之，謂之何哉？

國用第四

言井田之善者，皆以均則無貧，各自足也。此知其一，未知其二。必也人無遺力，地無遺利，一手一足無不耕，一步一畝無不稼，穀出多而民用富，民用富而邦財豐者乎！大司徒「凡造都鄙，制其地域而封溝之，以其室數制之。不易之地，家百畝。一易之地，家二百畝。再易之地，家三百畝」。不易之地，歲種之，地美，故家百畝。一易之地，休一歲乃復種，地薄，故家二百畝。再易之地，休二歲乃復種，故家三百畝。遂人「辨其野之土：上地、中地、下地以頒田里。上地，夫一廛，田百畝，萊五十畝，餘夫亦如之。中地，夫一廛，田百畝，萊百畝，餘夫亦如之。下地，夫一廛，田百畝，萊二百畝，餘夫亦如之」。萊，謂休不耕者。户計一夫一婦而賦之田，其一户有數口者，餘夫亦受此田也。載師「以宅田、士田、賈田任近郊之地；以官田、牛田、賞田、牧田任遠郊之地」。宅田，致仕者之家所受田也。士田，仕者亦受田。賈田，在市賈人其家所受田也。官田，庶人在官者其家所受田也。牛田，牧田，畜牧者之家所受田也。若餘夫、致仕者、仕者、賈人、庶人在官者、畜牧者之家，皆受田，則是人無不耕。無不耕，則力豈有遺哉？一易再易，萊皆頒之，則是地無不稼。無不稼，則利豈有遺哉？

自阡陌之制行，兼并之禍起，貧者欲耕而或無地，富者有地而或乏人，野夫有作惰游，❶況邑居乎？沃壤猶爲蕪穢，況瘠土乎？饑饉所以不支，貢賦所以日削。孟子曰「仁政必自經界始」，師丹言「宜略爲限」，不可不察也。

❶「有」，光緒本作「猶」。

國用第五

地利之食於人博哉！農既得其時，種既得其宜，然且不熟者，水旱賊之也。水旱之災，雖天所爲，至於人力亦有可及矣。故遂人「凡治野，夫間有遂，遂上有徑。十夫有溝，溝上有畛。百夫有洫，洫上有涂。千夫有澮，澮上有道。萬夫有川，川上有路」。此鄉遂之田制也。匠人爲溝洫，耜廣五寸，二耜爲耦，一耦之伐，廣尺深尺，謂之甽。田首倍之，廣二尺，深二尺，謂之遂。九夫爲井，井間廣四尺，深四尺，謂之溝。方十里爲成，成間廣八尺，深八尺，謂之洫。方百里爲同，同間廣二尋，深二仞，謂之澮。此都鄙之田制也。川大於澮，澮大於洫，洫大於溝，溝大於遂，遂大於甽。甽通水以入于遂，遂入于溝，溝入于洫，洫入于澮，澮入于川。然則雖大雨霖，其水有所渫，能爲害者希矣。稻人「掌稼下地，以豬畜水，以防止水，以溝蕩水，以遂均水，以列舍水，以澮寫水，以涉楊其芟作田」。豬，謂畜流水之陂。防，豬旁隄也。然則雖久不雨，其水可以得能爲害者希矣。

聖人之於水旱，不其有備哉！蔿掩規偃豬，君子以爲禮。史起引漳水，舄鹵生稻粱。鄭國鑿涇水，關中爲沃野。古之賢人未有不留意者也。水官不修，川澤溝瀆無有舉掌，機巧趨利之民得行其私，日侵月削，往往障塞，雨則易以溢，謂之大水，豈天乎？霽則易以涸，謂之大旱，豈天乎？如是而望有年，未之思矣。

直講李先生文集卷之七

國用第六

《繫辭》曰：「包犧氏没，神農氏作，斲木爲耜，揉木爲耒，耒耜之利，以教天下，蓋取諸益。」是聖人之於農必制器以利其用也。

《舜典》曰：「棄，黎民阻饑，汝后稷播時百穀。」是聖人之於農，必命官以掌其政也。故遂大夫「正歲，簡稼器，脩稼政」。稼器，耒耜鎡基之屬；稼政，孟春之《月令》所云「皆脩封疆，審端徑術，善相丘陵、阪險、原隰土地所宜，五穀所殖，以教道民，必躬親之」之比也。器不簡，則貧人或不能備物；政不脩，則愚者或不能得宜。不備物，則雖良田將不耕；不得宜，則雖嘉種將不穫。若是，不可不慎也。

至如二耜爲耦，一夫不足獨舉，必通功易事，兩人相助而後可也。故里宰「以歲時合耦于耡，以治稼穡，趨其耕耨，行其秩敘」。耡者，里宰治處，於此合耦，使相佐助。秩敘，相佐助之次第也。又五穀熟時，有風雨之急，是謂力耕、數耘、收穫如寇盗之至者也。然一夫又不足爲，故遂師「巡其稼穡而移用其民，以救其時事」。謂使轉相助救時急事也。古之治天下，至纖至悉之如此，奈何民不富國不實也！

漢趙過能爲代田，一畝三甽，一夫三百甽，而播種於甽中。苗生葉，稍耨隴草，因隤其土，以附苗根。比盛暑，隴盡而根深，能風與旱。其耕耘下種，田器皆有便巧。用耦犂，二牛三人。一歲之收，常過縵田畝一斛以上，善者倍之。民或苦少牛，過奏故平都令光以爲丞，教民相與庸輓犂，以故田多墾闢，用力少而得穀多。斯近古之事，效驗甚明，而歷代莫以爲意，何也？

國用第七

載師「凡宅不毛者，有里布；凡田不耕者，出屋粟；凡民無職事者，出夫家之征」。謂宅不毛者，罰以一里二十五家之泉。空田者，罰以三家之稅粟。民雖有閑無職事者，猶出夫稅、家稅。夫稅者，百畝之稅；家稅者，出士徒車輦給繇役也。

閭師「凡庶民不畜者，祭無牲；不耕者，祭無盛；不樹者無椁，不蠶者不帛，不績者不衰」。謂庶人五母雞，二母彘，無失其時，是以不畜者罰之，死後祭無牲也。黍稷曰盛，耕者所以殖黍稷。今田不耕，非直罰以屋粟，又死後祭無盛也。五畝之宅，樹以桑麻。今宅不毛，非直罰以里布，死後又無椁也。蠶則得帛，不蠶，故身不得衣帛。績則得布，不績，故死則不爲之着衰，以罰之也。夫財賦力征，人所吝嗇，與其無事而重，孰若有業而輕？以此罰之，敢或不勉者乎？帛，所以養老；衰，所以送死。葬禮祭禮乃爲令終，一有解惰，則不得用。以此罰之，敢或不勉者乎？是聖人敺民以反本之術也。

漢高祖令賈人不得衣絲乘車，重稅租以困辱之。孝惠、高后時，爲天下初定，復弛商賈之律，然市井子孫，亦不得爲官吏。商賈乃在四民之目，而前代且讁之。後之游惰，去四民遠甚者，其類不可勝數，爲國者非徒函容，或尊寵之，傷哉！

國用第八

一夫之耕，食有餘也；一婦之蠶，衣有餘也。衣食且有餘而家不以富者，内以給吉凶之用，外以奉公上之求也。而況用之無節，求之無藝，則死於凍餒者，固其勢然也。

故土均掌「和邦國都鄙之政令刑禁，與其施舍，禮俗、喪紀、祭祀，皆以地媺惡爲輕重之法而行之，掌其禁令」。禮俗，邦國都鄙民之所行先王舊禮也。君子行禮不求變俗，隨其土地厚薄爲之制豐省之節耳。司書「三歲則大計群吏之治，以知民之財、器械之數，以知田野夫家六畜之數，以知山林川澤之數，以逆群吏之政令」。逆，謂鉤考也。恐其群吏濫税斂萬民，故知此本數，乃鉤考其政令也。夫奢則以爲榮，儉則以爲辱，不顧家之有亡，汲汲以從俗爲事者，民之常情也。是故爲之禁令，地媺收多，則用之豐；地惡收少，則用之省。如此，民皆知惜費矣。虧下以益上，貪功以求賞，不恤人之困乏，皇皇以言利爲先者，吏之常態也。是故爲之鉤考，雖器械、六畜、山林、川澤，必知其數。如此，吏不敢厚斂矣。

民皆知惜費，吏不敢厚斂，而不免凍餒者，未嘗聞也。《禮器》曰：「居山以魚鼈爲禮，居澤以鹿豕爲禮，君子謂之不知禮。」然則地之惡，禮不可輕耶？有若曰：「百姓不足，君孰與足？」然則民之財，官可不知耶？是先王之所以得，後世之所以失也。

國用第九

職方氏:「凡邦國小大相維,王設其牧,制其職,各以所能,制其貢,各以其所有。」謂國之地物所有也。諸侯得税,大國半,次國三之一,小國四之一,皆市取,當國所有,以貢於王也。土訓「掌道地圖,以詔地事;道地慝,以辨地物而原其生,以詔地求」。辨地物者,别其所有所無;原其生,生有時也。以此二者告王,雖是當州所有,而生有時,地所無及物未生,則不求也。大哉聖人念民,勤恤財匱,如是其著也。地所有而官不用,則物必賤;地所無而反求之,則價必貴。況天時所不生,則雖有如無矣。買賤賣貴,乘人之急,必刼倍蓰之利者,大賈蓄家之幸也。爲民父母,奈何不計本末,罔農夫以附商賈? 令下之日,吏旁爲姦,公不獲皮毛而私啄其髓矣。壞民家,敗民産,此其甚也。《夏書》「任土作貢」,厥貢厥篚,九州不同,前聖後聖,豈非一揆者乎?

漢桑都尉領大農,以諸官各自市相争,物以故騰躍,而天下賦輸,或不償其僦費,迺請置大農部丞數十人,分部主郡國,令遠方各以其物如異時商賈所轉販者爲賦,置平準於京師,都受天下委輸。大農諸官,盡籠天下之貨物。如此,富商大賈亡所牟大利,則反本,而萬物不得騰躍。故抑天下之物,名曰「平準」。桑雖聚斂之臣,然此一役,豈無法耶? 孝武時,國用饒給而民不益賦,誠有以也。

國用第十

司稼「巡野觀稼,以年之上下,出斂法」。斂法者,豐年從正,凶年則損也。廩人「掌九穀之數」,「以歲之上下數邦用，以知足否，以詔穀用，以治年之豐凶。凡萬民之食，食者人四鬴，上也；人三鬴，中也；人二鬴，下也。若食不能人二鬴，則令邦移民就穀，詔王殺邦用」。謂以歲之豐凶得税物多少之帳計國之用，以知足否。若歲凶，税物少而用多，則不足。廩人既知多少、足否，乃詔告在上用穀之法也。

夫什一而税，天下中正，是故謂之徹。徹者，通也。然耕穫之事，豐儉亡常，不幸凶旱水溢，或螟螣蟊賊，農雖盡力，穀有不登，而有司必求如法，於理安乎？孟子道：「龍子之言曰：『治地莫善於助，莫不善於貢。』貢者，校數歲之中以爲常。❶樂歲，粒米狼戾，多取之而不爲虐，則寡取之；凶年，糞其田而不足，則必取盈焉。爲民父母，使民盻盻然，將終歲勤動，不得以養其父母，又稱貸而益之，使老稚轉乎溝壑，惡在其爲民父母也？」故聖人設官，必於穀之將熟，巡於田野，觀其豐凶，而後制税斂焉。豐年從正，亦不多取也；凶荒則損，何取盈之有哉？然則龍子所見，蓋周之末世，周公雖貢，未嘗聞其不善也。然而取之少則用不得不殺，取少而用不殺，則國不能自濟，非反乎民，將焉得也？宜其知足否而詔穀用焉。《王制》曰：「冢宰制國用，必於歲之杪。五穀皆入，然後制國用。用地小大，視年之豐耗，以三十年之通，制國用，量入以爲出。」由此道也。後世作者，除減斂法，❷則既聞之矣，至於邦用，其可忽諸？

❶「數」，原脱，據光緒本及《孟子·滕文公上》補。
❷「除」下，影印文淵閣《四庫全書》本明柯尚遷《周禮全經釋原》「司稼」職下引此文有「租」字，疑是。

直講李先生文集卷之八

國用第十一

泉府「掌以市之征布，斂市之不售，貨之滯於民用者，以其賈買之，物楬而書之，❶以待不時而買者。買者各從其抵，都鄙從其主，國人郊人從其有司，然後予之。凡賒者，祭祀無過旬日，喪紀無過三月。凡民之貸者，與其有司辨而授之，以國服爲之息」。物楬而書之，物物書其賈也。不時買者，謂求急者也。賒，謂祭祀、喪紀二者事大，故賒與民不取利也。貸者，即今之舉物生利也。與其有司，別其所授之物，所出之利，各依其服事之税，若其人受園廛之田而貸萬泉，則朞出息五百，他倣此也。

天之生物，而不自用，用之者人；人之有財，而不自治，治之者君。《繫辭》曰「理財正辭，禁民爲非曰義」是也。君不理，則權在商賈；商賈操市井之權，斷民物之命。緩急，人之所時有也，雖賤不得不賣，裁其價太半可矣；雖貴不得不買，倍其本什百可矣。如此，蚩蚩之氓，何以能育？是故不售之貨則斂之，不時而買則與之，物楬而書，使知其價，而況賒物以備禮，貸本以治生，皆所以紓貧窶而鉗并兼，養民之政不亦

❶「楬」，原作「揭」，據《周禮・地官・泉府》改。下「楬」字同。

善乎？

管仲通輕重而桓公以霸，李悝平糴而魏國富彊。耿壽昌築「常平」而民便之，師古之效也。宜其流風遂及于今。必也事責其實，官得其人，亦何媿彼哉！

國用第十二

司市「凡治市之貨賄六畜珍異，亡者使有，利者使阜，害者使亡，靡者使微」。利，利於民，謂物實厚者；害，害於民，謂物行苦者。使有、使阜，起其賈以召之也；使亡、使微，抑其賈以却之也。侈靡細好，使富民好奢微之而已。又僞飾之禁，在民者十有二，在商者十有二，在賈者十有二，在工者十有二。所以俱十有二者，工不得作，賈不得粥，商不得資，民不得畜。《王制》曰「用器不中度，不粥於市；兵車不中度，不粥於市；布帛精麤不中數，幅廣狹不中量，不粥於市；姦色亂正色，不粥於市」；「五穀不時，果實未熟，不粥於市；木不中伐，不粥於市；禽獸魚鼈不中殺，不粥於市」，亦其類也。夫理財之道，去僞爲先，民之詐僞，蓋其常心，矧茲市井，飾行價慝，何所不至哉！

姦僞惡物而可雜亂欺人以取利，則人競趨之矣！豈唯愚民見欺邪？使人妨日廢業以作無用之物，人廢業則本不厚矣，物無用則國不實矣。下去本而上失實，禍自此始也。

至於侈靡，皆爲人費，雖不可盡去，亦當制節使微少矣。孟冬之《月令》曰：「毋或作爲淫巧，以蕩上心，必功致爲上。」《書》曰：「不貴異物，賤用物民乃足。」此之謂也。噫！爲國家者，孰不有意哉？言而必信，令而必行，鮮矣。

國用第十三

遺人「掌邦之委積，以待施惠；鄉里之委積，以恤人之艱阸；門關之委積，以養老孤；郊里之委積，以待賓客；野鄙之委積，以待羈旅；縣都之委積，以待凶荒」。委積者，計九穀之數，足國用以其餘共之也。艱阸，謂民有困乏則振恤之；門關，謂出入有稅，足國用之外，留之以養死政之老與其孤也。郊里，六鄉之民居郊者，其委積以待賓客至郊，與主國使者接，因與之稟餼也。野鄙，謂六遂，客有羈縶未得去者，則於此惠之。縣都，謂四百里、五百里中，年穀不登，則畿內畿外通給之也。

世之有饑穰，天之行也，禹、湯之聖，猶弗能免。至於困窮孤獨寄客之人，皆國所常有，安坐而視其死，則非仁人在上視民如傷者之意。將推其惻隱，則邦用有經，倉之穀孰爲閑粒？府之帛孰爲羡縷？如是而輟焉，禍蓋博矣。故宜於大有年時，畜積以備之倉，人有餘則藏之以待凶。而頒之職内，斂其財以待邦之移用，亦謂此也。然而《洪範》云「臣無有作福」。晏子稱家施不及國，使民弗知主恩，而謂爲己力，乃人臣之常過，國家之大患也。故鄉師「以歲時巡國及野，而賙萬民之艱阸，以王命施惠」，此慮之深，禮之至也。然則義倉之法，亦有取焉耳。

國用第十四

司救「凡歲時有天患民病，則以節巡國中及郊野，而以王命施惠」。由是觀之，非直凶荒而後施與也，疾疫亦有之矣。夫四時之厲，或連月不愈，或闔門不起，丁壯卧于牀蓐，則老稚無能爲。飲食所不給，醫藥所不濟，以至于死者，豈天命乎？人主所宜動心矣！

賈師「凡天患，禁貴儥者，使有常價」。亦爲此也。司關「國凶札，則無關門之征，猶幾」。由是觀之，凶年非直除減田租，彼貨賄之征皆舍之，疾疫亦然。夫阻饑之人，營求衣食，固無所不至，又將籠其貨賄，則何以措手足乎？況於疾疫之世，安得助天爲虐邪？人主所宜動心矣！

掌客「凡禮賓客，國新殺禮，凶荒殺禮，札喪殺禮，禍災殺禮，在野在外殺禮」。由是觀之，非直以歲之下則殺邦用，若新建國及札喪、禍災，在野在外，皆殺禮也。禮許儉不非無，安得重困於無聊之民，求備乎籩豆之事也？人主所宜動心矣！

膳夫「大荒則不舉，大札則不舉，天地有災則不舉，邦有大故則不舉」。由是觀之，非直於外事殺禮，若王膳亦爲之貶也。譬諸父母，其子之不哺而日餘膏粱可哉？人主所宜動心矣！

故《曲禮》曰：「凶荒，❶年穀不登，君膳不祭肺，馬不食穀，馳道不除，祭事不縣，大夫不食粱，士飲酒不

❶「凶荒」，《禮記·曲禮》作「歲凶」。

樂。」皆自貶損，憂民之道也。如此，天不爲之感，人不爲之悦，用度不足，海内不安，未之前聞也。

國用第十五

鄉師「以國比之法，以時稽其夫家衆寡，辨其老幼、貴賤、廢疾、馬牛之物，辨其可任者與其施舍者，掌其戒令糾禁，聽其獄訟」。鄉大夫「以歲時登其夫家之衆寡，辨其可任者，國中自七尺以及六十，野自六尺以及六十有五，皆征之。其舍者，國中貴者、賢者、能者、服公事者，老者、疾者皆舍。以歲時入其書」。征之者，謂給公上築作挽引道渠之役也。國中復除者多，役使者少，人少則勞，故晚役而早免之，二十以及六十是也。野復除者少，役使者多，人多則逸，故早役而晚免之，十五以及六十五是也。君子之於人，裁其勞逸而用之，可不謂義乎？世有仕學之鄉，或舍役者半，農其間者不亦難乎？而上弗之恤，悖矣！貴者有爵命，服公事者有功勞，誠不可役，然復其身而已。世有一户皆免之，若是則老者、疾者亦可以闔門不使耶？至於馬牛，皆辨其可任，善夫！世有人未嘗芻秣而責以牽傍，其僦費敗家者衆矣。況乎水旱、疾疫之歲，饑餓之弗察，死亡之弗圖，而臨以定制，敺之給使可乎？

故均人「凡均力政，以歲上下，豐年，則公旬用三日焉；中年，則公旬用二日焉；無年，則公旬用一日焉；凶札，則無力政，無財賦」也。古者使民歲不過三日，而秦法月爲更卒，已復爲正，一歲屯戍，一歲力役，三十倍於古，何不仁之甚也！天下畔之晚矣。

國用第十六

大司徒「以保息六養萬民」。「六曰安富」，謂平其繇役，不專取也。大哉先王之法，其所以有天下而民不斁者乎？孔子謂「既庶矣，富之；既富矣，教之」。《管子》有言：「倉廩實，知禮節；衣食足，知榮辱。」然則民不富，倉廩不實，衣食不足，而欲教以禮節，使之趨榮而避辱，學者皆知其難也。

及其爲國家則有反是者矣。田皆可耕也，桑皆可蠶也，材皆可飭也，貨皆可通也，獨以是富者，心有所知，力有所勤，夙興夜寐，攻苦食淡，以趣天時，聽上令也。如此而後可以爲人之民，反疾惡之，何哉？疾惡之，則任之重，求之多，勞必於是，費必於是，富者幾何其不黜而貧也。使天下皆貧，則爲之君者，利不利乎？故先王平其繇役，不專取以安之也。

漢武帝時算賈人之緡，匿不自占，占不悉，戍邊一歲，没入緡錢。有能告者，以其半畀之。即治郡國緡錢，得民財物以億計，奴婢千萬數，田大縣數百頃，小縣百餘頃，宅亦如之。商賈中家以上，大氐破，民媮甘食好衣，不事畜藏之業。當是之時，天下何如？其不亡者，幸也。世俗不辨是非，不別淑慝，區區以擊彊爲事。噫！富者乃彊邪？彼椎埋而誅者，果何人也？

直講李先生文集卷之九

軍衛第一

兵者，國之大事，人知之矣。然先王足兵而未嘗有兵，後世有兵而未嘗足兵。何以言之？小司徒「會萬民之卒伍而用之。五人爲伍，五伍爲兩，四兩爲卒，五卒爲旅，五旅爲師，五師爲軍。以起軍旅，以作田役，以比追胥，以令貢賦。乃均土地，以稽其人民而周知其數。上地家七人，可任也者家三人；中地家六人，可任也者二家五人；下地家五人，可任也者家二人。凡起徒役，毋過家一人」，「唯田與追胥竭作」。《夏官序》：「凡制軍，萬有二千五百人爲軍。王六軍，大國三軍，次國二軍，小國一軍，軍將皆命卿。二千有五百人爲師，師帥皆中大夫。五百人爲旅，旅帥皆下大夫。百人爲卒，卒長皆上士。二十五人爲兩，兩司馬皆中士。五人爲伍，伍皆有長。」凡民在鄉則五家爲比，家出一人，故在軍五人爲伍，比長因爲伍長。五比爲閭，故五伍爲兩，閭胥因爲兩司馬。四閭爲族，故四兩爲卒，族師因爲卒長。五族爲黨，故五卒爲旅，黨正因爲旅帥。五黨爲州，故五旅爲師，州長因爲師帥。五州爲鄉，故五師爲軍，鄉大夫因爲軍將。士不特選，皆吾民也；將不改置，皆吾吏也。有事則毆之於行陣，事已則歸之於田里。無招收之煩而數不闕，無稟給之費而食自飽。故曰先王足兵而未嘗有兵也。壘壁以聚之，倉庫以生之，群眠類坐而不使補死填亡之不暇。

故曰後世有兵而未嘗足兵也。

管仲相齊桓公，作内政而寓軍令焉，故卒伍定乎里而軍政成乎郊。連其什伍，居處同樂，死生同憂，禍福共之。故夜戰則其聲相聞，晝戰則其目相見，緩急足以相死。其教已成，外攘夷狄，内尊天子，以安諸夏。然則鄉軍之法，固嘗試矣。善哉！

軍衛第二

大司馬「中春教振旅」，「遂以蒐田」，「火弊獻禽以祭社」；「中夏教茇舍」，「遂以苗田」，「車弊獻禽以享礿」；「中秋教治兵」，「遂以獮田」，「羅弊致禽以祀祊」；「中冬教大閲」，「遂以狩田」，「徒弊致禽饁獸于郊，入，獻禽以享烝」。

夫守國之備，不可以不素習也，不素習，則毆市人而戰之未足爲喻也。是故春教兵入乎列陳，如戰之陳，辨鼓鐸鐲鐃之用，以教坐作進退疾徐疏數之節。夏教草止，如振旅之陳，辨號名之用，以辨軍之夜事。秋教師出，如振旅之陳，辨旗物之用。至冬大閲，簡軍實焉。然而不祥之器不得已而用之，若無故而習，是習殺人也，非示天下不復用兵之意也。故因春蒐、夏苗、秋獮、冬狩而教焉。鳥獸、魚鼈皆函血氣，若無故而殺，是暴天物也，作禽荒也。故因祭社、享礿、祀祊、享蒸而行焉，明非好兵也，爲田獵也。非好田獵也，爲祭祀也。其名甚美，其實甚利。外以彰事神之禮，非美乎？内以作不虞之備，非利乎？聖人之動，其順如此，顧不足爲後世法乎？

天下無事，則卒伍放于冗從，器械束于故府，學軍旅者指爲凶人。一方有警，則旦收而暮教之，暮教而旦發之，人情焉得不驚？戰陣焉得不敗？至有以講武爲戲樂，用相夸視。先王之禮，没於淫樂中者，亦不足算也。

軍衛第三

宫伯「掌王宫之士、庶子凡在板者。掌其政令，行其秩敍，作其徒役之事。授八次八舍之職事。若邦有大事，作宫衆則令之」。王宫之士，謂王宫中諸吏之適子也。庶子，其支庶也。秩，謂依班秩受禄。敍者，其才藝高下爲次第以作其徒役者。士庶子屬太子，隨其所用，使役之也。八次八舍，衛王宫者，必居四角四中於徼候便也。大事，謂寇戎之事。起宫中之衆，使士庶子行，則宫伯戒令之也。

宫正「掌王宫之戒令糾禁」，「去其淫怠與其奇衺之民，會其什伍而教之道藝」。民，謂宫中吏之家人也。宫正掌宫中卿、大夫、士，亦兼掌子弟，若有爲淫放、怠慢、譎觚非常之行，則去之。又會合之，五人爲伍，二伍爲什，欲使宿衛時，語言相體，服容相識，及其學問又相親切磋琢磨。道藝，謂三德、三行、六藝也。若是則宫中諸吏之子弟，必當備宿衛，從征役，且聽太子之令也。豈唯宫中諸吏之子弟而已哉？凡公卿、大夫、元士之子亦然。故諸子「掌國子之倅，掌其戒令與其教治，辨其等，正其位，國有大事則帥國子而致於太子，唯所用之。若有兵甲之事，則授之車甲，合其卒伍，置其有司，以軍法治之，司馬弗正」也。大哉王者之師其備矣乎！非直興於閭里，抑又取諸世族，彼以父祖貴富，宜有報上之心，而況學習德行道藝，孰不知忠孝之美？任之以金革，則與夫干賞蹈利庸徒鬻賣者蓋有間矣！且太子將爲君，國子將爲臣，君臣之分未定，而恩義固已接矣。則今日之遊倅，未必不爲嗣王之將帥也。轡長馭遠有如是哉！

《文王世子》曰：「公若有出疆之政，庶子以公族之無事者守於公宫，正室守太廟，諸父守貴宫貴室，諸子諸孫守下宫下室。」此諸侯禮也，豈天子之事而有不用力者乎？

軍衛第四

稾人「掌受財于職金，以賫其工。弓六物，爲三等。弩四物，亦如之。矢八物，皆三等，箙亦如之。春獻素，秋獻成。書其等以饗工，乘其事，試其弓弩，以下上其食而誅賞」。饗，謂酒肴勞之也。上工作上等，其饗厚；下工作下等，其饗薄。乘者，計其事之成功也，善則上其食。尤善，又賞之。否者反此。先王之於造兵，其事必計之，其物必試之，非直饗有厚薄，食有上下，又臨之誅賞，則工有不勉者乎？作有不慎者乎？故「弓人爲弓，取六材必以其時」，「凡相幹，欲赤黑而陽聲」，「角欲青白而豐末」，「膠欲朱色而昔」，「筋欲小簡而長，大結而澤」，「漆欲測，絲欲沈」。「冬析幹而春液角，夏治筋，秋合三材。寒奠體，冰析灂」，「春被弦則一年之事」。

矢人爲矢，「前弱則俛，後弱則翔，中弱則紆，中强則揚，羽豐則遲，羽殺則趮。是故夾而摇之，以眡其豐殺之節也。橈之，以眡其鴻殺之稱也。凡相笴，欲生而摶，同摶欲重，同重節欲疏，同疏欲㮚」。

廬人爲戈柲、車戟、酋矛、夷矛。「句兵欲無彈，刺兵欲無蜎。是故句兵椑，刺兵摶。毄兵同强，舉圍欲細。」「凡試廬事，置而搖之，以眂其蜎也；灸諸牆，以眂其橈之均也；横而搖之，以眂其勁也。」

函人爲甲，「凡察革之道，眂其鑽空，欲其惌也；眂其裏，欲其易也；眂其眹，欲其直也。櫜之欲其約也，舉而眂之，欲其豐也；衣之，欲無齡也」。其作巧，其試明，擐之者無不堅，執之者無不鋭。以此戰，何不勝？以此攻，何不取？以此守，何不固？楚之鐵劍利而秦王色憂，謂鐵劍利則士勇焉耳。爲國家者苟不留聰明，則有司以常事處之，郡國之貢姑備名物，府藏之約唯謹簿書，而欲用之立尸之地，此可爲太息者也。

直講李先生文集卷之十

刑禁第一

刑罰之行尚矣，積聖累賢未有能去者也。非好殺人，欲民之不相殺也；非使畏己，欲民之自相畏也。然而憲令所加，寬猛或異，苟失權時之制，則致遠恐泥矣。故大司寇之職，「掌建邦之三典，以佐王刑邦國，詰四方。一曰：刑新國用輕典」。新國者，新辟地立君之國。用輕法者，爲其民未習於教。「二曰：刑平國用中典。」平國，承平守成之國。用中典者，常行之法。「三曰：刑亂國用重典。」亂國，篡弒叛逆之國。用重典者，以其化惡伐滅之。

蓋四海之内，千八百國，國政或異，人心豈同？苟執一以御之，是膠柱而鼓瑟，欲盡五聲之變不可得也。夫新辟地立君之國，居處未安，衣食未足，君臣之義未固，上下之情未接，從而急之，則魚淰鳥獝不復聚矣，其可不用輕法邪？篡殺叛逆之國，紀綱大壞，風俗大惡，强弱相勝，衆寡相暴，從而緩之，則羊狠狼貪，難以制矣，其可不伐滅之邪？承平守成之國，人各有業，事各有制，緩之將恐縱，急之將恐擾，其可不用常行之法邪？以大言之，則天下之理亦然。

漢興，高祖初入關，約法三章曰：「殺人者死，傷人及盜抵罪。」蠲削煩苛，兆民大說。此非刑新國用輕典者邪？周道既衰，穆王眊荒，命甫侯度時作刑，以詰四方。五刑之屬三千，蓋多於司刑所職五百章，此非刑亂國用重典者邪？

《洪範》「三德：一曰正直，二曰剛克，三曰柔克。平康正直，彊弗友剛克，燮友柔克」，皆聖人所以適時之變也。奈何以三尺之書，齊萬邦之政，俗雖殊而弗察，事雖變而弗知，治之不及古，豈不有由也哉！

刑禁第二

小司寇「以三刺斷庶民獄訟之中：一曰訊群臣，二曰訊群吏，三曰訊萬民。聽民之所刺宥，以施上服下服之刑」。刺，殺也；宥，寬也。民言殺，殺之；言寬，寬之。上服劓墨，下服宫刖，是四刑亦三刺也。群臣，士以上；群吏，府史、胥徒；萬民，民間有德行不仕者。朝士「掌建邦外朝之法，左九棘，孤卿大夫位焉，群士在其後；右九棘，公侯伯子男位焉，群吏在其後；面三槐，三公位焉，州長衆庶在其後」。此則所訊之人也。

嘻！凡有血氣之類，莫不愛其生，君、大夫、士之於牛、羊、犬、豕猶無故不殺，况於人者萬物之靈，父母生之，拊畜長育，顧復之恩至而後免於其懷。刑之大者，伏鈇鑕；其次，亦斷支體，刻肌膚，終身不息，何其痛哉！刑期無刑，蓋不獲已，苟得其情，亦哀矜而勿喜，矧可不慎以及于非辜者乎？故聖人求之以五聽，麗之以八議，三宥以卹其非意，三赦以異於全人。猶恐聽有所不聞，明有所不見，下情有所不達，議法有所不平。於是有外朝之位以詢于衆焉，必群臣、群吏、萬民之意同，然後刑殺，可不謂慎乎？孟子曰：「左右皆曰可殺，勿聽；諸大夫皆曰可殺，勿聽；國人皆曰可殺，然後察之，見可殺焉，然後殺之。故曰國人殺之也。」

《洪範》曰：「汝則有大疑，謀及乃心，謀及卿士，謀及庶人，謀及卜筮。」古之王者於有事且與下民共之，後之效一官者，往往自用，同官爲僚，或疑其賣己，閉口不與論職事，況他人乎？斷獄弊訟，一出其臆，如是而刑不濫邪？去於先王遠矣。❶

刑禁第三

鄉士「掌國中」，「辨其獄訟，異其死刑之罪而要之，旬而職聽于朝。司寇聽之，斷其獄，弊其訟于朝。群士司刑皆在，各麗其法，以議獄訟。獄訟成，士師受中，協日刑殺」。「若欲免之，則王會其期。」遂士「掌四郊」，「二旬而職聽于朝」，「若欲免之，則王令三公會其期」。縣士「掌野」，「三旬而職聽于朝」，「若欲免之，則王命六卿會其期」。期，謂鄉士、遂士、縣士職聽于朝。司寇聽之日，王欲赦之，則用此時親往議，或命三公六卿往議之也。君之於民，猶親之於子也。親則不忍其子，君焉得忍其民哉？推其不忍之心，則人無有可戮，罪無有可刑，王欲赦之，固其理也。然而天討有罪，王者奉之以作五刑。刑者非王之意，天之意也。非天之意，天下之人之意也。殺人者死，而民猶有相殺；傷人者刑，而民猶有相傷。苟有以不忍而赦之，則殺人者不死，傷人者不刑。殺傷之者無以懲其惡，被殺傷者無以伸其冤。此不近於帥賊而攻人者乎？是故

❶「去」，原作「賢」，據光緒本改。

先王雖有不忍之心，而不敢輒赦，必於外朝與掌事者議其可否焉。赦者非王赦之，情可赦也；否者非王不赦，情不可赦也。如此，民何有不服？令何有不行？王符《述赦》曰：「養稂莠者，害禾稼；惠姦宄者，賊良民。」誠哉！不可不慎也。

刑禁第四

掌囚「掌守盜賊。凡囚者，上罪梏拲而桎，中罪桎梏，下罪梏。王之同族拲，有爵者桎，以待弊罪。及刑殺，告刑于王，奉而適朝士，加明梏以適市而刑殺之。凡有爵者，與王之同族，奉而適甸師氏，以待刑殺」。由此觀之，先王之制，雖同族，雖有爵，其犯法當刑，與庶民無以異也。

法者，天子所與天下共也。如使同族犯之而不刑殺，是爲君者私其親也。有爵者犯之而不刑殺，是爲臣者私其身也。君私其親，臣私其身，君臣皆自私，則五刑之屬三千止謂民也。賞慶則貴者先得，刑罰則賤者獨當，上不愧於下，下不平於上，豈適治之道邪？故王者不辨親疏，不異貴賤，一致於法。其所以不肆諸市朝而適甸師氏者，爲其有耻，毋使人見之也。

《文王世子》曰：「公族，其有死罪，則磬于甸人。其刑罪，則纖剸，亦告于甸人。公族無宫刑，獄成，有司讞于公，其死罪，則曰『某之罪在大辟』；其刑罪，則曰『某之罪在小辟』。公曰『宥之』，有司又曰『在辟』。公又曰『宥之』，有司又曰『在辟』。及三宥，不對，走出，致刑于甸人。公又使人追之，曰『雖然，必赦之』。有司對曰『無及也』。反命于公，公素服，不舉，爲之變，如其倫之喪，無服，親哭之。」公族之罪雖親，不以犯有司正術也，所以體百姓也。刑于隱者，不與國人，慮兄弟也。弗弔弗爲服，哭于異姓之廟，爲忝祖遠之也。素服居外不聽樂，私喪之也，骨肉之親無絶也。公族無宫刑，不翦其類也。古者諸侯之禮亦如是之懿哉！

孟子謂舜爲天子，皐陶爲士，瞽瞍殺人，則執之。舜視棄天下猶棄敝蹝也，竊負而逃，遵海濱而處，終身訢然，樂而忘天下。彼天子父猶不可曲法，而況官之子孫乃用蔭乎？

刑禁第五

司救「掌萬民之衺惡過失而誅讓之，以禮防禁而救之。凡民之有衺惡者，三讓而罰，三罰而士加明刑，恥諸嘉石，役諸司空。其有過失者，三讓而罰，三罰而歸于圜土」。衺惡，謂侮慢長老，語言無忌而未麗於罪者。過失，亦由衺惡、酗醟、好訟，若抽拔兵器誤以行傷害人麗於罪者。誅，誅責也。罰，撻擊之也。加明刑者，去其冠飾而書其衺惡之狀著之背也。嘉石，在外朝之門左，使坐焉，以恥辱之。既而役諸司空也。圜土，獄城。過失近罪，晝日任之以事而收之，夜藏於獄亦加明刑以恥之。故大司寇「以圜土聚教罷民。凡害人者，寘之圜土而施職事焉，以明刑恥之。其能改者，反于中國，不齒三年。其不能改而出圜土者，殺」。「以嘉石平罷民。凡萬民之有罪過而未麗於法而害於州里者，桎梏而坐諸嘉石，役諸司空。重罪，旬有三日坐，朞役。其次，九日坐，九月役。其次，七日坐，七月役。其次，五日坐，五月役。其下罪，三日坐，三月役。使州里任之，則宥而舍之。」司圜「掌收教罷民。凡害人者，不使冠飾而加明刑焉，任之以事而收教之。能改者，上罪三年而舍，中罪二年而舍，下罪一年而舍。其不能改而出圜土者，殺。雖出，三年不齒。凡圜土之刑人也，不虧體；其罰人也，不虧財」。

善哉爲國乎！人之大惡豈一朝一夕，必有漸也。放僻邪侈之情動，而無所畏忌，則涓涓以成江河，毫末以尋斧柯。或伏尸市朝，或流血刀鋸，雖其悔之，猶噬臍也。是故，先王之馭民必早爲之所，過輕者則坐諸嘉石，稍重者則歸于圜土，皆未入于五刑也。若因兹困辱，遂能自新，則復爲齊民，何刑殺之及哉！此亦使民遷善遠罪之術也。孔子曰：「小人不耻不仁，不畏不義，不見利不勸，不威不懲，小懲而大誡。」《易》曰：「屨校滅趾，無咎。」此之謂也。成、康所以刑錯不用，非一助邪！

刑禁第六

萍氏「幾酒」，謂苛察沽買過多及非時者。「謹酒」，謂使民節用酒也。「司虣，掌憲市之禁令」，禁「以屬遊飲食于市者。若不可禁，則搏而戮之」。以屬遊飲食，謂群飲食者也。

夫酒之爲禍久矣，君子以覆其邦家，小人以不免刑戮，可稱數哉！《酒誥》曰：「文王誥教小子，有正有事，無彝酒，越庶國，飲惟祀，德將無醉。」又曰：「妹土嗣爾股肱，純其藝黍稷，奔走事厥考厥長，肇牽車牛遠服賈，用孝養厥父母。厥父母慶，自洗腆，致用酒。」此言文王告其民之小子與群吏，無得常飲酒，若庶國君臣民衆飲酒，亦唯祭祀，以德自將，無令至醉。故戒康叔當以文王之法，往使妹土之人，爲純一之行，勤種黍稷，奔走事其父兄。農功既畢，始牽車牛遠行賈賣，用其所得珍異，孝養其父母。其父母善子之行，子乃自潔厚致用酒養也。

文王之法，民之置酒，唯祭與養耳。而小人用之，疏數無其時，多少無其節。群飲食於市井，以妨其業，以費其財，以興淫邪，以起鬥訟，是以禁之也。然則聖人之於天下，事爲之制，曲爲之防，果如何哉？昔曹參去齊，屬其後相，以齊獄市爲寄。謂獄市者，所以并容。擾之，姦人安所容乎？蓋是時，天下初定，故從民之欲而不擾亂，豈常行之道邪？獄市不可以不治，姦人不可以不禁。大司徒「以荒政十有二聚萬民」。其三曰「緩刑」，而十有二曰「除盜賊」。是救饑之政雖則緩刑，至於盜賊，不可不急其刑以除之也。噫！酒榷之官未罷，則萍氏之禁，司虣之令，不復行矣！然而緩刑，仁也；除盜賊，義也。凶年饑饉而仁義存焉，亦不減於先王矣。

直講李先生文集卷之十一

官人第一

爲人上者，孰不欲進賢？ 而賢或不進。孰不欲退不肖？ 而不肖或不退。豈知而縱之邪？ 人未易知也。知人則哲，帝堯猶以爲難。彼色厲内荏，言行不相顧者，滔滔皆是也，非久與居，胡能睹其真僞耶？ 久與居者，非鄰里鄉黨而誰邪？

故閭胥「凡春秋之祭祀、役政、喪紀之數，聚衆庶，既比，則讀法，書其恭敏任恤者」。族師「月吉則屬民而讀邦法，❶書其孝弟睦婣有學者。春秋祭酺亦如之」。黨正「正歲屬民讀法，而書其德行道藝」。州長「正月之吉，各屬其州之民而讀法。以考其德行道藝而勸之，以糾其過惡而戒之。若以歲時祭祀州社，則屬其民而讀法，亦如之」。鄉大夫「三年則大比，考其德行道藝而興賢者能者。鄉老及鄉大夫帥其吏與其衆寡，以禮禮賓之。厥明，鄉老及鄉大夫群吏獻賢能之書于王。王再拜受之，登于天府，内史貳之。退而以鄉射之禮五物詢衆庶。一曰和，二曰容，三曰主皮，四曰和容，五曰興舞」。閭胥，二十五家之吏，凡因會聚則書

❶ 「邦」，原脱，據《周禮·地官》補。

其人材。族師，每月朔書，春秋祭酺又書。黨正，夏正之月書。州長，正月之朔考，春秋社又考。是一歲之中凡幾書，凡幾考。至于三歲，鄉大夫乃考而興之，獻其書于王，退而又詢衆庶：「寧復有賢能者乎？」其詳如此，其慎如此，而官謗不戢，治道不登，未之有也。

孔子曰：「昔吾於人也，聽其言而信其行；今吾於人也，察其言而觀其行。」不見其人之姓名，不知其身之善惡，才不才，決於數百言，難乎爲無失矣！

官人第二

司士「掌群臣之版」，「以德詔爵，以功詔禄，以能詔事，以久奠食」。德，謂賢者。凡賢者、能者，皆先試以事，久而有功，然後授之以爵，得禄食也。爵以貴乎人，天下之人共貴之；禄以富乎人，天下之人共富之。高冠大蓋，吏民趨走，事之恐不及，天下共貴之也。稟財給穀，農桑賦貢，奉之而不暇，天下共富之也。天下共貴之而貴非其人，天下共富之而富非其人，則君命果義乎？衆心果服乎？且人各有能有不能，孟公綽不可以爲滕、薛大夫，裨諶謀於國則否，況其下者乎？苟非試其事，考其功，而遽與之爵禄，則曠天官，敗公事，何足道哉？《王制》曰：「論定然後官之，任官然後爵之，位定然後禄之。」

所謂官之者，使試守也。堯、舜豈不聖？而試臣以職，慎之至也。若是，則賢者必用，不肖者必舍，能者必行，否者必藏。嗇夫之印綬，不可以幸而得也，奚高位之辱哉？

夫位有高卑，禄有厚薄，言其操柄，則無所不重。州縣之職，前世以爲徒勞者，而民命繫之。未聞明試其功而居位受禄，一官之效，則仕而後學之。有美錦者，不使人學制焉。民所以死生貧富顧不重哉！

官人第三

大宰「歲終，則令百官府各正其治，受其會，聽其致事，而詔王廢置。三歲，則大計群吏之治而誅賞之」。宰夫「歲終，則令群吏正歲會；月終，則令正月要；旬終，則令正日成，以考其治。治不以時舉者，以告而誅之」。司會「以參互考日成，以月要考月成，以歲會考歲成，以周知四國之治，以詔王及冢宰廢置」。歲計曰會，月計曰要，日計曰成。凡百官府，旬終月終，皆考其治狀，若治不以時舉者，宰夫以告冢宰而責之。至于歲終又考，非直責之而已，其有功無功，司會以詔冢宰，冢宰以詔王而廢置之。置者進其爵，廢者退其爵也。及三歲，則冢宰大計其治，大無功，不徒廢，必罪之；大有功，不徒置，必賞之也。

噫！先王所以課吏考功如是其密也。日入其成，是無一日而可敖遨；歲終廢置，是無一歲而不勸懲。三年有成，則申之以誅賞。有功者驟獲其利，無功者卒伏其辜。雖能言之類，亦知勸勉媿耻矣，況智者乎？《舜典》「三載考績，三考黜陟幽明」，彼三歲而一考，九歲而後黜陟，蓋帝道寬簡，抑時世之然，未若周公之典垂後昆之踳也。

董仲舒曰：「古所謂功者，以任官稱職爲差，非謂積日累久也。故小材雖累日，不離於小官；賢材雖未久，不害爲輔佐。」必也不求功實，而以日月爲限，三年而遷一官，則人而無死，孰不可公卿者乎？

官人第四

《冬官·考工》注：「其曰某氏者，官有世功，若族有世業，以氏名官者也。」「官有世功則以官爲氏」，若馮相氏、保章氏、師氏、保氏、韋氏、裘氏、冶氏之類是也。「族有世業則以氏名官」，若桃氏爲劍，築氏爲削，鳧氏爲鍾，㮚氏爲量之類是也。甚矣，事之不可以不常也。《易》曰：「天地之道，常久而不已也。」「日月得天而能久照，四時變化而能久成，聖人久於其道而天下化成。」孔子曰：「如有王者，必世而後仁。善人爲邦百年，可以勝殘去殺矣。」夫以聖人之德，履天子之位，尚曰久於其道，必三十年，必百年而後仁政可成，殘殺可去，況於中人以下分職授政而可以不久者乎？是故先王建官，有世守之，至以爲氏也。漢文、景至武帝之初，國家無事，爲吏者長子孫，居官者以爲姓。號倉氏、庾氏是也。然則古之治天下皆如此乎？

吏之於民必相知心，然後治也。吏知民心則明，明則政平矣；民知吏心則信，信則令行矣。欲相知心，豈一朝一夕而可哉？上下未相知，或知之未久，遽委而去之，後來者亦如此，則是吏未嘗知民心，民未嘗知吏心。吏以所治爲傳舍，事或不舉，則曰以待後人；民視所屬如過客，理或不勝，亦曰以待後人，官何以脩？衆何以服？謂其有功邪，進其爵可也，重其賞可也。如其職事，則久之爲貴，故漢有當遷而增秩留者。矧伊無功之人，而可虛受禄食，往來於道路間邪！

直講李先生文集卷之十二

官人第五

《地官序》「鄉老，二鄉則公一人」。老，尊稱也。王置六鄉，則公有三人也。三公者，内與王論道，中參六官之事，外與六鄉之教，其要爲民，是以屬之鄉焉。誠哉！民事之重，宰相所宜躬親也。以三公之爵而聯六鄉之吏，非躬親而何？召公爲伯，聽男女之訟，不重煩勞百姓，止舍小棠之下，國人被其德，説其化，思其人，愛其樹，《甘棠》之所爲作也。而陳平曰「決獄責廷尉，錢穀責治粟内史」，丙吉謂「宰相不親小事」，何也？苟決獄不平，錢穀出入不節，民鬬相殺傷不止，而宰相不知，尚可調和陰陽，順四時，遂萬物之宜也哉？此皆華言誤天下事，慎聽之也。

故先王以民惟邦本，❶造次顛沛無或忘之。既使大臣爲鄉老，又取其鄉之人爲吏，所謂使民興賢，出使長之；使民興能，入使治之者也。蓋使民自舉能者，因入之，而使之治民之貢税田役於内，謂爲比長以上之官也。夫能盡知人之情僞與其土所有，其俗所宜，莫若其鄉之人也。因以爲吏，孰不治乎？宓子賤爲單父

❶「惟」，光緒本作「爲」。

宰，反命於孔子曰：「此國有賢不齊者五人，教不齊所以治者。」孔子曰：「惜哉！不齊所治者小，所治者大，則庶幾矣。」子賤受教於單父之人，猶以至治，況使單父之人躬爲吏乎？漢之賢人仕州郡者多矣，刺史二千石往往有能名，未必非其所助也。東西南北之人，言語猶未相通，而責之善政，難矣哉！

官人第六

大司徒「凡建邦國，以土圭土其地而制其域。諸公之地，封疆方五百里，其食者半。諸侯之地，封疆方四百里，其食者參之一。諸伯之地，封疆方三百里，其食者參之一。諸子之地，封疆方二百里，其食者四之一。諸男之地，封疆方百里，其食者四之一」。大哉封建之禮！此周之所以本支百世乎？荀卿有言：「兼制天下，立七十一國，姬姓獨居五十三人，而天下不稱偏焉。」富辰曰：「昔周公弔二叔之不咸，故封建親戚以蕃屏周。管、蔡、郕、霍、魯、衛、毛、聃、郜、雍、曹、滕、畢、原、酆、郇，文之昭也。邘、晉、應、韓，武之穆也。凡蔣、邢、茅、胙、祭，周公之子也。」然則先王於其族類有不厚乎？《詩》曰：「凡今之人，莫如兄弟。」「兄弟鬩于牆，外禦其侮。」平王東遷，而晉、鄭是依，其世與年，過于所卜，由此塗出也。豈嘗有兄弟之國敢問鼎之輕重者哉？

故段灼表于晉武帝曰：「滅周者秦，非姬姓也。代漢者魏，非劉氏也。雖云割地，譬猶囊漏貯中，亦一家之有耳。縱令後世子孫還自相并，蓋亦楚人失繁弱於雲夢，尚未爲亡其弓也。其於神器不移他族，則始祖不遷之廟，萬年不改其名矣。」善哉！灼之知言也。漢雖有七國之變，而梁孝以睢陽城守。晉雖有八王之亂，而元帝以琅邪中興。魏氏王公，有名無實，禁防壅隔，同於囹圄。曹爽一死，而司馬家取之如運諸掌上。灼之言不亦善乎？

官人第七

大行人「掌大賓之禮及大客之儀，以親諸侯。春朝諸侯而圖天下之事，秋覲以比邦國之功，夏宗以陳天下之謨，冬遇以協諸侯之慮。時會以發四方之禁，殷同以施天下之政」。此六事者，以王見諸侯爲文，圖、比、陳、協皆考績之言。王者春見諸侯則圖其事之可否，秋見諸侯則比其功之高下，夏見諸侯則陳其謀之是非，冬見諸侯則合其慮之異同。六服以其朝歲，四時分來，更迭如此而徧，時會無常期。諸侯有不順服者，王將有征討之事，則既朝，王命爲壇於國外，合諸侯而發禁命事焉。王十二歲一巡狩，若不巡守，則衆同。衆同者，六服盡朝。既朝，王亦命爲壇於國外，合諸侯而命其政，四時分來，歲終則徧矣。六服朝歲，則下文「侯服，歲一見」，「甸服，二歲一見」，「男服，三歲一見」，「采服，四歲一見」，「衛服，五歲一見」，「要服，六歲一見」是也。

夫君臣之禮不可以不接，不接則上恩不下流，下情不上通，嫌疑易以生，毀譽易以入。在《易》天地不交則否，柔進而上行，則「錫馬蕃庶，晝日三接」也。先王知其如此，故制諸侯之朝，遠者不過六歲，以之圖事，比功、陳謨、協慮、發禁、施政，則言何以不見納？行何以不見知？奸邪何以介其間？左右何以塞其路？漢刺史奏事京師，其斯之謂乎？石顯、五鹿充宗疾京房，欲遠之，元帝以房爲魏郡太守。房自請歲盡乘傳奏事，天子許焉。房未發，詔止無乘傳奏事，房意愈恐。由此觀之，臣子不得見君父，其禍何如？《詩》曰：「彼采葛兮，一日不見如三月兮。」一日之中尚曰如三月、三秋、三歲，況其久者乎？

官人第八

「內小臣，奄上士四人」，「寺人，王之正內五人，內豎倍寺人之數」，「酒人，奄十人」，「漿人，奄五人」，「籩人，奄一人」，「醢人，奄一人」，「醯人，奄二人」，「塩人，奄二人」，「幂人，奄一人」，「內司服，奄一人」，「縫人，奄二人」，「春人，奄二人」，「饎人，奄二人」，「槀人，奄八人」，「守祧，奄八人」。內小臣稱士者，異其賢，其餘蓋皆不命也。夫宦官之位，天象所有，指其居次，則或在帷簿之內，論其職掌，則或聞牀第之言，固不可以詘辱俊乂，溷淆男女，其用腐身之類，是乃制事之宜矣。然而先王不以恩奪義，不以私廢公，雖其褻臣，無得過寵。奄稱士者，止於四人，況可爲卿大夫乎哉？

漢文帝時，趙談驂乘，爰盎伏車前曰：「天子所與共六尺輿者，皆天下豪英。今漢雖乏人，獨柰何與刀鋸之餘共載？」如使之尸天官，又非驂乘之比也。自鄭衆謀誅竇憲，爲大長秋封侯，其後孫程定立順之功，曹騰參建桓之策，續以五侯合謀，梁冀受鉞，高冠長劍，紆朱懷金者，布滿宮闈；苴茅分土，南面臣人者，蓋以十數。故曰：「三世以嬖色取禍，嬴氏以奢虐致災。西京自外戚失祚，東都緣閹尹傾國。」豈不哀哉？唐之北司，同歸于亂。《說命》曰：「事不師古，以克永世，匪說攸聞。」信矣！

直講李先生文集卷之十三

教道第一

立人以善，成善以教。教而不善邪，是堯舜之民鄙夫矣；❶不教而善邪，是桀紂之民可封矣。移風俗，斂賢才，未有不由此道也。故大司徒「以鄉三物教萬民而賓興之，一曰六德：知、仁、聖、義、忠、和。二曰六行：孝、友、睦、婣、任、恤。三曰六藝：禮、樂、射、御、書、數」。物，猶事也。民三事教成，鄉大夫舉其賢者、能者，以飲酒之禮賓客之。既則獻其書於王矣。知，明於事。仁，愛人以及物。聖，通而先識。義，能斷時宜。忠，言以中心。和，不剛不柔。善於父母爲孝，善於兄弟爲友。睦，親於九族。婣，親於外親。任，信於友道。恤，振憂貧者。禮，五禮之義。樂，六樂之歌舞。射，五射之法。御，五御之節。書，六書之品。數，九數之計。「以鄉八刑糾萬民，一曰不孝之刑，二曰不睦之刑，三曰不婣之刑，四曰不弟之刑，五曰不任之刑，六曰不恤之刑，七曰造言之刑，八曰亂民之刑。」不弟，不事師長。造言，訛言惑衆。亂民，亂名改作，執左道以亂政也。

❶ 「夫」，原作「夭」，據正德本、萬曆本、光緒本改。

大哉先王之所以敺民而納之於善也，教以開其前，如得大路，終日行而弗迷失。刑以策其後，使不敢反顧，而況賓興以勸之哉！養天性，滅人欲，家可使得孝子，國可使得忠臣矣。學校不立，教法不行，人莫知何人可師，道莫知何道可學。耳何以爲正聲？目何以爲正色？口何以爲正言？身何以爲正行？明者幸而得之，昧者不幸而失之，將欲求腹心於中林，訪忠信於十室，不易得矣。《小雅·菁菁者莪》，孟氏君子三樂，善爲國者可無意哉！

教道第二

外饔「邦饗耆老、孤子，則掌其割亨之事」。謂養國老、庶老者也。❶酒正「凡有秩酒者，以書契授之」。所秩者，謂老臣九十，日有秩也。夫養老之禮，自古帝王未始不隆之也。《王制》曰：「凡養老，有虞氏以燕禮，夏后氏以饗禮，殷人以食禮，周人脩而兼用之。五十養於鄉，六十養於國，七十養於學，達於諸侯。」「有虞氏養國老於上庠，養庶老於下庠。夏后氏養國老於東序，養庶老於西序。殷人養國老於右學，養庶老於左學。周人養國老於東膠，養庶老於虞庠。虞庠在國之西郊。有虞氏皇而祭，深衣而養老。夏后氏收而祭，❷燕衣而養老。殷人冔而祭，縞衣而養老。周人冕而祭，玄衣而養老。」凡四代之制雖時有改，然其道則

---

❶「者」，原作「老」，據光緒本改。

❷「氏」，原脱，據《禮記·王制》補。

莫之變也。卿大夫之致仕者爲國老，士爲庶老，其餘非賢，不可皆養，亦引户校年，以行復除。八十者一子不從政，九十者其家不從政也。

養老之禮有三老焉，有五更焉。天子無父矣，欲爲人子而不可得也。無兄矣，欲爲人弟而不可得也。是故父事三老，所以教天下之爲人子也。兄事五更，所以教天下之爲人弟也。親冕而總干，袒而割牲，執醬而饋，執爵而獻。祝餶在前，祝鯁在後。公卿奉杖，大夫進履。天子之尊，四海之内，其意莫不爲臣，❶然而以父兄事人者，孝弟之心無所用之，因以教天下之孝弟也。天子之尊且事他人爲父兄，天下之民敢遺其親父親兄乎？是一舉而孝弟之風洋洋乎九州之外矣。噫！盛哉。

教道第三

大司徒「施十有二教」。「二曰：以陽禮教讓，則民不争。」陽禮，謂鄉射飲酒之禮也。黨正「國索鬼神而祭祀，則以禮屬民而飲酒于序，以正齒位。一命齒于鄉里，再命齒于父族，三命而不齒」。國索鬼神而祭祀，謂歲十二月大蠟之時，建亥之月也。必正齒位者，爲民三時務農，將闕於禮，至此農隙而教之，尊長養老，見孝弟之道也。凡射飲酒，比鄉民雖爲卿大夫，必來觀禮。齒于鄉里者，以年與衆賓相次也。齒於父族者，父族有爲賓者，以年與之相次，異姓雖有老者居於其上。不齒者，席於尊東所謂僎也。大哉先王之所以和鄉

❶「意」，光緒本作「衆」。

黨、睦親戚有如此。夫彼一命者，天子之下士，公侯伯之上士，子男之大夫也，而與鄉里齒焉。再命者，天子之中士，公侯伯之大夫，子男之卿也，而與父族齒焉。三命者，天子之上士，公侯伯之卿也，雖云不齒，亦異席而已，非敢居其上也。然則貴而驕人，少而陵長者，不容於其間矣。《鄉飲酒義》曰：「六十者坐，五十者立侍，以聽政役，所以明尊長也。六十者三豆，七十者四豆，八十者五豆，九十者六豆，所以明養老也。民知尊長養老，而后乃能入孝弟；民入孝弟，出尊長養老，而后成教；成教而后國可安也。」《經解》曰：「鄉飲酒之禮廢，則長幼之序失，而争鬭之獄繁矣。」夫二人同居，亦一長一幼，如使幼皆順長，則争何由興？推此以及千萬人，宜乎其獄訟之寡也。而況尊人之長，以及吾長，養人之老，以及吾老，則輕重可知矣。輕重可知，而不孝不弟者，其唯禽獸之心乎？若是，則教焉得不成？國焉得不安也哉！

教道第四

大宰「以九兩繫邦國之民」，「五曰宗，以族得民」。宗繼别爲大宗，收族者也。大宗者，其先祖之負荷，族人之紀綱乎？《大傳》曰：「别子爲祖，繼别爲宗，繼禰者爲小宗。有百世不遷之宗，有五世則遷之宗。百世不遷者，别子之後也。宗其繼别子之所自出者，百世不遷者也。宗其繼高祖者，五世則遷者也。」别子謂公子，若始來在此國者，後世以爲祖也。别子之適子、適孫，世世繼别子，爲大宗，百世不遷。族人五世外者，皆爲之齊衰三月，母妻亦然。故大宗有族食、族燕之禮，所以收族也。

夫五服者，人道之大治也。然而上盡於高祖，旁盡於三從。上盡於高祖，則遠者忘之矣。旁盡於三從，則疏者忘之矣。故立大宗以承其祖，族人五世外皆合之宗子之家，序以昭穆，則是始祖常祀而同姓常親也。始祖常祀非孝乎？同姓常親非睦乎？《内則》曰：「適子、庶子祇事宗子、宗婦，雖貴富，不敢以貴富入宗子之家，雖衆車徒，舍於外，以寡約入。子弟猶歸器、衣服、裘衾、車馬，則必獻其上，而后敢服用其次也。若非所獻，則不敢以入於宗子之門。」「若富，則具二牲，獻其賢者於宗子，夫婦皆齊而助祭焉。❶終事而后敢私祭。」然則族人之重宗子何如哉？重宗者尊祖之義也。噫！所生猶或不孝，況遠祖乎？同産猶或不睦，況族人乎？是先王坊民有禮，而刑不足以齊之也。

教道第五

「小司徒之職，掌建邦之教法，以稽國中及四郊都鄙之夫家九比之數，以辨其貴賤、老幼、廢疾，凡征役之施舍，與其祭祀、飲食、喪紀之禁令。」鄰長「各掌其鄰之政令，以時校登其夫家，比其衆寡，以治其喪紀、祭祀之事」。曾子曰：「慎終追遠，民德歸厚矣。」喪祭之謂也。哀哉死者乎？爲其形之將敗也，而人惡之矣；爲其心之無知也，而人倍之矣。是故絞紟衾冒以周其内，棺槨牆翣以文其外，爲使人勿惡也。朝夕之奠以繼其養，神明之器以備其用，爲使人勿倍也。君子過哀則幾毀滅，小人直情則將忽忘，是故哭之有節，服之

❶ 「助祭」，《禮記・内則》作「宗敬」。

有斷，此聖人所以制喪禮也。春履雨露而怵惕，秋履霜露而悽愴，孝子以天時之變念其親之不得見也。是故散齋七日，致齋三日，陰幽以思而祭者可見矣。祭之日入室必有見乎其位，出户必有聞乎其聲。事死者如事生，思死者如不欲生。蓋非牲牷肥腯，粢盛豐備而已，此聖人所以制祭禮也。人有貴有賤，有富有貧，而未有無親者也。其禮雖異，其情則同。《王制》曰：「庶人縣封，❶葬不爲雨止。不封不樹，喪不貳事。」亦其喪禮也。「庶人春薦韭，夏薦麥，秋薦黍，冬薦稻」，亦其祭禮也。然冥冥之民，勸於利而懲於威，苟非上之所財成則末由也已。故小司徒有其禁令，而鄰長治之也。《三年問》曰：「將由夫患邪淫之人與？則彼朝死而夕忘之矣！然而從之，則是曾鳥獸之不若也。夫焉能相與群居而不亂乎？」揚子曰：「人而不祭，豺獺乎！」是喪祭之禮廢，則人不如禽，❷爲其上者所宜憂也。

❶「縣」，原作「繩」，據《禮記・王制》改。
❷「禽」，正德本、光緒本作「獸」。

直講李先生文集卷之十四

教道第六

鄉師「正歲，稽其鄉器。比共吉凶二服，閭共祭器，族共喪器，黨共射器，州共賓器，鄉共吉凶禮樂之器」。吉服者，祭服也；凶服者，吊服也，比長主集爲之。祭器者，簠簋、鼎俎之屬，閭胥主集爲之。喪器者，夷盤、素俎、揭豆、輁軸之屬，族師主集爲之。此三者，民所以相共也。射器者，弓矢、楅中之屬，黨正主集爲之。爲州長或時射於此黨也。賓器者，尊俎、笙瑟之屬，州長主集爲之。爲鄉大夫或時賓賢能於此州也。吉器，若閭祭器者也。凶器，若族喪器者也。禮樂之器，若州黨賓射之器者也。鄉大夫備集此四者，爲州黨族閭有，故而不共也。此鄉器者，旁使相共，則無廢事；上下相補，則禮行而教成。夫有其禮者，必有其財，而後可行也。由士以上則田禄足矣，庶人力農或不免凍餒，❶而求其備禮不亦難乎？故「禮不下庶人」者以此。苟非乏財，則人無禮不立，何斯民之不得用哉？先王患之，乃使比長、閭胥、族師集罰物以爲服器，民有用者則共之。若有故而不共，則鄉大夫以公物補焉。民無傷財而可得服器，則夫能言者肯不行禮哉？

❶ 「力農」，原作「農力」，據光緒本改。

如是而不行禮，則納之刑辟，其又何辭？宜乎其天下大服也。

任延爲九真太守，駱越之民無嫁娶禮法，各因淫好，無適對匹，不識父子之性、夫婦之道。延乃移書屬縣，各使男年二十至五十，女年十五至四十，皆以年齒相配。其貧無禮聘，令長吏以下，各省俸禄以賑助之。同時相娶者二千餘人，其産子始知種姓。彼一郡守，猶能教人以禮而助之以財，況四海之富乎哉？

教道第七

典命「上公九命爲伯，其國家、宫室、車旗、衣服、禮儀皆以九爲節。侯伯七命，其國家、宫室、車旗、衣服、禮儀皆以七爲節。子男五命，其國家、宫室、車旗、衣服、禮儀皆以五爲節。王之三公八命，其卿六命，其大夫四命，及其出封皆加一等。其國家、宫室、車旗、衣服、禮儀亦如之」。公之孤四命，其卿三命，其大夫再命，其士一命，其宫室、車旗、衣服、禮儀各眡其命之數。侯伯之卿大夫士亦如之。子男之卿再命，其大夫一命，其士不命，其宫室、車旗、衣服各眡其命之數。

夫宫室取以待風雨，是則蓬茨足矣。衣服取以禦寒暑，是則紵絮足矣。車馬取以代勞，是則柴轂足矣。器物取以利用，是則瓦釜足矣。然而耳目之欲，雖窮壯極麗，猶未足以厭之也。先王因人之情而制之，以爲貴賤等級，使貴者得以逞，賤者無所覦，則上下有體，而朝廷以尊；費用有節，而財力不乏。至于庶民亦有以防之，故大司徒「以本俗六安萬民」。「六曰同衣服」，謂民雖有富者，衣服不得獨異也，不然則人人可以僭上。上下一體，則朝廷不尊。家家可以大費，費用無節，則財力乃乏。亂患所以作，禮讓所以衰也。仲叔于奚繁纓以朝，而仲尼惜之，庶人屋壁得爲帝服，倡優下賤得爲后飾，而賈誼長太息。無意乎民則已，苟有意哉，是所先急也。

教道第八

大司樂「凡建國，禁其淫聲、過聲、凶聲、慢聲」。淫聲，若鄭衛也。過聲，失哀樂之節。凶聲，亡國之聲，若桑間濮上。慢聲，惰慢不恭也。大胥「掌學士之版，以待致諸子」。版，籍也。大胥主此籍，以待當召聚學舞者，卿大夫之諸子則案此籍以召之。漢《大樂律》曰：「卑者之子不得舞宗廟之酎。除吏二千石到六百石，及關内侯到五大夫子，先取適子高七尺以上，❶年十二到年三十，顔色和順，身體脩治者，以爲舞人。」與古用卿大夫子同義也。

深矣乎！聲之感人也，如水之激，如草之偃，自生民以來，莫之能免也。《樂記》曰：「志微噍殺之音作，而民思憂；嘽諧慢易、繁文簡節之音作，而民康樂；粗厲猛起、奮末廣賁之音作，而民剛毅；廉直勁正莊誠之音作，而民肅敬；寬裕肉好、順成和動之音作，而民慈愛；流辟邪散、狄成滌濫之音作，而民淫亂。」先王慎所以感之者，故禁其淫、過、凶、慢之聲。而舞人又取卿大夫子有中和祗庸孝友之德者，是聲與人無不正

---

❶ 「七」，《後漢書・百官二》注引作「五」。

也。聲與人無不正，則聞之且見之者，焉得不正乎？子夏曰：「今夫新樂，進俯退俯，姦聲以濫，❶溺而不止。及優侏儒，獶雜子女，不知父子。樂終不可以語，不可以道古，此新樂之發也。」噫！舞者男女自相雜，子夏已疾之，而況粉白黛黑笑言於尊俎間乎？董仲舒所謂「民之師師」者，❷宜不宜也？然則天下多淫辟之罪有以矣夫。

教道第九

師氏「掌以媺詔王，以三德教國子：一曰至德，以爲道本；二曰敏德，以爲行本；三曰孝德，以知逆惡。教三行：一曰孝行，以親父母；二曰友行，以尊賢良；三曰順行，以事師長」。保氏「掌諫王惡，而養國子以道，乃教之六藝：一曰五禮，二曰六樂，三曰五射，四曰五馭，五曰六書，六曰九數。乃教之六儀：一曰祭祀之容，二曰賓客之容，三曰朝廷之容，四曰喪紀之容，五曰軍旅之容，六曰車馬之容」。以媺詔王，告王以善道也。諫者，以禮義正之。國子，公卿大夫之子弟，師氏教之而世子亦齒焉。養國子以道者，以師氏之德行審諭之，而後教之以藝儀也。師保詔王以善，諫王之惡，王者既立乎無過之地矣。又使教養國子，而世子與焉，是策之上也。《王制》曰：「樂正崇四術，立四教，順先王《詩》《書》《禮》《樂》以造士。春秋教以《禮》《樂》，

❶ 「濫」，《史記・樂書》作「淫」。
❷ 下「師」字，據《漢書・董仲舒傳》當作「帥」。

冬夏教以《詩》《書》。王太子，王子，群后之太子，卿大夫元士之適子，國之俊選，皆造焉。」則古之教人者，世子無不在也。《文王世子》曰：「行一物而三善皆得者，唯世子而已，其齒於學之謂也。故世子齒於學，國人觀之，曰：『將君我而與我齒讓，何也？』曰：『有父在，則禮然。』然而衆知父子之道矣。其二曰：『將君我而與我齒讓，何也？』曰：『有君在，則禮然。』然而衆著於君臣之義也。其三曰：『將君我而與我齒讓，何也？』曰：『長長也。』然而衆知長幼之節矣。故父在斯爲子，君在斯謂之臣，居子與臣之節，所以尊君親親也。故學之爲父子焉，學之爲君臣焉，學之爲長幼焉。父子、君臣、長幼之道得而國治。」夫將以宗廟社稷屬之，可不教乎？賈誼有言：「天下之命繫於太子，❶太子之善在於早諭教與選左右。」三代之所以長久者，以其輔翼太子有此具也。

文中子曰：「儲后不訓而晉業隳矣！」觀惠帝之失天下，可無寒心也哉？荀卿曰：「聖王有百，吾孰法焉？欲觀聖王之跡，則於其粲然者矣，後王是也。」道過三代謂之蕩，法貳後王謂之不雅。然則舍周其何適哉？孔子曰：「甚矣！吾衰也；久矣！吾不復夢見周公。」噫！猶有望於今之世乎？

❶「繫」，《漢書·賈誼傳》作「縣」。

直講李先生文集卷之十五

明堂定制圖序

臣伏以明堂者，古聖王之大務也。所以事上帝，嚴先祖，班時令，合諸侯。朝廷之儀，莫盛於此。然而年世久遠，規模靡見。經傳所出，參差不同。群儒譸張，各信其習。脩墜補闕，何所適從？臣雖顓蒙，嘗竊議於斯矣。臣謹按《周禮·考工記》曰：「周人明堂，度九尺之筵，東西九筵，南北七筵，堂崇一筵，五室，凡室二筵。」《大戴禮·盛德記》曰：「明堂者，自古有之。凡九室，一室有四户八牖，共三十六户七十二牖。」《禮記·月令》：天子正月居青陽左个，二月居青陽太廟，三月居青陽右个，四月居明堂左个，五月居明堂太廟，六月居明堂右个，中央土居太廟太室，七月居總章左个，八月居總章太廟，九月居總章右个，十月居元堂左个，十一月居元堂太廟，十二月居元堂右个。此三書者，皆聖賢之所作述，學者之所傳習。而一事殊制，乖遠如此，注釋之家，亦各未爲精當。

《考工記》「五室」，鄭康成解之：木室於東北，火室於東南，金室於西南，水室於西北，土室於中央。故聶崇義《三禮圖》其爲明堂接太室，四角以爲四室，蓋用此也。且既以五室象五行矣，則木、火、金、水之王當在東南西北之正，何乃置之四角？而云木室兼水，火室兼木。若必如是，則中央之室復何所兼哉？此説誠未可用也。《盛德記》「九室」，蔡伯喈之徒傳之，接四室之角，又爲四室。聶崇義誤以爲秦人《明堂圖》者是也。按：秦實無明堂，但後儒見《月令》有「天子居明堂」之文，以《月令》是秦相呂不韋所作《春秋》十二紀之首章，疑爲秦之明堂耳。然今觀《月令》，明堂十有三位，無九室之説，蓋崇義誤取《大戴》九室之堂以爲秦制也。又鄭康成亦駁《大戴》云：九室三十六户七十二牖，似秦相呂不韋作《春秋》時所益者，非古制也。噫！康成注《禮記》既知《月令》是呂不韋所作《春秋》矣，而《月令》豈有九室之文哉？何以輒駁《大戴》九室以爲出於《呂氏春秋》乎？誠舛謬之甚也。然其四室之角復爲四室，未知何所施用？將以象五行，享五帝乎？則五室足以備之矣，安用其餘？將以配十二辰乎？則四隅各兩室重在一方之上，覈其意義，反覆不安，此説亦未可用也。《月令》十三位，本無此總數，但以一大室，四太廟，八左右个，其實十三位。鄭康成注青陽左个則曰「太寢東堂北偏」。云太寢者，欲明明堂與太寢制同。孔穎達《正義》以爲，云東堂者，則知聽朔皆堂，不於五角之室中。且夫謂之廟與个者，當須各是一位，豈同在一堂，靡所限隔，而可稱爲廟與个也？蓋康成既執明堂爲五室，若於此十三位又爲限隔，則是室數頗多，與己意相違，故曲飾其辭，以爲三位同在一堂，貴不害於五室之文耳。此説固不可用也。

至唐李林甫等注《月令》，青陽左个則曰寅上之室，青陽太廟則曰卯上之室，青陽右个則曰辰上之室，明堂左个則曰巳上之室，明堂太廟則曰午上之室，明堂右个則曰未上之室，太廟、太室則曰：太廟，明堂總名；太室，中央室也。總章左个則曰申上之室，總章太廟則曰酉上之室，總章右个則曰戌上之室，元堂左个則曰亥上之室，元堂太廟則曰子上之室，元堂右个則曰丑上之室。觀此，言太室處中央，餘十二位各置其辰之上，誠合於理，然其謂太廟明堂總名及十三位，俱以爲室，則誤矣。明堂之上既獨以子午卯酉爲太廟，則太廟安得爲明堂總名哉？十三位不俱謂之室，解見於後。

又其人但知十三室各在其辰之上，而不謀所以建立之處。且太室既居中矣，若以餘室連太室而爲之，則四面各可置一室，四角缺處又各可置一室，復不能令各在其辰之上，其餘四室更何所安？就欲巧而成之，愈乖於方位矣。或將遠太室而爲，則未見有明文言之者，是此説亦未可用也。

後魏時有李謐者，愍大禮之淪亡，憤先儒之異議，作《明堂制度論》以折衷於世，其指以《月令》爲宗，而采《周禮》《大戴》之言以參合之。云其室居中者謂之太廟太室，當太室之東者謂之青陽太廟，當太室之南者謂之明堂太廟，當太室之西者謂之總章太廟，當太室之北者謂之元堂太廟，以是爲合於《周禮》之五室。又云四面之室，各有便房，謂之左右个，共三十六户七十二牖，以是爲合於《大戴》户牖之數。今雖圖象莫存，然按文察之，謐之所言，竊所未諭。且太室四面各爲一室，則四角缺處各方二筵，二筵之地乃爲兩便房，如東南角二筵地便當爲青陽右个及明堂左个矣，他皆倣此。基址既狹，況地形斜角，不知何以置之，復何以能令各在其辰之上？夫分十二辰之位，當須尺步平均，然後能正也。豈有四面之室既以一筵爲一辰，❶左右之个乃以二筵爲兩辰哉？舉兹一隅又知其不足取法也。

臣愚竊謂《考工記》《盛德記》《月令》三家所指制度誠大同，但立言質略，意義弗顯。訓傳之士，泥文太過，因而背馳。李謐之志稍欲搴而合之矣，柰不得其旨，尤而效之。臣以《月令》之文最爲明著，輒亦取以爲

❶「一筵」，原作「二筵」，據正德本、萬曆本、光緒本改。

本而通之《周》《戴》。《月令》雖秦人所作，然皆追述古先聖王之道。其中雖有官名時事不合周法者，蓋呂氏欲以古道行之於時，故稍或損益之，豈可謂皆非古制歟？

夫以《白虎通》曰：「明堂上圓下方，八窗四闥。」「上圓法天，下方法地，八窗象八風，四闥法四時，九室法九州，十二坐法十二月，三十六户法三十六雨，七十二牖法七十二風。」斯言合於事理，因亦取之。

臣謹詳《考工記》，是言堂基脩廣，❶非謂立室之數。「東西九筵，南北七筵」，是言堂上，非謂室中。東西之堂各深四筵半，南北之堂各深三筵半，若堂室共在九筵七筵之内，則雖如鄭氏五室之制，從東至西亦須三室。已據六筵之地外，東堂止有一筵半，西堂止有一筵半，每筵深一丈三尺五寸，從南至北又三室，據六筵之地外，南北之堂各纔半筵，深四尺五寸，狹隘甚矣，況室數更多，豈可容哉？蓋記者上言堂上之脩廣，次述室中之丈尺，本非一貫而談也。四堂東曰青陽，南曰明堂，西曰總章，北曰元堂。「五室凡室二筵」，是言四堂中央有方十筵之地，自東至西可營五室，自南至北可營五室，十筵中央方二筵之地，既爲太室矣。欲連太室而作餘室，則不能令十二位各直其辰，當須於東南西北四面各虛方二筵之地，四角缺處又各虛方二筵之地，周而通之，以爲太廟，而太室正居中，所謂太廟太室者，言此太廟之中有太室也。太廟之外當子午卯酉四位上，各畫方二筵地，以與太廟相通，不爲室。所謂青陽、明堂、總章、元堂等，太廟者也。以其當青陽之堂上，故曰青陽太廟，餘三面皆倣此。或問於臣曰：經所謂太廟太室者，當是青陽等四太廟居四方，而太室在其中央，故云太廟太室也。子何須謂太室四旁虛地爲太廟，而云太室在其中哉？臣對曰：太室四旁既不

❶「是言」上，《宋史》本傳引此文有「周人明堂度九尺之筵」句。

得不有虛地，既有虛地，而經云太廟太室，則太室四旁虛地非太廟而何？　且青陽等四太廟去太室猶隔二筵之地，何以得云太室在四太廟中央乎？　又問曰：子必云四太廟不爲室而與十太廟相通者，何哉？　臣對曰：中既有太廟子午卯酉，又各名太廟而地實相接，則不得不相通也。　當寅申巳亥辰戌丑未八位上，各畫方二筵地以爲室，所謂左个右个者也。　八个之室并太室而九，所謂九室也。　室四面各有户，户旁夾兩牖，所謂三十六户七十二牖也。　青陽、明堂、總章、元堂四太廟前面，各爲一門出於堂上，門旁夾兩窗，所謂八窗四闥也。　以廟之與堂當有所限隔，故各爲一門也，謂之闥者，小門也。以太廟所出，故其制異於群室之户耳。　窗牖異者，亦以廟門旁變於室中之制也。　四廟九室共十三位，而《白虎通》云十二坐，當是略中央土所居矣。　左右之个，其實皆室，但以分處左右，形如夾房，故有个之名也。　太廟之内，此謂太室四旁二筵地，非青陽等太廟也。　以及太室，其實祀文王配上帝之位也。　謂之廟者，義當然矣。　土者分王四時，負載萬物，於五行最尊，故天子當其時居太室，用祭天之位，以尊嚴之也。　四仲之月，各得一時之中，與餘月有異，故復於子午卯酉之方取二筵地，假太廟之名以聽其朔也。　此謂青陽等太廟也。　或問於臣曰：太室四旁各二筵之地，既爲太廟，又已當子午卯酉之正，人君若尊嚴，仲月何不止於此聽朔，而乃復於其外別取二筵地假太廟之名哉？　臣對曰：太室四旁各二筵地，雖爲太廟而當子午卯酉之正，可以聽仲月之朔矣，然若以此二筵地便爲子午卯酉之位，則餘辰又不正矣，與夫連太室而爲室何異哉？　秖如以太室東户前二筵地便爲卯位，聽仲春之政，南户前二筵地便爲午位，聽仲夏之政，則辰巳二位須過在東南一角，豈復能當青陽右个、明堂左个之上哉？　故宜各於太廟之外別取二筵地與左右个並列而假太廟之名，然後能使十二辰皆正也。　若是，則三家之指曷有異哉？　但《周禮》言基而不及室，《大戴》言室而不及廟，稽之《月令》則備矣，然非《白虎通》亦無以知窗闥之制也。

臣又詳鄭説，明堂九階，南面三階，三面各兩階，且每面各三位而獨南面三階，其餘各兩階，求其義則靡所法象，揣於事則不便升降。今觀聶崇義所謂秦人《明堂圖》者，其制有十二階，似恐古之遺法也，當亦取之。《禮記外傳》曰「明堂四面各五門」，今按《明堂位》曰：九夷之國，東門之外。八蠻之國，南門之外。六戎之國，西門之外。五狄之國，北門之外。九采之國，應門之外。時天子負斧扆南嚮而立。南門之外者，北面東上，應門之外者，亦北面東上。是南門之外有應門也。既有應門，則不得不有皋、庫、雉門矣。明堂者，四時所居，四面如一，南面既有五門，則餘三面皆有五門矣。❶鄭康成注《明堂位》則云「正門謂之應門」，孔穎達《正義》曰：正門謂之應門者，以明堂更無重門，非路門外之應門。天子宮内有路寢，故應門之内有路門。明堂既無路寢，故無路門及以外諸門，但有應門耳。且既有東南西北門矣，而又有應門，非重門而何歟？觀其本意，當謂變南門之文以爲應門也。又但見王宮有路門，其次乃有應門。今明堂無路門之名，而但有應門，便謂更無重門，而南門即是應門矣。且路寢之前則名路門，其次有應門。明堂非路寢，乃變其内門之名爲東門南門，而次有應門，夫復何害於義？抑夷蠻戎狄之君，既在四門之外，而外無重門，則是列於郊野道路之間矣。豈朝會之儀而草草若是乎？王宮常常所居，猶設五門以限中外，明堂者，效天法地，尊祖配帝而止一門以表之，是豈協於事宜也？則四面各五門斷在不疑矣。

臣又詳鄭康成注《考工記》，夏后氏世室則云：世室者，宗廟也。商人重屋則云：重屋者，王宮正堂若太

---

❶ 「皆」下，《宋史》本傳引有「各」字。

寢也。周人明堂則云：明堂者，明政教之堂也。此三者，或舉宗廟，或舉正寢，或舉明堂，互言之以明其同制。又注《玉藻》曰：天子廟及路寢皆如明堂制，仍與諸儒抗答，多方援引，固以爲三者同制，後學承之，莫有非者。臣愚竊謂之不然矣。苟路寢有四時之位，則天子自可坐而聽朔，奚用遠赴明堂？若以尊嚴國政當假祭天之廟以聽之，則事畢而還，復於路寢居其時之堂何所爲也？宗廟之祭，堂事室事，一面而足，四方之堂未聞所施設也。雖世室有五室之説，亦未必如鄭注有四堂也。既曰明堂將以事上帝也，宗廟將以尊先祖也，而以己之正寢與之同制，蓋非尊祖事天之意也。

矧鄭之此説，並由胸臆，必謂明堂宗廟路寢同爲五室，三代皆然，但脩廣之度，因時而變，周監二代，其爲宗廟，則法脩廣於夏；其爲路寢，則取尋尺於商；其爲明堂，則自爲度筵之制，實皆不改於五室焉。此説既非經見，安用迂闊而談？奚不直謂周家作宗廟則法於夏，路寢則法於商，明堂則自爲之，各求其制，以示於世乎？得非康成見世室有五室，既以五行推之，明堂之文復有五室，求其説而不獲，及重屋之下，都無室數，遂乃巧爲之辭，以謂其制皆同乎？又當見《明堂位》「稱太廟，天子明堂；庫門，天子皋門；雉門，天子應門」，以爲魯行天子之禮，魯之太廟，既如明堂，則周之太廟亦如明堂矣。臣謂若周之太廟制如明堂，魯之太廟又如明堂，則是魯之太廟如周之太廟也。何不曰太廟天子太廟而云明堂哉？斯蓋魯行天子禮樂，享帝告朔，當倣於周，然以人臣，不敢立天子政教之堂，故於周公之廟，略擬明堂之制，以備其禮，非周之宗廟如明堂也。或問於臣曰：路寢制如明堂，雖經無明文，然太史職云：閏月詔王居門終月。先儒皆以爲天子閏月聽朔於明堂門中，還而又處於路寢門，則是常月聽朔於明堂之上，還而處於路寢之上，其居位亦當如在明堂中時也。然則路寢亦如明堂有四時之位明矣。臣對曰：太史職閏月詔王居門終月，蓋止是朔日詔王居明堂之門，聽一月所當行之事，終盡而返耳，豈復有明文言還處路寢門哉？蓋鄭氏之徒欲明三者同制，妄生枝葉以言之也。

又況蔡伯喈以爲明堂、太廟、太室、太學、辟廱，雖名別而事同，其爲紕謬，不已甚乎？袁準《正論》駁之詳矣。《大戴》亦云，其外有水，名曰辟廱。於斯則誤也。若其建置之所，則淳于登云：「明堂者在國之陽，三里之外，七里之内丙巳之地。」《玉藻》「聽朔於南門之外」，康成之注亦與是相合。夫稱明也，宜在國之陽；事天神也，宜在城門之外。建置之説，兹焉可取。於戲！哲人既往，禮器凋敝，先王大法散在簡策，而言近指遠，學者多迷，專門自用，互相非毁。故自漢興，迄于有唐，布政之宫，屢曾營繕，而規爲鹵莽，莫合聖制。群議交門，誰將正之？明君賢士，疚心久矣！臣生長草野，涵泳恩澤，仰兹大典，輒所究尋。

伏惟國家，拓境踰四溟，太平僅百載，德義充溢，禮教興行，封泰山，祀汾陰，耕籍田，郊見上帝，遺文逸美，於是交舉。聖神之衷，殆將經始於斯堂乎？四方有識，注望多矣。臣身雖賤微，亦願此時稍裨萬一，自託不朽。故今敢先以所見制度，具圖以獻。

圖凡以九分當九尺之筵，東西之堂共九筵，南北之堂共七筵。中央之地自東至西凡五室，自南至北凡五室，每室二筵，則取於《周禮・考工記》也。一太室、八左右个，共九室，室有四户、八牖，共三十六户七十二牖，則協於《大戴禮・盛德記》也。九室四廟，共十三位，則本於《禮記・月令》也。四廟之面，各爲一門，門夾兩窗，是爲八窗、四闥，則稽於《白虎通》也。十二階則采於聶崇義《三禮圖》也。四面各五門，則酌於《明堂位》《禮記外傳》也。堂之下、門之内本無脩廣之數，故今但圖五，重門即不計其丈尺。舊説明堂宫方三百步，自可因宜處置也。或問於臣曰：皐、庫、雉、應門之號四面皆同何也？臣對曰：四堂者，皆天子所居，所居之面皆若王朝焉，無東西南北之異也。今但變其内門之名以誌四方，而應門以外諸門不改焉耳。又問曰：既云路寢不與明堂同制，而明堂之門乃假王宫諸門之名何也？臣對曰：明堂之上所以事天尊祖，布政教之所也，故不與王寢同制。門者，限内外，通出入，而舊圖無所法象，但以天子聽政所居，象如王朝，故假宫門之名亦何害於理？況取諸書，略無偏棄，異同之論，庶可息焉。古先之模，或在於是，號曰《明堂定制圖》。

鴻覆無私，儻垂甄録，施之於用，必有可觀。若夫棟宇之高卑，土木之文飾，至尊所居之服御，上神所享之儀物，此禮官學士之職，非小臣之能盡也。輕議國容，罪當殊死，謹上。

五宗圖序

《大傳》曰：「别子爲祖。」注云：「别子謂公子若始來在此國者，後世以爲祖也。」又曰：「繼别爲宗。」注云：「别子之世適也。族人尊之，謂之大宗，是宗子也。」又曰：「繼禰者爲小宗。」注云：「父之適也，兄弟尊之，謂之小宗。」又曰：「有百世不遷之宗，有五世則遷之宗。百世不遷者，别子之後也。宗其繼别子之所自出者，百世不遷者也。宗其繼高祖者，五世則遷者也。」注云：「遷，猶變易也。繼别子，别子之世適也。繼高祖者，亦小宗也。先言繼禰者，據别子子弟之子也。以高祖與禰，皆有繼者，則曾祖亦有也。❶則小宗四

❶「祖」，原重文，據《禮記・大傳》鄭注删。

與大宗凡五。」説者曰别子謂公子，諸侯之庶子也。若細别言之，則妻之所生爲適，妾之所生爲庶。若祇據正體言之，則妻之長子爲適，其次子以下及妾所生，通得謂之庶子也。諸侯之適子、適孫，繼世爲君，而庶子不得禰先君，故自與其後世子孫爲始祖也。云「若始來在此國者」，謂非君之親，或是異姓始來在此國者，亦得謂之别子，自與其後世子孫爲始祖也。别子之適子，世繼别子爲大宗，族人尊之，雖五世以外，皆爲之齊衰三月，爲其母妻亦然，所謂百世不遷者也。其别子之庶子，不得禰别子，則自使其適子繼己而爲小宗，所謂繼禰者爲小宗也。繼禰則與親兄弟爲宗也；又其適子則繼祖，與同堂兄弟爲宗也；又其適子則繼曾祖，與再從兄弟爲宗也；又其適子則繼高祖，與三從兄弟爲宗也。其庶子皆不得繼禰，各自使其適子繼己而爲小宗焉。是自高祖之後至玄孫凡四世，就此第四世小宗之三從兄弟而言，則其人有小宗四矣。宗其繼禰者，親兄弟也。又與之共宗於繼祖者，同堂兄弟也。又與之共宗於繼曾祖者，再從兄弟也。又與之共宗於繼高祖者，三從兄弟也。然則四宗備矣，又與四宗共宗於大宗，是爲五宗也。其於小宗，各以本服服之。親兄弟，齊衰期也。同堂兄弟，大功也。再從兄弟，小功也。三從兄弟，緦麻也。至第五世繼高祖之父者，與四從兄弟無服，不復爲之宗，所謂五世則遷者也。若世數尚少，則小宗或有三、或有二、或有一，其曰小宗四者，蓋極言之耳，不必皆然也。凡人生子，或衆或寡，今此圖盡爲二子以甲乙第之，斯蓋設法貴於省文，若庶子之多者，可以此例推之也。甲者，皆適也。乙者，皆庶也。適者皆爲小宗，庶者皆不繼禰，其旨甚明，弗復盡注。

贊曰：吾於三宗見孝弟之至焉。高祖以上遠矣，而數十百世尊其正體，不忘祖也。何孝如之？祖免以外疏矣，而合之以食，❶序以昭穆，厚同姓也。何弟如之！先王之所以治天下，此其本歟！周衰法弛，斯道以亡，庶匹適者有之矣，幼陵長者有之矣。祖以世斷，遠則忘之矣；族以服治，疏則薄之矣。骨肉或如行路，尚何有於天下乎？於戲！書燔簡脱，幸存其略，而學者弗之察，吾甚病焉。故表之以圖云。

❶「食」，萬曆本、光緒本作「倫」。

直講李先生文集卷之十六

富國策十首

富國策第一

愚竊觀儒者之論，鮮不貴義而賤利，其言非道德教化則不出諸口矣。然《洪範》八政，「一曰食，二曰貨」。孔子曰：「足食，足兵，民信之矣。」是則治國之實，必本於財用。蓋城郭宫室，非財不完；羞服車馬，非財不具；百官群吏，非財不養；軍旅征戍，非財不給；郊社宗廟，非財不事；兄弟婚媾，非財不親；諸侯四夷，朝覲聘問，非財不接；矜寡孤獨，凶荒札瘥，非財不恤。禮以是舉，政以是成，愛以是立，威以是行。舍是而克爲治者，未之有也。是故賢聖之君，經濟之士，必先富其國焉。所謂富國者，非曰巧籌算，析毫末，厚取於民以媒怨也，在乎强本節用，下無不足而上則有餘也。

節用之説何如？曰：凡言國計者，未嘗不以儉德藉其口也，而皆不得其説。必以茅茨土階、冬裘夏葛爲帝王之德，是乃非聖無法，不近人情，宜乎人主之弗聽也。貴爲天子，富有四海，而使齪齪吝嗇，下同匹夫，不得自廣，則安用尊卑爲哉？周制：王有六寢，后有六宫，内官百有二十人，女奴不在其數。食用六穀，膳用六牲，飲用六清，羞用百有二十品，珍用八物，醬用百有二十罋。衣有文繡，器有寶玉，次舍共具，所至無闕。用四代之禮，備四夷之樂。玩好有焉，匪頒有焉，好用有焉。王及后之用財，皆不會計，其所以自廣何如哉！若是而從墨翟之道，晏嬰之學，以儉陋爲是，則周公之制作果非乎？故曰：凡皆言儉德者，皆不得其説也。

愚以爲時有不同，事有通變，用之不足，則禮從而殺，亦聖人之意也。有周而上，兵農未分，天子六軍，諸侯大國三軍，次國二軍，小國一軍，皆出於民。居則爲比、閭、族、黨、州、鄉；行則爲伍、兩、卒、旅、師、軍。必耕而食，必蠶而衣。國之經費，玆不與焉。故以九州之財，奉千八百君而有餘也。秦漢而下，兵農漸異。衣食縣官者，動數百萬。内嚴宿衛，外驅戎狄，轉運千里，賞賜鉅萬。國之經費日以廣焉。故以九州之財，奉一君而不足也。當其有餘之時，用之可以盈禮；遇于不足之際，則宜深自菲薄。如周之制尚當裁減，甚於周者非敢聞也。《小過》曰：「君子以用過乎儉。」《語》曰：「奢則不孫，儉則固。與其不孫也，寧固。」儉非聖人之中制，有時而然，不得已也。故孝文帝躬衣弋綈，革舃韋帶，所幸慎夫人，衣不曳地。欲爲一臺，度用百金，廢而不爲。夫豈不知説耳目，便身體，極至尊之用哉？蓋念不傷財，不害民，損上益下之道也。故其十二年而賜民租税之半，明年遂除民田之租税。孝景之時，乃令民半出田租，三十而税一。至武帝之初，七十年間，人給家足，都鄙廩庾盡滿，而府庫餘財，京師之錢，貫朽而不可校，大倉之粟，陳陳相因。語後世之盛王，必稱文景，其故何哉？以能適時之變，過自菲薄而然也。

於惟一祖二宗，創業屬統，❶功德至矣。延洪于我后，靡不勤且儉矣。而今羌戎背惠，邊境暴師，勞費不息，帑藏不實，此其過自菲薄，損上益下之時也。伏惟日損之又損之，以文、景之心爲心，則天下幸甚。

富國策第二

民之大命，穀米也。國之所寶，租稅也。天下久安矣，生人既庶矣，而穀米不益多，租稅不益增者，何也？地力不盡，田不墾闢也。周制井田，一夫百畝，當今四十一畝有奇。人無易業而一心於農，農時不失，農功不粗，則地力可盡也。既又賦之以萊，或五十畝，或百畝，或二百畝，課其餘力，治其曠土，則田可墾闢也。經界既毀，王法弗復，然猶能者時出焉。李悝爲魏文侯作盡地力之教，以爲「地方百里，提封九萬頃，除山澤邑居叁分去一，爲田六百萬畝。治田勤謹則畝益三斗，不勤則損亦如之。地方百里之增減，輒爲粟百八十萬石矣」。漢搜粟都尉趙過，能爲代田，一畝三甽，一夫三百甽，而播種於甽中，苗生葉以稍耨隴草，因隤其土以附苗根，盛暑隴盡而根深，能風與旱，一歲之收，常過縵田一斛以上，善者倍之。此盡地力之效也。孝景詔曰：「郡國或磽狹，無所農桑。❷或地饒廣，薦草莽，水泉利，而不得徙，其議民欲徙寬大地，❸聽之。」

---

❶ 「屬」，光緒本作「垂」。

❷ 「桑」下，《漢書·景帝紀》有「穀畜」二字。

❸ 「地」下，《漢書·景帝紀》有「者」字。

此墾田之意也。

今者天下雖安矣，生人雖庶矣，而務本之法尚或寬弛，何者？貧民無立錐之地，而富者田連阡陌。富人雖有丁强，而乘堅驅良，食有粱肉，其勢不能以力耕也，專以其財役使貧民而已。貧民之黠者則逐末矣，冗食矣。其不能者乃依人莊宅爲浮客耳。田廣而耕者寡，其用功必粗。天期地澤風雨之急，又莫能相救，故地力不可得而盡也。山林藪澤原隰之地可墾闢者往往而是，貧者則食不自足，或地非己有，雖欲用力，末由也已。富者則恃其財雄，膏腴易致，孰肯役慮於菑畬之事哉？故田不可得而墾闢也。地力不盡，則穀米不多；田不墾闢，則租税不增，理固然也。

今將救之，則莫若先行抑末之術以敺游民，游民既歸矣，然後限人占田各有頃數，不得過制。游民既歸而兼并不行，則土價必賤，土價賤則田易可得。田易可得而無逐末之路、冗食之幸，則一心於農。一心於農，則地力可盡矣。其不能者，又依富家爲浮客，則富家之役使者衆，役使者衆則耕者多，耕者多則地力可盡矣。然後於占田之外，有能墾闢者，不限其數。昔晁錯言於文帝，募天下入粟縣官，得以拜爵。今宜遠取秦漢，權設爵級，有墾田及若干頃者，以次賞之。富人既不得廣占田，而可墾闢因以拜爵，則皆將以財役傭，務墾闢矣。如是而人有遺力，地有遺利，倉廩不實，頌聲不作，未之信也。管子曰：「與之在君，奪之在君，貧之在君，富之在君。」惟上所裁擇。

富國策第三

貨莫貴乎金，賄莫重乎帛。所貴乎金者，以其器成而可革，革之而不耗也。所重乎帛者，以其用功甚省，而有益於寒也。今兹乘輿之器，享燕之用，内賞賜群臣，外交通四夷，必不可毋用金銀。百官在位，六軍在籍，夏有暑，冬有寒，必不可毋用絲帛。何以使金多而足用，帛賤而易致哉！

愚以爲東南之郡，山高者鮮不鑿，土深者鮮不掘。失職之民，網漏之姦，晝夜合作，足蹈重泉而不憂於陷，首戴川澤而不虞於壓。鑛石雲涌，鑪炭之焰未之有熄。一泥一沙，蔑遺利矣，是金非不出也。平原沃土，桑柘甚盛。蠶女勤苦，罔畏飢渴。急采疾食，如避盜賊。繭簿山立，繅車之聲連甍相聞，非貴非驕，靡不務此，是絲非不多也。金盡出而用不足，蓋用之者衆也；絲雖多而帛不賤，蓋不專以爲帛也。

古者以金銀爲幣，與泉布並行，既而稍用爲器飾，然亦未甚著也。今也翕然用之，亡有品制。守閭閻者，唯財是視，自飲食頮沐之器，玩好之具，或飾或作，必以白金。連斤累鈞，以多爲愜。財愈雄者，則無所不至矣。舉天下皆然，故金雖盡出而用益不足也。

古者錦文不粥於市，不示民以奢也。今也庶民之家，必衣重錦厚綾，羅縠之衣，名狀百出，弗可勝窮。工女機杼交臂營作，争爲纖巧，以漁倍息。其爲帛者，鹽工惡絲而已。故絲雖多而帛不賤也。

金不足則價騰躍，價騰躍則出邦布而市之，費日增焉猶不能登其數，則率民而買之。彼農民未嘗蓄金銀，一旦當具，則必資於豪黨。資於豪黨，則或壞其産焉。官增其費，民壞其産，此實弊之大也。帛不賤，則貧民弗可得。貧民弗可得，則紵絮不足以禦冬，而凍者多矣。官之税買，其價弗損，而唯行濫之，得帛行濫，則軍吏之衣莫能完固，而貧者多矣。官價弗損，人民多凍，軍吏多貧，此亦弊之大也。

今將救之，則莫如明立制度。其用金銀，上下有等，多少有數，匹庶賤類，毋得僭擬，則金不可勝用也。君子小人，服章有别，民非布帛毋得輒衣，工機之功將復其本，則帛不可勝用也。果能此道矣，是宿弊之源可坐而塞也。孔子曰：「爲政先禮，禮其政之本乎！」制度，禮之實也。善爲政者，得無留意哉！

富國策第四

或曰：前所謂敺游民而歸之，謂逐末也，冗食也。末者何事？冗者何名？其所以敺之，請言其術。

曰：所謂末者，工商也。所謂冗者，不在四民之列者也。古者工不造琱瑑，商不通侈靡。僞飾之禁，在民者十有二，在商者十有二，在賈者十有二，在工者十有二。故工之所作，賈之所粥，商之所資，皆用物也。用物有限，則工商亦有數。今也民間淫侈亡度，以奇相曜，以新相夸。工以用物爲鄙，而競作機巧；商以用物爲凡，而競通珍異。或旬月之功而朝夕敝焉，或萬里之來而墜地毁焉。物亡益而利亡算，故民優爲之，工商所以日多也。

古者祀天神，祭地祇，享人鬼，它未聞也。今也釋老用事，率吾民而事之，爲緇焉，爲黄焉，籍而未度者，民之爲役者，無慮幾百萬。廣占良田利宅，媺衣飽食，坐談空虚以誑曜愚俗。此不在四民之列者也。

古者府史胥徒，官有定數。今也郡縣之治未免寬貸，冒名待闕，傭書雇納，請囑之流，動以千計。內滿官府，外填街陌，交相贊助，招權爲姦，狗偷鼠食，❶竭人膏血。此又不在四民之列者也。

古者執左道以亂政，殺；假於鬼神時日卜筮以疑衆，殺。《周禮》有醫師掌疾醫瘍醫，以治萬民之疾病疕瘍，其員不過十數。今也巫醫卜相之類，肩相摩，轂相擊也。或托淫邪之鬼，或用亡驗之方，或輕言天地之數，或自許人倫之鑒，迂怪矯妄，獵取財物，人之信之若司命焉。此又不在四民之列者也。

古者，天子諸侯大夫士用樂，庶人無用樂之文。況新樂之發，子夏所不語，匹夫熒惑諸侯，孔子誅之。今也里巷之中，鼓吹無節，歌舞相樂，倡優擾雜，角觝之戲，木棋革鞠，養玩鳥獸，其徒亡數，❷群行類聚，往來自恣，仰給於人。此又不在四民之列者也。

一夫不耕或受之飢，一女不織或受之寒。而不耕者凡幾夫？不織者凡幾女？柰何民不飢且寒也？百姓不足，君孰與足？民飢寒而上不匱者，未之有也。

欲毆工商，則莫若復樸素而禁巧僞。樸素復，則物少價；巧僞去，則用有數。利薄而不售，則或罷歸矣。如此則工商可毆也。

欲毆緇黄，則莫若止度人而禁修寺觀，止度人，則未度者無所待而皆罷歸矣。禁修寺觀，則已度者不安其居而或罷歸矣。其不歸者，後數十年物故盡矣。如此則緇黄可毆也。

---

❶ 「偷」，光緒本作「盗」。

❷ 「亡」，原作「之」，據光緒本改。

欲毆官府之姦，則莫若申明憲令，慎擇守宰。法嚴而吏察，則無所措手。無所措手，則不得不罷歸矣。如此則官府之姦可毆也。

欲毆方術之濫，則莫若立醫學以教生徒，制其員數，責以精深，治人不愈，書以爲罪，其餘妖妄託言禍福，一切禁絶，重以遷募，論之如法。爲之既艱，則不得不罷歸矣。如此則方術之濫可毆也。

欲毆聲伎之賤，則莫若令民家毋得用樂，衣冠之會勿納俳戲，申命閽防，呵其過往，用之既少，則不得不罷歸矣。如此則聲伎之賤可毆也。

毆之有術，復之有業，然而不力於農者，未之信也。

富國策第五

或曰：釋老之弊，酷排者多矣。然以修心養真，化人以善，或有益於世，故聖賢相因，重其改作。今欲毆緇黄而歸之，無乃已甚乎？

曰：夫所謂修心化人者，舍吾堯舜之道，將安之乎？彼修心化人而不由於禮，苟簡自恣而已矣。昔孟子之闢楊墨曰：「楊氏爲我，是無君也；墨氏兼愛，是無父也。」今山澤之臞，務爲無求於世，呼吸服食，謂壽可長，非爲我乎？浮屠之法，棄家違親，鳥獸魚鼈，毋得殺伐，非兼愛乎？爲我是無君，兼愛是無父，無父無君，不忠不孝，況其弗及者，則罪可知矣。故韓愈曰「釋老之弊，過於楊墨」也。然而曰「人其人，火其書，廬其居」，則言之太暴，毆之亡漸。何者？飽食安居，其習已久，一旦斂數十百萬人而冠之，則讋擾甚矣。

故前所謂止度人而禁修寺觀者，漸而毆之之術也。

緇黄存則其害有十，緇黄去則其利有十。男不知耕而農夫食之，女不知蠶而織婦衣之，其害一也。男則曠，女則怨，上感陰陽，下長淫濫，其害二也。幼不爲黄，長不爲丁，坐逃繇役，弗給公上，其害三也。俗不患貧而患不施，不患惡而患不齊，民財以殫，國用以耗，其害四也。誘人子弟，以披以削，親老莫養，家貧莫救，其害五也。不易之田，樹藝之圃，大山澤藪，跨據略盡，其害六也。營繕之功，歲月弗已，驅我貧民，奪我農時，其害七也。材木瓦石，兼收並采，市價騰踊，民無室廬，其害八也。門堂之飾，器用之華，刻畫丹漆，末作以熾，其害九也。惰農之子，避吏之猾，以傭以役，所至如歸，其害十也。

果去之，則男可使耕，而農夫不輟食矣；女可使蠶，而織婦不輟衣矣：其利一也。男則有室，女則有家，和氣以臻，風俗以正：其利二也。户有增口，籍有增丁，繇役乃均，民力不困，其利三也。財無所施，食無所齋，民有羨餘，國以充實，其利四也。父保其子，兄保其弟，冠焉帶焉，没齒弗去，其利五也。土田之直，❶有助經費，山澤之富，一歸衡虞，其利六也。營繕之勞，悉已禁止，不驅貧民，不奪農時，其利七也。良材密石，亦既亡用，民得築蓋，官得繕完，其利八也。淫巧之工，無所措手，棄末反本，盡緣南畝，其利九也。宫毁寺壞，不傭不役，惰者猾者，靡所逋逃，其利十也。

去十害而取十利，民人樂業，國家富强，萬世之策也，何憚而不爲哉？將以存而勿論乎？則董仲舒以

---

❶「土田」，正德本、萬曆本、光緒本作「田土」。

爲「諸不在六藝之科、孔子之術者，皆絶其道，勿使並進。邪辟之説滅息，然後統紀可一，而法度可明，民知所從矣」。將以爲民祈福乎？則《詩》云：「豈弟君子，求福不回。」此皆賢人之至論，先聖之法言也。少留神明，孰禦焉！

富國策第六

古人有言曰：「穀甚賤則傷農，貴則傷末。」謂農常糶而末常糴也，此一切之論也。愚以爲賤則傷農，貴亦傷農。賤則利末，貴亦利末。蓋農不常糶，有時而糴也；末不常糴，有時而糶也。以一歲之中論之，大抵斂時多賤，而種時多貴矣。夫農勞於作，劇於病也，愛其穀，甚於生也。不得已而糶者，則有由焉。小則具服器，大則營昏喪。公有賦役之令，私有稱貸之責。故一穀始熟，腰鐮未解而日輸於市焉。糶者既多，其價不得不賤。賤則賈人乘勢而罔之，輕其幣而大其量，不然則不售矣。故曰：斂時多賤，賤則傷農而利末也。農人倉廩既不盈，竇窖既不實，多或數月、少或旬時，而用度竭矣。土將生而或無種也，耒將執而或無食也，於是乎日取於市焉。糴者既多，其價不得不貴。貴則賈人乘勢而閉之，重其幣而小其量，不然則不予矣。故曰：種時多貴，貴亦傷農而利末也。

農之糶也，或闔頃而收，連車而出，不能以足用。及其糴也，或倍稱賤賣，毁室伐樹，不能以足食。而坐賈常規人之餘，幸人之不足，所爲甚逸而所得甚饒，此農所以困窮而末所以兼恣也。《易·繫辭》曰：「何以聚人？曰財。理財正辭，禁民爲非曰義。」財者，君之所理也。君不理，則蓄賈專行而制民命矣，上之澤於是不下流而人無聊矣，此平糴之法有爲而作也。管仲行於齊，李悝行於魏，耿壽昌行於漢，國不失實，人獲其利。自晉迄隋，時或興廢，厥聞未昭。唐天寶中，天下平糴，殆五百萬斛，兹全盛之事也。大宋受命將百年矣，穀入之藏，所在山積，平糴之法，行之久矣。

蓋平糴之法行，則農人秋糶不甚賤，春糴不甚貴，大賈蓄家不得豪奪之矣。而官之出息常什一二，民既不困，國且有利，兹古聖賢之用心也。然其所未至，則有三焉：數少也，道遠也，吏姦也。一郡之糴不數千萬，其餘畢入於賈人。至春當糴，寡出之則不足於饑也，多出之則可計日而盡也。於是賈人深藏而待其盡，盡則權歸於賈人矣，是數少之弊也。倉儲之建，皆在郡治，縣之遠者，或數百里，其貧民多糴則無資，少糴則非可，朝行而暮歸也，故終弗得而食之矣，是道遠之弊也。舉掌之人，政或以賄，概量不均，行濫時有。及其出也，或減焉，或雜焉，名曰裁價，實則貴矣，是吏姦之弊也。今若廣置本泉，增其糴數，則蓄賈無所專利矣；倉儲之建，各於其縣，則遠民可以得食矣；申命州部，必使廉能，則姦吏無以侵刻矣。如此，利國便人，事可經久，是謂通輕重之權，不可不察。

富國策第七

水旱之憂，聖王所不免。堯湯之事，賢愚嘗共聞也。故君人者，務多蓄積，以爲之備。《王制》曰：「三年耕必有一年之食，九年耕必有三年之食，以三十年之通，雖有凶旱水溢，民無菜色。」《周禮》：「遺人掌邦之委積，以待施惠。鄉里之委積，以恤民之艱阨；門關之委積，以養老孤；郊里之委積，以待賓客；野鄙之委積，以待覊旅；縣都之委積，以待凶荒。」此皆計國用之餘，隨便蓄積，以須乏困。故時可災，物可夭，苗可槁，地可赤，而人不可飢也。自井田法壞，軍國務煩，政取一切，或未猶遠。兵有儲，邊有備，則國之幸矣，吏之能矣，元元之民自爲之而已矣。

夫民之無知，靡衣媮食，豐歲粒米狼戾有不愛也。食之亡節，用之亡度，或委於糞土，或腐於甑甗，或以飫狗馬，或以肥雞鶩。計口論費，幾何而不倍蓰也？及其凶年，則家不素蓄，人不豫備，室如罄矣，突不黔矣。草木之根實，不足以飽矣。於是强者爲盜賊，弱者轉而死溝壑，父母妻子不能相保。此禍亂之階，善爲國者，所宜留意也。

嚮者，天地嘗有災矣，百姓嘗有饑矣。使以安撫爲號者，擁節而宵征；吏以勸誘爲辭者，弗絶於耳。或出御府之金，或下鬻爵之令。君心勤止，不翅慈母。然而穀生有時，不可以坐而待也；儲峙有數，不可以從天降也。求之甚至，得之幾希。以此振民，不亦難矣！

愚竊跡古制之宜於時者，莫若義倉之爲愈也。蓋豐年損其有餘，儉年救其不足，事至纖悉，功垂無窮。故隋開皇中始立社倉，終於文皇，得無饑饉。唐太宗曰：「既爲百姓先作儲貯，官爲舉掌，以備凶年。非朕所須，横生賦斂。利人之事，深足可嘉。」今宜於天下縣治，各建倉廩，踵唐之制，以義爲名。然唐之用心固善矣，斂散之法則未盡得宜。彼計民稼種，以畝税之，及無田者，亦各有差，則能入粟之人，非窮民也。至凶年，則入粟之家，或自有貯備，不當賙救，於是窮民享之矣。出此而入彼，有喪而無得，奚以異於厚斂乎？

今莫若以農末之民，各分户等，每於秋成，以次入粟，謂之寄留。至凶年，則下户之乏食者，準數給還，其上户則轉以給窮民。書其轉給之數，積以歲年，數登若干者，拜以爵級，以寵異之。則富人樂輸，窮民受賜矣。與夫臨事而鬻爵，無粟而虚求，不可同日而語也。

富國策第八

昔在神農，日中爲市，致民聚貨，以有易無。然輕重之數，無所主宰。故後世聖人，造幣以權之。其始，以珠玉爲上幣，黄金爲中幣，白金爲下幣。但珠玉金銀，其價重大，不適小用。惟泉布之作，百王不易之道也。根周苗漢，蔓于隋唐，或因或革，模法亡常。獨開元之號，最得中制，相承遂至于今。斯固先史商之久矣。

大抵錢多則輕，輕則物重；錢少則重，重則物輕。物重則用或闕，物輕則貨或滯，一重一輕，利病存乎民矣。至以國計論之，莫若多之爲貴，何者？用有常數，不可裁減故也。朝家治平日久，泉府之積，嘗朽貫矣。而近歲以來，或以虚竭，天下郡國亦罕餘見。❶夫泉流布散，通於上下，不足於國則餘於民，必然之勢也。而今民間又鮮藏緡之家，且舊泉既不毁，新鑄復日多，宜增而却損，其故何也？錢非温也，不可衣而弊之也；非脆也，不可食而盡之也。然而安在哉？是有姦人銷之也。姦人所以得銷者，以惡錢容於市，銅像銅器容於寺觀也。竊觀人間，或銷法錢，殺雜他巧，以爲惡錢。其作，必於重湖大江，窮山深谷，風濤所阻，

❶ 「見」，光緒本作「鐃」。

猛獸所在，人不得見，吏不得呵，是法令無由而勝也。銷一法錢，或鑄四五，市人易之，猶以二三，則常倍息矣。民既蓄惡錢，不可使勿用，利之所在，是法令亦無由而勝也。國失法錢，而民得惡錢，惡錢終不可爲國用，此錢所以益少也。又緇黄之家，競禮銅像，易模變巧，動必滿堂，鐃鉦鐘磬之器，所在雷震。謂取於官，則有害冶鑄；其私，則以錢爲之耳。新故渾殽，公私莫辨，是法令亦無由而勝也。用之廣矣，利數倍矣，故橐焉而焰，鍛焉而聲者，往往而是。披榛而行，衷甲而商者，不絶於道。緩則恣所爲，急則鬬而死，是法令亦無由而勝也。像則日新，器則日長，其所銷者，寧有紀極？此錢所以益少也。

今欲絶盜鑄，莫若去惡錢。去惡錢非急誅之謂也。欲辨銅像銅器，莫若一取而銷之，勿得復用也。何謂絶盜鑄莫若去惡錢？夫盜鑄之人，散在幽遠，卒以法繩之，則吏必苛察，獄必冤濫，閭里之間，將不安居焉。苟有利矣，雖死而必求；苟無用矣，雖縱之弗爲。惡錢去則盜鑄者無用，無用則盜鑄自絶矣。故曰：絶盜鑄莫若去惡錢也。何謂去惡錢非急誅之謂也？今人間既多惡錢，一旦急之，則莫敢出，莫敢出則是銷法錢之銅而積之無用之地。國既失實，民且傷財，固莫若下令收惡錢而銷之，除其殽雜，償以銅價，示之期日，要之重典。民既畏法，而喜於得直，將畢入於官。官挾其銅，因以資冶鑄，則法錢益增，惡錢盡去矣。故曰：去惡錢非急誅之謂也。何謂欲辨銅像銅器，莫若一取而銷之，勿得復用也？今寺觀櫛比，像器之設，遽數不終，必詰之曰：作之新乎？因之故乎？取之官乎？得之私乎？則是增吏員不足以按，廣獄城不足以繫。令愈急而姦愈生，非術之善也。若一取而銷之，勿得復用，則銅積足以資冶鑄，工巧無所措其手，銷錢之弊不禁而止。故曰：欲辨銅像銅器，莫若一取而銷之，勿得復用也。

至於蠻夷之國，舟車所通，竊我泉貨，不可不察。古之人曰：錢者，亡用器也，而可以易富貴。富貴者，人主操柄也，果慎斯術，則操柄無失而群下服從，有國之急務也。

富國策第九

縣官食租衣税，古之道也。自漢而下，兵益興，經費益不足，日生他名，猶罔克濟，勢不可已，非上失也。山澤之富，天地所以養人者，鬻鹽之利博矣。故東郭咸陽致生累千金，❶吳王濞富埒天子。孝武因置鹽鐵官。是時，國用饒給，而民不益賦，未必不由此也。朝家酌古鹽法，有因有革，或引之池，或汲之井，或熬之海，一出公上，人不能私，此其因者也。東南列郡，官自斥賣，舟運銜尾，倉儲如坻。商旅之行，斂手無措，此其革者也。然先王之制，未有始善而末不弊者，蓋作法之時，上心切至，吏皆圖功，人皆畏法，而姦謀未生，始以是善也。累世之後，事同凡常，吏或解弛，人或慣習，而姦謀日生，末以是弊也。

官初糶鹽時，操其贏甚厚，而郡國鹽積常不足於糶。今之郡國，昔之郡國也。户口蕃息，則倍蓰矣。而糶益少，鹽益滯者，何也？是姦謀入焉耳。彼鹽之來，遠者逾江湖，歲於波，月於風焉。近者亦百數十里，維堤堰，宿葭菼焉。軍之窮，吏之狡者，家於是，食於是，私賣其什之幾，而足以它物，固其常也。既輦而倉，

❶「生」，光緒本作「産」。

則舉掌之人又私賣其什之幾，而足以它物，無慮公鹽常失其半，而半它物焉。民之食鹽既多私賣者矣，而公鹽之出不可賒貰，故坐肆占賣者，郡纔數十。以數萬家之食，仰數十户之鹽，一銖一兩，不可與官爲市，必取於斯人之徒，其勢必小其權量，增以糞土，常不啻以倍價取半鹽矣。公鹽貴而汙，私鹽賤而潔，山澤之甿，城邑之豪，競食之而竊販者，亦交馳焉。是則民雖衆多，或食私鹽，或食糞土。利輸於姦，而官之糴益少，鹽益滯矣。今非緩也，法非輕也，利之所誘，雖日刑人，號痛之聲動乎天地，弗能禁也。故今日之宜，莫如通商。商通則公利不減而鹽無滯也。何謂商通則公利不減？夫官自糴鹽，利信厚矣。然舟有壞，倉有墮，官有俸，卒有糧，費已多矣。若官鬻鹽而糴與商人，使自行之，既權其息，因取關市之税，而費省焉，是公利不減也。何謂商通則鹽無滯？夫商人衆而務售，則鹽不殺雜。所至之地又以貰于市人，則列肆多得斥賣。賣者多而務售，則鹽亦不殺雜。昔啖糞土者，今皆食鹽；昔憙竊販者，今皆公行。鹽之用益廣，是以無滯也。公利不減而鹽無滯，財用以足，刑罰以清，治世之懿也。

或曰：官鬻鹽而糴與商人，有息焉，有税焉。息寡而税薄，則公利損；息多而税厚，則商不來。何如？曰：不若寡薄之爲愈也。寡薄則何以使公利不損？曰：東南和糴，幾二百萬，轉漕之費，不爲不多矣。今糴鹽與商，以米榷折，則數百萬斛可坐致淮海，是於公利豈少也哉？《易》曰「通其變，使民不倦」，此通變之時，不可忽也。

富國策第十

或曰：天下之貨，茶最後出，而國用賴焉。今兹有説乎？曰：茶非古也，源於江左，流於天下，浸淫於近代。君子小人靡不嗜也，富貴貧賤靡不用也。有國者從而籠之，利一孔矣。而世之所貴，家之所蓄，則非有公茶者何？公茶濫惡，不味於口故也。

每歲之春，芽者既掇，焙者既出，則吏呼而買之，民輓而輸之矣。民之淳或以利而姦也，吏之察或以賄而闇也，於是乎行濫入焉。草邪，木邪，唯恐器之不盈也。塵邪，煤邪，唯恐行之不昂也。❶商算而行，或不售也，則販者鮮矣；倉儲之久，或腐敗也，則水火乘之矣。是以邦之泉布竭於市，估而積之亡用之地，息未收而本或喪矣。若東南列郡則吏自斥賣，課不甚多，時或不登焉，而民之自用，常數倍矣。來有甚遠，價有甚貴，而人争取之者，味美也。塗有甚險，法有甚重，而人争販之者，利厚也。巡按之使，逐捕之卒，日馳於野；黥額之吏，鞭背之人，日滿於庭。愁怨愈多而姦不可禁，督責愈重而財不可阜。勢之所運末如之何也已。

今日之宜，亦莫如一切通商。官勿賣買，聽其自爲。而籍茶山之租，科商人之税，以此校彼，殊塗一致。且商人自市，則所擇必精；所擇精，則價之必售；價之售，則商人衆；商人衆，則入税多矣。又昔之所以披

❶「行」，光緒本作「衡」。

草莽、懷兵刃、務私販者，禁嚴故也。既已通商，則當安行。夷路自實，官府亦入税多矣。況不滯本泉，不煩威獄，利國便人，莫善於此。

或曰：子謂通茶鹽之商，其如逐末何？

曰：昔之未通商也，文峻而網密。富厚重慎之子，罔游其間，故蚩蚩細民以身易財者入焉。若法通商，則大賈蓄家，射時而趨，細民何利焉？非逐末之路也。

於戲！鹽始於漢，茶始於唐，取以濟時，事非師古。異日邦財饒衍，王道寖昌，棄之於民，不勝大願。

直講李先生文集卷之十七

强兵策十首

强兵策第一

兵之作，尚矣。黄帝、堯、舜以來，未之有改也。故國之於兵，猶鷹隼之於羽翼，虎豹之於爪牙也。羽翼不勁，鷙鳥不能以死尺鷃；爪牙不鋭，猛獸不能以肉食。兵不强，聖人不能以制褐夫矣。

所謂强兵者，非曰日尋干戈，暴骨萬里，逞一朝之忿以求横行天下也，必有仁義存焉耳。仁義之説何如？曰：歷觀世俗之論兵者，多得其一體而未能具也。儒生曰：仁義而已矣，何必詐力？武夫曰：詐力而已矣，何必仁義？是皆知其一，未知其二也。

愚以爲仁義者，兵之本也；詐力者，兵之末也。本末相權，用之得所，則無敵矣。故君者，純於本者也；將者，駮於末者也。孫子曰：「主孰有道？將孰有能？」道，道德也。能，智能也。又曰：「將者，智也，信也，仁也，勇也，嚴也。」乃知君則專用道德，將則智、信、仁、勇、嚴並用之矣。昔大道之行與三代之英，不敢遠引，請以漢事明之。韓信言於漢王曰：「項王所過，無不殘滅者，天下多怨，百姓不親附，名雖爲霸，實失天下心。大王之入武關，秋毫無所害，除秦苛法，與民約法三章，❶秦人無不欲得大王王秦者。今大王舉而東，三秦可傳檄而定也。」此項王失仁義而漢王得之之謂也。及信爲將，以木罌缶渡而虜魏王。背水陣，立赤幟而破成安君。成安君不聽廣武君策，以爲義兵不用詐謀奇計，故身死泜水上。此成安君失詐力而韓信得之之驗也。然爲將者多知詐力，而爲君者或不通仁義，故雖百戰百勝而國愈不安，敵愈不服也。

所謂仁義者，亦非朝肆赦，暮行賞，姑息於人之謂也。賢者興，愚者廢，善者勸，惡者懲。賦斂有法，繇役有時。人各有業而無乏用，樂其生而親其上。此仁義之凡也。彼貧其民而我富之，彼勞其民而我逸之，彼虐其民而我寬之，則敵人望之若赤子之號父母，將匍匐而至矣。彼雖有石城湯池，誰與守也？雖有堅甲利兵，誰與執也？是謂不戰而屈人之兵矣。若彼貧其民我亦貧之，彼勞其民我亦勞之，彼虐其民我亦虐之，而望敵人之來，是猶以鴆漿待渴者，以附子呼飢人。彼寧無聊必死而已，孰爲來哉？敵無歸心而誓必死，則我雖以太公爲將，孟賁爲卒，飛兔爲騎，太阿爲兵，未易可圖也。而況吾民不附，自生它變，亦不可不慎也。

國家積德累仁，爲之百年矣。黎民懷惠，且歌舞矣。不幸戎心怙亂，阻我王命。師興三歲，未獲振凱。雖天衷勤恤，而軍事惟煩。或以財賦，或以力征，元元無知，頗或愁怨，而西方尤甚矣。伏惟發德音爲天下慮，內以紓吾民，外以誘來者，則邊鄙可安，大功可立，有識之願也。

❶「民」，原作「秦」，據《漢書·韓信傳》改。

强兵策第二

或曰：天下之事，宜何慮哉？

曰：以天下爲一身，則諸夏腹心也，夷狄手足也。腹心安寧，氣和而神王，則手足之疾非吾禍也。若腹心不寧，役其氣而疲其神，以專治手足，手足未愈而腹心殆矣。故用兵之法，必脩諸内而後行諸外。彼戎狄豺狼，罔知禮義，强則犯上，弱則離散。執而誅之，用力非少。舍而弗問，時侵復軼。顧權制之何如耳？

故當今之慮，若興屯田之利，以積穀於邊，外足兵食，内免饋運，民以息肩，國以省費，既安既飽，以時訓練，來則奮擊，去則勿追，以逸待勞，以老其師，此策之上也。若宿兵於外，仰給於内，前不敢進，後不敢退，雖曰無功，幸免於敗。千里饋糧，二十致一，材木敝於車輦，牛馬死於牽徬。男女困餓，❶室家空虚。行之數年，敵承其弊，此策之中也。若帥師深入，贏糧而隨，少人則攻戰不足，多人則饋饟不繼。道險而有伏，勢孤而亡援，與無知之俗，争一旦之命，萬一蹉跌，禍在不測，此策之下也。

今將出上策則何如？

曰：屯田之利，建議者多矣，而執事未之從者，其以地少可耕之田乎？軍無可耕之人乎？今之郡國民既庶矣，誠少曠土可以耕也；今之禁衛卒素驕矣，誠無勤者可以耕也。然而可耕之田安取之哉？曰：邊

❶ 「餓」，正德本、萬曆本、光緒本作「飢」。

郡之民，有困者矣，有不安其居者矣，苟募其徙内地，授以生業，使之安堵，乃以其故田宅隸于屯官，則不患無田矣。然而可耕之人安取之哉？曰：邊郡之兵，自禁旅之外，別置屯軍。凡天下廂之冗役者，法之流移者，民之願從者，合而籍之，以隸于屯官，則不患無人矣。田既入，人既聚，然後辨其夫畝，列之廬舍，授之耒耜，教之稼穡，明立勸課，時加督察。勤則有賞，惰則有刑，然而農功集矣。既又爲之什伍，立其長帥，賦以兵器，與其甲胄，乘其閑暇，習之戰鬥，是謂因内政以寄軍令也，然而武事興矣。食既足，兵既練，禁旅未動而屯軍固已鋭矣。以紅腐之積，濟虎貔之師，利則進戰，否則堅守，國不知耗，民不知勞，而邊將高枕矣。彼其不忠不孝，愚弄其民於矢石間，而我以餘力馭之，亡有日矣。

或曰：屯田固便矣，徙民内地不亦擾乎？抑其授以生業，於國用何如哉？

曰：民得去兵寇、輕賦役而就善地，若水之於下，魚之於淵也。今募其徙，是順民之政也。漢武帝徙關東貧人於隴西、北地、西河、上郡，凡七十餘萬口，後加徙猾吏於關内，當是之時，弗聞其擾也。且以輦運之費，爲徙民之生業，不亦多乎？輦運則連年不息，民業則一與之而已矣。暫勞永逸，其此之謂乎！

然則民樂内徙，而邊郡虚，如之何？

曰：嚮者，民多而兵少，故鬥者寡而驚者衆。如使民少而兵多，則鬥者衆而民有賴矣。以兵易民，何虚之有哉！在漢趙充國，在唐婁師德，皆以屯田利盡西土，威震羌胡，兹薦紳先生之所常言也，惟熟圖之。

强兵策第三

或曰：屯軍之耕，自養可矣。禁旅坐食，胡能給之？

曰：古者制農田百畞，百畞之分，上農夫食九人，其次食八人，其次食七人，其次食六人；下農夫食五人。其人之食，上年則人四鬴，中年則人三鬴，下年則人二鬴。計一夫之耕，其登，穀不寡矣。今屯軍之耕，姑以下農夫爲率。一夫耕而食五人，則十萬夫耕，所食禁旅四十萬人矣。以二十萬夫耕，則餘四十萬人之食。三年耕，則有二年之蓄矣。雖有凶旱水溢，巖廊之上可無西顧之憂也。

然則屯田之利可施於天下乎？

曰：今天下公田，往往而是，籍没之産，未嘗絶書。或爲豪黨占佃，或以裁價斥賣。公家之利，亦云薄矣。其勢莫若置屯官而領之。舉力田之士以爲之吏，招浮寄之人以爲之卒。立其家室，藝以桑麻。三時治田，一時講事。男耕而後食，女蠶而後衣。撮粒不取於倉，寸帛不取於府。而帶甲之壯，執兵之鋭，出盈野、入盈城矣。其所輸粟又多於民，而亡養士之費，積之倉而已矣。此足食、足兵之良算也。

或曰：議者多稱鄉軍，何如？

曰：《周禮·小司徒》：「會萬民之卒伍而用之，家出一人，比爲伍，閭爲兩，族爲卒，黨爲旅，州爲師，鄉爲軍。」此先王之法也。管子作寓令之政，卒伍定乎里，而軍政成乎郊。連其什伍，居處同樂，死生同憂，禍福共之。故夜戰則其聲相聞，晝戰則其目相見，緩急足以相死。故能外攘戎狄，内尊天子，以安諸夏也。夫設鄉軍以自衛，前哲之意深矣。人之愛親戚，重財物，蓋天性也。寇賊之來，將殺我丁强，虜我老弱，蹂躪我田宅，掠取我金帛，則凡噍類皆有鬬心矣。君人者，因民心而利導之，既訓練之，又將領之，則其守戰至死，非賞罰使之然也。

竊觀近世，鄉無軍目，人不知武事，家不藏兵器。寇賊之來，則以袒裼之軀投餌於虎口；賊去信宿，則吏卒至。吏卒至而亡所獲，益爲勞弊矣。雖然，豈唯野而已哉？不曰郡乎？曰縣乎？自非方鎮，多無備豫，客軍百十，僅如逆旅。幸而治平矣，萬一有狂夫大呼，則奚以待之？故鄉軍之名，不可不察也。近者亦籍户而爲之矣。萬家五百亦已多矣，然恐將吏未得人，訓習未得理，何者？統帥則縣令也，縣令豈皆賢？偏裨則户民也，户民豈皆善？撫御或失，變故亡常，此謂將吏未得人也。令之所教，姑令習射，曾不知坐作進退之節，心背左右之宜，耳不辨金鼓，目不别旌旗，一旦用之，敺市人耳。此謂訓習未得理也。如欲將吏得人，莫若精擇。縣令勿拘官序，一以材能，縣令得人，則偏裨之選亦得人矣。然後明戰陣之法以授之，則訓習得理矣，如此則鄉軍日强也。屯軍以征戍，鄉軍以守備，郡國之勢皆王之藩屏也。

强兵策第四

或曰：地勢西北高，東南下。地高而寒，其民體厚而力强，氣剛而志果。地下而温，其民體薄而力弱，氣柔而志回。故西北之兵，能辛苦，有成功。而東南之士，少所立。此士大夫咸知之也，而子謂郡國屯軍，可以征伐，意者非東南之謂歟？

曰：是老生之論也。夫民之情性有地氣矣，是之謂風也。教而使之在君長矣，是之謂俗也。聖王不擇民而教，賢將不擇士而使。擇民而教，是國無顔冉，未可學也。擇士而使，是世無賁育，未可戰也。水至柔也，揚之以風則可使覆舟；金至剛也，冶之以火則可使成器。顧所用之方略何如耳。江南有卑薄之稱，荆楚有剽輕之議，其傳非一世矣。然楚若敖篳路籃縷，而其後世常與晉争諸侯。吴太伯斷髮文身，而其後世亦先晉歃。項籍以八千人起會稽而殺秦降王，遷漢王於蜀，分裂天下，號稱爲霸。宋武帝以百餘人起丹徒而誅桓玄，遂平齊地，長驅關洛，是則東南之士亦嘗與西北校矣。惟其將之才不才也。

然以今日之士言之，❶則習有所多，技有所長，亦不可不察也。若夫沙平草淺，千里在目，土不成丘，水不成谷，馬肥人輕，來往電駭，雙帶兩鞬，左右馳射，此非南軍之所長也。山陵險阸，草木蓊蔚，江流吞天，巨浪時起，行人疑惑，飛鳥不度，徒步相搏，短兵相擊，此亦非北軍之所長也。北征而用南軍，衆則笑之矣；南征而用北軍，未有言其不可者，竊所未諭也。

江海之濱，或一盜肆虐，一邦被擾，則命王人帥王卒以捕之，以多擊少，以短擊長，費或甚厚，而功或不立，此亦一失也。嚮者征南蠻谿洞則可監矣。去平地而即險阻，出中國而入瘴癘，狡穴未堙而吾軍殆矣。竊惟廟算之深，未必不及此也，蓋郡國無精兵，不可不内發故也。載使置軍屯田，隨便興發，則何征而不服？何討而不誅哉？至若以古名將將之，以騎戰之法教之，舍此所短，從彼所長，則運之天下亦猶衽席

❶「士」，原作「事」，據正德本、萬曆本、光緒本改。

間也。

强兵策第五

兵矢者，軍之神靈也。甲胄者，人之司命也。故一夫奮劍，則千人披靡。孟賁袒裼，則童子關弓能殺之矣。然兵不利不若無兵之愈也。無兵則慎所擊，而遠於敗矣。甲不堅不若無甲之愈也。無甲則知所避，而免於死矣。有兵而不利，有甲而不堅，而假之以求勝，恃之以求生，則誤大事、取大禍，莫斯之甚也。故《周官・考工》爲器之法，天有時，地有氣，材有美，工有巧，合此四者，然後可以爲良。凡器皆然，況於兵乎？

故其爲弓也，取六材必以其時。凡相幹欲赤黑而陽聲，角欲青白而豐末，膠欲朱色而昔，❶筋欲小簡而長，大結而澤，漆欲測，絲欲沈。六材之全，然後冬析幹，春液角，夏治筋，秋合三材。寒奠體，冰析灂，春被弦。

其爲矢也，前弱則俛，後弱則翔，中弱則紆，中强則揚。羽豐則遲，羽殺則趮，是故夾而摇之以眂其豐殺之節，橈之以眂其鴻殺之稱。凡相笴欲生而摶，同摶欲重，同重節欲疏，同疏欲㮚。

其爲戈殳戟矛之柲也，攻國欲短，守國欲長，置而摇之，以眂其蜎，炙諸牆以眂其橈之均，横而摇之以眂其勁。

❶「昔」，光緒本作「凝」。

其爲甲也，眡其鑽空欲其窓，眡其裏欲其易，眡其朕欲其直。櫜之欲其約，舉而眡之欲其豐，衣之欲其無齘。是先王之爲兵甲，必及其時，必美其材。工則必良，事則必試，如此其至也。

惟今郡國之貢兵器果何如哉？聚工而作，卒歲後已，未嘗試也。連輿而出，方舟而上，無不受也。簡閱不明，則精粗不別；精粗不別，則制作必濫。制作濫，則工不必巧，材不必美，況天時乎？況地氣乎？加以師興之際，卒然求取，斬木以爲弩，❶伐竹以爲箭，或取非其時，或産非其地，備數而止，行濫固多。暴之日則焦，濡之雨則朽，以之應敵，不知其可。矧新甲之制，出於一切，次紙爲札，索麻爲縷，費則省矣，久將奈何？凡此之類，皆有識之所聞見也。至於郡國兵庫，或久不啓，戰守之具，未嘗脩飾。事至而慮，亦非智者所能也。

愚以爲天下造兵，宜專命守臣以涖之，總置使名以督之，工之選必難其人而進其食以優之，材之取必善其物而增其價以來之。取之有地，來之有時，爲之有法，日省之，月試之，善至多則賞，惡雖少而刑。上下檢察，用爲急務，其舊兵革，勿絶繕完，以備豫爲政，則龍淵、太阿不獨稱於古，而蠻夷猾夏有血刃之期矣。

强兵策第六

孫子曰：「將能而君不御者勝。」故古者天子遣將於太廟，親操鉞，持其首，授其柄曰：從是以上至天者，

❶ 「弩」，原作「努」，據《四庫全書》本改。

將軍制之。乃復操柄授與刃曰：從是以下至淵者，將軍制之。故李牧之爲趙將，居邊，軍市之租，皆自用饗士，賞賜決於外，不從中御也。周亞夫之軍細柳，軍中唯聞將軍之命，不聞天子之詔也。夫古先哲后於王業亦艱難矣，安不忘危，其心亦至矣。豈故欲示人以利器，成人以威柄，❶以天下之命屬之於一臣哉？蓋任賢之道不得不然也。

馬之所以能千里者，以其獨行也。若使駕以輜車，驂以蹇驢，役夫罷羸，執轡其上，則未必不傾覆矣，況乎致遠哉？鳳之所以能千仞者，以其自恣也。若使繫之以線縷，養之於園囿，藩籬之類啁啾其側，未必不憂死矣，況乎沖天哉？用兵之法，一步百變，見可則進，知難則退，而曰有王命焉，是白大人以救火也，未及反命而煨燼久矣。曰有監軍焉，是作舍道邊也，謀無適從，而終不可成矣。

竊跡其原，蓋知之不盡，信之不篤也。知之不盡，恐其不賢也；信之不篤，懼其不忠也。不賢而無所制，則或敗事矣；不忠而無所監，則或生變矣。是故束之以詔令，持之以親貴焉。然恐其不賢，胡不選賢而任之？懼其不忠，胡不擇忠而使之？未見其賢而任之，是國無賢邪？未知其忠而使之，是下無忠邪？與其用之之疑，曷若取之之慎。孔子曰：「視其所以，觀其所由，察其所安，人焉廋哉？」❷必也授以節度，使之遵行邪，則王人之微者，自足爲之矣，安用大臣哉？大臣而尚可疑耶，則小臣胡爲而可信也？彼誠不忠

❶「成」，光緒本作「授」。

❷「廋」，原作「瘦」，據光緒本改。

耶，則不知有君矣，何憚於一小臣哉？昔韓信平齊七十餘城，南面稱孤，與楚則楚重，與漢則漢重，鼎足之形可坐而定也。而藉金石之交，荷解衣推食之德，蒯通之説，弗忍從也。當是之時，豈有監之者哉？及其削爵爲侯，居京師，奉朝請，乃欲外結陳豨，内因諸官徒奴以行大事，誠非嚮者三分之勢也，而卒以叛逆者，君恩不終，而懷怨望也。漢孝武之於霍子孟，蜀先主之於諸葛孔明，皆託以六尺之孤而弗聞有變者，君臣之義至深，國士之遇可懷也。苟推赤心，疇敢不順？苟爲疑之，人亦無足信者。

今兹兵興矣，將用矣，惟上心曠然，與忠賢爲一體，無置節目於其間，則將才如神，軍鋒如雷，功業易可成也。

强兵策第七

國之所以爲國，能擇將也；將之所以爲將，能養士也。人莫不愛身，而以身當矢石，莫不愛死，而以死衛社稷者，厚無所往也。故曰：「視卒如嬰兒，故可與之赴溪；❶視卒如愛子，故可與之俱死。」吴起吮疽，而戰不旋踵；李廣與士卒共飲食，而愛樂爲用。親非父母也，倫非兄弟也，然而所以撫循盡得其歡心者，非一朝一夕之事也。故臨敵易將，兵家所忌。彼其推恩信，分甘苦，曠日持久，上下親矣，猶不能以有功，一旦而

❶ 「溪」上，《續古逸叢書》影宋刻《武經七書》本《孫子·地形篇》有「深」字。

易之，則雖賢矣，雖仁矣，上恩不可一言而洽也，下情不可一顧而通也，卒然用之，則安能有以爲哉？❶馬之馳矣，而斷其蹄，雖代以驥足，弗能行也。子之孩矣，而逐其乳，雖繼以毛嬙，弗能育也。昔燕以騎劫代樂毅，遂有即墨之敗，七十餘城盡反於齊。趙以馬服子代廉頗，遂有長平之降，四十萬衆皆阬於秦。功或不可早建，事或不可速成，亦明主所宜察也。

竊觀今之易將，誠以敗衄不稱故也。夫任人當審其賢不賢，未可責其勝不勝也。不賢而勝，非國之福也，適所以召敵也。賢而不勝，非國之患也，適所以儆之也。使彼勝而驕，我敗而怒，以無功之將，用無功之士，竭智盡力，以求洒耻，則不知山之有高，石之有堅，水之有溺，火之有焚，死之可畏，生之可懷矣。孰能當其鋒哉？吳子謂魏武侯曰：人有短長，氣有盛衰。君試發無功者三萬人，臣率以當之，❷其可乎？今使一死賊於曠野，千人追之，莫不梟視狼顧。何者？恐其暴起而害己也。是則一人投命，足懼千夫。故其以三萬人而破秦十萬衆也。今以敗而易之，是古名將無敗者乎？孟明視敗於崤，而秦伯復其位，方有焚舟之報；荀林父敗於邲，而晉侯赦其罪，卒致曲梁之功。棄瑕録用，古之道也。若賢而易之，是雖有過人之略，無所復用，斯足以快盜心而已矣。不賢而易之，是去劇就閑，如釋負擔，斯足以遂其私而已矣。後之人將曰：苟勝焉，何恤乎富貴？苟負焉，不過一左遷而已。任之不甚久，責之不甚重，人或苟且，將焉用之？

❶「有以」，光緒本作「以有」。

❷「當」，原作「嘗」，據《續古逸叢書》影宋刻《武經七書》本《吳子・勵士篇》改。

幸而天威在上，盜不敢前。如使易將之際，群情未安，約束未定，謀未及周，備未及設，而犬羊乘之，禍亦不可測也。

誠能注意賢才，期之遠大，一勝勿遽賞，賊平之後，則茅土存焉；一敗勿遽罰，事終不濟，則鈇鉞存焉。困獸猶鬬，況大將乎？❶是則耻不足洒，而賊不足平也。

强兵策第八

或曰：一敗勿罰，過可略也。一勝勿賞，何以使人？

曰：勝而勿賞，是所以使人之術也。愚嘗深跡有國者之行事，未始不以賞使人也，而或失使之之道焉。夫爵者，所以貴也；禄者，所以富也。富貴者，是人之所欲也。仁非伯夷、叔齊，廉非於陵仲子，孰能不動其心哉？故智者竭慮，勇者盡力，辯者以説，文者以檄。不敢家其家，不敢身其身，不遠於蠻貊之外，不威於矢石之間，日不爲暑，風不爲寒，渴不暇飲，飢不暇食，孶孶焉從於王事者，賞使之然也。雖有至性自天，至誠發中，不待勸沮而決所去就者，兹蓋非常之士，豈可以衆人望之哉？乃知賞之於使人至矣。

其爲失者，賞之太速而浮於功也。徒知賞之可以使人，而不知賞極則弗能使之矣。舉億萬之衆，贏千里之糧，足未履於山川，手未煩於枹鼓，虜獲未盈車，斬首未數級，而幕府已獻捷矣，朝廷已議功矣。爵等有

❶「將」，原作「捋」，據正德本、光緒本改。

數，而敵人無數；賜物有盡，而賊衆無盡。故天討未行，而策命極矣；尺地未收，而府庫殫矣。身既已貴，家既已富，子女玉帛，所欲者陳於前矣。兄弟親戚，所愛者受其賜矣。體習宴安，志在驕佚，勝則無以加，敗則失其舊，畫蛇之足，世所戒也。是賞典雖在，安能復使之哉？其間亦有矜功跋扈，以求姑息，國家之弊，多或由之。唐季五代可覆而視也。此無他，賞之太速而浮於功之咎也。故曰：勝而勿賞，是所以使人之術也。

古者師還，飲至策勳，事成而賞，誰云晚邪？抑又聞之《書》曰：「德懋懋官，功懋懋賞。」無德而官，則官不足以勸有德；無功而賞，則賞不足以勸有功。如使闒茸受位，私昵受賜，則何以待功德之臣哉？位雖高，與闒茸同；賜雖厚，與私昵同。是德不足貴，而功不足重，其誰勉之哉？

今者明明在上，誠日慎於賞爵，則師可使武，臣可使力，而四方無虞矣。

强兵策第九

人莫不有才，才莫不可用。才取其長，用當其宜，則天下之士皆吾臂指也。故曰：使智使勇，使貪使愚。智者樂立其功，勇者好行其志，貪者決取其利，愚者不愛其死。因其至情而用之，此軍之微權也。昔伊尹之興土功也，强脊者使之負土，眇者使之推，傴者使之塗，各有所宜，而人性齊矣。

竊觀世俗之論，則有異於此。不求於己而專責於人，不用其長而專攻其短。適時則謂之違禮，從權則謂之壞法，剛毅則謂之不遜，倜儻則謂之不檢，輕財則謂之不儉，爲生則謂之不廉。見其一不問其二，觀諸外不察諸内。以帷幄之談而校之老生之議，以戎馬之任而同之俗吏之選。是猶責越客以騎射，望胡人以乘舟，雖其賢才，何益於事哉？蘇秦謂燕易王曰：孝如曾參，義不離其親宿昔於外，王又安能使之步行千里而事弱燕之危王哉？廉如伯夷，義不爲孤竹君之嗣，不肯爲武王之臣，不受封侯而餓死于首陽之下。有廉如此，王又安能使之步行千里而進取於齊哉？信如尾生，與女子期於梁柱之下，女子不來，水至不去，抱梁柱而死。有信如此，何肯揚燕、秦之威，却齊之强兵哉？故知善不必皆可，惡不必皆否。置之有地，使之有時，一不可廢也。小才之於大用，是匹雛不能以舉千鈞也；大才之於小用，是堯舜不能以牧羊也。

故曰：多言多語，惡口惡舌，終日言惡，寢卧不絶，爲衆所憎，爲人所疾，此可使要遮閭巷，察姦伺禍也。權數好事，夜卧早起，雖劇不悔，此妻子之將也。先語察事，勸而與食，實長希言，財物平均，此十人之將也。切切截截，垂意肅肅，不用諫言，數行刑戮，刑必見血，不避親戚，此百人之將也。訟辯好勝，嫉賊侵陵，斥人以刑，欲整一衆，此千人之將也。外貌怍怍，言語時出，知人飢飽，習人劇易，此萬人之將也。戰戰慄慄，日慎一日，近賢進謀，使人知節，言語不慢，忠心誠畢，此十萬人之將也。温良實長，用心無兩，見賢進之，行法不枉，此百萬人之將也。明主誠能不牽於世俗之論，而盡乎才用之宜，則不視而形，不聽而聲，不降席而横行乎四夷矣。

强兵策第十

將之有兵法，猶儒之有六經也。儒莫不讀六經，而知道者鮮矣。將莫不讀兵法，而適變者鮮矣。世一賢士,猶爲踵武,國一賢將,猶爲比肩,其故何也?性生於内而學成於外,非學問之能移性也。水之湍者,決之也,而聚鄭、白之工,不能以流涸澤;刃之芒者,礲之也,而盡南山之石,不能以利鉛刀。本之弗善,末無及也。然值承平之世,言堯舜者,皆可以爲善。當有事之際,學孫吴者,未必能應敵,緩急之勢異也。

夫兵者,詭道。有形或不可視,有聲或不可聽,合散如雷電,隱見如鬼神。而欲以昔人之餘論,既往之陳迹,擬議於其間,不亦難乎?苟非有高世之識,出類之才,動如循環,一步百變者,其孰能與於此哉?楚漢之時,諸將多矣,唯韓信起於餓隸,戰而必勝,攻而必取,未嘗敗北者,何也?豈其兵法皆衆人之所未學者乎?蓋其用之非衆人之所及也。是謂反兵法而用兵法也。《兵法》曰:「絶水必遠水,客絶水而來,勿迎之於水内,❶令敵半渡而擊之,利。欲戰,無附於水而迎客也。」及信與龍且夾濰水陣,乃夜令人爲萬餘囊,盛沙壅水上流,引軍半渡擊龍且,佯不勝還走,龍且果喜曰:「固知信怯也。」此反「半渡」之文也,而卒以勝者,雜於利而務可伸,雜於害而患可解也。《兵法》:「右背山陵,前左水澤。」而信攻趙,未至井陘口,乃使萬人先行,出背水陣,趙軍望見,大笑之。此反「前左」之文,而卒以勝者,陷之死地而後生,投之亡地而後存也。反其顯而用其微,人以爲拙,己以爲工。智者不能與其謀,巧者不能同其伎。用兵若此,可以言學矣。

今以衆人之識,讀衆人之書,而求以勝彼,亦已疏矣。昔趙奢之子括,自少時學兵法,言兵事,以天下莫能當。嘗與其父言兵事,奢不能難,然不謂善。括母問奢其故,奢曰:「兵,死地也,而括易言之。使趙不將

---

❶「勿」,原無,據文義及《孫子·行軍篇》補。

括則已，若必將之，破趙軍者必括也。」及孝成王使括爲將，藺相如曰：「王以名使括，若膠柱而鼓瑟耳。括徒能讀其父書傳，不知合變也。」趙王弗聽，故有長平之敗。乃知有將才者，必習兵法，習兵法者，不必有將才。況以言取人，孔子病諸。兵戰之場，立尸之地，固明主所宜留意也。

直講李先生文集卷之十八

安民策十首

安民策第一

愚觀《書》，至於「天聰明，自我民聰明；天明畏，自我民明威」，未嘗不廢書而歎也。嗟乎！天生斯民矣，能爲民立君，而不能爲君養民。立君者，天也；養民者，君也。非天命之私一人，爲億萬人也。民之所歸，天之所右也；民之所去，天之所左也。天命不易哉！民心可畏哉！是故古先哲王皆孳孳焉以安民爲務也。

所謂安者，非徒飲之、食之、治之、令之而已也，必先於教化焉。教化之説何如？

曰：夫俗士之論，未有不貴刑法而賤禮義也。以爲天下之大，可域之於圄犴也；群生之重，可摩之以刀鋸也。聞有稱王道誦教典也，❶則衆共笑之矣。必謂殺之而不懼，尚何有於教化乎？是皆不睹聖人之情

❶ 「也」，光緒本作「者」。

者也。獨不知教失而後惡，化成而後刑，刑所以不勝惡也。善觀民者，見刑之不勝惡也，則反之曰是教之罪也，焉可以刑不勝惡而謂教益不可用也？譬諸人身，導養得理則無疾，疾作而後用藥，藥所以不勝病也。善觀身者，見藥之不勝病也，則反之曰是導養之失也，焉可以藥不勝病而謂導養益不可用也？《記》曰：「昏姻之禮廢，則夫婦之道苦，而淫辟之罪多矣。鄉飲酒之禮廢，則長幼之序失，而争鬥之獄繁矣。喪祭之禮廢，則臣子之恩薄，而倍死忘生者衆矣。聘覲之禮廢，則君臣之位失，諸侯之行惡，而倍畔侵陵之敗起矣。故禮之教化也微，其止邪也於未形，使人日徙善遠罪而不自知也。是以先王隆之也。」

居山者不知漁，居澤者不知獵，習之之異也。今欲令禁漁人以罔罟，詰獵者以從禽，雖日撻之弗可改也已。民有以生之而無以教之，未知爲人子而責之以孝，未知爲人弟而責之以友，未知爲人臣而責之以忠，未知爲人朋友交游而責之以信，未知廉之爲貴而罪以貪，未知讓之爲美而罪以争，未知男女之别而罪以淫，未知上下之節而罪以驕，是納民於穽也。雖日誅之，死者弗之悔而生者弗之悟也。使民父子親，夫婦和，宗族相睦，鄉黨相信，財不以争，力不以鬥，肅肅雍雍，相從於禮讓之地，是爲安乎？使民父子不親，夫婦不和，宗族不睦，鄉黨不信，財則必争，力則必鬥，呼天扣心，相從於刑戮之場，是爲安乎？此周所以長世而秦所以不祀也。

洪惟聖神，掃五代之弊，跨唐據漢，拱揖三王，教化之情靡不存乎中矣。而或未明未具，無以觀示于下，幸而昭然垂日月之光，俾穴隙之微咸有所見，斯萬世之福也。

安民策第二

或曰：欲教化之明且具，則奚由？

曰：莫若學校之宜於時也。夫士者，衆之所仰望也。服儒衣，讀儒書，而躬小人之行，是塗民耳目也。士之不德，師非其師也。師之不才，學校不脩之過也。《記》曰：「君子知至學之難易，而知其美惡，然後能博喻。能博喻，然後能爲師。能爲師，然後能爲長。能爲長，然後能爲君。故師也者，所以學爲君也。是故擇師不可不慎也。」然則師者雖非人君之位，必有人君之德也。古者家有塾，黨有庠，術有序，國有學。仕焉而已者，歸教於閭里，大夫爲父師，士爲少師。閭里之細，猶以國之老臣爲之師，況其大者乎？師有其人，教有其業。《詩》《書》《禮》《樂》以本之，干戈羽籥以文之。天子於是養老焉，世子於是齒胄焉，黨正於是飲酒焉，鄉大夫於是賓賢能焉。父子、君臣、長幼之道於是乎觀之，六德、六行、六藝之教於是乎取之。司馬辯論官材，論定然後官之，任官然後爵之，位定然後禄之。其不帥教者，命國之右鄉移之左，左鄉移之右。不變移之郊，不變移之遂，不變屏之遠方，終身不齒。其教之也備，其選之也至，善者必興，惡者必廢，則其學者皆勸勉媿耻而求爲君子矣。士皆君子，則衆人望之若景響焉，奚不善之云乎？故曰：君子如欲化民成俗，其必由學乎！

古之王者，建國君民，教學爲先也。後王多務古制，未暇家自爲學，人自擇師。學乎學，孰孔孰墨，在我而已矣。師乎師，孰堯孰桀，在我而已矣。故有以無用之文爲學，以不令之人爲師。聽其言則欲齊名於聖哲，觀其行則或慚色於閭閻。乘流一遷，汗漫弗復，往者不知其非，來者以爲當然。蚩蚩之氓，何以取法？

今者内有國子之館，外有諸侯之學，聖人之意有所在矣。然師以講説爲名，而不掌於教育；士以文辭爲業，而不舉其德行。師不掌教育，則解經之外，人之賢不賢，一不當知也。士不舉德行，則執筆之餘，身之善不善，一不足慮也。是則何補於事哉？誠宜申命學官，以教育爲職，時無賢才則其咎也。明著學版，以德行爲選，鄉有善譽則可進也。如此而人材不多，俗化不美，是六經群言皆欺後世也。

安民策第三

或曰：今兹京師首善，每歲論秀士矣，轉而從德行其可也。而州郡之學亡薦引之文，欲一取之何如？曰：教而用之，學校之興於古也；不教而用之，選舉之隆於今也。教則易爲善，善而從正，國之所以治也；不教則易爲惡，惡而得位，民之所以殃也。試者，其言也；用者，其行也。言有僞善則取之矣，行有真惡弗可得而知也。然而授以操柄，加之人上，是以赤子之肉投畀虎穴也。況綉繢雕琢之文，又不足以爲善言乎，則其疇昔之志，夙夜之學，瀝盡於數刻之試，而胸中未始有一毛可爲效官之資也。❶禮儀則習於同列，政體則咨於老吏。自受爵之日，❷爲學制之始，柰何欲致治興化也？

❶「毛」，光緒本作「毫」。
❷「爵」，光緒本作「封」。

惟今太學論士，既不觀德行矣，而學士之版徒記姓名而已。求試而來，報罷而去，以天子之辟雍，與諸生假道而過耳。郡國雖或興學，而士之進取罔由於此，是皆存學之名，失學之實也。按唐制，自京師郡縣皆有學焉。每歲仲冬，課試其成者，長吏會屬僚，設賓主，陳俎豆，備管弦，牲用少牢，行鄉飲酒禮，歌《鹿鳴》之詩，召耆艾，敘少長而觀焉，既餞而與計偕，其不在學而舉者，謂之鄉貢。此近古旁求之法也。而一出課試，不由行實，亦同歸于弊矣。爲朝家之計，莫若斥大七館，❶使薦紳之族咸造焉；增修州學，使士庶人之秀咸在焉。擇賢以爲之師，分經以爲之業，限以積久，毋得擅去。日觀其德，月課其藝，賢邪非一時之賢，久居而不變，乃其賢也；能邪非一時之能，歷試而如一，乃其能也。如是而得人不精，未之信也。其有急於耕養，或素已成就，不在學者，則循舊貢舉。先其名譽，後其課試。舉之非一人之舉，必鄉曲共舉也；用之非一人之用，必天下共用也。如是而得人不精，亦未之信也。

古者諸侯貢士，一適謂之好德，再適謂之賢賢，三適謂之有功，迺加九錫。不貢士，一則絀爵，再則削地，三則絀爵削地畢矣。誠能以得士爲賞，失賢爲罰，則群下孰不一意於察舉乎？尚慮有遺，則莫若使大臣得舉所知。漢法，三公、大將軍皆開府辟召，豈虛言哉？

或曰：鄉者亦嘗先名譽而後課試矣，以其進者濫而取者私也。今而復之，其可乎？

曰：進皆有濫，取皆有私，顧其利害何如耳。糊其名而易其書，有司不得輕重焉，是吏之公也；君子之

❶「七」，光緒本作「宅」。

道不逞於童子之雕蟲，是法之私也。以名取之則亦反是矣。吏之私者，則刑可速也；法之私者，雖聖人因之未如之何矣。此賢者所以日削，教法所以不競也。惟解而更張之，乃爲邦之盛節也。

安民策第四

天之生人，有耳焉，則聲入之矣；有目焉，則色居之矣；有鼻焉，則臭昏之矣；有口焉，則味壅之矣。耳之好聲亡窮，金石不足以聽也；目之好色亡窮，黼黻不足以觀也；鼻之好臭亡窮，鬱鬯非佳氣也；口之好味亡窮，太牢非盛饌也。苟不節以制度，則匹夫擬萬乘之富或未足以厭其心也。故《周禮》大司徒之職，施十有二教，其九曰：「以度教節，則民知足。」謂以法度教民，使知尊卑之節，則民之所用雖少，自知以爲足也。又以保息六，安萬民，其六曰：「同衣服。」謂民雖有富者，衣服不得異，皆深衣而已，則貧者安也。

自周綱解結，禮樂崩壞，商賈大者，衣必文采，食必粱肉，因其富厚，交通王侯，力過吏執，以利相傾，千里游敖，冠蓋相望，乘堅策肥，履絲曳縞，兼并豪黨之徒，以武斷於鄉曲。宗室有土，公卿大夫以下，爭于奢侈，室廬輿服僭于上，無限度，而貪人恣行矣。凡風俗之所以薄，獄訟之所以繁者，民貪故也。惟人之養生豈甚相遠哉？食雖豐，不過數人之穀也；衣雖厚，不過數人之帛也。一夫之田，五畝之桑，亦足以自爲矣。然有粟腐倉而甚於飢，錢朽貫而甚於貧，藏姦挾詐，晝争夜奪，如盜賊之爲者，有由然也。天下之材，其大者可室也；天下之寶，其貴者可器也；天下之織，其巧者可衣也；天下之畜，其珍者可食也。駿可乘也，良可御也，鄭、衛之哇可樂也，燕、趙之美可妃也。昏姻之際，賓客之接，喪之有具，祭之有品，以多爲貴，以奢爲禮。婦人婢子，愚夫小兒，愛樂稱誦，習以爲俗。如是，雖窮天地之産，安能以濟一民之欲哉？故其甚富，而貪不可熄也。以此，細民亦務相師法，或有罄一年之蓄而費於數刻，冒死亡之辟而資於宴好，善士所不能化，齊斧所不能威，其故非他，耻不若人也。

如使上下有等，奢侈有制，在埶則尊，無列皆賤，富不得獨文，貧不得獨質，萬金之居，與下户爲伍，則飽食之餘，無所復用，庶乎廉讓可興，而和平可致也。

安民策第五

爲國者未有不欲其民富且壽矣。薄税斂所以富之也，而水旱乘之，民亦弗可得而富也。省刑罰所以壽之也，而癘疫奪之，民亦弗可得而壽也。水旱癘疫之來，陰陽之不和也。夫陽一於復而六於乾，陰生於午而成於亥，消息有數，進退有時，非猖狂妄行之物也。無形焉，蓋非逸而動，勞而止也。無情焉，又非與於喜，奪於怒也。然而不以其敘者，有感而應，有召而來也。

《洪範》九疇，「二，五事：一曰貌，二曰言，三曰視，四曰聽，五曰思」，「八，庶驗：曰雨，曰暘，曰燠，曰寒，曰風」。貌曰恭，恭作肅，肅時雨若，謂君行恭則時雨順之。言曰從，從作乂，乂時暘若，謂君政治則時暘順之。視曰明，明作哲，哲時燠若，謂君能照哲則時暖順之。聽曰聰，聰作謀，謀時寒若，謂君能謀則時寒順之。思曰睿，睿作聖，聖時風若，謂君能通理則時風順之。反是則狂，常雨若，謂君行狂妄則常雨順之。僭，常暘若，謂君行僭差則常暘順之。豫，常燠若，謂君行逸豫則常煖順之。急，常寒若，謂君行急則常寒順之。❶蒙，常風若，謂君行蒙暗則常風順之。其《傳》又曰：「貌之不恭，是謂不肅，惟金沴木；言之不從，是謂不艾，惟火沴金；視之不明，是謂不哲，惟水沴火；聽之不聰，是謂不謀，惟土沴水；思之不睿，是謂不聖，惟金、木、水、火、土沴。」由是而言，人君五事不脩，則雨、暘、燠、寒、風不以其時，水、火、木、金、土交相爲沴。水旱所以狎至，癘疫所以放行也。

然而君人者不以身爲身，以天下之身爲身也；不以心爲心，以天下之心爲心也。如使下皆狂，則上誰與肅？下皆僭，則上誰與乂？下皆豫，則上誰與哲？下皆急，則上誰與謀？下皆蒙，則上誰與聖？故明王欲肅則去下之狂，欲艾則去下之僭，欲哲則去下之豫，欲謀則去下之急，欲聖則去下之蒙。君明臣忠，百姓親睦，然後可以致和氣也。若能自知而不能知人，能自治而不能治人，愚者在位，貪者在職，以戕賊元元，家愁户怨，靡所控告，是雖堯爲天子，舜揔百揆，其何以媚于上下神祇哉！故去四凶，舉十六相，所以爲大功也。

夫郡守縣令，吾民之司命也。漢孝宣與良二千石共治，顯宗謂「出宰百里，有非其人，❷則民受其殃」，

❶「急」下，光緒本有「遽」字。
❷「有」，光緒本作「苟」。

豈徒語哉？❶ 惟聰明睿智，益垂意於任官，則災害可消，而富壽在矣。

安民策第六

民之所從，非從君也，從其令也。君之所守，非守國也，守其令也。君端冕乎奥阼之位，而民被堅執鋭，履腸涉血，赴死萬里者，令使之也。君夙駕乎囿游之中，而民居處笑語如不知者，令不及故也。是民從令非從君也。

封疆有固，山川有險，人猶踰之。比閭小吏，執三尺之法，則老姦大豪無敢違者，是君守國不如守令也。君以令用民，民以令事君。令之所取，民亦取之；令之所去，民亦去之。故令可一而不可變也。是萬物之四時也，天之於物也。春夏以出，秋冬以内，兹四時之常也。如使柔風既扇，疾雷既奮，植者向榮，動者起蟄，而革之以沈陰，亂之以繁霜，則句萌者傷而蠉蝡者死矣。唯其鈍而晚出者相賀得計也。至秋冬則亦然，是則句芒再至而品物不以爲春，黄落在兹而智者不以爲秋也。是故令之於民也，與其出而中廢，不若勿出之愈也。善人見勸而莫肯進，懼其令變而不必賞也；惡人見禁而莫肯改，幸其令變而不必罰也。朝一命焉，夕一命焉，群吏奉承之弗暇，愚民惶惑而失圖，出令如此，不若勿出之愈也。

先王慎乃出令，謂審之於内而後行之於外也。其不可乎，雖稷、契之言，皋陶之謨，不宜於時，不足試

❶「徒」，光緒本作「虚」。

也。其可乎，雖士傳言焉，庶人謗焉，志之先定，不足疑也。夫民可與樂成，難與慮始。昔子産治鄭，其始也，民疾之曰：「孰殺子産，吾其與之。」及其久也，民愛之曰：「子産而死，誰其嗣之？」載使子産聞謗，遽改小國之政，將何如哉？《洪範》曰：「庶民惟星，星有好風，星有好雨。日月之行，則有冬有夏。月之從星，則以風雨。」謂衆民所好不同，而君臣政治各有常法，不可失政教之常以從民欲也。何者？善人少而惡人多也。

明明后誠能謹令之所以出，❶則群心洗濯，知所適從矣。

安民策第七

君者，親也。民者，子也。吏者，其乳保也。親不能自育其子，育之者乳保也；君不能自治其民，治之者官吏也。赤子之在襁褓，知有乳不知有母也；細民之在田野，知有吏不知有君也。乳之不才，則飢之渴之，驚之癇之，親雖慈不能幸其子以生也。吏之不才，則窮之役之，殺之害之，君雖仁不能幸其民以安也。然乳保之任，不離帷房之間，親之卧起可以接也。官吏之職，必遠畿疆之外，❷君之視聽無由及也，是故置吏不可不慎也。

---

❶「令之所以出」，萬曆本、光緒本作「政令先志意」。

❷「疆」，萬曆本、光緒本作「甸」。

竊思今之所謂良吏者，多不得其衷焉。不師古道，不觀人情，各是其所是，非其所非而已。其務近名者，則曰政必以猛。其務陰德者，則曰政必以寬。其務自異者，則曰前之政猛矣，我必以寬；前之政寬矣，我必以猛。其務自守者，則曰何必以猛，何必以寬，斷諸法而已矣。是皆一方之論也。政必以猛乎，其如善人何？多其逮捕，峻其推鞫，苛察則謂之智，深文則謂之公。火之炎矣，無間玉石；霜之隕矣，孰分蘭蕙。政必以寬乎，其如惡人何？弛其囚繫，輕其撻戮，❶以容姦爲大度，以緩令爲識體。仁者之愛，果如是哉？鴟梟鳴樹而弗忍言弋射，虎豹食人而弗忍慮機陷，義者之斷果如是哉？政必改前乎，則前人之猛治者皆惡人也，我改以寬，孰謂可哉？前人之寬治者，皆善人也，我改以猛，孰謂可哉？政必以法乎，則法輕而情重者何以威之哉？法重而情輕者何以恩之哉？是故近名者，刻薄之人也；陰德者，柔邪之人也；自異者，詭激之人也；自守者，畏慄之人也：皆不足以知治體矣。

仲尼曰：「寬以濟猛，猛以濟寬，政是以和。」蓋言寬猛不可偏任也。失之於寬，則濟以猛。失之於猛，則濟以寬。寬猛並行，然後爲治也。何謂寬猛並行哉？於善則寬，而於惡則猛也。皋陶曰：「宥過無大，刑故無小。」過雖大而宥，其寬也；故雖小而刑，其猛也。明主誠宜處寬猛之用，以命群吏，謹察其所爲，而廢興之，則治道一致而百姓皐康矣。

❶「撻」，光緒本作「刑」。

安民策第八

赦者，所以恤其民也。贖者，所以優其臣也。民之無狀，自陷罪辜，或銜刀於市，或刻其肌膚，蚤刑暮犯，纏綿弗絶。繞以叢棘，被以五木，託身獄吏，畢命螻蟻。聖人傷焉，此赦之所以作也。群公卿士，盡瘁爾職，以身從君，以家狥國。而子姪有過，或罹於法，撻之戮之，同夫甿隸，則耻及其門，憂及其親。聖人傷焉，此贖之所以起也。是則惻隱之至，念切之著，❶而儒先之論，❷未有言其可者，何也？所利寡而所害衆也。

竊迹古先哲王之制刑法，非耆殺人，乃以生人也；非欲作威，乃以作福也。夫物生有類，類則有群，群則相争，争則相害。是以强者脅弱，衆者暴寡，智者詐愚，勇者苦怯。或則以殺，或則以傷，不有王者作，人之相食且盡矣。故先王立禮，則天之明，❸因地之性。刑罰威獄，以類天之震曜殺戮也；温慈惠和，以效天之生殖長育也。大刑用甲兵，其次用斧鉞，中刑用刀鋸，其次用鑽鑿，薄刑用鞭朴。大者陳諸原野，小者致之市朝。殺人者死，然後人莫敢殺；傷人者刑，然後人莫敢傷，弱寡愚怯之民，有所賴矣。故曰：鞭朴不可弛於家，刑罰不可廢於國，征伐不可偃於天下也。若曰有赦焉，有贖焉，是皆仁者之過也。

❶「切」，原作「功」，據萬曆本、光緒本改。
❷「儒先」，光緒本作「先儒」。
❸「明」，光緒本作「時」。

昔王符有言曰：「賊良民之甚者，莫大於數赦贖。❶ 赦贖數，則惡人昌而善人傷矣。」其論甚詳，前哲稱之。然今日之事又甚於古，且國之大祀皆有期日，天下所與知也。必以是時而赦，是啓人以惡也。狹其姦邪，以逞其欲，脱身而行，避吏幽遠，天波一洒，復爲編户者，所至而見也。何百神受職之年，有椎埋爲姦之弊？商旅或不敢越疆，孤嫠或不敢出户，此冥冥之民無告之甚也。又衣冠子孫，負勢馳騁，禽虜下户，貪暴無厭，己之贖金無窮，而人之肌肉有盡，孰能以敲朴之苦，易銖兩之罰哉？此又冥冥之民無告之甚也。與其赦之，曷若使畏而不犯？與其贖之，曷若使耻而不爲？幸赦而姦，卒以不悛，人鬼以怒，死亡以亟，非所以恤之也。幸贖而惡，終以不悔，辱其祖考，墮其門閥，非所以優之也。

文中子曰：「無赦之國，其刑必平。」兹諸葛亮所以治蜀也。古者公族，其有死罪，則磬于甸人，其刑罪則纖剸，亦告于甸人。獄成，有司讞于公，公三宥之，不對，走出致刑于甸人。故曰：公族之罪，雖親不以犯有司正術也，所以體百姓也。公族尚然，況其下者乎？儻留神明，以義割恩，示天下以大公，則萬世永賴矣。

安民策第九

先王之道，取於民有制，計口發財曰賦，收其田入曰税。賦共車馬兵甲士徒之役，充實府庫，賜予之用。

❶ 「贖」，《四部叢刊》影印述古堂影抄翻宋刻本《潛夫論·述赦》無此字。

稅給郊社宗廟百神之祀，天子奉養，百官禄食，庶事之費。

諸侯亦什一而稅，大國貢半於天子，次國三之一，小國四之一。皆市取其州美物，每歲貢之。故太宰以九貢致邦國之用。一曰祀貢，謂荆州包茅之屬也。二曰嬪貢，謂青州之絲枲也。三曰器貢，謂梁州之銀鐵，徐州之磬，荆州之丹，兖州之漆也。四曰幣貢，謂雍州之璆琳，梁州之熊羆狐狸，徐州之纖縞也。五曰材貢，❶謂荆州之杶榦栝柏，揚州之篠簜也。六曰貨貢，謂揚州之金貝，荆州之大龜也。七曰服貢，謂豫州之絺紵也。八曰游貢，謂徐州之珠，荆州之璣，雍州之琅玕也。九曰物貢，謂徐州之魚，青州之鹽，揚州之橘柚也。

地之所生，各有其宜；貢之所入，各有其常。地宜則物得其性，靡不可用也；貢常則人知其期，靡不必有也。益於國而亡損於民，❷茲先王之所以冒天下也。地不以宜，則物不美，物不美而責之可用，非市於他邦不足以用也。貢不以常，則人無備，人無備而責之必有，非買於蓄家不能以有也。故取之於非其地，求之於非其常，皆農人之病而商賈之利也。《管子》曰：「歲有凶穰，故穀有貴賤；令有緩急，則物有輕重。人君不理，則蓄賈游於市，乘人之不給，百倍其本矣。」謂上令急於求是物，則重；緩於求是物，則輕。賈人務蓄積而須上令之所急求，蓋有百倍之息也。況乎師興之際，事出多塗，昨求今備，猶以爲晚。市於他邦，則民

❶「材」，原作「財」，據《周禮・天官・大宰》改。

❷「益」，光緒本作「利」。

之常産納諸商人之橐；買於蓄家，則歲之常用抔諸賈竪之手。飢寒之憂，不遠而至矣。竊惟仁人在上，豈欲剿吾民哉？以國無素蓄故也。物無素蓄，則事至而求，事至而求，則不得其常矣。不得其常，則懼乎一方不能給也。故均之列郡，均之列郡則不以其地矣。古人有言曰：「旱則資舟，水則資車。物理然也。」夫能以不用爲用，不急爲急，物皆有備，則國不憂而民不勞矣。

安民策第十

前志有之：王法必本於農。嗟乎！❶衣食之急，生人之大患也，仁君善吏所宜孳孳也。

昔周公遭變，陳后稷先公風化之所由，致王業之艱難者，《七月》之詩是也。其一章曰：「一之日觱發，二之日栗烈，無衣無褐，何以卒歲？」此言寒氣至矣，人之貴者無衣，賤者無褐，何以終歲乎？「三之日于耜，四之日舉趾，同我婦子，饁彼南畝，田畯至喜。」此言夏正之月，始修耒耜，其二月舉足而耕。耕者之婦子俱以饟耒至於南畝，其見田大夫又爲設酒食焉，言勸其事又愛其吏也。其二章則春日既温，❷倉庚既鳴，可蠶之候，女則遵牆下之徑而求柔桑，又感事苦而有與公子同歸之志也。其三章則鵙鳴將寒，絲事畢而麻事起，又染采以爲祭服也。其四章則取狐貉爲裘，以助女功，既而君臣及民因習兵俱出田也。其五章則「穹窒

---

❶「乎」，萬曆本、光緒本作「夫」。

❷「二」，原作「三」，據萬曆本、光緒本及《詩・豳風・七月》改。

熏鼠，塞向墐户」，以避寒氣而居之也。其六章則穫稻爲酒，以助養老之具，又以瓜瓠麻實，乾荼之菜，惡木之薪，以助男養農夫也。其七章則築場圃，納禾稼，野功既畢，入治宫中之事，晝取茅，夜索綯，且治野廬之屋，而祈來年百穀于公社也。其八章則藏冰以備暑，國君問於正事而饗群臣，正齒位也。是聖人爲邦，使民男女相助，以業衣食。田官臨視，與在隴畝。敘其傷悲，時其嫁娶。果菜必備，室廬必葺。憂思勤苦，如此之至。因其閑暇，然後講武事，養耆老，饗群臣，正齒位。禮義以興，王業以成。豳有雅頌，不其至哉？

今天下之廣，生民之庶，天子坐乎法宫之中，責成於諸吏之近民者，果盡得人邪？狃富貴者，以田野爲鄙事；嗜儒雅者，以離俗爲清賢。姦贓庸闇，復甚於此，纖悉之談，何自入哉？或獄訟不決，經年逮捕；或功役繁興，連頭驅掠。❶閭里之内，煩費百端，奪其農耕，亂其蠶織，往往而是也。此非無故，❷事有可假，法有可誣也。誠申命四方，以吏課爲後，以農政爲急，勸農之官交舉其職，時行屬縣問民疾苦。土田墾闢，稼穡蕃滋，百姓樂業而無寃人，則書以爲功。反是則劾以爲罪。或幾乎農時不違而頌聲可作也。

❶「頭」，光緒本作「歲」。
❷「非」，原作「其」，據光緒本改。

直講李先生文集卷之十九

平土書

生民之道食爲大，有國者未始不聞此論也，顧罕知其本焉。不知其本而求其末，雖盡智力弗可爲已。是故土地，本也；耕穫，末也。無地而責之耕，猶徒手而使戰也。法制不立，土田不均，富者日長，貧者日削，雖有耒耜，穀不可得而食也。食不足，心不常，雖有禮義，民不可得而教也。堯舜復起，末如之何矣！故平土之法，聖人先之。夏、商以前，其傳太簡，備而明者，莫如周制。自秦用商鞅，廢井田，開阡陌，迄今數千百年，學者因循，鮮能道平土之謂。❶雖道之，猶鹵莽未見其詳。於戲！古之行王政必自此始。儒有欲談三王，可不盡心哉？抑焉知其不復用也！於是本諸經，該諸傳，記條而辯之云。

一曰：按《周禮》大司徒職曰：「以土圭之法測土深，正日景，以求地中。」「日至之景，尺有五寸，謂之地中，乃建王國焉。制其畿，方千里而封樹之」，此王畿廣輪之數也。

❶「謂」，光緒本作「法」。

二曰：按《司馬法》曰：「王國百里爲郊，❶二百里爲州，三百里爲野，四百里爲縣，五百里爲都。」又按《周禮》載師職曰：「以廛里任國中之地，以場圃任園地，以宅田、士田、賈田任近郊之地，以官田、牛田、賞田、牧田任遠郊之地，以公邑之田任甸地，以家邑之田任稍地，❷以小都之田任縣地，以大都之田任畺地。」杜子春以五十里爲近郊，百里爲遠郊。鄭康成以二百里爲甸地，三百里爲稍地，四百里爲縣地，五百里爲畺地。鄭注不甚詳明，其意然也。先儒皆同《周禮》，亦謂五百爲都，其曰甸、稍、縣、都者是也。此王國遠近之別也。然《司馬法》與《周禮》其言頗異。意者文王在岐作《司馬法》，及周公攝天子位，從而增損之以爲《周禮》乎？今本《周禮》爲定。下意倣此。

三曰：按大司徒職曰：「令五家爲比，使之相保。五比爲閭，使之相受。四閭爲族，使之相葬。五族爲黨，使之相救。五黨爲州，使之相賙。五州爲鄉，使之相賓。」又按遂人職曰：「五家爲鄰，五鄰爲里，四里爲酇，五酇爲鄙，五鄙爲縣，五縣爲遂。皆有地域而溝樹之。」鄭司農云：百里内爲六鄉，外爲六遂。康成謂異其名者，示相變耳。今據百里内，近郊遠郊之地也。近郊遠郊既爲六鄉，其餘又以爲場圃、宅田、士田、賈田、官田、牛田、賞田、牧田也。場圃任園地，郊甸皆有之，今獨於郊言者，略也。百里外甸地也。甸地既爲六遂，其餘又以爲公邑之田也。司農云：「賞田者，賞賜之田也。」康成謂圃，樹果蓏之屬，季秋於中爲場，樊圃謂之

---

❶ 「國」，光緒本作「畿」。

❷ 「稍」，《十三經注疏》阮元《校勘記》云：「稍，或作削。」

園。宅田，致仕者之家所受田也。士田，仕者亦受田，所謂圭田也。賈田，在市賈人其家所受田也。官田，庶人在官者其家所受田也。牛田、牧田，畜牧者之家所受田也。公邑謂六遂餘地，天子使大夫治之。自此以外皆然。二百里，三百里，其上大夫如州長。四百里，五百里，其下大夫如縣正。是以或謂二百里爲州，四百里爲縣，遂人亦監焉。家邑，大夫之采地。小都，卿之采地。大都，公之采地，王子弟所食邑也。王子弟所食邑亦三等。母弟及王之庶子與公同，食地在畺稍。疏者與卿同，食地在縣。又疏者與大夫同，食地在稍。故在下別言王子弟所食邑也。然則稍地爲家邑，縣地爲小都，畺地爲大都，其餘亦皆以爲公邑也。此任地之異也。

四曰：按《司馬法》曰：「六尺爲步，謂方六尺也。步爲方一尺者三十六。步百爲畝，畝百爲夫，夫三爲屋，屋三爲井，井十爲通，通十爲成，成十爲終，終十爲同，同方百里。」又按《周禮》小司徒職曰：「九夫爲井，四井爲邑，四邑爲丘，四丘爲甸，四甸爲縣，四縣爲都。」康成曰：「此謂造都鄙也。采地制井田，異於鄉遂。」「九夫爲井，方一里。」「四井爲邑，方二里。四邑爲丘，方四里。四丘爲甸，方八里。旁加一里，則方十里爲一成。」「四甸爲縣，方二十里。其實四成也。四縣爲都，方四十里。四都方八十里，旁加十里，乃得方百里，爲一同也。」又按匠人職曰：「一耦之伐，廣尺深尺，謂之甽。田首倍之，廣二尺，深二尺，謂之遂。九夫爲井，井間廣四尺，深四尺，謂之溝。方十里爲成，成間廣八尺，深八尺，謂之洫。方百里爲同，同間廣二尋，深二仞，謂之澮。」康成謂井里之制，小司徒經之，匠人爲之，溝洫相包乃成耳。又按遂人職曰：「夫間有遂，遂上有徑。十夫有溝，溝上有畛。百夫有洫，洫上有涂。千夫有澮，澮上有道。萬夫有川，川上有路。以達于畿。」康成謂十夫二鄰之田，百夫一酇之田，千夫二鄙之田，萬夫四縣之田。由斯而言，是六遂之地所有田也。舉六遂則六鄉自明矣，此制田之例也。然《司馬法》又與《周禮》之言有異，《司馬法》有步、畝、夫、屋、井，《周禮》如之，但不別爲屋耳。《司馬法》十井爲通，十通爲成；《周禮》則四井爲邑，四邑爲丘，四丘爲甸，一甸旁加一里爲成。《司馬法》十成爲終，十終爲同；《周禮》則四成爲縣，四縣爲都，四都旁加十里爲同。又《司馬法》止爲一制，無遠近之殊；《周禮》則三百里以外都鄙爲井田。鄭云：都鄙，王子弟公卿大夫采地，其界曰都鄙，所居也。二百里以内鄉遂爲十夫、百夫、千夫、萬夫，則是殊制矣。今亦本《周禮》爲定。

五曰：按康成注，蓋依《王制》，凡地，除山陵、林麓、川澤、溝瀆、城郭、宮室、涂巷，三分去一，其餘以爲田。覯謂《王制》之云抑未爲得，康成取之良誤矣。夫山川之廣狹，自非目見，不可以億度者也。地埶或數百里平易無山川者，或聯屬有之。城郭、涂巷之類，又不得知其多少。載使山川之廣，城郭、涂巷之多，則三分地或不止占一分也；山川之狹，城郭、涂巷之少，則三分地或不能占一分矣。以是而云三分去一，未知何從得之也。今覯所計，秖除王城及五溝、五涂有成數可見者裁去之，自餘悉以平地例爲田，其中所有山川城郭等占廢，令執事者自依所占丈尺裁去之。定法之始，不宜豫言也。且經所謂方十里爲成，方百里爲同，亦皆以平地例制之耳，未嘗言有外物占其間也。推此以往，他可知矣。

六曰：按匠人職，遂廣二尺深二尺，溝廣四尺深四尺，洫廣八尺深八尺，澮廣二尋八尺曰尋，鄭注重屋義然。深二仞。而遂人職，遂、溝、洫、澮、川皆無尺數。康成謂遂、溝、洫、澮皆所以通水於川也。遂廣深各二尺，溝倍之，洫倍溝，澮廣二尋深二仞，以南畝圖之，則遂從溝橫，洫從澮橫，九澮而川周其外焉。其尺數皆依匠人。是則經之互文明矣。而川之廣深，康成不解，賈釋云：「此川亦人造，雖無丈尺之數，蓋亦倍澮耳。」是則川廣四尋深四仞也。又遂人職：遂上有徑，溝上有畛，洫上有涂，澮上有道，川上有路。康成謂徑、畛、涂、道、路皆所以通車徒於國都也。徑容牛馬，畛容大車，涂容乘車一軌，八尺曰軌。鄭注經涂義然。道容二軌，路容三軌。覯謂涂容乘車一軌，廣八尺也。然則畛四尺，徑二尺明矣。鄭云：徑容牛馬，畛容大車，謂容大車一軌廣六尺，然皆無文可據，以意言之耳。既以涂依洫廣，道依澮廣，則徑、畛自可依遂、溝二尺四尺也。而匠人職遂、溝、洫、澮，康成云遂上亦有徑。覯謂既以互文觀之，則溝上亦有畛，洫上亦有涂，澮上亦有道也。其尺數亦如之矣。然此五溝、五涂所占不寡，而康成之注，止以萬夫爲方三十三里少半里，一甸爲方八里，旁加一里爲一成，絶不言溝涂所占。若以溝、瀆、涂、巷已在三分去一之數，則此五溝、五涂者，本經緯於田間，固不别在一處。苟田在於此而溝在於彼，則云已在三分去一之數可也。今田與溝混在一處，則萬夫不得止方三十三里少半里，一甸不止方八里也。若以溝涂不别出，秖就減夫田爲之，則名爲授田百畝，而又以溝涂占之，非所以損上益下之義也。且遂徑至小，而川路至大，臨遂徑者則所減甚少，臨川路者則所減甚多，名曰平土，其實不平至矣。是豈聖人之意乎？今覯悉計出之見於後，然萬夫則於舊三十三里少半里之外有所增占，一甸則雖於舊八里之外亦有所增占，其如有旁加一里因就用之，固猶不出一成之内，其要皆在以官地爲溝涂，不害民田而已耳。抑又鄉遂之地，一統於公，故三十三里少半里之外可以增占都鄙，受封各有里數，故一成之外不可别求，雖封邑不止于一成，然自一成爲之始，則其餘方免不足也。

七曰：按萬夫舊方三十三里少半里，凡數三分有一爲少半。則是三十三里一百步也。三百步爲一里。萬夫之間，自東至西九十遂九十徑，遂廣二尺，徑廣二尺，則六十步也。此步直謂廣六尺，不言方也，後以意察之。九洫九涂，洫廣八尺，涂廣八尺，則二十四步也。兩旁二川三路，川廣四尋，爲三十二尺，路廣三軌，爲二十四尺，則一十八步有四尺也。東西計增一百二步有四尺，自南至北，九十溝九十畛，溝廣四尺，畛廣四尺，則一百二十步也。九澮九道，澮廣二尋，爲一十六尺，道廣二軌，爲一十六尺，則四十八步也。兩旁二川二路，其廣同之。則一十八步有四尺也。南北計增一百八十六步有四尺，東西增一百二步有四尺，❶并舊三十三里一百步，通計三十三里二百二步有四尺。南北增一百八十六步有四尺，并舊三十三里一百步，通計三十三里二百八十六步有四尺。又以所增之地折之爲夫，❷以舊方三十三里一百步歸爲萬夫，外所增者併算之。則東西所增，從一百二步有四尺，横三十三里一百步，求步得一百二萬步，其奇以爲尺，則得二十四萬尺。南北所增，從一百八十六步有四尺，横三十三里二百二步有四尺，求步得一百八十七萬八千九百七十二步，其奇以爲尺，則得二十四萬六千九百二十八尺。積尺得四十八萬六千九百二十八尺，歸之爲步，又爲一萬三千五百二十五步二十八尺，此以三十六尺爲方一步也。積步得二百九十一萬二千四百九十七步二十八尺。步百爲畝，畝百爲夫，是爲二百九十一夫二十四畝九十七步二十八尺，每萬夫并五溝五涂，所占通計一萬二百九十一夫二十四畝九十七步二十八尺也。

八曰：按五十里爲近郊，以兩面合言之，方百里也。王城當中方九里，自王城四面拒于近郊之表，各從

❶「西」下，光緒本有「計」字。

❷「折」，原作「拆」，據光緒本改。

四十五里有半，其横各百里，以萬夫如舊方三十三里一百步，則面可置三萬夫。今既增之，則不能容，適可置二萬夫矣。且以城之外則有野涂，每面三門，固有三涂，其埶必當中間直出于郊，則二萬夫須避而處兩角，以每面而視之，則各有二萬夫，統而論之，則四角纔四萬夫也。百里爲遠郊，以兩面合言之，方二百里也。自近郊之表拒于遠郊之表，各從五十里，其横各二百里，東西二面各可置五萬夫，南北二面各可置三萬夫，皆以地形相軋，纔足容此一十六萬夫也。二百里爲甸地，以兩面合言之，方四百里也。自遠郊之表拒于甸地之表，各從一百里，其横各四里，東西二面各可重行，置二十萬夫，外行一十一萬夫，裏行九萬夫。南北二面各可重行，置一十六萬夫，外行九萬夫，裏行七萬夫。亦皆以地形相軋，纔足容此七十二萬夫也。其餘皆不方正，不可爲萬夫之川，其數見於後。

九曰：按近郊之内方百里，爲方一里者萬，凡里九夫則九萬夫也。除王城九里爲方一里者八十一，是爲七百二十九夫，其餘方一里者九千九百一十九，爲八萬九千二百七十一夫。四角置四萬夫之田，每萬夫并五溝五涂，所占共一萬二百九十一夫二十四畝九十七步二十八尺，四段通計四萬一千一百六十四夫九十九畝九十一步有四尺，外猶有四萬八千一百六夫有八步三十二尺。此地不方正，不可爲萬夫之川也。

十曰：按遠郊之内方二百里，爲方一里者四萬。凡里九夫，則三十六萬夫也。除近郊之内已占方一里者萬，爲九萬夫，則此遠郊方一里者三萬，爲二十七萬夫。四面置一十六萬夫之田，每萬夫并五溝五涂，所占共一萬二百九十一夫二十四畝九十七步二十八尺，十六段通計一十六萬四千六百五十九夫九十九畝六十四步一十六尺。東西一行五萬夫，前算每萬夫各有川路四周其外，蓋如近郊，四萬夫在四角不相接者也。

今此五萬夫成列，則其間當省四川四路，謂自西而東者。凡一川一路南北之廣九步二尺，東西之長三十三里二百二步有四尺，求步得九萬九百一十八步，其奇以爲尺，則得一十二萬一千四百四十八尺，歸之於步，又爲三千三百七十三步二十尺，積步得九萬四千二百九十一步二十尺。步百爲畝，畝百爲夫，是爲九夫四十二畝九十一步二十尺。此五萬夫之間所省四川四路，共省三十七夫七十一畝六十六步有八尺，西面亦如之。南面一行三萬夫，其間當省二川二路，謂自北而南者。凡一川一路，東西之廣九步二尺，南北之長三十三里二百八十六步有四尺，求步得九萬一千六百七十四步，其奇以爲尺，則得一十二萬二千四百五十六尺，歸之於步，又爲三千四百有一步二十尺，積步得九萬五千七十五步二十尺。步百爲畝，畝百爲夫，是爲九夫五十畝七十五步二十尺。此三萬夫之間所省二川二路，共省一十九夫有一畝五十一步四尺。北面亦如之。四面共省一百一十三夫四十六畝三十四步二十四尺，却於上十六段一十六萬四千六百五十九夫九十九畝六十四步一十六尺之内，除此一百一十三夫四十六畝三十四步二十四尺外，猶占一十六萬四千五百四十六夫五十三畝二十九步二十八尺。遠郊二十七萬夫，除此十六段占一十六萬四千五百四十六夫五十三畝二十九步二十八尺外，猶占二十萬五千四百五十三夫四十六畝七十步有八尺。此地亦不方正，不可爲萬夫之川也。

十一曰：按甸地之内方四百里，爲方一里者一十六萬。凡里九夫，則一百四十四萬夫也。除遠郊之内已占方一里者四萬爲三十六萬夫，則此甸地方一里者一十二萬，爲一百八萬夫。四面置重行七十二萬夫之田，每萬夫并五溝五涂，所占共一萬二百九十一夫二十四畝九十七步二十八尺，七十二段通計七十四萬九百六十九夫九十八畝四十步。東西外行一十一萬夫，其間省十川十路，每一川一路計九夫四十二畝九十一步三十尺，共省九十四夫二十九畝一十五步二十尺。東西裏行九萬夫，其間省八川八路，共省七十五夫四十三畝三十二步一十六尺。上兩行中間又省一横川一横路，謂自北而南，横亘九萬夫。前算每萬夫南北廣三十三里二百八十六步有四尺，九萬夫南北共廣三百五里一百八十步，今以其間先已既省八川八路，每一川一路南北廣九步二尺，八川八路共已省七十四步有四尺，九萬夫猶廣三百五里一百五步有二尺，則此川路横三百五里一百五步有二尺，從九步有二尺，求步得八十二萬四千四百四十五步，其奇以爲尺，則得一百九萬九千三百七十二尺，歸之於步，又爲三萬五百三十八步有四尺。積步得八十五萬四千九百八十三步有四尺。步百爲畝，畝百爲夫，則此一横川一横路，所省八十五夫四十九畝八十三步有四尺，凡東面兩行二十段之間省十八川十八路及一横川一横路，共省二百五十五夫二十二畝三十一尺有四步。西面亦如之。南面外行九萬夫，其間省八川八路，每一川一路計九夫五十畝七十五步二十尺，共省七十六夫有六畝四步一十六尺。南面裏行七萬夫，其間省六川六路，共省五十七夫有四畝五十三步一十二尺。上兩行中間又省一横川一横路，謂自西而東，横亘七萬夫。前算每萬夫東西廣三十三里二百二步有四尺，七萬夫東西共廣二百三十五里二百一十八步有四尺，今以其間先概省六川六路，每一川一路東西廣九步二尺，六川六路共已省五十六步，七萬夫猶廣二百三十五里一百六十二步有四尺，則此川路横二百三十五里一百六十二步有四尺，從九步有二尺，求步得六十三萬五千九百五十八步，❶其奇以爲尺，則得八十四萬八千一百六十八尺，歸之於

❶「五十八」，正德本、萬曆本、光緒本作「六十八」。

步，又爲三萬三千五百六十步有八尺，積步得六十五萬九千五百一十八步有八尺。步百爲畝，畝百爲夫，則此一横川一横路所省六十五夫九十五畝一十八步有八尺。凡南面兩行一十六段之間省十四川十四路及一横川一横路，共省一百九十九夫有五畝七十六步。北面亦如之。四面共省九百八夫五十六畝一十四步有八尺，却於上七十二段七十四萬九百六十九夫九十八畝四十步之内，除此九百八夫五十六畝一十四步有八尺外，猶占七十四萬有六十一夫四十二畝二十五步二十八尺。甸地一百八萬夫，除此七十二段占七十四萬有六十一夫四十二畝二十五步二十八尺外，猶有三十三萬九千九百三十八夫五十七畝七十四步有八尺，此地亦不方正，不可爲萬夫之川也。是鄉遂之田制備矣。

十二曰：按一甸舊方八里，旁加一里爲成，成方十里也。一甸之田方八里，中有六十四井，自東至西八井也。井有九夫，自東至西三夫也。三夫之間則有二遂二徑，遂廣二尺，徑亦二尺。八井則有十六遂十六徑。八井之間及兩旁則有九溝九畛，溝廣四尺，畛亦四尺。遂、徑、溝、畛共增二十二步有四尺。南北亦如之。凡此井田爲溝洫異於鄉遂萬夫，此每夫之四面從横皆爲遂，井之四面從横皆爲溝，以至于邑丘甸不復别爲限隔，旁加爲成，乃爲洫焉。成之四面從横皆爲洫，以至于縣都亦不復别爲限隔，四都旁加爲同，乃爲澮，周其外焉。十里之中，既取八里二十二步有四尺，以爲一甸之田及遂、徑、溝、畛外，止有一里二百七十七步有二尺，每面分得二百八十八步有四尺，乃以二百步爲二夫之田，從二夫也。二夫之間及其外，又以一步二尺爲二遂二徑，則計二百一步二尺矣。其餘更有八十七步二尺，成之每面又爲一洫一涂。洫廣八尺，涂亦八尺，然多是兩成相接，平分之則此面占一步二尺，以八十七步二尺，又除此一步二尺，餘止有八十六步矣。❶今以二夫之田爲二行，前以二百步爲二夫者也。又以八十六步爲一行，共三行也。四面每面内第一行横列二十四夫，四角又四夫，共一百夫。每面第二行二十六夫，四角又四夫，共一百八夫。第三行不成夫者，以畝言之，四面，每面横一百步，從八十六步者，二十八段，共一百一十二段。每段爲方一步者，八千六百，是爲八十六畝。四角每角方八十六步者一段，共四段，每段爲方一步者七千三百九十六，是爲七十三畝九十六步，積畝得九千九百二十七畝八十四步，每段已有遂、徑、溝、畛間之，不復計爲夫矣。一成之中，除一甸之田及遂、徑、溝、畛、洫、涂所占外，旁加更得田二百八夫，其不成夫者又得九千九百二十七畝八十四步。鄭云：旁加一里謂加一井也。今此不得爲井矣，又計成之面横百步者二十八，横八十六步者二，共横二千九百七十二步，又其間爲二十遂二十徑九溝九畛，兩旁二半洫二半涂，共横二十八步，通計三千步，凡三百步爲一里，此横十里，略無差也。四面皆然。四成爲縣，經曰四甸，其實四成也。四縣爲都，四都六十四成也。方八十里旁加十里，加一成也。爲百里謂之一同，一同百成矣。前算成法，每一成合各爲一洫一涂，四周其外，然以多是兩成相接，故平分之，各占半洫半涂。今此一同百成，其中六十四成四面皆有接，每面各秖占半洫半涂，如前法矣。至於旁加三十六成則四旁三十二成，各一面無接。四角四成各回曲，兩面無接也，既無接，則當爲全洫全涂乎？曰：否。凡一同之外當爲澮與道也。澮周於同，道周於澮，若是則須變半洫半涂以爲一澮一道也。半洫半涂其廣一步二尺，一澮一道其廣五步二尺，然則增四步也。三十二成各一面無接，變其一面半洫半

❶「餘止」，光緒本作「止餘」。

涂，以爲一澮一道，澮道所增之地，横十里，從四步，求步得一萬二千，内除横二十八步，從四步前是二十遂二十徑，九溝九畛，二半洫二半涂，皆爲從者。展計一百一十二步外，猶占一萬一千八百八十八步。步百爲畝，是爲一百一十八畝八十八步。前算一成之田其不成夫者，猶得九千九百二十七畝八十四步，今復增此澮道所占一百一十八畝八十八步外，止有九千八百八畝九十六步。四成皆回曲，兩面無接，變其兩面之半洫半涂，以爲一澮一道，一面如上所計，增占一百一十八畝八十八步，一面横九里二百九十六步，本十里也，其四步已入右面所計矣。從四步，求步得一萬一千九百八十四步。内除横二十六步四尺，從四步，前是二十遂二十徑，九溝九畛，一半洫一半涂，一半洫一半涂已在所刻退四步之地矣。展計一百四步。其奇以爲尺則得九十六尺，歸之於步，又爲二步二十四尺，通計一百六步二十四尺外，猶占一萬一千八百七十七步一十二尺。步百爲畝，是爲一百一十八畝七十七步一十二尺。前算一成之田其不成夫者，猶得九千九百二十七畝八十四步，今復增此兩面澮道所占共二百三十七畝六十五步一十二尺外，止有九千六百九十畝一十八步二十四尺。一同百里爲方一里者萬。凡里九夫，則九萬夫也。今此算一同百成，成中一甸，甸六十四井，井九夫，是爲五百七十六夫，旁加又得二百八夫，總計七百八十四夫。百成則七萬八千四百夫也。其不成夫者，於中六十四成，成有九千九百二十七畝八十四步，緣邊三十六成，其三十二成，成有九千八百八畝九十六步，又四成，成有九千六百九十畝一十八步二十四尺，百成通計九十八萬八千二十九畝二十二步二十四尺。一切以夫折之，則又爲九千八百八十夫二十九畝二十二步二十四尺。統論之，則一同之地爲田八萬八千二百八十夫二十九畝二十二步二十四尺，其餘盡以爲遂、徑、溝、畛、洫、涂、澮、道也。以九萬夫言之，則遂、徑、溝、畛、洫、涂、澮、道所占一千七百一十九夫七十畝七十七步一十二尺。雖然，此獨以一同言之耳，如兩同相接則又省焉，别見於後。今據稍、縣、都並是兩同相接，無用此制，然述法之始須先定一同而後可議其有接無接，故特先爲此制也。亦恐山川隔破其間，或有獨置一同之處焉耳。經曰同間謂之澮。誠謂兩同間爲一澮也。洫以下意亦同。以都鄙而形鄉遂，是以前二萬夫之間皆省一川也。

十三曰：按稍地二十同，其十六同各三面有接，一面無接，抵甸地也。甸地雖有萬夫之川與之相接，然其制度不同，故此稍地别爲澮道若無接然也。其四同各四面皆有接。在四角也。十六同各三面有接，一面無接，每同無接之面凡十成，中間八成，每成之一面變其半洫半涂，以爲一澮一道，如前所計，每成增占一百一十八畝八十八步外，其不成夫之田，猶有九千八百八畝九十六步。左右二成，每成之一面變其半洫半涂，以爲一澮一道，亦如前所計，每成增占一百一十八畝八十八步。又一面變其半洫半涂，以爲半澮半道，以回曲，故此一面又變之，然與他同接，故但爲半澮半道。半洫半涂，共八尺，半澮半道共一十六尺，然則增一步二尺地矣。所增之地横九里二百九十六步，本亦十里也，其四步已入右面所計矣。從一步二尺，求步得二千九百九十六步，其奇以爲尺，則得三萬五千九百五十二尺。歸之於步，又爲九百九十八步二十四尺，積步得三千九百九十四步二十四尺。内除横二十六步四尺，從一步二尺，前是二十遂二十徑，九溝九畛，一半洫一半涂，一半洫一半涂已在所刻退四步之地矣。展計二十六步，其奇以爲尺，則得三百四十四尺。歸之於步，又爲九步二十尺，通計三十五步二十尺外，猶占三千九百五十九步有四尺。步百爲畝，是爲三十九畝五十九步有四尺，每成兩面增占一百五十八畝四十七步有四尺外，其不成夫之田，猶有九千七百六十九畝三十六步三十二尺。有接之面凡二十六成，二十四成處三面，每面八成。每成之一面變其半洫半涂以爲半澮半道，所增之地横十里，從一步二尺，求步得三千步，其奇以爲尺，則得三萬六千尺，歸之於步又爲一千步，積步得四千步，内除横二十八步，從一步二尺，前是二十遂二十徑，九溝九畛，二半洫二半涂，展計二十八步，其奇以爲尺，則得三百三十六尺，歸之於步又爲九步一十二尺，通計三十七步一十二尺外，猶占三千九百六十二步二十四尺。步百爲畝，是爲三十九畝六十二步二十四尺，每成除此澮道增占三十九畝六十二步二十四尺外，其不成夫之田，猶有九千八百八十畝二十一步一十二尺。又二成處兩角，❶每成之一面變其半洫半涂以爲半澮半道，如前所計，增占三十九畝六十二步二十四尺，又一面亦變其半洫半涂以爲半澮半道，皆以回曲，故又變之。所增之地，横九里二百九十八步四尺，本亦十里也。其一步二尺已入右面所計矣。從一步二尺，求步得二千九百九十八步，其奇以爲尺，則得三萬六千有八尺，歸之於步，又爲一千步有八尺，積步得三千九百九十八步有八尺，内除横二十六步四尺，從一步二尺，前是二十遂二十徑，九溝九畛，一半洫一半涂，一半洫一半涂已在所刻退之一步二尺之地。展計三十五步二十尺展步尺之詳見上，此後凡不相算而但言成數者蓋前有類者矣，覆尋之可見也。外，猶占三千九百六十二步二十四尺。步百爲畝，是爲三十九畝六十二步二十四尺，每成兩面增占七十九畝二十五步一十二尺外，其不成夫之田猶有九千八百四十八畝五十八步二十四尺。每同百成，總計七萬八千四百夫，其不成夫者，於中六十四成，成有九千九百二十七畝八十四步。緣邊三十六成，其八成，成有九千八百八畝九十六步。其

❶「又」，原脱，據光緒本補。

二成，成有九千七百六十九畝三十六步三十二尺。又二十四成，成有九千八百八十八畝二十一步一十二尺。又二成，成有九千八百四十八畝五十八步二十四尺。百成通計九十九萬四百六畝四十七步有四尺。一切以夫折之，則又爲九千九百四夫六畝四十七步有四尺。統論之，則此一同之地爲田八萬八千三百四夫六畝四十七步有四尺。其餘盡以爲遂、徑、溝、畛、洫、涂、澮、道也。以九萬夫言之，則遂、徑、溝、畛、洫、涂、澮、道所占一千六百九十五夫九十三畝五十二步三十二尺。四同各四面皆有接，每同四面三十二成，成之一面變其半洫半涂以爲半澮半道，每成增占三十九畝六十二步二十四尺外，其不成夫之田，❶猶有九千八百八十八畝二十一步一十二尺。四角四成，各回曲，兩面變其半洫半涂以爲半澮半道，每成增占七十九畝二十五步一十二尺外，其不成夫之田，猶有九千八百四十八畝五十八步二十四尺。每同百成，總計七萬八千四百夫，其不成夫者，於中六十四成，成有九千九百二十七畝八十四步。緣邊三十六成，其三十二成，成有九千八百八十八畝二十一步一十二尺。其四成，成有九千八百四十八畝五十八步二十四尺。百成通計九十九萬一千一百九十八畝九十三步一十二尺。一切以夫折之，則又爲九千九百一十一夫九十八畝九十三步一十二尺。統論之，則此一同之地，爲田八萬八千三百一十一夫九十八畝九十三步一十二尺。其餘盡以爲遂、徑、溝、畛、洫、涂、澮、道也。以九萬夫言之，則遂、徑、溝、畛、洫、涂、澮、道所占一千六百八十八夫有一畝六步二十四尺。凡稍地二十同，同九萬夫，合計一百八十萬夫，今積得田一百七十六萬六千一百一十二夫九十九畝二十七步有四尺。

---

❶「夫」，原脱，據正德本補。

蓋其餘盡以爲遂、徑、溝、畛、洫、涂、澮、道也。以一百八十萬夫言之，則遂、徑、溝、畛、洫、涂、澮、道所占三萬三千八百八十七夫七十二步三十三尺。

十四曰：按縣地二十八同，各四面皆有接，其制如稍地之角。角置四同者也。二十八同，同九萬夫，合計二百五十二萬夫。今積得田二百四十七萬二千七百三十五夫七十畝一十三步一十二尺。蓋其餘盡以爲遂、徑、溝、畛、洫、涂、澮、道也。以二百五十二萬夫言之，則遂、徑、溝、畛、洫、涂、澮、道所占四萬十千二百六十四夫二十九畝八十六步二十四尺。

十五曰：按畺地三十六同，其三十二同各三面有接，一面無接，其制如稍地之正。正置十六同者也。四角四同，各二面有接，二面無接，回曲故也。每同前左右兩行一十六成，以自內視角爲前。每成之一面變其半洫半涂以爲一澮一道，計增占一百一十八畝八十八步外，其不成夫之田，猶有九千八百八畝九十六步。後左右兩行一十六成，每成之一面變其半洫半涂以爲半澮半道，計增占三十九畝六十二步二十四尺外，其不成夫之田，猶有九千八百八十八畝二十一步一十二尺。前角一成，變其兩面各半洫半涂以爲一澮一道，計共增占二百三十七畝六十五步一十二尺外，其不成夫之田，猶有九千六百九十畝一十八步二十四尺。左右兩角二成，每成之一面變其半洫半涂以爲一澮一道，又一面變其半洫半涂以爲一澮一道，又一面變其半洫半涂以爲半澮半道，計共增占一百五十八畝四十七步有四尺外，其不成夫之田，猶有九千七百六十九畝三十六步三十二尺。後一角一成，其兩面各變其半洫半涂以爲半澮半道，計共增占七十九畝二十五步一十二尺外，其不成夫之田，猶有九千八百四十八畝五十八步二十四尺。每同百成，總計七萬八千四百夫，其不成夫者，於中六十四成，成有九千九百二十七畝八十四步，緣邊三十六成，其一十六成，成有九千八百八畝九十六步。又一十六成，成有九千八百八十八畝二十一步一十二尺。又一成有九千六百九十畝一十八步二十四尺。又二成，成有九千七百六十九畝三十六步三十二尺。又一成有九千八百四十八畝五十八步二十尺。百成通計九十八萬九千六百一十四畝有四步一十六尺。一切以夫折之，則又爲九千八百九十六夫一十四畝有四步一十六尺。其餘盡以爲遂、徑、溝、畛、洫、涂、澮、道也。以九萬夫言之，則遂、徑、溝、畛、洫、涂、澮、道所占一千七百有三夫八十五畝九十五步二十尺。凡畺地三十六同，同九萬夫，合計三百二十四萬夫。今積得田三百一十七萬八千九百一十四夫六十三畝二十五步一十二尺。蓋其餘盡以爲遂、徑、溝、畛、洫、涂、澮、道也。以三百二十四萬夫言之，則遂、徑、溝、畛、洫、涂、澮、道所占六萬一千八十五夫三十六畝七十四步二十四尺。凡五涂各有所隔，徑隔於溝，畛隔於洫，涂隔於澮，道隔於川。所隔之處必有橋焉。川之水必決路而洩之，以歸于大川，各隨地埶所向，不可定其隔處。井田之徑、畛、涂、道亦如鄉遂爲橋澮之水，亦洩而歸諸大川也。司險職曰：「周知其山林川澤之阻而達其道路。」康成謂川澤之阻則橋梁之。下文曰「設國之五溝五涂」，「而達其道路」。康成雖不復解，然以上文觀之，此爲橋梁亦明矣。匠人職「澮」之下曰：「專達於川，各載其名。」蓋謂大川也。以此察彼，知其皆然。是都鄙之田制備矣。

十六曰：或曰：大哉王畿之廣輪，王國之遠近，任地之異，制田之例，山川之不億度，溝涂之有增占，自萬夫以至于一同，自近郊以至于畺地，繄子之論詳矣，其所以授於民多少之數可得而聞與？曰：夫治民必先定其居處，而後可使之樂業也。故司空執度，度地以居民，正爲此焉。今六鄉、六遂各七萬五千家也，然此纔謂農民，其餘有百工商賈庶人在官者，凡此之類，抑又多矣。載師職曰「以廛里任國中之地」，❶康成謂：「廛，民居之區域也。里，居也。」遺人職曰「掌鄉里之委積，以恤民之艱阨」。康成謂：「鄉里，鄉所居也。」縣師職曰「掌邦國都鄙稍甸郊里之地域」。康成謂：「郊里，郊所居也。」賈釋云：「鄉里據國中，即六鄉之民居在國中。載師以廛里所任地是也。郊里據在郊。即六鄉之民所居郊者也。」然則六鄉之居，布在國中，外至近郊遠郊也。遂人職曰「辨其野之土，以頒田里」，「夫一廛，田百畝」，則六遂之居在甸地者也。舊説廛者二畝半，一家之居。孟子曰「五畝之宅，樹之以桑」，當從孟子五畝爲正，甸地既一廛五畝，則郊内國中亦各五畝也。然康成注遂人謂：「廛，城邑之居。」注載師云：「以廛里任國中。」而遂人職授民田，夫一廛田百畝，是廛里不謂民之邑居在都城者。與鄭意以六遂之民雖田在甸地而居於國中，且甸地於國二百里也，去家二百里而耕，孰爲便哉？抑王城方九里爲方一里者八十一，凡里九百畝，爲七萬二千九百畝，盡以爲遂民之居，一家五畝纔可容萬四千五百八十家。況王宫祖社朝市國宅之屬及鄉民所居在其中乎？則六遂七萬五千家於何置之？苟鄭意都城是都邑之城，則六遂所管與都邑異，遂民不可越在都邑也，又其往來亦非近矣。且康成既以六鄉之居有在於郊，則六遂之民奚爲不可居甸乎？是失之甚矣！大司徒職曰：「凡造都鄙，制其地域而封溝之。以其室數制之。」康成亦謂城郭之宅田室。蓋鄭以六遂居在國中，故於都邑亦云室在城郭也。其經意但以室

❶「里」，原無，據《周禮・地官》補。

數爲家數，❶豈分於城之内外與？其實采地之民，或居城郭，或在野焉。其地蓋亦不出一廛五畝之數也。或曰：敢問莫非王民也？而吾子之論以六鄉爲農人，而百工商賈之類不與其數，何哉？曰：覼觀鄭注則然，且裁其理至當矣。夫農人，國之本也。三時力耕，隙而講武，以之足食，以之足兵。或致之於庠序，習禮義，爲賢才，是天民之良者也。故爲之鄉，爲之遂，以編著之而統于司徒。司徒，教官也。若夫工商之類，棄本逐末，但以世資其用，不可無之，安足比於農人哉？抑其各有所統，工則統於司空，賈則統於司市，庶人在官者各統於其官府，其餘皆然，雖不繫于鄉遂可也。曰：既不繫於鄉遂，則其所處郊乎？國乎？曰：聖王敦本尚儉，雖有工賈必不甚衆，庶人在官者亦有常數，其餘益寡矣。國中或可以居之，抑其朝夕有事於市朝，當在國中，乃爲便也。

十七曰：或曰：奠民之居，既承教矣，耕田之數，願聞其悉。曰：按大司徒職曰：「凡造都鄙，制其地域而封溝之，以其室數制之，不易之地，家百畝。一易之地，家二百畝。再易之地，家三百畝。」此都鄙授田之制也。不易之地，歲種之，故家百畝。一易之地，二歲一種，故家二百畝。再易之地，三歲一種，故家三百畝。以地利有厚薄，宜差之也。又遂人職曰：「辨其野之土，上地，夫田百畝，萊五十畝，餘夫亦如之。中地，夫田百畝，萊百畝，餘夫亦如之。下地，夫田百畝，萊二百畝，餘夫亦如之。」此六遂授田之制也。亦以地利有厚薄，故差其萊數以平之。萊，田之休不耕者也。至六鄉之田，未見明文，惟小司徒職云：「乃均土地，

❶「但」，萬曆本、光緒本作「俱」。

以稽其人民，而周知其數。上地家七人，可任也者家三人；中地家六人，可任也者二家五人；下地家五人，可任也者家二人。」以覼觀之，若以爲都鄙六遂乎？則中地、下地已增其田萊畝數，權其收入，必亦無偏不容，更有七人、六人、五人所食之差也，此蓋是六鄉授田之制。以郊地狹隘而六鄉分之，矧場圃、宅田、士田、賈田、官田、牛田、賞田、牧田在其間，則雖有中地、下地，不得更增其畝數，但以其家人多少制之，七口以上則授之以上地，六口則授之以中地，五口以下則授之以下地焉，其實皆百畝也。地有九等，所養男女自二人以至十人，七、六、五者，舉中地之三等而言也。今據遠郊之内，田二十萬夫。近郊四萬夫，遠郊十六萬夫。其不爲萬夫之川者，又有一十五萬三千五百五十九夫四十六畝七十九步四尺，近郊四萬八千一百六夫有八步三十二尺，遠郊一十萬五千四百五十三夫四十六畝七十步八尺。蓋以爲六鄉之田也，里也，里，居也。場圃也，宅田也，士田也，賈田也，官田也，牛田也，賞田也，牧田也，其餘則王城之外有環涂，環涂七軌。有野涂，野涂五軌。有郊，四郊皆有神兆。有明堂，明堂在國之陽，三里之外七里之内，丙巳之地，宫方三百步。有籍田，籍田千畝。有學，虞、庠在國之西郊。有榭，榭所以講軍實，足以臨見王之士卒而已。其所不奪穡地，瘠磽之地於是乎爲之。其埶須在城之外也。亦或有山陵、林麓、川澤、溝瀆之跨其地，其不爲萬夫之川者，亦未計出五溝五涂所占也。下同。又其餘則以待餘夫也。或曰：郊内無餘夫之文，子何以言之？曰：六鄉之人，不得不有餘夫，且舉遂則鄉可知矣。亦計郊内地，猶有以待之也。甸地之田七十二萬夫，其不爲萬夫之川也，又有三十二萬九千九百三十八夫五十七畝七十四步八尺，蓋以爲六遂之田也，廛也，其餘亦或有山陵、林麓、川澤、溝瀆之跨其地，又其餘則以爲公邑也。或曰：子既言鄉有餘夫，而於遂何以不言？且遂人職已著之矣。曰：遂之餘夫所受之田，屬公邑耳，不可析言也。遂之家數與田既有定限，其地域且溝樹之矣。若有餘夫，其田何從而得？必外取於公邑焉。曰：然則六鄉餘夫所受之田，何以不爲公邑？曰：郊内地狹，其隙者必不甚多，且近偪王國，故雖以待餘夫，不復別稱爲公邑也。或曰：公邑獨遂之餘夫耕之乎？曰：不然。康成謂士、工、商以事入在官，而餘夫以力出耕公邑。覯謂亦非獨士、工、商而已也。雖庶人在官者，畜牧之家之餘夫，亦出耕於此焉。民之生息，歲月浸多，積數世之後，其餘夫豈可勝數？公邑雖廣，或弗能容矣。是聖人先有以待之也。若稍以外，則八十四同，稍地二十同，縣地二十八同，畺地三十六同。除名山大澤不以頒，凡當山陵、林麓、川澤、溝瀆不廢，悉以班之。其餘以爲王子弟食邑，公卿大夫采地，又其餘則以爲公邑也。其食邑、采地之内，則自以授其所管之民，其餘亦或有山陵、林麓、川澤、溝瀆之跨其地，又其餘則以待餘夫也。又弗能容，則亦當出耕於其所近公邑，其人則繫於都鄙，其田税則歸於王官，是公私兩利之意也。或曰：遂人云：「萬夫有川，川上有路，以達于畿。」康成謂：「去山陵、林麓，川澤、溝瀆、城郭、宫室、涂巷三分之制，其餘如此，以至于畿。」康成固知都鄙爲井田矣，則其意謂公邑自稍以外，亦如甸地，爲萬夫之川與？曰：是康成之誤也。此川上有路，以達于畿，止謂由此路而往，可通於畿耳。以明其所以爲道路於田間者非妄也，將以利往來之人，内通於國，外通於畿，國近而畿遠，遠之可達，近可知矣。是以省文，言畿而不言國也，非謂一概爲萬夫之川以至畿也。且自稍以外公邑，誠以采邑之餘，一切使大夫治之，後復欲爵禄於人，又取之以爲采邑也。公卿大夫，寔有定員，若有王子弟則世世生息，安有紀極？是采邑之增，無世無之。苟今公邑盡爲萬夫之川，他日造都鄙爲井田，又當改作乎？何勞力之甚也？若造都鄙而循用萬夫之川，非制也。以覯論之，甸地公邑自依六遂，萬夫之川，稍縣畺地公邑亦循都鄙井田之制，或近或遠，隨宜而變，於義當矣。或曰：都鄙授田，則有不易百畝，一易二百畝，再易三百畝，凡三等。遂地授田，則有上地田百畝、萊五十畝，中地田百畝、萊百畝，下地田百畝、萊二百畝，凡三等。鄉地授田，則有上地家七人，中地家六人，下地家五人，雖以地利差其口數，其田實皆百畝，凡一等。而康成之義，自六鄉以及甸、稍、縣、都悉以不易、一易、再易通率之云一家受二夫。且不易、一易、再易獨是都鄙授田之制，豈可以包鄉遂乎？曰：康成固妄矣。非徒不可以包鄉遂也，雖都鄙之制有不易、一易、再易，然須定有一百畝不易者，二百畝一易者，三百畝再易者，合六百畝而三家受之，此則可云通率一家受二夫也。若多少稍差則已失之矣，況其積算數百萬夫而乃公言通率一家受二夫，何其徒用心哉？今則皆不取焉，但備舉鄉遂都鄙授田之明制，使執事者躬相地宜而須之，不敢以預言也。

十八曰：或問：田里之論則然矣，其王子弟食邑，公卿大夫采地，小大之法何如？曰：康成謂其制三等。百里之國凡四都，一都之田税入於王。五十里之國凡四縣，一縣之田税入於王。二十五里之國凡四甸，一甸之田税入於王。其意以公采地爲一等，百里之國也。王之母弟及庶子同。卿采地爲一等，五十里之國也。稍疏者同。大夫采地爲一等，二十五里之國也。最疏者同。又其注載師，謂家邑，大夫之采地；小都，卿之采地；大都，公之采地，王子弟所食邑。然則三公百里之國，在畺地。卿五十里之國，在縣地。大夫二十五里之國，在稍地也。畺地三十六同，同爲百里之國一，是爲三十六國也。縣地二十八同，同爲五十里之國四，是爲一百一十二國也。稍地二十同，同爲二十五里之國十有六，是爲三百二十國也。此其大略耳。苟有名山大澤占之，則依所占減焉。或王子弟公卿大夫人數少，食之不盡，則以其餘爲公邑，以俟後耳。然今按《周禮》公三人，其鄉老，二鄉則公一人，蓋此三公兼之。卿十有五人，三孤六官及六卿大夫，每鄉卿一人。大夫則冬官已亡，唯五官在，五官之屬，大夫三百三十七人，煩不備舉。若加以冬官之屬及公邑，又別有大夫治之，其數蓋不下四百人也。今稍地爲二十五里之國三百二十，或有名山大澤占之，則從而減焉，又王子弟最疏者之所食在其中，若是，大夫之邑其不足者多矣。然縣地爲五十里之國一百一十二，雖或有名山大澤占之，及王子弟稍疏者之所食在其中，而卿止於十有五人，其餘地蓋尚多也。大夫之邑不足，其取諸此乎？雖王之母弟庶子衆多，畺地弗能容之，取於此亦可也，又其餘乃以爲公邑焉。或曰：《禮》云：天子立三公、九卿、二十七大夫、八十一元士，於《周禮》何其不同也？曰：此夏禮而商因之者也。其田則公百里，卿七十里，大夫五十里，至周則自卿以下增其員而減其禄，蓋後世政事漸繁，事繁則官不得不增，官多則禄不得不減，勢使然也。

十九曰：或人請問賦税之法。覯對曰：按太宰職「以九賦斂財賄，一曰邦中之賦，二曰四郊之賦，三曰邦甸之賦，四曰家削之賦，五曰邦縣之賦，六曰邦都之賦」，餘三者不出於田里，故不舉。康成謂：「賦，口率出泉也。」今之算泉，民或謂之賦，此其舊名，與鄉大夫以歲時登其夫家之衆寡，辨其可任者皆征之。遂師之職亦云以令其財征，皆謂此賦也。是則周時已如漢算泉，但漢法算泉，人百二十，周之賦，泉數則未聞矣。又按載師職曰：「凡任地，國宅無征，園廛二十而一，近郊十一，遠郊二十而三，甸、稍、縣、都，皆無過十二，唯其漆林之征二十而五。」此征則皆指田税也。康成謂「國宅，凡官所有宮室，吏所治者也。周税輕近而重遠，近者多役也。園廛亦輕之者，廛無穀，園少利也」。經又曰：「凡宅不毛者，有里布。凡田不耕者，出屋粟。凡民無職事者，出夫家之征。」康成亦謂「宅不毛者，罰以一里二十五家之泉」。今詳司農注引《孟子》云：「廛，無夫里之布。」其意可取。蓋凡税者，各隨其地所出。田有穀則輸其穀，宅有桑麻則輸其布帛。唯廛里在國中者，人衆宇廣，無所樹藝，則課之出泉布，亦料其廛地所可樹藝多少，二十之價而取其一焉。若城外之宅，可樹桑麻，而怠廢不爲者，則依國中例，課之出泉布。蓋樹桑麻易爲功，而出泉布難爲力，所以罰之，使其勤耳。故曰「宅不毛者，有里布」也。田不耕者出屋粟，康成謂「罰以三家之税粟」。《周禮》不爲屋，但以三家之税粟，借文以稱之焉。蓋不耕一夫之田，則納三夫之税粟，倍重之，亦以罰其怠也。民無職事者，出夫家之征，康成謂「出夫税、家税」。夫税者，百畝之税。家税者，出士徒車輦給繇役。蓋勤而就田業，則有夫家之税；閒而無職事者，亦有夫家之税。與其無地而輸財，孰若受田之獲利也？此亦以勸其勤耳。大略自國以至于畿，税輕者不減二十而一，重者不逾十二，漆林雖重，顧亦少焉。皆以役多少參折之也，此賦税之定令也。或曰：古者皆謂周税什一，今此論何其等級之多乎？曰：其謂什一，舉近郊而言也。古之言質，舉近而略遠也。後儒耳目不接，得其略而失其詳，因謂皆什一也。夫周禮豈可誣哉？抑不獨於周然也，其言夏商什一者，亦猶是也。後凡言什一者意同。或人又問曰：幸卒業於賦税矣。其所以制軍旅、具車甲，願因言焉。曰：按《夏官·司馬》曰：「凡制軍，萬有二千五百人爲軍。王六軍，軍將皆命卿。二千五百人爲師，師帥皆中大夫。五百人爲旅，旅帥皆下大夫。百人爲卒，卒長皆上士。二十五人爲兩，兩司馬皆中士。五人爲伍，伍皆有長。」康成謂「軍、師、旅、卒、兩、伍，皆衆名也。伍一比，兩一閭，卒一旅，旅一黨，師一州，軍一鄉，家所出一人」。此則六鄉爲六軍，七萬五千人也。又按遂人職曰：「以歲時稽其人民，而授之田野，簡其兵器，教之稼穡。」康成謂「遂之軍法，追胥起徒，役如六鄉」。若是則六遂亦爲六軍，七萬五千人也。但以王家迭而用之，則其興發常六軍耳，故止言六軍也。此鄉、遂制軍之法也。又按《司馬法》：通三十家出匹馬，士一人，徒二人。成三百家出革車一乘，士十人，徒二十人。終三千家出革車十乘，士百人，徒二百人。同三萬家出革車百乘，士千人，徒二千人。此雖井田，顧未與周制同。今按《春秋》「成元年三月作丘甲」，杜氏注以爲丘出戎馬一匹，牛三頭。甸出長轂一乘，戎馬四匹，牛十二頭，甲士三人，步卒七十二人。此甸所賦，今魯使丘出之，譏重斂，故書。《左傳》哀十一年「季孫欲以田賦，使冉有訪諸仲尼」，「仲尼不對，而私於冉有曰：『君子之行也，度於禮，施取其厚，事舉其中，斂從其薄。如是，則以丘亦足矣。杜氏亦謂丘出戎馬一匹，牛三頭，是賦之常法。若不度於禮，而貪冒無厭，則雖以田賦，將又不足。且子季孫若欲行而法，則周公之典在；❶若欲苟而行之，又何訪焉！』」以是觀，則丘賦實周公之典，舉丘則甸明矣。如此一同百甸，甸旁加爲成，則百成也。亦百乘也。百乘則戎馬四百匹，牛一千二百頭，甲士三百人，步卒七千二百人。乘數雖同，而士卒之制多少異矣。今亦本周制爲定，蓋甸以内六鄉六遂，則爲十二軍，迭用其六軍。稍以外八十四同，則爲八千四百乘，亦遠近異制矣。如有名山大澤占之，同數不滿，則亦依數減之矣。以一切而言，則畿内千里合當百同，❷故古謂天子

---

❶ 「典」，原作「興」，據正德本、萬曆本、光緒本改。

❷ 「當」，正德本、萬曆本、光緒本無。

萬乘也。大凡康成謂成之一甸，同之四都，出田税其旁加者，[1]甸旁以治成之洫；都旁以治同之澮。覯謂溝洫始爲之也，則用力多；後治之也，則用力寡矣。曷足免其田税乎？今觀車賦止於甸不言成，豈非旁加者不與車賦，但主爲治洫乎？總百成之旁加者，既各盡治其洫，又共治其同之澮，以役折役，於事爲宜，且其治洫、澮一歲中豈數數然哉？是賦税軍旅車甲之議盡矣。

二十曰：或曰：古之人皆謂周爲公田，公田百畝，其二十畝以爲八家之居，八家各受百畝，以爲私田，通九百畝爲一井。公田借民力以耕，不税其私田。《詩》《春秋》《論語》《孟子》之説皆然。特《周禮》爲異，税夫無公田。康成以爲周之畿内用貢法，税夫無公田，夏之貢法也。邦國用助法，制公田不税夫，商之助法也。畿内用貢法者，鄉、遂及公邑之吏，旦夕從民事，爲其促之以公，使不得恤其私。邦國用助法者，諸侯專一國之政，爲其貪暴，税民無藝。此論何如？曰：天子之政，自國而形天下者也。豈有天子之國自税民田而令諸侯但爲公田而不税哉？雖其歲入同歸于什一，然非所以身率之謂也。且畿内有鄉、遂、公邑之吏，旦夕促之以公，而諸侯之國豈無其吏能促之者乎？苟爲其貪暴税民無藝，則若王政明，諸侯奉法，雖使之税，敢過制乎？若王政不明，諸侯不奉法，雖爲公田，彼不能外取乎？是皆非通理之論也。覯謂周之畿内，以及天下諸侯，一用貢法，税夫無公田也。公田，商禮也。抑文王之時，雖已受命，尚爲商之諸侯，其田猶依商禮，至武王得天下，周公攝政，作禮樂，方遂變之。故言周爲公田者，其原在聞之於文武之時，而不知周公已變之

[1] 「税其」，正德本、萬曆本、光緒本作「之四」。

也。《孟子》曰：「夏后氏五十而貢，商人七十而助，周人百畝而徹，其實皆什一也。徹者，徹也。助者，藉也。」則孟子既知周制與商異矣，其下文又曰：「《詩》云『雨我公田，遂及我私』。惟助爲有公田。由此觀之，雖周亦助也。」孟子雖知周制與商異，然見《詩》有公田之文，其詩又是周《雅》，故復疑周亦爲公田，如商之助也。其曰「由此觀之，雖周亦助」，則疑之之辭也。既疑周爲公田，故至滕文公「使畢戰問井地」，乃對以圭田、餘夫、公田之説，謂今可行也。夫圭田亦商禮也，周則曰士田矣。餘夫二十五畝，蓋亦商禮也，周則皆百畝矣。然則孟子所稱，悉是所聞商時之禮，徒見周《詩》引公田，乃復疑是周制耳。不然何以上文云「周人百畝而徹」，如徹取之謂與？至如周《詩》所引公田，亦非指言當時之事，蓋以幽王政煩賦重，君子傷今而思古，故引古公田以諷之，亦不言之公田果在何王之時也。獨其上章云：「播厥百穀，既庭且碩，曾孫是若。」鄭箋云曾孫謂成王也。若以成王之時，則周公已作禮樂矣，而曰「雨我公田」，是周制果爲公田也，然康成何以專指曾孫爲成王？夫孝孫、曾孫抑是事宗廟之通稱，《禮》曰「祭稱孝子孝孫」，以其義稱也。其稱曾孫某，謂國家也。若是則人君能繼先祖有國家，君子取其廟中之稱而稱之曰曾孫皆可也。豈成王得專之哉？安知詩人所指不謂武王也？文王也？苟詩人所指謂武王以上，則自是周公未制禮之前，誠無害於《周禮》之夫税也。且孟子對齊宣王亦曰：「昔者文王之治岐也，耕者九一。」是乃正指九一公田在文王也。文王則依商禮決矣。獨至周《詩》而疑之，疑之又不明辨，從而遂其疑，謂答畢戰也。顧亦先後反矣。先言徹，後言公田也。《春秋》宣十五年「初税畝」，《左傳》曰：「初税畝，非禮也。穀出不過藉，以豐財也。」覩謂魯之先田税既定矣，然山林川澤之旁，歷世之後，或頗墾闢，以有餘畝，宣公又履而税之，《傳》稱「穀出不過藉」，蓋丘明謂周家雖不謂公田，然其井邑之所出税穀，亦不過商時藉數，如《孟子》所謂「其實皆什一」之義也。非謂周有公田而借民力以耕也。《公羊》曰：「古者什一而藉。」《穀梁》曰：「古者公田爲居，井竈葱韭盡焉。」是皆舉商禮以言之也。大凡先儒多稱商禮，抑非止聞之於文武之時，而不知周公已變之也。蓋亦孔子商之子孫，其服行尚依商禮。《檀弓》：夫子曰：「夏后氏殯於東階之上，則猶在阼也；商人殯于兩楹之間，則與賓主夾之也；周人殯於西階之上，則猶賓之也。而丘也，商人也。予疇昔之夜，夢坐奠於兩楹之間，夫明王不興而天下其孰能宗予？予殆將死也。」而《論語》曰：「周監於二代，郁郁乎文哉！吾從周。」誠夫子其身之私，則法先祖；天下之公，則從時王。且周制文於商也，其可忽諸？先儒徒見夫子行商禮，因謂天下之法，盡當從商，則其所言多稱商禮，傳之積久，後世莫知其本源，誤謂之爲周制。故言周制者，或以商禮雜亂其間，則後世之言，益不可信也。如有若之對哀公「盍徹與」，實止謂周家什一之徹法不足，更疑其道公田也。夫如是，則《詩》《春秋》《論語》《孟子》皆不謂周公之制有公田，後世諸儒解之者非也。康成惑之，亦非也。自王國以至于藩服一也。或曰：助法不善與，周公故變之也？曰：助法善之大也，周公變之，慮之深也。夫周公以民益頑，吏益猾，公田之耕，或不盡力；藉穀之入，或有隱欺。不如一委之民，而制其賦税。税有所常，責有所在，安坐而視其入也。禮制愈崇，國用愈廣，何暇從容如上世乎？雖然，無所增重也，第謹其定數耳。於民既無傷，於國則不乏，是聖人慮之深，制之中也。或曰：敢問《司馬法》既爲井田，而周公變之，何也？曰：《司馬法》雖爲井田，然其未方也。唯井方一里，成方十里，同方百里焉。其餘十井爲通，則長十里，廣一里。十成爲終，則長百里，廣十里，皆不方也。周公欲以封邑諸侯群臣，故自井以上皆方之。邑方二里，丘方四里，甸方八里，縣方二十里，都方四十里，成與同則仍依《司馬法》，方者依之，不方者改之，無小無大，皆方也。舉而用之易也。井田既變，則車賦亦不得復依《司馬法》矣。故以丘、甸制焉，且一甸六十四井，雖盡再易之地，猶可授一百九十二家，其出甲士、步卒共七十五人，不爲多矣。抑征討有時，非常常而用也。故士卒之數增焉，皆聖人以義制事，預備不虞之道也。或曰：《司馬法》文王時所作，而周公敢變之，何也？曰：夫孝者，謂能承其志意，非必盡循其政令，膠柱而不改也。況文王雖作《司馬法》，而未之施行乎！文王在岐爲諸侯，見商祚將盡，知天命在己，故經始《司馬法》，待其即天子位而行之。文王大勳未集，武王克紂而崩，周公攝政，乃取其書而述傳之。可則因，否則革，廣以衆制而爲周禮焉，益無過也。曰：文王聖人也，其爲書安有否而可革者乎？曰：聖人因時制宜，文王之時與周公之時異，故文王以其時而言，周公以其時而變也。或曰：諸侯之國亦井田也，其制何若？曰：亦猶都鄙而已矣。始之爲鄉遂，次之爲都鄙，或滿以萬夫，或極以一同，至於諸侯則不言其田制，其取諸都鄙亡疑矣。欲知外者觀諸内，欲知遠者本諸近，玆不待備言而可鑒也。大哉周公乎！接文武之聖，救商人之敝，以之爲禮，禮無不中；以之爲政，政無不和。土，天下之廣也，而一塊莫敢争，先爲之限也。口，天下之衆也，而勺飲無所闕，先爲之業也。率飽煖之民而納之於仁義，驩焉可不反顧矣，其曰兼三王不亦宜乎！後雖有作者，周公其弗可改也已。曰：然則如之何則可？曰法而行之，復爲一周乎！

右定著二十章，經析其微，注擇其善，極數明用，會異於同，劾正備具，❶無越此書矣。猶懼其未可以灼見也，作三圖以翼之：一曰《王畿千里之圖》，二曰《鄉遂萬夫之圖》，三曰《都鄙一同之圖》。圖之矩畫，頗高廣，故別行，不綴于篇。❷

明明后，如欲舉周公之制，觀是書，按是圖以令之，其如取諸掌乎？若猶未也，敢私於學禮者，故書。

❶「劾」，原作「勁」，據光緒本改。

❷「篇」，光緒本作「後」。

直講李先生文集卷之二十

潛書十五篇并序

泰伯閑居，有書十五篇，憤弔世故，警憲邦國，遐探切喻，辭不柔伏。噫！道未行，速謗何也？姑待知者而出之乎！乃命曰《潛書》。

一❶

吾民之饑，不耕乎？曰：天下無廢田。吾民之寒，不蠶乎？曰：柔桑滿野，女手盡之。然則如之何其饑且寒也？曰：耕不免饑，蠶不得衣；不耕不蠶，其利自至。耕不免饑，土非其有也；蠶不得衣，口腹奪之也。鉏耰未乾，喉不甘矣；新絲出盎，膚不縫矣。鉅産宿財之家，穀陳而帛腐；傭饑之男，婢寒之女，所售弗過升斗尺寸。❷

嗚呼！吾乃今知井地之法，生民之權衡乎！井地立則田均，田均則耕者得食，食足則蠶者得衣，不耕

❶「一」，此篇數原無，爲整理時所加。本卷下同。
❷「售」，光緒本作「得」。

不蠶，不饑寒者希矣。

二

浮屠以不殺爲道，水飲而蔬食，舉世稱其仁。

夫雞豚狗彘，待人而後生者也。食人之粟，以滋其種類，一日無人，則饑而死。然而天下之民所以不愛其資，豢而畜之者，用於其家故也。神靈之祭，賓客之奉，於是乎取之。今且使民無揺手於其間，則何待而粒之哉？吾見其無遺種矣。抑將不殺其身而務絶其類乎？仁者不爲也。抑將奪人之食以飽無用之禽乎？仁者不爲也。

嗚呼！浮屠之仁歟，止於是而已矣！

三

善卜筮者，能告人以禍福，不能使禍福必至於人。喜福而怠脩，則轉而之禍；怛禍而思戒，則易而爲福。若是，則龜筴皆妄言。故歌大寧者，無驗於昏主；恤危亡者，常失於明后；善言天下者，言其有以治亂，不言其必治亂。

四

夢者之在寢也，居其傍者無異見，耳目鼻口手足率故形也。魂之所遊，則或羽而仙，或冠而朝，或宫室輿馬，女婦奏舞，興乎其前，忽富驟榮，樂無有極。及其覺也，撫其躬，亡毛髮之得。於是始知其妄而笑，此無他，獨其心之溺焉耳。

苟合以希聲，盜勢以驕人，醤利以封己，赼趄笑呵，晨作暮已，從而視之，犬言彘裾，未始有變，而其人且囂然，自謂賢智顯大莫與爲對。

嗚呼！將幸而覺邪？抑將寘寘没没遂至於死邪？如其覺也，當自笑之矣。

五

左右奉養，被服教戒，子非尊於母也；勉征繕，聽誅殺，民非貴於君也。母以有子而尊，君以有民而貴。無子無民，母出君滅。人之於其配，成之以厚禮，無子而出之者，不以宗廟之重私一女也。天之於立君，命之以符瑞，無民而滅之者，不以天下之大私一人也。

然則恃母之尊而不能養子，家之逐妻也。倚君之貴而不能愛民，國之喪王也。苟得其心，少康一旅爲有民；苟失其心，商王億兆無民矣。是故聖人簡役而輕賦，喜德而憚刑。

六

名位不立，貴賤不分，天下其何如？曰：亂而已矣。名位既立，貴賤既分，天下其何如？曰：亂而已矣。敢問何謂也？曰：無名之亂，統不一也；有名之亂，欲而争之也。古人有言曰：萬乘之國，弑其君者，必千乘之家。千乘之國，弑其君者，必百乘之家。貴令而驕，賤承而辱，能無覦心者幾希矣！

是故君子位高而德脩，外榮而中懼，恭儉以下人，恩澤以結物，爲是戒也夫！

七

天之制兵革，其有意乎？見其末者曰：爲一人威天下。明其本者曰：爲天下威一人。生民病傷，四海冤叫，湯武之爲臣，不得以其斧鉞私於桀紂。

是以庸君中材，抽手入袖，不敢加禍於無辜之草木。噫！後之人其可以放蕩之德席其上哉？

八

虎豹之性，喜噬人者也。去其爪牙則可使爲羊豕，擾而畜之，無害矣。貪暴不順，小人之常心，唯其逸才者，可以逞其惡於天下。莽篡卓弑，是皆有過人之才，故能梏同列之手，使之無動。

九

才乎才，有德以爲功，無德以爲亂。官乎人者宜如何？聞之曰：無德而才，猶資盜以兵。

周之制其仁矣乎！八家九頃，以足其食。五畝樹桑，以爲其衣。媒氏以時其婚姻，庠塾以賢其子弟。疾瘍有醫，賣儥有平，管微司隱，王心察察。

嗚呼！秦漢之國亦嘗有意於是乎？乃知古之天下，君養民也；後之天下，民自養也。奈何以惡政惡吏困自養之民哉？

十

事親以孝，事君以禮，聖人以是師天下也。佛之法曰：必絶而親，去而君，剔髮而胡衣，捐生以事我，其獲福不知所盡。此獨何歟？受親之體而不養於其側，食君之田而無一拜之謁，家有叛子而族人愛之，邦有傲民而吏不肯誅，以佛之主其上也。紂爲諸侯逋逃主，而諸侯伐之；佛爲天子逋逃主，而天子未嘗怒。哀哉！

十一

有吏於人上者曰：「爾無爲孽，且伏大刑。」雖婦人幼子，咸信而懼矣。若曰：「多賄予，罪大不問。」則天子必降誅，時人將指而唾。

今浮屠之言曰：「人死則爲鬼，善有美報，惡有無極苦。」其於訓愚，蓋少附於理。若繼之曰：「侈我宇，嚴我像，衣食我徒，雖弑君父，亡所恤。」而王公大人反朋而和之，何也？

十二

犬之無事時，叱則走，遺骨則争。及其噬人也，臨之以箠而弗抑，投之以食而弗顧，愛其家不敢愛其身也。

受天子禄，守天子土，械姦民，刻惰吏而致之法，上官一言，巨室一金，則解而出之不待旦。晞勢而懼，懷賂而喜，妥首摇尾，良犬之耻。

十三

天之疾惡也，常有以助之。失德之君，民不若是之困也，亡不若是之速也，以有天爲之助焉。政毁於下，氣變於上，君取其一，天取其十。賦人未空其帑，而水旱之酷已奪其稼矣；刑人未潰其膚，而癘疫之行已殘其命矣。是以夫婦愁痛，寇賊竊發，惡之一毫，怨丘山矣。此豈天之不仁歟？疾其惡，幸其死，謂民不困，則亡不速故也。嗚呼！爲人上者，無爲天之所助。戒哉！

十四

襁褓者智乎？冠衣者智乎？謂襁褓智而冠衣懵，則臧獲必笑。子之在母也，違而出闥，則啼呼不安。指其父則嘻笑而歸之，其心未始不在父與母也。❶齵然而角，泠然而語，其智益多，其孝益不足。釋哺乳而逐醉飽，背庭闈而諂妻妾，則是智者孝之賊歟？昔以見養而從親，今以自養而忽之，病瘂聾瞽未嘗去膝下，智者果孝之賊矣！噫！先王之任智也，亦如是乎？故壯齒慚於嬰兒，賢母不願生才子。

十五

孔子之言滿天地，❷孔子之道未嘗行。簠簋牲幣，廟以王禮，食其死不食其生，師其言不師其道。故得其言者爲富貴，得其道者爲餓夫。悲夫！

廣潛書十五篇并序

歲辛未，泰伯以「潛」名書。後七年，羇栖山巖，即而廣之，復爲十五篇。心愈苦，言愈多。嗚呼！其亦見險而不能止者乎！

---

❶「始」，光緒本作「嘗」。

❷「地」，光緒本作「下」。

一

聖人以道彊人乎？奚其言之峻也？曰：否。人斯有之也。人有之而不自喜，跳而逐諸物，放蕩以溺死。聖人因其有而品節之，使之堅守而弗去。不然，則聖人違天而病人，其何德之有焉？舉天下之事，無若聖人之道之易行也，無若聖人之徒之安以榮也。

親我所愛也，而孝存焉；長我所畏也，而悌著焉。夫婦莫不欲和也，而義生焉；男女莫不有别也，❶而禮成焉。教子養孫，飲觴食豆，以善鄉黨僚友。心平而體胖，内明而外治，憂患以除，耻辱以遠。推之國，放之天下，莫之能逆也已。孰若是蕩蕩者乎？拾小而遺大，瞭利而眊害，神罷於詐，筋絶於争，日之樂而月之憂，慶未徹席而弔就位焉。❷

吁！我有之，誠易行也，而安榮繼之；屈己以從物，蓋難能也，而憂辱終之。然猶世俗輕去此而適彼，是不忍再精思而咮之者衆也。

二

受命於天乎？受命於人乎？受命於天，性善是也；受命於人，從俗是也。

背國而從僞者，謂之叛，其得罪死。背天而從人者，始雖得志，天其不討乎？

❶ 「有」，原作「欲」，據正德本、萬曆本、光緒本改。

❷ 「就」，原脱，據光緒本補。

三

人誰無過與？ 孔門高弟自宰我、子貢、冉有、季路，或不免於譏。今茲雖有罪，庶可以辭乎曰：大圭嘗玷，不害其爲寶也。 若碱砆，甚粹密焉，猶爲石也。 石而缺，斯棄之矣。 賢者之責也備，故小過孔子譏之。

四

今茲之所謂是者，折諸賢門猶有罪也。 今茲之所謂罪者，刑戮而未施刀鋸焉。 奚竊議於彼哉？

《易》曰：「閑有家，悔亡。」家之不閑，未始能無悔也。 彼莫不惡其家之亂也，而罔念所以啓之者。 妾婢寡則無怨女，婚姻時則無曠夫。 怨女曠夫，亂由是出也。 欲戕於性，女什於士，閨門之内，不見德而見色。 吁！ 己則爲之，而謂人已乎？

五

浮屠法其有功於兹乎，何也？ 曰：天生民而胙之畎畝，其庫則手於工，足於商，爲有益於人而後食其報，不然，父母不得私其子，放諸餓莩而已矣。

今夫閑民，童其首而衣之緇，所之飽煖而安肆，❶是有功於惰也。

古之教者曰：「天道福善禍淫。」今夫大猾陰賊，恤其謫之及，乃美僧飯，大佛屋，謂之懺悔，因施施無復

❶ 「之」，光緒本作「以」。

色憂，是有功於惡也。

宮室之度，非財不侈，巨木丹碧，庶人鮮或用，淫巧無所彈其繩。惟宅浮屠，無藝不憚，窮山裂石必致之，淫巧日富焉，是有功於末作且寵奇貨也。

苟去浮屠氏，是使惰者苦，惡者懼，末作窮，奇貨賤，是天下不可一日而無浮屠也，宜乎其排之而不見聽也！

六

嘗學斷獄乎？吾爲子舉其要。坐獄而問之曰：功爾言之，罪爾言之。從而詰之曰：「功信矣，而罪如此其大也，尺寸之功不足以贖也。」是其人雖欲不服，何辭哉？若功不及齒牙，而惟罪是詰，雖滔天，其人將曰：「我有功而弗問而專咎。」予欲其無辭，難矣。

昔之排浮屠者，蓋猶有過，徒非其非，而弗及其是。雖柳宗元尚不聽退之，況其庳者乎？胡不窮之曰：「爾之道以慈悲普濟，率民講報應以威之，使不敢放於惡，其大者則曰見性也。吁！亦是矣。雖然，爾之慈悲普濟而不以禮節之，六畜蠢動壹意，是不知父子之可親而他人之可疏也。親疏不別，是夷狄也。爾之報應而不以信守之，一財媚佛，❶則反禍爲福，是招權鬻獄，汙吏事也。爾之見性而不漸諸訓典，左右如其真，是赤子不得成人也。見丹而丹，見素而素，不肯一御其心而之他，率斯道，則上不得正其下，下不得忠

❶「一」，光緒本作「輕」。

其上，絶其維而逸之野鹿焉。疾子喪心焉，孰謂天下國家也。」以是窮之而弗聽者，是偶人也。與偶人語，尚何取其聽哉？

七

孟子有言曰：「男女居室，人之大倫也。」雖聖人未之有異，而浮屠何其介哉？彼此盡能泊然以循其法者也。

惟人之愚父母，徒惑其富厚安閑，捐孺子而奴之。厥初未有知也，既長而悔，盍歸乎？無業以衣食也，不得已而終焉。其心豈異人哉？是鍾梵不足以樂怨曠，奈何其欲陰陽之和也！

八

爲禮不爲財，先王以是鑿人耳目。中下之世，人不知禮而利之圖，雖在埶或可以貨取，故囂囂者舉疑其上，浮屠氏睨其機也，又使之疑天地。

夫古之事上下神祇也，惟天子、二王、周公，後諸侯雖大國，弗敢及。因吉土而壇，牛必在滌，三月然後用，齊明盛服，惴惴唯恐其不稱也。今浮屠掃民家而召之，且贊之謁佛，盡坐誦累譯之言，謂之加持。吁！孰謂天地之大，而爲一飲食若臣僕然乎？蓋疑之者漸也。

九

善賊者必摶人之親愛而質之，攻之則并殺，縱之則幸而生，孰忍以其貨故而血所愛也。

善臟者必誘時之貴仕而質之，飾情以爲廉，借力以爲勤，一鈞而得舉，則負其埶而馳，攻之則連坐，縱之則幸而免，孰敢以其民故而病貴臣也。舉一人而刓剔億萬人，其罪在此不在彼也。

戒之！戒之！無爲賊子所質。

十

後之俗何其粲粲乎！相高以富，相矜以侈，吾財之所可貿易，雖國寶必用之。財之不給，帷帟粧櫛之不逮人，則妻妾訴其無能，女子羞泣不肯升車以嫁。故民刑於争，吏禽於貪。豈曰不愛身？恥其不若人也。

正其禮，謹其禁，拔其僭本而域之於三代，畜財千萬，朽貫而無所施設，或幾乎其廉且讓也。

十一

婦人，從人者也。從之斯尊之矣。卑其夫，未有能從命者也。❶夫弱於外，婦强於内，下上其心，而莫之制，何所弗及哉？舉天下而漸其風，亂矣！王化之存者幾何？是故婦人於夫家，不可不使之盡禮也。必待其敵而後禮焉，則周之女前嫁商而後嫁秦乎！

往者不可追，來者不可期，是無地而致婦道也。然則《何彼穠矣》之詩，斯妄言乎？

十二

仁義曷居乎？喪禮，仁義之盡也。今也求諸篇，蓋彬彬焉，而士大夫諱讀，職教化者不以是病也。遇

---

❶「者」，原脱，據光緒本補。

哀而哀，哀忘則已，賢者無以節，不肖者不勉焉。吁！微三尺法，幾何其不錦衣而舞柩也！法禁怯而不禁豪，禮則左右而勝焉。知禮而違，曰「吾能」，不自愧乎？知禁而犯，曰「誰敢言我」，雖然，士大夫未見其尊親也。

夫燕雀必有啁噍之頃焉，哀而不以禮，是以燕雀送其親也。

十三

周之季，樂敗矣，而夷音篡之，流連遂至于今。彼邪人者，猶以爲歉也，又取而歌其淫辭。音之動人也多矣，而其言及牀笫焉，中材兒曹狂舞怨泣之弗暇，人道於是愈無別矣。忍人哉！吾民何罪而以是蠱也？吁！仲尼弗復司寇矣，是螻蟻不得飲血於兩觀也。

十四

《法言》曰：「大人之學爲道也，小人之學爲利也。」吾嘗策之矣。爲道乎，實不待率也；爲利乎，以利輔道，斯嚮道矣。誘之嚮道，漢事然也。察州郡，辟公府，小吏賤人或勉爲善也。誘之違道，近事然也。不求其德而試其言，冠緌之下，或屠販之器也。

吁！今之立乎道義之門者，聞人足音蓋欣欣矣！

十五

善之本在教，教之本在師。師者，所以制民命，其可以非其人哉？

古者家有塾，黨有庠，術有序，國有學，爲民立師也。

學校廢，師不命于上，而學者自擇焉。識不至，擇不精，是能言之類莫不可師也。然則父儒而子墨，朝華而暮戎，不足怪矣。

嗚呼！君子如欲化民成俗，其照之末光乎！

野記二篇 并序

予居東郊外，耳目所得，有可以爲世戒者，作《野記》二篇。

里之氓有慕都邑之侈者，以其畜牛易人之乘馬。既數歲矣，土田之腴舍牛而不獲，倉廩菽粟耗于馬腹，饑餓且不救，而馬之能，卒無益於甑釜。

噫！今之絶故賤而友新勢，忽講習而嚮奔走，有不病其田而空其菽粟者乎？

春陽既作，草之百名生於穹陵、於絶澤、於不迹之地。霧雨所盥，風氣所弄，苗堅蔓驕，生理自若。舍是而入田畝者，則根與稻争潤，葉與粟誇暖，角長等碧，疑過者之目。農人之父病其爲稼害也，掘而去之不遺種，火變水腐，狼藉道側。願爲糞土蕪，弗可得矣。

噫！安爾類，計爾材，不自齒於嘉穀，則奚禍之來？

直講李先生文集卷之二十一

慶曆民言三十篇并序

慶曆三年，屏居里中，自念生而宦學，其秉心也勞，其慮事也多，既不克進，且爲編户以死，終無一言，其何補於世！《記》曰：「上酌民言，則下天上施。」故爲《慶曆民言》凡三十篇。

開諱

身莫不惡死，而未嘗有不死；國莫不惡亡，而未嘗有不亡。等死耳，殤不若彭之壽；等亡耳，秦不若周之世。壽雖高而歸之死，世雖永而歸之亡，然而以死亡爲諱者，是不智也。聞死而愠，則醫不敢斥其疾；言亡而怒，則臣不敢争其失。疾不治則死，或非命；失不改則亡，或非數。是諱死而速死，諱亡而速亡，智者果如是哉！

故古者天子即位，卿授之策曰：慶者在堂，弔者在閭。誡亳社，忌子卯，惴惴唯恐如桀紂也。鄙諺有之：「厲人憐王。」謂絞纓、射股、擢筋、餓死，甚於腫胞之疾。

嗚呼！君人者得聞此言也，則寢不瞑，食不旨，尚何從欲之有乎？

備亂

治之民思亂，亂之民思治。何也？生無事之時，身安而意侈。刑弛矣，急之則驁；斂輕矣，加之則怨。力未嘗鬭，自謂勇；心未嘗謀，自謂智。知兵之利而未見兵之害，小不得意則欲翼而飛矣。故曰：治之民思亂也。

處多難之世，城者不肆，野者不稼，彊者僵於戰，弱者斃於餓，父母妻子劫束屠膾，然後見兵之害而不獲兵之利。幸而有主，則將雨其槁矣。故曰：亂之民思治也。

思治矣，雖中才可得其歡；思亂矣，非聖人不能弭其漸。大禹之戒曰：「予臨兆民，懔乎若朽索之馭六馬。」故智者慮亂於治，愚者謂治不復亂。悲哉！

審姦

盜之未泄也，日與之接，而不知其盜；姦之未露也，日與之居，而不知其姦。衣纓言動與人同，而盜姦在其心，知之固未易也。及夫贓出械見，刑殺於市，而衆人皆知其盜；謀行亂作，國家敝敗，而後世皆知其姦。知其盜，非衆之智，由獄吏之讞也；知其姦，非後之賢，由史臣之筆也。觀書者睹曩時之禍，皆笑其不知姦矣，而不曰我之姦者亦待史筆而後知也。

漢元帝謂幽、厲任巧佞，自以石顯愈於彼，故京房曰：「臣恐後之視今如今之視前。」嗚呼！安得敢言如房者乎！

防蔽

人主不知亂作者，左右蔽之也。彼豈不愛於君，幸其滅亡耶？蓋懼誅耳。平居以佞邪席其身，養君之欲，迎君之非，君有問焉，必曰安於泰山也。然而亂且起，國且危，是昔者欺吾君也。君一怒焉，則死不待頃，於是纊君之耳，不使聞危亂。姑緩吾死，何暇慮長久也。

陳後主之沈客卿，隋煬帝之虞世基，勢毆之然，曷足怪也！

故邪臣非不愛其君，不得其事君之道也；昏主非不愛其國，不得其守國之術也。不得事君之道者，始不正也；不得守國之術者，終不明也。若曰臣之愛君而終用之，不照之以明，則雖欲孝宗廟，其如宗廟何？

效實

官，名也。事，實也。有名而無實，天下之大患也。上弛而下偷，文書具，口舌給，而信其行事，是見駑稱驥而不考之千里也。國不一官，官不一事，何從而得其實？盍責之主者乎！縣焉何實，責之郡；郡焉何實，責之諸道。諸道，外也；群司，内也。内外之實，責之宰相。宰相之實，上觀之天而下察之人乎！上觀之天，陰陽調乎？下察之人，國富乎？兵强乎？百姓康樂乎？四夷協服乎？此不待下席而灼見矣。責有所在，罪有所當，故曰：四郊多壘，卿大夫之辱。地廣大荒而不治，亦士之辱。如是人人莫敢不自盡。

昔唐德宗不知盧杞姦邪，蓋不思其實矣。去四海之廣而投諸奉天，非姦非邪，誰使然也？彼誠有所合，合則信，信則惑，惑則非是而是非矣。嗚呼！君人者其亦慎其合乎。

慮永

亡國之君不皆惡，非桀非紂，則所由漸矣。漸者何也？基禍於彼，而受禍於此也。天下之勢，一往而不反，若決河堤使東流也。基禍之主，外久安而内自賢，道失於心而弗思，權移於人而弗寤，然祖德或未没，民心或未解，故有幸而免也。受禍之主，乘亂得位，名雖爲帝，治不在己，囚拘旒纊之下，弗獲忠義之助，故不幸而及也。

漢獻帝、唐昭宗其何罪歟？故明者舍近而謀遠，無謂未足患，將爲子孫患。彼具臣者，寄位如郵舍，幸當其時，無事不暇，念身後也。人主爲萬世計，不可溺苟且之議。禍不在身而在子孫，既足動其心矣，而況倉卒之可虞哉！

謹聽

讒者，沮善者也；諫者，抑惡者也。名之諫者，皆知好焉；名之讒者，皆知惡焉。然而人主不免於信讒者，讒似乎諫也；愎諫者，諫似乎讒也。君曰可用，臣曰不可用，不可之辭同，而情則異矣。用君子而小人沮之，是爲讒；用小人而君子抑之，則爲諫。君子小人之心，忽怳而不可見，是讒諫所以亂也。好諫而不慎，則姦臣進；惡讒而不察，則正人退。

世有信讒則衆非之矣，愎諫則衆笑之矣。彼非狂易病惑，豈不知諫之利而讒之害？顧謂之諫者，非諫；謂之讒者，非讒也。太甲曰：「有言逆于汝心，必求諸道；有言遜于汝志，必求諸非道。」讒與諫皆逆心之物，姑以道求之而已。不如是，則貝錦之文或起於青蒲之上，而刳肝瀝血未必不疑其間我也。嗚呼，艱哉！

辨儒

儒者關治亂乎？曰：然。用則治，不用則亂乎？曰：非也。用儒而治者，有之矣；用儒而亂者，有之矣。故儒得其人則爲福，不得其人則爲賊。以小人之質而被聖賢之文，如虎斯翼，固攫人於都市耳。

夫古之事多矣，或同而異，各有爲去聲。也。小人用之，則稱其一而隱其二，以罔上而行私矣。飾災異則曰堯水湯旱，而不曰宋景退熒惑。解多壘則曰獫狁至太原，而不曰守在四夷。欲擅其權則曰舜德無爲，而不曰明目達聰。治不如古則曰帝王不相沿襲，而不曰一變至道。此類如物怪變化，不可勝窮。故助王鳳者，數稱燕王，蓋主以疑上心，避諱吕霍而弗肯稱也。嗚呼！用儒至此，是秦之湯火有不妄也。

廣意

人感陰陽氣以生。陽主動，陰主静。動則爲謀、爲慮、爲決斷、爲事業。静則爲懈惰、爲因仍、爲逸樂。

動勝静則昭，静勝動則聾，理必然也。升高居廣，出外行遠，明視達聽，博覽詳問，親賢臨衆，講禮播樂，如是者，宜於陽，陽得其宜則勝陰。深宫重闈，時坐數卧，冶容巧笑，厚酒邪聲，俳戲伎巧，説媚譖愬，如是者，宜於陰，陰得其宜則勝陽。是故君子朝聽政，晝訪問，夕脩令，而夜乃安身。非九女當御不得進鄭聲，佞人舉放遠之，懼陰之勝陽也。五載一巡守，至于四嶽。每歲祀天九，祭地二，明堂聽朔十有二。孟春耕籍，四仲教戰，皆在國之外。廟則有四時十二月之享，社則有春秋祈報，學則有合樂養老之禮。皆天子躬親之。外朝則有三詢、三刺，大廷則謀及庶人，欲陽之勝陰也。

夫心官於耳目，耳目狹而心廣者，未之有也。耳目有得則感於心，感則思，思則無所不盡矣。人臣飾其辨以誣上，一降席則指爲過舉，是背經違古而閉其君之思也。

損　欲

形同則性同，性同則情同。聖人之形與衆同，而性情豈有異哉？然則衆多欲而聖寡欲，非寡欲也，知其欲之生禍也。五霸莫盛於齊桓公，以内嬖亢夫人者六，豎刁以自宫愛，易牙以蒸子幸，終於五公子争立，死六十七日而殯。七雄莫大於秦始皇，以殿阿房，葬驪山，終於項籍燔其宫室，牧兒燒其藏椁。禍生於欲，誠足畏也。如使欲而無禍，堯舜固爲之矣，何自苦如是？

彼多欲之君莫不自謂無禍。恃四海之力，矜一人之智，以天地未足爲長久，而不知智力非禦禍之器也。聖人寡欲，故能得所欲；衆人多欲，以所欲奉他人耳。孟子曰：昔者太王好色，愛厥妃。文王以民力爲臺、爲沼，而民樂其有麋鹿魚鼈。夫能損上益下，與百姓偕樂，其誰曰不可？

本仁

術於仁者皆知愛人矣，而或不得愛之説。彼仁者，愛善不愛惡，愛衆不愛寡。不愛惡，恐其害善也；不愛寡，恐其妨衆也。如使愛惡而害善，愛寡而妨衆，則是仁者天下之賊也，安得聖賢之號哉？舜去四凶而謚以仁聖，湯初征自葛放桀南巢，而仲虺謂之寬仁。武王梟紂白旗，而孟子曰：「以至仁伐不仁。」❶仁者固嘗殺矣。世俗之仁則諱刑而忌戮，欲以全安罪人，此釋之慈悲、墨之兼愛，非吾聖人所謂仁也。

夫守國在政，行政在人。人不忠而亂乎政，政亂則國將從之。而且以不誅爲仁，是輕國而重仁也。故明主持法以信，馭臣以威。信著則法行，威克則臣懼。法行臣懼，而後治可圖也。

慎令

君出令而臣沮之，何如？曰：下制其上也。民從令而君改之，何如？曰：上欺其下也。上欺下，則民心惑；下制上，則君權輕。民既惑則不聽，君既輕則不威。上不威而下不聽，其漸亦足憂也。夫爲令之弊有四：初不審，終不斷，言者矜，聞者争也。《洪範》：有大疑則謀及卿士、庶人、卜筮。彼作

❶「伐」下，《孟子・盡心下》有「至」字。

事不咨於衆，慮不待盡而輒行，使人有以訴病，是初不審也。日月之行，則有冬有夏；月之從星，則有風雨：謂政治不可偏從民欲耳！❶彼有沮之，則不計利害大小而遽改，是終不斷也。君陳以謀猷入告而順之于外曰：「惟我后之德。」彼議一事則夸以爲功，使其黨間而疾之，是言者矜也。《秦誓》曰：「人之彦聖，其心好之，不啻如自其口出。」❷彼聞人之功，耻居其下，雖善必沮，是聞者争也。人主能知弊之所在，則可以行令矣。

考能

言一也，而所由生者異。或生於心，或生於耳。生於心者，帥志而言，言則必形於事；生於耳者，剽人之言，施之事則悖矣。故上不好言，則利不在言，言者皆志也；❸上之好言，則言可近利，無志者亦言矣。鈔古書，略今文，變白爲素，析一爲二，以希世願用，一易其褐，則言且忘矣，何有於事？而況偶句諧韻，言非其言者，豈足問哉？

嗚呼！天下皆以言進，未能不以言取。既取矣，胡不試之以事？事讎於言，然後命以其官可也。《王

❶「偏」，原脱，據光緒本補。
❷「如」，《尚書·秦誓》作「若」。
❸「皆」，正德本、萬曆本、光緒本作「必」。

制》曰：論定然後官之，試此職也。任官然後爵之，以能而命也。如是則無曠官矣！

止幸

亂始於恩，怨始於幸。亂始於恩，進非其人也；怨始於幸，有望而弗獲也。選舉所以籲賢能，而曰必多取，則不肖入之矣。賢者寡，用之可盡，而不肖滿天下。用一不肖，舍一不肖，尚有怨；矧用一不肖，舍百不肖乎？

夫萬物以類動，彼能是，我亦能是，用彼而舍我，宜其怨也。器玉者純於玉，則碈知其賤。不免於用碈，則山石皆待沽矣。有國者啓人之幸，而欲人不怨，人之類盡官而後可也。《傳》曰：「民之多幸，國之不幸。」寵不肖以敗其官，不幸大矣，而況怨且怒哉！

裁舉

唯善能舉其類，不善亦能舉其類。以堯之聖而問諸朝，驩兜、共工尚相歎美，矧郡縣之遠，聰明所不接邪？賢人在下位，不使賢人舉之，而必曰長吏，長吏皆賢邪？彼不肖之相好，亦若賢之於賢；不肖之惡賢，固如賢之惡不肖，好同而惡異也。不肖位乎上而望其進賢，難矣！賢知賢，不幸而非其屬，又不得舉，然則賢人不遇，豈天命哉？故責所舉之賢，不若責舉者之賢。舉者賢，則所舉賢；舉者不肖，則所舉不肖。一不肖達而舉十不肖，十舉百，百舉千，如此則剥道成矣。

直講李先生文集卷之二十二

精　課

《虞書》：「三載考績，三考黜陟幽明。」此百代常行之制也。有功者升，有過者黜，無功無過者，職其舊，如是可以勸功而懲過。

世之考績則異於此，無功無過者升，是升不必功也。有過者職其舊，是過不至黜也。❶ 功無益而過無損，懲勸安在哉？故妄庸人一出選部，雖梏其手，雖鉗其口，而尊爵自至。此董生所謂「累日以取貴，積久以致官」，廉耻賢不肖，所以無辨也。

夫進人不問其功而問其久，彼草木久則長大可用，人之材不能日夜生息亦已明矣。三歲而進一官，是三歲而材一變乎？如此，則牛馬走抑可以久而用之矣！

---

❶ 「至」，光緒本作「必」。

懋節

使人以賞罰，衆人之使人也；使人以禮義，聖人之使人也。賞罰外也，可去、可就。禮義内也，一中其心，天地四方無所逃矣。有賞罰而無禮義，安則可，非濟危之具也。誘之以賞，利有厚於賞者；脅之以罰，禍有大於罰者。利厚於賞，則去賞；禍大於罰，則就罰。叛國之利或厚於賞，死戰之禍或大於罰，有以動小人之心矣。學以禮，行以義，交游之讐尚復之，況君乎？杯酒失意尚死之，況國乎？名焉吾賞，耻焉吾罰，意氣感發，非有令之者也。

世俗誠大壞矣，學者爲官不爲道，仕者爲身不爲君。見得其虎，聞喪去聲。其鼠。父子昆弟之詔告，妻妾之耳語，非富非貴，如舉其諱。上之人又從而啓之，賞先於功而功不立，罰輕於過而過不改。無事而禄，有事而賞，位孺稚、輿貨財而後行，則是禄爲我有，而事以賞傭也。禮義既銷矣，而賞罰且玩，階之者其誰乎？

孔子曰：「君子學道則愛人，小人學道則易使。」信矣。嗚呼！三代不可作，安得六國之士而與歸乎？

崇衛

圖國在忠，用忠在力，濟力在權。力者，兵也，食也。權者，所以制兵食也。忠而無力，則忠非其忠；力而無權，則力非其力。忠非其忠，死無益也；力非其力，令不從也。奬周室者，豈特威文之忠、齊晉之力也？豈特齊晋之力、霸王之權也？無力無權，則豫讓一劍，徒自快耳。

天下，古之天下也，而彊弱異。謂秦曰彊者，非也。彼秦取以彊而守以弱，罷侯置守是也。秦亡積千載，而天下之弱彌甚。刺史郡守寄客于外，兵非吾兵，食非吾食。以服人者，三尺法耳。一旦當事，則刑罰鞭朴非亂賊所畏也。授首且不暇，孰爲勤王哉？義苟在焉，胙之以國何害？苟爲不義，陳勝、吴廣豈嘗據大權也？

省盜

盜不能禍天下，而召天下之禍。彼殺人以求食，人固讐之，安能禍天下？盜既多，殺既極，讎者弗能報，而後姦雄起焉。盜者，人之讎也。而姦雄以誅盜爲名，是孝子慈孫夫婦之相哭者，望之不啻如濯熱。因天下之心，收天下之權，如此乃能禍天下。人主知盜而不憂者，以其舉錯非姦雄之刑也，而不知姦雄不爲盜，故防姦雄莫若除盜賊。姦雄不得盜賊之資，則不敢起。

嗚呼！殺人者人之賊而已矣，惡殺人者誠國之賊也。

釋禁

與衆同利則利良民，不與衆同利則利凶人。凶人嗜利，盜之所由興也。

山海之貨，職在商賈久矣，而曰屬之吏，屬之吏則衆不得錯手足。法重矣，而利亦重。法重則良民憚，利重則凶人入。然而董之以法，是敺其爲盜也。彼凶人者，豈曰死可欲而生可惡哉？過在歆諸利而謂不必死耳。不幸而幾於死，則莫若爲盜，爲盜又不必死也。夫能弛其禁，達其利，則凶得與良齒，胡爲苟免於兵刃間哉？

南略

南北離合，繫天下盛衰。漢之衰則離，逮晉而合。晉之衰又離，逮隋而合。近者唐之衰又離，逮宋而合。距長江之固，因中原之擾，擾則自救且不給，胡治於彼哉？後雖有明王興，彼業已成，彼守已完，非數十百年不可取，此前事之驗也。北擾矣而南又離，離則米帛金錢之漕弗復。跨淮而上，如疾將病而絶之食耳，此後事之憂也。

俗人皆以吴楚之兵弗如北，而不知姦雄謀事常伺天下之衰。當其盛時，尚可論彊弱，及其衰也，雖曹公用兵，弗能與孫權争，馬超、韓遂在關西爲後患故也。

然則如之何則可？曰：宿師樹賢以扼其咽，然後可也。

敵患

夷夏奚若？曰：所謂夷者，豈被髮衣皮之謂哉？所謂夏者，豈衣冠裳履之謂哉？以德刑政事爲差耳。德勉刑中，政脩事舉，雖夷曰夏可也。反是，則謂之夏可乎？

愚儒之咤則曰「彼夷我夏」，而不曰「内自脩」。内自脩則德、刑、政、事四者備當，而後曰「夏勝夷」可矣，是謂「知彼知己，百戰不殆」。彼欲虚吾國，困吾民，應之以儉，則國可富，民可逸，然猶不能，是墮其術内也。嗚呼！夷夏非古之夷夏也，先爲不可勝以待彼可勝，善矣。不然，禍且日至，豈徒由、余所笑！

柬　士

天下有攻守。草昧之時，攻天下者也；繼體之君，守天下者也。攻之兵雖怯而勇，乘勝也；守之兵雖勇而怯，未之試也。不試已然，況敗歟？夫戰在氣，三鼓而竭，曹劌所以克齊。然而人不見勝，唯敗是聞，怯則宜也。

爲政者務兵多以彊國，而不知其弱國兵多則不擇，不擇則大抵怯耳。勇者尚怯，況真怯哉？敺十怯以嚮一勇，敗不足疑。言之者必曰「某以若干敗於若干」，以爲彼太公孫子勢不可校。後雖勇士，固心醉矣，非弱國而何？胡不芟其冗，轉其資以厚敢死，使以寡勝衆，而後氣可復，庶乎彊國矣！

儲　將

死生存亡在將，將之難也。百夫長猶不可虚，矧其上者乎？資舟於旱，資車於水，先事而求，則詳以實驗也；事至而求，則粗以言擇也。用人者皆曰「以能不以行」，彼閭巷細謹誠不足問，豈大節之可違哉？孫子語將能則曰「智、信、仁、勇、嚴」，不信而任事，則事反；不仁而御衆，則衆殃。如是而曰「能不必行」可乎？矧彼言者，又非能也。以言擇將，天下皆欲言。婢兒庸保亦知誦書傳、學計策以自進，進者多矣，可盡用乎？

兵蓋不祥之器，學者未得其千一，而志意已壯。壯則思用，不用則聚而怨。怨則無不爲，是有國者教之叛也。獨奈何？

遠　私

晉侯以勃鞮用趙衰，趙王以繆賢得藺相如，皆奄人也。謂奄之賤而能進賢何也？曰：賤故能進賢，貴則疾之而已矣。古之奄給房闥使令，蓋甚賤。賤則雖賢人當國何害？故進之。後之奄爲帝王耳目，蓋甚貴。貴則有威福玉食之罪，婞然唯恐賢者之繩己，故疾之。豈古之奄才而後之奄不才？勢不便耳。使勃鞮、繆賢復生，且不免爲譖人。

夫非晉趙之時而垂晉趙之聽，是賢者弗可得而不肖售矣。

正　局

《周官》：内宰，大夫、士十有四人，九嬪世婦妾御屬焉。彼天子后妃，猶以大夫士治之，矧羞服匪頒好用之式而有不在有司者乎？外自省寺重之，以殿中六局所以奉乘輿者，備矣。顧奪而歸諸奄何哉？有司奉法而奄人阿意，奉法則用節，阿意則欲逞。此利害甚明白，然而弗思者，夫其殘民乎？

厚農

先王之馭民也，節其所爲；後王之馭民也，極其所爲。夫惰之志在逸，先王節之則不得逸；農之業在勞，先王節之則不甚勞。宅不毛者有里布，田不耕者有屋粟，閒民無職事者出夫家之征，誰謂其逸哉？什一而税，用其力，歲不過三日。春耕則田畯饎焉，秋斂則蠟祭息焉，誰謂其勞哉？王道消，政出苟簡，賦乎曰農，役乎曰農。田有穀而桑有繭，非敢愛也。五兵之用，百工之材皆農，無有而必責之，是行商蓄家，籍農之産，廪農之食矣。彼惰游未始及於政，且開冗食之路以進之。逸者極其逸，勞者極其勞，勞而不貳者，戇而已矣。

嗚呼！使天下皆戇則可，不幸而有心，則群入於惰，欲望九年之蓄難矣。

復教

樂正以《詩》《書》禮樂造士，王太子、王子、群后之太子、卿大夫元士之適子，皆造焉。説者必曰爲化民也，爲選賢也，而不曰愛諸臣之子，保諸臣之家也。人不教不善，不善則罪，罪則災其親、墜其祀，是身及家以不教壞也。故明主推恩群臣，必先教學。與其寵於今，孰若無辱於後？不務教而務官之，以市井言，未學而仕，其幸大矣。智者慮之，則爲禍亦大。彼不善之資而假之位，鮮不及也。

嗚呼！官者上之所輕，雖曠何損？家者下之所重，可不自爲謀哉？齠齔腰印組，鼓篋齒庠序，勞逸誠不同，而禍福存焉耳。

孝原

禮職於儒，儒微而禮不宗，[1]故釋老奪之。孝子念親必歸于寺觀，而宗廟不跡矣。夫祭祀，豈徒自盡其心以交神明而已？蓋有君臣、父子、夫婦、親疏、長幼、貴賤、上下、爵賞、政事之義，是謂教之本也。彼寺觀何義哉？

嗚呼！釋老不存，則寺觀不屋，非宗廟何適？儒之彊則禮可復，雖釋老其若我何？

天諭

畏天者昌，習天者亡。何謂畏天？高宗成王是也。何謂習天？元成是也。人之情，非所常見而見之必懼，懼必思。懼之情同，而所思不同。明主思之以爲在德，德脩而災異消，然後愈知天之明而德之益也。闇主思之以爲在數，故任數而不脩德，德不脩而禍未至，然後愈知天無心而數有定也。惟天之仁又出災異以申勑之，彼必曰：前既無害，此奚爲哉？亦數而已矣。災異愈多，不懼愈甚。耳習於聞，目習於見，心習於思。習之久則不聞、不見、不思焉耳。然而上帝之怒，不足獨當，下延衆庶，上累廟社，甚可痛也。

嗚呼！人不可玩，況天乎？天而可玩，君命何足道哉？此孤臣正士所以泣血於地下也。

---

[1]「宗」，光緒本作「崇」。

直講李先生文集卷之二十三

記

袁州學記

皇帝二十有三年，制詔州縣立學。惟時守令有哲有愚。有屈力單慮，秪順德意；有假宫借師，苟具文書。或連數城，亡誦弦聲。倡而不和，教尼不行。

三十有二年，范陽祖君無擇知袁州。始至，進諸生，知學官闕狀，大懼人材放失，儒效闊疏，亡以稱上旨。通判潁川陳君侁聞而是之，議以克合。相舊夫子廟狹隘不足改爲，迺營治之東北隅。厥土燥剛，厥位面陽，厥材孔良。瓦甓黝堊丹漆舉以法，故殿堂室房廡門各得其度。百爾器備，並手偕作。工善吏勤，晨夜展力。

越明年成，舍菜且有日，盱江李覯諗于衆曰：惟四代之學考諸經可見已！秦以山西鏖六國，欲帝萬世，劉氏一呼而關門不守，武夫健將賣降恐後，何邪？《詩》《書》之道廢，人唯見利而不聞義焉耳。孝武乘豐富，世祖出戎行，皆孳孳學術，俗化之厚，延于靈、獻。草茅危言者，折首而不悔；功烈震主者，聞命而釋兵。群雄相視，不敢去臣位尚數十年，教道之結人心如此。

今代遭聖神，爾袁得賢君，俾爾由庠序踐古人之迹。天下治，則撢禮樂以陶吾民，一有不幸，猶當伏大節。爲臣死忠，爲子死孝，使人有所法，且有所賴，是惟朝家教學之意。若其弄筆以徼利達而已，豈徒二三子之羞，抑爲國者之憂。此年實至和甲午夏某月甲子記。

建昌知軍廳記

人得擇官久矣，天下唯股肱郡簡于帝念，其餘在所欲。夫食飽居安，人情所不免。故分田之廣狹，公膳之有亡，官舍之媺惡，凡仕者鮮不以爲言。

建昌軍距行在三千里，浮汴淮江湖，不幾月不至。吏已禄縣，官無古圭田之比，廚無子錢以勞賓客。屋數十个，蓋僞李氏時作，其壽將百年。度制卑陋，尤不稱事。是以當世高足之人，聞之憮然，莫肯爲來。有不幸而至者，什不一二。過此則物故，不容于它取自竄焉。政以是尨，民以是創。秋陽炙天，井底或淩。噫！匪夷匪蠻，匪海山瘴蠱之地，獨無富侈之資以奉俊良，使永永來，爲人父母，誠可歎已。

今虞部張公，其不幸而至者乎！公本於質直而文無害。嘗治四郡，左官是邦，惟思昔人必葺之義，迺更浮橋，遷集賓亭，作迴車院，而本廳及焉。廳之築土方五丈，架梁三十有五尺。取材於山，因役於軍。蚩蚩斯人，不費不勞。自春徂夏，厥功以濟。民不有勞，惟公之勞；公不有利，惟民之利。有問焉者，必告之曰：官舍美矣，則其去就之心宜稍異于昔。所謂民之父母或數來，其爲利豈少哉？草茅生請書以見意。慶曆七年六月丁巳記。

建昌軍儀門記

觀古君臣之間，近則禮爲之厭，遠則尊得以伸。故畿外諸侯，門阿之制，與天子準。宫隅城隅，各下一等。天子五門，諸侯有三門。臺而道屏，於中爲宗廟，朝廷大抵不甚異。蓋南面之君，分土而治，不若是無以貴於一國。民知其君之貴，然後知王室之尊。堂陛之言亦此類也。

自罷侯置守，于今幾世，弱權削威，居無常人。有地數百千里而宫室輿服靡所張顯，唯中門立戟，非出入不開。東西兩夾門，趨走之士，紳笏磬折于其外，非召呼不敢前。以此異于他官舍。謂之儀者，有意也哉？

太常博士吴公使建昌，既視事，曰：神人在上，萬事有經，萬民有業。吾守臣布行詔書，奉順德意而吏職脩矣。披牒治訟，若人四支，雖終日運動，不爲勞心。迺行府署，唯廳事葺，其餘屋古老卑小，或如翼覆地，其中無光；或如衣之敝，隨補隨破。郡治所在，而陋於一邑，不務改作，俾民何觀？謀於僚屬，其心同；聽於輿人，其言樂。自儀門始，以及内寢，不日而備。

君子謂吴公以文學進，宜其知治道。父兄皆大臣，其耳目固不隘。官爲博士，宜用心於禮。位當刺史，在可行之地。此一役也，以儀門爲始，夫豈徒哉？盍書之以示後。覯應曰：「唯。」慶曆八年冬十一月甲子記。

建昌軍集賓亭記

康定二年夏六月，太守慎公作新亭于軍門之南。越孟秋，工告成事。郡人李覯請爲記曰：惟茲軍築於閏唐，額於吾宋，同之列郡數十年矣。然規摹儉固，未始斥大。雖視事有廳，罷休有堂，而僚屬之所會，賓客之所交，以宴以游，舉無其地。公臨郡數月，政既已成，事既已省，因謀別館，以爲賓榮。詢諸耆老，則僉以郡署之前昔嘗有亭號三善者，毀徹雖久，基兆可指。公乃相其地而築之，且取籍没之材，以足其用。不賦一錢，不役一丁，而厥功以成。

飛飛其檐，角角其楹。達以重關，周以階欞。姑山右顧，積翠在掌。旴水前來，鑑裏萬象。乃位賓主，乃列尊俎。有緌有紳，以笑以語。心澄欲仙，意遠還古。噫！誠太平君子好事之一端也。

然民隱之不恤，主恩之不宣，而汲汲於廚傳，則何以爲政？室漏之不補，庭草之不剪，而區區於簿領，則何以爲禮？合是二者，蓋鮮能焉。

今公之所治，多務大體，明而不苛，斷而不酷，得政之和。公之所居，罔不必葺，作而不費，飾而不奢，得禮之至。茲亭之興，率是道也。慄慄其威，如風之凄。民之服之，千里弗違。煦煦其仁，在物爲春。民之戴之，千載如新。召伯聽訟，勿伐其棠，矧茲攸宇，其誰敢忘？君命不駕，匪夙則夜。敢圖茲石，以告來者。

南城縣署記

慶曆二年，會稽錢得臣仲基以大理丞爲南城宰，西安周夢臣旻、臨川滕平叔夷甫佐之。於是改作主簿尉署及縣廳之兩翼，既訖功，得臣受命刺白州，夢臣監雩都銀治，而平叔考且滿，使覯記其事。

覯曰：古者諸侯、卿、大夫、士，其宫室以命數爲之等，示民有尊也。今之郡縣，有社有民，雖九品僚屬，皆命於天子，其勢固不得居陋室如閭閻氓。然世以土木爲難事者，財民之財，力民之力也。是以廉吏善人或憚而不爲，乃至隘不可容，壞不可支。卷席避雨，露坐迎涼者有之矣。

吾邑三君子，以居之所不安，爲人之所難爲，捃官之餘用，假吏之餘力，木材如涌而民不出一簪，築作再朞而民未嘗舉趾，非奢非儉，可次可舍，事成而去，豈曰自爲！　蓋將壯官府利來者，是可記也。

若夫舞智恃巧，陵民賈財，己欲佚而忘人之勞，己欲樂而遺人以憂，則有識者當伐鼓於其門，豈吾之所得記哉？　謹用斯言，諗於好事。　時則五年春正月也。

邵武軍學置莊田記

慶曆七年春三月幾望，武陽假守宋公以治學宫成，識之已詳。　後三甲子有奇，教授龔君與其學子授使者以幣，走三百里謁於余曰：敝邑得天，故吾公來。❶ 昔昏以旦，昔寒以燠。視人如其身，視學如有神。言必於是，行必於是。雖牒訴盈庭，簡墨在前，而與士大夫講解對問，猶燕居時。故自庠門開不幾月，慕焉而來者不絶。將恐褊小弗能容，又翼中門築兩齋矣。鄉之善良喜公之爲子弟之有屬也，不愛其貲，願易土田以備糧用。凡出泉若干萬，得田若干頃，歲食若干人，既有成矣而公之記所未書。吾惟子之望。

覯聞命竊商之曰：儒者詬釋氏，爲其籠於世也，而不解其所以然。釋之徒善自大其法，内雖不韙而外彊焉。童而老，約而泰，無日不在乎佛。民用是信，事用是立。儒者則不然，其未得之，借儒以干上；既得之，則謂政事與文學異。孳孳唯府史之師，顧其舊如蟬蜕。及其困于淫辟，恤乎罪疾，欲聞性命之趣，不知吾儒自有至要，反從釋氏而求之。吾游江淮而南不一日，有庠序者不一邦，踵其地而問之：「棟宇脩歟？」或曰：「爲去官之舍館矣。」「委積完歟？」曰：「充郡府之庖廚矣。」「刺史在歟？」曰：「某院參禪，某寺聽講矣。」噫！釋之行固久，始吾聞之疑，及味其言，有可愛者，蓋不出吾《易・繫辭》、《樂記》、《中庸》數句間。苟不得已，猶有老子、莊周書在，何遽冕弁匍匐於戎人前邪？蚩蚩之氓，尚克有夫婦、父子，不盡拔髮爲寺奴則幸矣，何暇彼之詬哉？

今宋公之仕，唯其本之培，下應其誠，優爲之備，教化之效也。如此，吾所謂學，非若釋夸莊嚴；吾所謂田，非與釋埒供養。誠以今兹學者，或自遠來，居處不寧則愁，飲食外取則勞。去愁與勞，人雖下中，得以自

❶「吾」，光緒本作「宋」。

盡於術，況其卓者哉？厲文之津，茁道之芽，入可以正其家，出可以表天下。爲民教子，爲國養材，莫之尚已。

龔君以道藝立其中，又欲揚公之美于無窮，皆應於義，敢不書？公之學問無不該，而其是非一之聖人，故文辭可法。施於吏道，民大悦。蓋將揮之廟朝，一郡一學乃其桷。❶聞命後三日冬十月辛酉書云。

虔州柏林温氏書樓記

南川自豫章右上，其大州曰吉，又其大曰虔。二州之賦貢與其治訟，世以爲劇，則其民吒衆夥可識已。雖然，吉多君子，執瑞玉，登降帝所者接跡，虔無有也。疑其偩南越，襲瘴蠱餘氣，去京師愈遠，風化之及者愈疏，乘其豐富以放於逸欲宜矣。

故人許某，家石城，虔屬邑也。此年夏，踵予門，道其鄉進士温某之爲人曰：温君少時求禄而莫之得，慨然自謂：「不得諸外，盍求諸内。不在吾身，宜在吾子孫。」乃圖山泉美好處，奠居柏林。因作講學堂房數十，其楹攻位之日，獲五銖錢五萬于地。士友珍之，或以「青錢」名其館。凡書在國子監者，皆市取，且爲樓以藏之。性寬静，用地利自足，不與俗人争訟買直。孳孳以教子弟、禮賓客爲己任。琴歌酒賦，夜以繼日。許君，不妄人也。今其所稱與鄉之疑者不類，是虔之福歟？

❶「桷」，原作「犄」，據光緒本改。

自古聖人之德業，舉在于書。聖人者，非其智造而巧爲之也。天之常道，地之常理，萬物之常情也。天地萬物之常而聖人順之，發乎言，見乎行事。君得之以爲君，臣得之以爲臣；父得之以爲父，子得之以爲子；兄得之以爲兄，弟得之以爲弟；夫得之以爲夫，婦得之以爲婦；長得之以爲長，幼得之以爲幼。反是，則争奪相殺未有能已者也。今温君聚書勤勤，是有意于聖人。有意于聖人則豈一家而已？鄰里鄉黨庶乎偃伏之矣。然則虔人之成大名、至大官蓋未易知，尚何吉之媿哉？

柳子厚於楚越間山水，如小丘、小石潭、袁家渴、石渠、石澗猶有記，以啓好游者。今有人爲藏書之樓，非特山水之勝，記之以啓好書者，不亦可乎？予欲一至欄邊，四顧天外，江山進前，文史相對。清風兮我扇，白雲兮我蓋。召屈原於湘魚之口，呼李白於海鯨之背。漱寶玉之餘潤，拭明珠使去纇。酒酣興盡，交揖而退，其樂可言邪？而未之得也。皇祐五年秋七月庚子記。

麻姑山重脩三清殿記

覯幼時讀顔魯公《麻姑仙壇記》，觀其稱道壤地之殊絶，人物之瓌怪，目想其處，謂如鈞天帝庭，非下土所髣髴也。及長，游山縱觀所有，則歌吟雲烟，饜飫水石而已。其餘古屋數百楹，或腐或濕，無足可居，惟若神，何以顧享？

噫！物有愈衰而後復，理之常也。則所謂三清殿者，今爲復之先乎！按是殿之作，背山嚮陽，得地之正。由五代迄兹，載祀遠矣。雖其營繕頗甚盛壯，而木窮於蠹，瓦困於雨，日壞月墮，幾將壓焉。

潁川陳公某，鄉之耆德，勇於爲善。一見其事，惻然于中，乃發家財以葺之。工之巧者必至，材之良者必備。或改以新，或完其舊。昔撓以隆，昔卑以崇。赭焉而霞烘，堊焉而雲溶。真儀之位，得以如禮。山英水靈，若喜若慰。雖大道之要，本乎澹泊，安在土木之華而後張顯？然名山之景，列在圖籍，非有游覽之盛不足稱述。故言神仙者必曰崑崙之墟、海中洲島。宮闕之侈，視珠玉不啻如土芥，世俗相承以爲美談。若麻姑山著稱久矣，元和辭人白樂天輩咸有詠歌，粲于屋壁。自爾以來，言者溢口，書者滿牘，天下靈境，茲不後焉。❶苟非崇飾棟宇，嚴事上靈，其何足觀之？則潁川公之意豈徒然哉？覵之視公大父行也，見命爲記，謹書其略。于時歲在辛巳，大宋康定二年。

重脩麻姑殿記

三代之英既往，禮教不競，人欲大勝。欲莫甚乎生，惡莫甚乎死，而道家流誦祕書，稱不死法以啖之。故秦漢之際，神仙之學入于王公，而方士甚尊寵。然或云延年，或云輕舉，皆人耳目間事，久而未驗，衆則非之矣。佛之徒後出，而言愈幽遠，其稱天宮之樂，地獄之苦，鬼神之爲，非人可見，雖明者猶或疑焉。是故浮屠之居，貨賄竭天下，宮室僭王者，而黄冠師窮智役辯，終弗能及。自非當世好事慕方外之游者，孰克迴面於真靈之境哉？

❶「後」，正德本、萬曆本、光緒本作「復」。

麻姑之名聞之於葛稚川傳，申之以顔魯公記，峩峩兹山，得道之所始也。自唐而下，祀禮不絕。築宫度人，以嚴其事。而殿屋之設，歲月積久，雨淫風虐，撐拄弗暇。將無以布几席，陳香燭，爲鸞鶴戾止之地。群目蚩蚩，莫肯營救。

故潁川陳君策，字嘉謀，博識之士，肥遯州里。頃嘗游山，周覽及是，將命工徒一新其制，言未果行而卒。其子今山陽司寇諫、弟詢，不忘孝思，盡稟先志，乃出家貲以幹厥事。斬木而山空，伐石而雲愁。役不逾時，營繕以畢。修廣有度，奢儉有宜。禮神之位，兹亡所媿。

論者謂：真帝在上，庶方無虞，歲不凶災，物不疵癘。故其人得厚本節用，爲富家者往往而是。内和親戚，外禮鄉黨，餘力乃以奉釋老，求善祥。兹亦平時之盛觀也，可無傳歟？巖巖有堅，請勒其志。于時歲在辛巳，大宋康定二年。

麻姑山仙都觀御書閣後記

皇祐三年，以御書明堂及明堂之門，篆飛白二體，藏諸名山，麻姑仙都與焉。夏六月，道士黄太和爲覯言：今者聖人肆筆而山藪得之，其奚翅金簡玉字，蓋猶嵎夷昧谷，天象所出入，撮土勺水，罔不光華，非復與塵俗等，幸哉！願有志焉以示後。何如？

覯伏思念王者制作，史書樂歌，幽則物彪，遠則夷貉。耳者必聞，口者必誦，安在愚儒識之？況禮不斥尊，其可以犯？已而又念江南卑薄，與上國人不日接，異時故老既没，傳聞將失實。史官記注，祕莫得見，則吾君之行禮，彼山之受賜，曷從而知之？先正盛公亦嘗爲《御書閣記》，所以述太宗之事，殆可繼也。祖武宗文，志亦未集。矧兹嚴父配天，古之大事。漢收秦燼，失其根萌。冉冉至唐，名在實去。五代魚肉，誠所不暇。佑啓我王，及此希闊。如廢斯起，如斷斯續。合符天鬼，匪自群議。禮明樂備，又申之以翰墨。河圖大訓，永以華國。周公宗祀而文字無傳，宣王蒐岐陽而石鼓非手書，未有華實相副若是之彬彬者也。昔漢武帝封泰山，太史公留滯周南不得與從事，曰：命也夫。迺者，季秋大饗，而知其説者有不在焉，則謂之何？尚從仙宇見是寶書，抑天幸也。故就敘其語，俾刻之云。

真君殿記

峩峩西屏神之山，下根無地高出天。百靈有位有几筵，樓殿靡迆紘紫烟。真君之名世所傳，來斯爲賢去爲仙。玉京路險不可攀，凡肉欲飛無羽翰。崇堂設像鼎以新，再拜怳若登天門。借問經始其何人？吾邑陳侯字仲温。後十五歲維甲申，李覯泰伯爲之文。

直講李先生文集卷之二十四

太平興國禪院什方住持記

佛教初由梵僧至中國，不知其道而務駕其説，❶師徒相承，積數百年。曰言天宫地獄，善惡報應，使人作塔廟，禮佛飯僧而已。厥後菩提達摩以化緣在此土。

始傳佛之道以來，其道無怪譎，無刓飾，不離尋常，自有正覺。思而未嘗思，故心不滯於事；動而未嘗動，故形不礙於物。物有萬類，何物而非己？性有萬品，何性而非佛？佛非度我，而我自度。經非明我，而我自明。無緇素才拙，一言開釋，皆得成道。繇兹立大精舍，聚徒説法，以衣鉢相傳授。居無彼我，來者受之；嗣無親疏，能者當之。諸祖既没，其大弟子各以所聞分化海内，❷自源而瀆，一本千支。群居之儀，率從其素。故崇山廣野，通都大城，院稱禪者，往往而是。庸俾邪妄無識洗心從學，王臣好事稽首承教。蓋與

❶「務」，光緒本作「欲」。

❷「大」，光緒本作「衆」。

夫老氏之無爲，莊周之自然，義雖或近，我其盛哉！❶然末俗多敝，護其法者有非其人。或以往時叢林，私於院之子弟，閉門治産，誦經求利，堂虛不登，食以自飽。則一方之民失所信嚮矣。通人高士，疾之兹久，而未克以澄清。

逮宋有天下，兵革既已息，禮樂刑政，治世之器既已完備，推愛民之心，以佛法之有益也，廣祠度衆，不懈益勤。聖上莅阼，體聞釋部之缺，因詔：凡禪居爲子弟，前旅有者，與終其身，後當擇人以主之。意將補罅漏，鉏榛蕪，使宗門愈高大。則建昌軍太平興國禪院復什方住持者，奉此制也。

院按舊記，唐天祐丙子制置使陳暉所創，號顯源。永興始有可幽師杖錫來居，推輪法事。逮李氏僭江表，其別子景達以齊王守臨川，乃命德琳師以張大其業。琳師道行峭潔，知解雄俊。闤迴千里，瞻仰弗暇。樹稼數十頃，立屋累百楹。至太宗時，例以年號，更賜今額。衆安法行，剎此邦者，莫與爲等。琳既化去，道喪不傳，而其徒以僥倖居之，垂四紀矣。凡鄉之學釋者，雖知有真乘法印，當迷而疑，何所扣決？

今年夏，主者元皓病，物故。時侍禁馮君德宣、光禄寺丞李君虞卿同權軍政，深惟天聖詔書，求可以長是院爲人師者。粤有桑門上首耆老，識達之士，相與謀曰：「嘗聞建安崇儼師得法於石霜楚圓和尚，巡禮所

❶「我」，光緒本作「此」。

至，學者圍繞，師避而遽行。❶今在邇，抑可以致之乎？」因列名以舉。郡然其言，乃就迎於撫州景德院。讓不可得而後至。升堂之日，會者萬計。師據牀安坐，有問斯答，如鐘之鳴，如谷之響。重昏宿蒙，冰解雪釋。歡喜讚歎，洶動街陌。論者謂國朝嚴佛事，俾擇知識，表于禪林。太平，郡之福地也，而儼師以正真道臨之，燈燈繼照，曷有窮已？然非吾儒文之，不足以謹事始而信後裔。僉來謁予曰：「文，子職也。其可以辭，重違父兄意？」故爲之一説。時則景祐三年秋九月也。

太平院浴室記

釋氏東行，乘風御霆，山聞海驚。言善言惡，知死知生。天人之好，地獄之暴，有作斯報。刑淫癸辛，力過羿奡。維彼慈悲，如童蒙師，如膏肓醫。還愚以智，解囚於縲。伊貴伊富，或士或女，承流蹈舞。涵淹肌髓，繫絡心膂。何土敢皮？何木敢枝？以輦以歸。繩者目亂，斧者手胝。彌國亘野，川邪谷哆，筆不可畫。雲霓出中，日月走下。冬温夏涼，爲陰爲光，食甘寢香。百事有備，一物必良。惟天之啓，惟神之契，人不得議。孰爲禮經？肯顧文吏？

江之南城，風和氣靈，鐘鳴梵聲。爰有禪居，號稱太平。太平之聚，儼師是主，以訓以撫。疑者得明，饑者得哺。堂房以新，器備以陳，霞朝卉春。唯是温室，缺然將榛。大治陳宰，儒兼佛解，法與心會。斥其餘

❶「遽」，原作「處」，據光緒本改。

財，成此勝概。材美石堅，重雕複鐫，圭方璧圓。下不居濕，旁無見賢遍天。吾願釋子，毋意于水，將意于理。爾身以澡，爾心以洗。洗心謂何？匪塵匪沙，匪刮匪摩。去爾羡欲，任爾平和。無可不可，所遇皆我，萬物一馬。何者爲因？孰謂之果？道不離人，吾身佛身，吾僞亦真。門前舟梁，自失要津。慶曆之歲，是維戊子，月云窮紀。野夫言焉，以振厥始。

建昌軍景德寺重修大殿并造彌陀閣記

儒失其守，教化墜於地。凡所以脩身正心，養生送死，舉無其柄。天下之人若飢渴之於飲食，苟得而已。當是時也，釋之徒以其道鼓行之，焉往而不利？無思無爲之義晦而心法勝，積善積惡之誠泯而因緣作。空假中則道器之云，戒定慧則明誠之別，至於虞祔練祥，春秋祭祀之儀不競，則七日三年，地獄劫化之辯，亦隨而進，蕃衍光大，繄此之由。故嗣迦葉者，師子、達摩，流爲東山、牛頭；傳龍樹者，惠文、惠思，熾于天台、灌頂。二家之學，並用于世。若夫律戒之盛，凡出家者，當由此塗。按白居易《撫州景雲寺律和尚碑文》，如來十弟子中，優波離善持律。波離滅，南嶽大師得之。南嶽滅，景雲大師得之。師南城人，初隸景雲寺，徙洪州龍興，終廬山東林，度娑婆男女萬五千人。姜相國公輔、顔太師真卿，本道廉使楊憑、韋丹皆與友善。樂天之敘如此。

南城於宋爲建昌軍，景雲爲景德寺，律和尚之迹已無見。土木之堅久者，唯殿與門。殿之制不靡而其材良，乃今所無。基高而旁羸入風雨者，❶四面如一。將恐腐折，後難爲功，寺僧義明乃營屋若干，柱以翼之，且作彌陀閣于其前右，兼壯與麗。爲永永計，先共謀者文憲、宗正，既而憲住他院，正亦遂輟，克有終者唯明。殿之財集于衆，閣成於孀何氏，始卒凡八年。明講經論，頗憙事，以雅於予，來乞文，因論釋之所由興，亦使其徒知此寺昔嘗有僧爲律戒師，於江之南，度人以萬數。當世賢者與之游，以爲寺之榮而有所慕焉。慶曆七年冬十月己未記。

景德寺新院記

院墟於火，力弗能復者數年矣。壽安縣君黄氏以其夫故都官陳員外所服若器斥賣以濟之，其所謂殿堂及諸棟宇之切於用者罔不備具。此誠念死者之不可見，庶有益於冥冥間也。

凡大精舍之焚，相望於天下，浮屠人難去聲。言其災，乃以爲宫室之熾，天神所欲得，故取以去。且佛之説諸天之樂，非人間所可髣髴，是以其徒布因求果，願生彼界。今乃悦人之土木而奪之，則是人間之美物，諸天亦無有，尚何足慕邪？而悠悠者或信之。餘燼未寒，新宫已圖，往往是矣。兹院僧固不辯，不能飾其説以驚俗。殆廢不起，非陳氏之喜事而壽安發之，何以及此？嘉祐三年九月庚午記。

❶「羸」，《宋文鑑》作「羸」。

迴向院記

皇祐二年夏六月，盱江大水。龍安其東南鄉，蓋災之所自始。視其山破壞如擊甕，盎泄所畜，百源一道。且怒且鬬，斬大樹，瀦大屋。當之者，父母妻子迴面相失，不得其屍以斂。於是有去平而就高，以避其復來者，迴向院其一也。院之墟曰兵湖，民寰而居，甚卑以喧。當水之來，則數十百家悉聚殿閣，坐甍騎桷，將顛者數，僧徒嗷嗷，乞命魚鼈。

既免，院主海元即其儕爲久安計，有德文者，願易之高燥地，謂其别墅曰「昇平」，相距五六里，盍經營之。文守律戒，知游藝，士君子多與之語。故列于官府而從，諗於里人而悦。貧者輸其力，而地以除；富者效其貲，而屋以徹。斂故材就新基，曾未踰年，厥功備具。足之泥塗，今爲崇高。耳之喧囂，今爲寂寥。後山如懷，前谿如蟠。晨鐘夜梵，夢寐天半。松霜竹月，繡畫秋色。自危而安，去苦得樂。昔人未知，勝事在我。噫！民之欲善，蓋天性然，顧無以道之爾。

夫水潦之後，田里傷創，斗粟百錢，上農蓄家且無餘食。而文師以其情言，非能取佛説以自照耀，使人惑之，而衆莫不竭盡以受事。若夫豐富之世，而豪僧辯口先焉，雖圖天宫，何足怪也？爲人上者，常病於教化，謂不可爲，亦過矣！昔吾遊其地，今聞有成，喜之，是以記。時則三年秋某月也。

承天院記

慶曆中，歸自京師，有僧來訪，曰自堯，是爲承天上首。乃言其院吾先君子嘗至焉。今兹又新作，往往有留題者，因責吾爲詩。厥後多故，不果應。近者復來，且介秦氏甥以院記爲言。覩伏念先人舊遊，不勝燕雀啁噍之情。其僧又喜事，吾甥又貧，而爲之請，義不可拒。

問其所由來，則舊崇德院，爲尼媼宅間籍没。當太平興國中，有德琳師，迹其事爲，蓋古所謂豪僧者，自閩來旴，住太平院，徹草廬成大禪居。是時禁令疏，釋氏方騁，與民交利。琳致資甚高，得請公上，以崇德故名，遷于雲山。淳化三年，斬山木營繕，使其徒元立主之。大中祥符元年，先帝封禪，例賜今額。立死堯繼之，於時景祐三年。瞻相闔門，鞠爲老屋。木之腐者將折，石之裂者將墮。不有改作，誰嗣前人？願與有力者圖之。誠意一發，和者日至。曰殿、曰堂、曰僧堂、曰水陸堂、曰羅漢閣、曰廚、曰庫、曰廊、曰門，始終數年，繪素畢備。於事勤矣，而耻無聞，故徼吾言以永之。

噫！浮屠人坐新宫享備器者皆是，然而知筆墨翰林之爲貴者幾何人邪？❶ 或蹙於威力而後貨俗子，取陳言以辱金石者豈少邪？堯師能不憚煩以來乞詩，不獲，又屬以記，傍吾親戚，間求人爲言，唯謝絶之憂，其指何邪？安知百千萬年後，吾文將不行邪？彼蚩蚩者將有聞，而堯師泯滅耶？皇祐三年冬十有一

❶ 「筆」，原作「子」，據光緒本改。

月乙丑記。

承天院羅漢閣記

吾爲《承天院記》已二年，丘文遂來言，院之羅漢閣，身所爲也，願復得一辭刻之。始吾童子時，與令佐著作陳微之讀書湖上，丘君乃其鄰，以久游貫人事，日與笑語無忤。及此見之，髮色則異而顔面益壯，問之年，❶實七十矣。少爲賈人，上下百越，走兩川而歸，克有貨財。治土田築室，教子孫終之淑慎，以從士大夫游。又能精信於釋，損其贏以補之。果若釋之云，則雖老而死，死且復生，其得意何有窮耶！

噫！漢代初傳佛道，西域人得立寺都邑以奉其神。漢人皆不出家，魏亦循漢制。石季龍僭位，以其出自邊戍，應從本俗，百姓有樂事佛者，特聽之。當是時，謂之何哉？外國之神而已。及東晉宋氏，其法乃大。蓋慧遠居廬山，名雖爲釋，實挾儒術，故宗少文就之考尋文義，周續之通五經五緯而事之，雷次宗亦從而明三禮、《毛詩》。儒者嘗爲弟子，其人得不尊乎？

諸部佛經，華藻爛爛，豈西域之文宜有所助焉者也？今之釋樂乞言於文士者，亦將借助矣乎？文士不必有古人之才，足以埤釋；就令有之，而民耳目日異矣，庸可行哉？丘君以舊故，勉而爲之言。時則皇祐五年秋七月也。

---

❶「問」，原作「使」，據光緒本改。

新城院記

出盱江門，陸行數十里，無善邸舍足容食息，求之僧家，唯章山其庫則新城院焉。前此予歸自信，時秋大熱，夜發金谿，日昃不到。從者請息肩，得兹院以宿。下馬據牀，汲井泉飲且盥。清風在竹，不待呼召。紅塵在路，不敢隨入。坐未安定，意已順適。仰而視其梁，則毛姓績名者作焉。有頃而績至，其禮甚卑，立于堂下，若吏民見官長之爲。予既辭，因揖而進之，與之語，蓋古力田敦樸之流。及院之本末，則對曰：殿興於開寶中，則績之王父母嘗有勞焉。堂、鐘樓、廊門成於景祐、康定間，則績與婦徐實同力焉。

予嘆曰：民財有餘，不以備鬬訟買直于圄犴，而能奉佛法徼福于窈冥，斯世俗以爲難矣。況於卑己尊賢，此道甚大，誰宜知之？凡人衣食足者，或聞馬蹄聲在百步外，閉門唯恐不及。今吾亦布衣，姑弛擔於此，且無一介與爾相聞，爾何取於我而拳拳若是乎？吾無乃克謹名節，未始得罪於鄉黨乎？抑爾之聞見有異於衆人乎？既嘆而去。五六年矣，而不忘于心。

近者予有喪，績又使其子來賻，辭益遜，意益勤。顧無以答，遂録鄉所言者贈之，使刻石爲新城院記云。時則皇祐三年冬十有二月也。元祐辛未，轉運副使張商英天覺過新城院，題詩云：「昔讀盱川集，嘗聞泰伯賢。新城文刻在，往事野僧傳。氣格終驚俗，光芒合貫天。田翁不知價，只得十千錢。」宣和庚子朱褒世德自國門待次還鄉，道過新城院，讀泰伯先生記、張丞相詩，欣歎久之。恐丞相未知泰伯之志也，作絶句題于後云：「泰伯文章自昔傳，虹霓白日貫青天，先生欲作酕醄醉，斗酒何妨受十千！」

撫州菜園院記

浮屠師曰可栖，居建昌之交陽山，善持其佛之法而言行不妄，且長於醫，故士大夫禮之。慶曆三年秋八月，來抵予曰：栖，臨川人，母固無恙，而異父弟亦學佛，今住菜園院曰智賓者是也。茲院之廢，數十年矣。寶元中，其鄉人請於邑大夫，願得智賓居之。賓之來，則四顧梗莽，無一瓦尺木之業。栖告之曰：吾常患吾佛之徒將遊吾州而未能進，必休于近郊之逆旅，乞錢炊食雜于博徒倡女間，甚汙吾法。今茲院與城相望，果能興之，以舍吾徒，豈不滿志？矧吾弟主之，而吾母居其旁，足以躬晨夕之養。外張吾教，内便吾家，是不資他人，吾力可爲。由此盡散橐中，凡醫之所得者給之。説法者曰堂，事佛者曰殿，舘僧有位，具饌有所，大抵牆屋器用，皆栖之爲也。工將畢矣，幸爲栖志之。

予曰：浮屠人盡心於塔廟，固其職耳。能不以禍福誘脅，殫吾民之力者，蓋未之見。今栖以醫售，其得財乃自奉其法而不掠於人，且厚其弟，以安乎母，不離吾孝友之道，言乎其黨，抑可尚已。故書以授之，使揭諸石云。

脩梓山寺殿記

天下名山水域，爲佛壑者什有八九。其次一泉一石，含清吐寒，粗遠塵俗處，靡不爲桑門所蹈藉。蓋佛之威靈赫赫於世，僧之辯慧有以得之。故國不愛其土，民不愛其財，以割以裂，奉事之弗暇。

建昌軍，江表之上游也。地靈源長，筆不可譜。由治城東走十餘里，峰者如引，岡者如頓。渟者影毛髮，噴者化雲霧。其間據形勝起塔廟者，往往而有，梓山院乃其一焉。道阻而僻，游從之士罕至。目不睹紛華，耳不聞勢利。惟松君竹侯，鼓舞風韻。猿悲鳥哀，將送歲月。宅於是者，茍有以存諸心，其安穩何如哉？然殿宇之作，其來積久，築者以圮，蓋者以坼，莊嚴不充，瞻禮無地。軍教練使吳臻，家故饒財，心且喜事，由景祐中始謀營建。凡立屋四楹，塑像九軀，所以奉經教、福祖考也。

噫！佛以大智慧獨見情性之本，將敺群迷納之正覺，其道深至，固非悠悠者可了。若夫有爲之法，曰因與果，謂可變苦而樂，自人而天，誠孝子慈孫所不能免也。則斯殿之成與吳氏之用心亦可嘉已。見屬爲記，其何以辭？時則歲在辛巳，康定二年秋九月也。

邵氏神祠記

李覯曰：天子之祀曰泰厲，諸侯曰公厲，大夫曰族厲。謂古之有天下國家而滅絶無後，其鬼無歸，故與人爲厲耳。江南地熱濕，四時多癘疾。其病者，謝去醫藥，閉門不與親戚通，而歸死於神。神之號名，則曰某王某王，無乃所謂古之有天下國家而滅絶無後者耶？當其氣盛而病革，禳祈不可解，則皆謂神曰「五通」者能有力於其間。故牲毛酒滓狼戾於「五通」之室矣。

建昌治城北有民邵氏，世奉「五通」，禱祠之人日累什百。景祐元年冬，里中大疫，而吾家與焉，乃使人請命于「五通」。神不能言，決之以竹杯校。時老母病不識人，妻子暨予相繼困甚，唯「五通」諗以無害。疾之解去，皆約日時，雖寶龜泰筮弗是過已。

噫！「五通」之爲神，不名於舊文，不次於典祀，正人君子未之嘗言，而有功於予，其可以廢？巖巖者石，可伐可磨，惟德之報，焉知其他。

直講李先生文集卷之二十五

序

皇祐續稿序

覯慶曆癸未秋，録所著文曰《退居類稿》十二卷。後三年復出百餘首，不知阿誰盜去，刻印既甚差謬，且題《外集》，尤不韙。心常惡之，而未能正。于今又六年，所得復百餘首，暇日取之合二百三十八首，以續所謂《類稿》者。

噫！行年四十四，疾疹日發作，其於文字間尚克有進也歟！《續稿》凡八卷，時又有《周禮致太平論》十卷孤行焉。皇祐四年八月庚子序。

延平集序

世俗見孔子不用而作經，乃言聖賢得志則在行事，不在書也。噫！孔子誠不用矣。堯、舜、禹、湯時，聖賢有不得志者乎？奚其爲典、謨、訓、誥哉？成王、周公時，有不得志者乎？奚其爲雅、頌哉？心之志，志之言，言之文。若凍餒然，孰謂得志而不衣食哉？用之大，其言者愈大。《虞書》之歷象日月星辰，夏后之賦貢九州，周人之職三百六十官，不已大乎？今之君子固多靳儒，至於布衣閭巷尚曰賢者行而已，不必文也。彼顔、閔氏時，夫子在，蓋無可復言，非爲有德行不著書也。游、夏之徒，不在德行科，亦不措一辭。子思、孟軻豈無德行乎？是皆不才子無功於文而雷同此説以自慰耳。

建安宋貫之，仕逾二十年，用雖不大，志亦未得。然有君親之奉，有政事之勤。在他人投筆久矣，而貫之拳拳，不翅褐博。其學要諸仲尼，餘鮮取焉。多聞而敏，所嚮靡不克，故集而行之者四五。去年秋，以南劍監郡假守昭武，既期又成十卷，目以示覯，曰《延平集》。覯嘆今人之異乎古，美貫之之異乎今。孰告吾君而大用之？其言又有大於此者，因序以冠其首，時則慶曆七年冬十有二月也。

送余嶠若南豐掌學序

工必以般者，爲其材巨木作寢廟也，彼環堵則何工不可？御必以良者，爲其策天驥逐光景也，彼一駑則何御不可？師必以孔子之徒者，爲其毆善性入訓典也，彼曲藝則何師不可？

今天下號多士，而南豐大邑也，讀儒書者蓋百數。薦於鄉，第於廷，往往有之。大理丞周君出宰之一年，乃立學於先聖之廟，命吾友余堯輔掌其教。夫周丞之明，豈曰邑之人未嘗學且師邪？若是則服大袂之衣，與令長抗賓主禮者何自出也？是其有學有師久矣。然猶汲汲於斯者，其將以先王之道浴而薰之耳。其將使其聞仁義忠信之説，知夫古之所謂儒者如彼其大也。然後進可以治乎國，退可以齊乎家，出乎己而加乎人，罔不曰宜者。是周丞上爲天子育人材，下爲一邑滅争鬭之獄也。不然，何地不可居？何人不可法？何必縣學之興而堯輔教之耶？

堯輔好古博學，慷慨有行義，斯足以應周丞之指，惟學者何如耳。至之日以吾言告之，謂之是耶，請在下風以賀；謂之非耶，敢因是而弔焉。故爲序。

送嚴介序

景祐中，建陽嚴君以經術有名，客授于兹邑。予時多故，未始與游，而見之者數矣。一别不相聞。今兹復來，乃知其久於江淮間，自楚徂宿，所至爲人師。以親老故，歸養焉。善哉！

昔申生不行而死，君子不以爲孝。章子得罪於父，出妻屏子，而孟軻禮貌之。必不得已，以情恕可也。嚴君在外二十餘年，蓋亦不得已者矣。舜號泣于旻天，負罪引慝，見瞽瞍，瞽亦信順之。唯聖人能以至誠感動其親。嚴君嚮時既不能感動，然而人情老且病則憶念子孫，雖有忿怒，宜自消釋。嚴君之歸養，此其時也。若是，則經術之名固不謬，其爲人師益無愧矣。至和元年秋八月丁未，盱江李覯序。

敘陳公燮字

陳公燮，初字思道，以避耆舊諱，請改焉。予命之曰中道。

夫道者，通也，無不通也。孰能通之，中之謂也。居東焉，則遠於西；南焉，則遠於北。立乎中，則四方均焉。故《易》曰：「黄中通理。」凡卦以得中爲貴，兹聖人之意也。有問身之安者，必對以導養也。有問食之美者，必對以牲牢也。言不可不先其大者也。病偃於牀而不肯納藥石，曰人教我以導養矣，可乎？餓踣於地而不肯受糗糒，曰人教我以牲牢矣，可乎？緩急之勢異也。

古之言王道者，是亦先其大者也。後之執王道者，是以輕藥石賤糗糒，病餓且不救者也。王莽亦嘗井田矣，房琯亦嘗車戰矣，豈不取笑？孔子謂「微管仲，吾其被髮左衽」，而曰「無道桓文之事」者，過也。荀卿之非孟子「略法先王而不知其統」，太史公論儒者「博而寡要，勞而無功」，亦有以也。

吾觀夫子之行如天焉，其變化非凡可測。於鄉黨恂恂，居是邦不非其大夫，對問陣以俎豆，至爲司寇，會夾谷，時則不同也。謂「賜也，億則屢中」，「由也，不得其死」。至存父母之國，則使子貢；惡言不入於耳，則取子路。使二子生乎今之世，則暴人也、詐人也，掌教化者將不齒焉，其何高第之有哉？夫子多能鄙事，以博弈爲賢乎已。辭人之作，或因於物，或發乎情，雖不有用，幸愈乎博奕也，而俗儒必非之。《五子之歌》韻矣，《繫辭》首章對矣，使今世爲之，將以聲律坐矣。

禮有本末，用有先後，本末副焉，固醇矣。有其本以慢其末，古人或不免焉。略其本而詳其末，今人豈少哉？雖然，自治可也。父兄之於子弟，師之於徒，亦可也。欲以區區之有，而齊天下之人，汰哉！見人一動作、一笑語，衣冠裳履之間，則斷夫賢不肖，張目大言，以不恤彊禦爲烈，此今人之敝也。道之不行，蓋儒者自取之。秦燔書，漢鈎黨，使典章淪陷，人士闔厄，到今恨之。豈惟在上者之過？有由然也。夫知道者，無古無今，無王無霸，無治無亂，惟用與不用耳。

公燮自閩來學，志厲而材美，庶乎其有成。閩之後生多好學者，或傳其文，有可愛悦而未獲與之語。因公燮請字而教焉，且使之歸以告。

敘張延之字

張君延之，解官鉛山，遇我于葛陂。神清氣和，其言語可聽，雖一面，知其非俗子。以立字未善，責于我，我應之曰：所謂延者，於兒豈不欲延其年以及耄期邪？於家豈不欲延其寵禄世世無有窮邪？如是無他，力於仁而已矣。孔子有仁壽、積善餘慶之説。夫仁，天下之美道，殺身尚爲之，矧夫嚮勸甚明，歷觀前志，多有效驗，可不務哉？故字之曰伯仁。酒困不能執筆，姑告其略。

敘陳司理字

豫章陳君，名世南。南方之卦離，離者，明也。字之曰公明。明之義廣矣哉！其在天也，爲日、爲月、爲星、爲晝、爲晹。在水爲止，在火爲燎，在金爲鑑。其在人也，爲視、爲思、爲智、爲文、爲見善、爲知過、爲應變、爲待時。事親明則孝，事君明則忠。治事明則姦無所容，聽言明則讒無所入。臨財明則貧不失廉，臨難明則死不失義。凡天下之事，未有不須明以濟者也。然而聖人約之以道，曰蒙以養正，明夷以莅衆，貴乎明於内而晦於外也。

陳君，公相子孫。克守家法，儒雅幹正，久次無闕，斯有得於明者矣，故敘以告。至和二年冬十二月戊子，盱江李覯序。

直講李先生文集卷之二十六

表

謝授官表

臣覯言：今月十九日，建昌軍進奏院遞到勑牒一道，官告一道，伏蒙聖恩特授臣將仕郎試大學助教者。畎畝之中，耕鑿殆忘於帝力；蓬茨之下，絲綸遽捧於王言。身未識於九重，名已參於一命。閨門交慶，鄉里知榮。臣覯中謝。

伏念臣生長荒陬，世家寒士，徒際恢儒之運，謬懷榮古之心。四十無聞，早畏仲尼之戒；三千奏牘，終慚曼倩之才。嘗策足於上都，願刳肝於詔舉。過蒙嘉惠，首命試言。緊遼豕之自矜，柰齊竽之有辨。馮衍之孺人稚子皆笑歸田，周顒之芰製荷衣遂成習隱。自茲潛伏，何可覬覦？

豈期天幸之來，偶被藩臣之薦。深虞累氣，難用升聞，快炙美芹，敢望獻尊之賞；油雲霈雨，俄瞻旱槁之苗。雖釋褐之有光，然事親而甚便。不離鄉井，已脱民編。斯蓋伏遇尊號皇帝陛下，道貫幾深，仁兼煦嫗。時文再郁，將令三代同風；多士已寧，猶恐一夫不獲。故茲狂簡，亦預采收，敢不虔奉訓辭，益敦學行！庭闈是戀，幸申爲子之誠；犬馬未衰，庶有報君之日。

啓

謝范資政啓

右覲昨奉制命，授前件官。草茅之愚，久不謀於仕進。雨露之澤，俄下及於賤微。俯伏承命，銘感在心。

竊念覯門地孤寒，智識遲鈍，學問近三紀，奔走徧四方。昔者充賦，報聞而罷。數年退居，閉關却掃。老母日見皓首，稚子未能應門。苟非躬親，難得衣食。況思《戴記》啜菽盡歡之訓，且畏《魯經》遠遊有方之誡。出疆載質，自知不諧；脩身俟死，亦何敢怨？

伏遇某官以周、召左右之賢，當申甫蕃宣之任，棄席疲馬，不忘舊物。菅蒯顦顇，必欲兼用。特形慰薦，備聞朝廷，❶致此妄庸，亦蒙齒録。

夫冗散一官，品秩至下，在他人視之則輕，然衰族得之已幸。稍殊編户，便可安居，敢不秪承惠貺，益進學藝。大鈞播物，非久具瞻，蟠木爲器，更當有望。仰企牆仞，下情無任感知荷恩激切之至。

❶「聞」，正德本、萬曆本、光緒本作「問」。

寄周禮致太平論上諸公啓

右覯啓：伏以王者之法，人必有業。梓匠輪輿則當通功易事，瘖聾跛躃亦以其器食之。故終日無所用心，孔子以爲誡。鷦斯賊夫糧食，揚雄之所惡。

覯也蚤以薄祐不能及時，上乏騏驥千里之力，下無鉛刀一割之效，退藏山野，日就衰老。雖然用農夫之穀，分工女之帛，既得以不死，而無益於人。平生技能，唯在筆硯，矧可不勉竭其狂愚。

伏惟明公嘗以文知，今也敢以文請。十數年來，篋帙所存，瑣瑣著述，不復有獻，謹録《周禮致太平論》十卷，塵于下風。世之儒者，以異於注疏爲學，以奇其詞句爲文。而覯此書於注疏則不異，何足謂之學？於詞句則不奇，何足謂之文？惟大君子有心于天下國家者，少停左右，觀其意義所歸，則文學也者，筌蹄而已。

日月光明，固不待燈燭之助，至於豐屋之下，幽室之中，照臨所不到處，❶雖銖油寸蠟，豈無頃刻之功邪？❷聖人在阼，賢人在庭，而小子言焉，庶有補於萬一也。臨啓慚惶，何所逃責！

---

❶「照臨」，正德本、萬曆本、光緒本作「臨照」。

❷「功」，正德本、萬曆本、光緒本作「助」。

直講李先生文集卷之二十七

書

上富舍人書

舍人執事：士之不見禮於世久矣。古之君子以天下爲務，故思與天下之明共視，與天下之聰共聽，與天下之智共謀，孳孳焉，唯恐失一士以病吾元元也。如是，安得不急於見賢哉？後之君子以一身爲務，故思以一身之貴窮天下之爵，以一身之富盡天下之禄，以一身之能擅天下之功名，望望焉，唯恐人之先己也。如是，誰暇於求賢哉？嗟乎！天下，至公也；一身，至私也。循公而滅私，是五尺竪子咸知之也。然而鮮能者，道不勝乎欲也。

今夫卜相下藝，先民之所不齒者也，而所居之室重冠累蓋，名卿大人引領而願見，若饑之食焉，以其能言己之禍福故也。士之能言天下國家之禍福，而未嘗有人欲見焉，門未入而閽人拒之者有矣，謁既上而辭以事者有矣。或貌若恭而情不在焉，或言雖交而意不通焉。遇之以常人，問之以常事，一面而去，有如道路。吁！可怪也。

彼卜相之言，禍福受之天而不可變者也，雖其知之，無益於事。士之言，禍福在乎人而足以有爲者也，幸而聞之，則禍可轉而爲福，危可復安，亂可復治，兹有益之大也。貴無益而賤有益，爲一身而忘天下，果其人之忠且賢邪？有志之士，果宜瑣瑣於其間邪？

覯遠方之人，弛擔都下再期月矣，惟其山林之狀而魚鳥之心，懼取辱於形勢之塗，非舊相識曾未敢踵其門。將求夫有古君子之道者而爲之依歸，尚未能也。今者友人董士廉自陳之秦，相遇於道，既稱執事之德高出於世，且言誤聽嘗得區區之姓名，有與進之意。伏而思之，以執事之負雄材、得美仕，是於其心靡有所不足矣，而以草茅之微，寘在齒牙，豈非有古君子之道，以天下爲務而急於見賢者乎？覯雖非賢，焉敢自匿？故兹浣濯衣冠，請問左右。

竊念覯資朴不美，其生三十餘年，所務唯學，所好唯經，於當時之文，誠未有以過人者。至若周公之作，孔子之述，先儒之所未達，歷代之所不行者，嘗用功焉。其志將以昭聖人之法，拯王道之綱，❶製爲圖書，以備施用。明王有作，舉而措之，四海之内，庶乎斯民之復有知也。不幸寒餓之鋒刼而去之，有懷未果，中夜長歎。今兹箱篋草具，略有存者，旅窮無資，弗及繕録。執事若於暇日賜之從容，當挈其一二，陳諸座隅，必有可觀者矣。

吁！古之所謂知己者，信其道也，非徒利其身也。不然，何山之深而不可廬？何水之廣而不可漁？

❶「拯」，光緒本作「振」。

著書傳道，求聞於後世，不猶愈於碌碌食衆人之食乎？ 不宣。 覯慚汗再拜。

上劉舍人書

舍人執事：伏以今之學者，露其才業，日干於兩制之門者，誠以輕重斯文，進退多士，遇其知則朽株爲春華，咈其意則夷路爲太行。故書不憚手之胝，言不恤脣之腐，拳拳俯伏于下風，唯恐不得請也。

覯誠愚闇，竊謂不然。且吾君以兩制爲賢，使主天下之士，士之得失，天下之本繫焉。得一士爲天下利，繫兩制之功；失一士爲天下害，繫兩制之罪。不得罪于君，將得罪于民；不見非于今，將見非于後。賢人君子，有位有名，其肯舍功而趨罪，以自貽媿恥哉？如是，果才邪，雖未嘗識面，其必不棄矣。果不才邪，雖日拜乎前，其必不取矣。則有志之士，何足屑屑於其門哉？故自弛擔京師，于今累月，足迹罕及名卿之堂者，爲是故也。然今日所以請見於明公者，蓋亦有説。

伏念覯生江南，去明公之居不數百里，自成童已知讀明公之文辭矣。繼聞決高第，效美官，立朝廷，正色直言，磊磊有烈丈夫之氣。小人不佞，抑好義者也。聞古人之風，恨不得見，況今人之得見，而可不請見乎？ 惄如於心，爲日久矣。昨值明公銜命北方，往來數月，及節旄之至，則抱病邸舍，倦於趨走。幸今有間，輒塵黠賓次。生平所著，貧無紙筆，弗及自陳，明公試引之座隅，徐觀其用心可也。伏慮左右不察，以覯爲趨利而來者，敢奉書以爲先。不宣。覯恐懼再拜。

上吴舍人書

舍人執事：覯家江南，結髮學問，讀古人之書，竊慕其所爲而不可得見。將求今人之似古者而宗之，蚤瞻莫望，唯恐弗獲。

天聖中，聞執事以進士舉爲太常第一，詞章卓異，風動遠邇。腐儒老生，骨醉心死，時則見執事之才。其後數年，天子脩先帝故事，親策賢良，而執事裦然爲舉首，推考經術以戴翼世務，疑亡闕補，言到聖處，時則見執事之識。居山寥寥，去上國三千里，望風長懷，無路請謁，有如衰根病芽，棄置幽谷，雖知有陽春之和、皎日之光，不得與尋常草木並受其賜。歉然於中，積有年矣。

今茲竊幸詔舉茂才，州郡不明，以妄庸人充賦。弛擔以來，博聞高誼，心馳門闌，若渴於飲。故擇令日，塵點賓次。重念覯性質無似，不能與時世争利，捐造化之術而甘於寂寞之道，行思坐誦垂二十年。其志幸一試用，就尺寸之效，以章其身。千載之後，不與碌碌者同泯没，爲凡鬼於地下。聖人當天，俊乂雲合，有志如此，豈敢自必。

執事當世儒首，言重蓍蔡。可稱邪，爲天下稱之；可進耶，爲天下進之。不敢求哀以犯公義。所業《策論》五十首，謹獻諸左右。潤色之暇，稍賜觀覽，千萬幸甚！不宣。覯再拜。

上王内翰書

内翰學士明公：覯江湖凡人，生得至愚之性。天以六經群言煨燼之餘以成其愚，而不與白雲清泉衣食之奉以養之。家貧事親，漁釣樵斧不足以具甘旨。揭來人間，學習世務，續凫之脛，久而無成。

今兹聞國家求賢良文學之士，蒙不知今，竊况於古。謂版築飯牛之微，或不爲時君所棄，因出草廬，從州郡之舉。乞錢爲食，陸走三千里，西嚮轂下。京塵冥冥，勢利相軋。既貧且病，財不能以備簡墨，力不能以事趨走。弊衣徒行，僮僕楚語，誠難以候閽人之顔色，以附名卿之焰也。非夫烈丈夫抱義慷慨不好苛禮者，安能爲覯之地哉？

伏惟明公盛德大名震曜四海，仕者學者以爲依歸。矧曩昔之幸，嘗一拜於門下，今日之來，不敢伏匿，自絶高義，輒請見於賓客之後，明公亦留意乎！所業《策論》五十道，姑飾其稿以籍手。應用之文，未免蕪累，觀其大略可也。生平著《明堂定制圖》一道并序，《平土書》并圖三道，皆繩先儒之誤，以章聖人大法，施諸儒林，粗可稱述。舊本漫滅，未敢自陳。暇日一垂問焉，當指畫於座隅也。質野之人，言無遜避，惟輕其罪而已。不宣。覯再拜。

與章祕校書

祕校章君足下：昨暮枉駕，告以東南行，徒步不能送别，豈任依依。覯初未相識，每與丘思語，頗得足下之爲人。及問歐陽校理，益信之。他日足下顧我於邸舍，氣和而言正，其辨説駸駸到義理，憤世疾惡，有大丈夫之芒角，此固不待觀文辭而後知其業也。

噫！昔三代之人，自非大頑頓，盡可以爲君子，何者？仁義禮樂之教浸淫於下，自鄉徂國，則皆有學。師必賢，友必善，所以養耳目鼻口百體之具，莫非至正也。足下生今世，教化風俗既無可道，況在公相貴富之家，非愚且諛，孰肯辱於門下？是所與居者又可料矣。而能自立如此，非天資超然異於衆人乎？夫將有爲之士，常喜其類，蓋類同則志合，志合則力并，力并則事可行、功可成。禽邪人，獮邪道，或掎或角，庶乎有備也。

覯不肖，承足下之風，歡慰無極。《詩》曰：「是藨是蓘，必有豐年。」抑强勉而已矣。吴越美山水，出囂塵臭處而居之者，飄飄若僊去，然其人物愈衰少。安定胡先生瑗往來於其地，思古人而不得見，姑從之游可也。遠道慎飲食，以適親意。幸甚！幸甚！六月五日盱江李覯白。

上江職方書

知郡職方執事：覯伏以新進俗儒，樂游貴富之門者，莫不有求也。或崇飾紙筆以希稱譽，或邀結勢援以干薦舉，或丐禄粟之餘以免困餓，或借威柄之末以欺愚弱。奴言婢笑，情狀百出。上之人以其求之私也，作爲關鍵，唯恐拒之之弗絶耳。其間雖爲有道義而來者，亦多以是疑之。疑之不釋，則所以待之之禮與衆無異。故好古潔廉之士，拂衣遠遁，羞與薦紳相聞者，可勝道哉！

覯小人，世宅田野，上天哀憐，以古人之性授之，讀書屬文，務到聖處，其言周公之作、孔子之述，蓋多得其根本。漢以來諸儒曲見蕪説，頗或擊去，以此著書數萬言矣。不幸少年繆計，屢乞鄉舉，求而不得，祇自穢汙。今茲行年三十餘，固知非矣。方將削迹塵路，屏居林藪，張皇本心，洗滌外慮。未明者明之，未備者備之。使三代之道，珠連玉積，盡在掌上，所大願也。若夫毁譽用舍，計之已熟。譽邪，惟天下自譽之，覯不求譽也。用邪，惟天下自用之，覯不求用也。懷姦攫利，所弗忍聞。頭斷胸裂，直氣不死。故常望形勢之塗，而不欲一舉趾以趨進於其中。誠恐以常人疑之，以常人待之，則游河蹈海不足洒恥。

近者訪舊吴越，彷徉而歸，竊承明公以儒學吏術作鎮于此，因念今二千石，當古諸侯之位，而覯幸得尺寸地，在治下爲居人，苟復耿介自異，不能一至門左以謝仁政，則失所以事邦君之禮。輒敢策羸馬，襲弊衣，以貽閽人羞。伏惟明公聽其言，察其意，知其非有求而來者，則覯也可無悔矣。不宣。覯再拜。

上慎殿丞書

知郡殿丞執事：覯伏以佩有青，幨有彤，生善殺惡，爲天之工，斯士之甚通。策無馬，呼無僮，衣麻食菽，于山之中，斯士之甚窮。於戲！以勢言之則弗類，以道言之則無間。故吴公之治河南而賈誼薦，陳蕃之守豫章而徐穉禮，風流未遠，學者稱之。今茲請謁，敢以藉口。

竊念覯郡之衣冠家也，數十年來，禄稟中絶，天恤私門，不惜中和一點氣，造爲蕞爾之微躬。生年未幾，不喜他習，惟文惟學，如哺如乳。媚于耳目，貫于心胸，蚤夜專一，其樂無筭。勝冠以還，蓋有成矣。其或刮簡含墨，騁鶩文苑，金無鑛堅，玉無璞頑，尋英取華，所嚮皆得。至於仁義之淵、禮樂之源，顧嘗吞吐堯舜，揭厲商周，先代諸儒，或有慚德。雖州郡齟齬，莫肯聞薦，而縉紳先生當名路者，多賜賞激，謂非凡人。以此自信，若當大任。且貧且賤，不怨不悔，上事老母，旁無昆弟，乞錢爲食，來往江湖，零丁孤苦，積有年矣。

今者竊嚮明公以賢人之業，仕聖王之時，激昂朝著，指取郡寄，惟茲桑梓，輒枉旌旆，雖壺漿之迎曾未至止，而愛民之譽，樂善之稱，隨風北來，襲滿人耳。此誠有志之士剖堙鬱、祈顧遇之秋，林澤雖廣，豈敢伏竄？謹與諸生犇問羈靮。前之所陳，固失謙讓，但以淈沈俗間，幸遇明哲，不能自言，誰爲言者？郊次煩猥，非敢顧見，視事之後，惟賜接納，乃問乃聽，驗其所有。苟復碌碌與常儒同，則面欺之罪，委于吏議可也。不宣。覯再拜。

上楊屯田書

知郡屯田執事：竊以唐有天下垂二十世，明皇文治之盛也，而燕公佐之。宋有天下今數十年，真宗文治之盛也，而文公佐之。二公之才相似，其遇時得君、樹功立業亦復不異。然燕公既没，而均、垍從僞，隕其家世。文公既没，而執事之名，籍甚當代，其故何哉？

愚以爲至忠大節，抑姦與正，王家所賴，天鬼所信，惟文公有焉。《傳》曰：「君子善善也長，惡惡也短。善善及子孫，惡惡止其身。」以文公之賢，其後世固當得志矣。況執事聰明多識，剛中能斷，爲儒有學術，歷官有政績。蓋如孔子之後而生伋，文中之後而生勃，宜夫士大夫服膺之弗暇也。

覯草野之人，未得仕進。頃因薄遊，每聽高義。前年冬，龍圖高平公在會稽，嘗以尺書來召，且言執事監郡，留意講學，促令見之。屬以窮愁多故，辦裝不早，及其至彼，則執事西行且數日矣。高平公一見，深以小人不得侍坐於長者爲歎。羇旅之心，悔恨多矣。

昨者還鄉，竊聞車騎布惠茲土，且以水陸之遠，才數百里，敢求寧居，以怫所願，謹正衣纓，來伏賓位。恭惟執事之明，必有所以待之之道矣。生平志業，未敢自陳，苟賜從容，當稍布于左右。輕犯明哲，伏深媿畏。不宣。覯再拜。

上聶學士書

省判記注學士執事：伏以哲人既没，禮樂失其師而奇衺戰之，雅正大潰，遺音舊器，殘破略盡。典經所志，什不存一。儒其服者，莫肯暫寄目於其間，將何以格天神，召和氣？陰陽之錯行，風俗之不脩，職此故也。吾王以一統之大，再造聖法，與民惟新，爰募儒林，俾言大樂。詔下之日，有識慰抃。然古道廢久，能者誰何？執事才兼萬人，心照億載，聲音之道，蚤所詳明，因與一二君子專制其事。歷時未幾，改作大備，諒已韻《莖》《英》之啞，起《韶》《夏》之僵。后夔足蹈於幽墟，師曠耳傾於鬼部。朝之鴻碩，疇敢措辭。

覯江南賤夫，行年二十八矣，唯學古喜事，其志焰然。竊聞朝家興復治世之作，第恨其身不獲齒廷臣之末，得以升太廟，侍圓丘，聽八音之發，不徒破堙鬱，洗邪辟，抑以觀先聖王所以應天感人，其法度何如也！所懷未果，嗟憤何極！雖然，姑願一拜先生之容，側聆至言，以辨大方，因以卜己道之臧否，幸亦多矣。昨始至都下，蓋曾候問僕人，然卒未克吐其區區。今兹是用有言於左右，執事其亦少留意乎？

覯嘗以明堂者，古帝王之大事也。而去聖久遠，規模莫見。《周禮·考工記》《大戴禮·盛德篇》《禮記·月令》「室个」之説參差不齊。繇漢迄唐，老師大儒各執一經，相爲矛盾。有國者不知所以裁定，遂使布政之宫，缺而不立。雖有作者，皆取臨時處置，非復先王之法象。覯謂《周禮》《大戴禮》《禮記》皆聖人、賢人之所作述，不宜輒有乖異。反復思念，則三家所指，制度果同。但立言質略，意義弗顯。訓傳之士，泥文太過，遂成派分。故嘗挾而正之，決而通之，不以文害辭，不以辭害意。三家之説，坦然大同。堂室之度，靡所回惑。的的然如見成王、周公享帝視朔，朝諸侯於其上。因作《明堂定制圖》一道并序，約五千言。非執事博古知變，不牽於世俗之論，則不能以别此書。然恐計府少暇，重以煩暑，未逮熟觀之，謹先以所著《潛書》十五篇、《野記》二篇、《禮論》七篇，塵穢几上，試加一覽，可粗見其存心。苟不以菲薄而棄之，時因休沐，曲賜甄問，則當奉法宫之議，鋪陳於席次，然後足以盡其才。謂其善，則薦之可也，譽之可也。其未至者，則教而成之，固儒師之職耳。羈旅貧困，無紙墨傭寫之資，止於具草本而已，伏惟仁賢略其常禮而鑑其苦心。幸甚！幸甚！不宣。覯恐懼再拜。

上葉學士書

省判學士執事：覯生江楚間，始數歲，竊習其家書。見晁、董、公孫之對問決科，皆所以發天人之秘，而彌縫國家之務。漢往而唐，聯幾百祀，雖治亂相變，而異人時有。其稱得士之盛者，率由是道。及稍長，鄉先生教以速化之術，則謂當今取人，一出於辭賦，曰策若論，姑以備數。因歷觀場屋得雋者，誠皆聾病靡靡之文而已。借有材之高、識之通，以禄仕故，不敢放其絶足，越邪徑而趨大道，腐儒愞筆，喜幸多矣。私心憤疾，往往竊垂義士之涕，將恐古道萎絶，不能復萌芽。

至年十六時，聞禮部奏貢士之可者，賜第於殿廷，所得多當世豪俊，而執事之五策，實流行於天下。募其本而觀之，則審刑政之會，達權利之變，將以富國便人而納之於禮義，良今日之急務，而衆賢之所未知者也。其辭典而贍，其意正而通，洋洋乎古人之風復歸於筆下。覯雖不肖，用是感激，竊喜囂譊流宕中，亦有賢士大夫毅然執戈，剸淫辭而遵理道者。❶重遇主上之明，有司之公，擢致高等，足以風四表而移士心矣。

自時而後，積十餘年，游目於書肆，則熟執事之文采；侍坐於先進，則飽執事之治聲。窈然如望梧桐之宮，聽鳳凰之鳴。徒知其諧和中律，噰噰盈耳，而雲霧隔之，終不克一見其容狀。不意今兹旅食都下，而執事方在省局，門牆伊邇，有請見之路，是用上問興居以適所願。昔人有言曰：唯賢知賢。小人不敢自稱道，顧可以當執事之知乎？

伏念覯草茅匹夫，受性不甚魯，唯其心志耿耿，不忍自溺於流俗。爲學必欲見根本，爲文必欲先義理，晨夜探劚，❷力盡弗已。而州郡不肯薦，鄉黨不見稱，年近三十，隕穫日甚。昨者，因謂京師忠賢所萃，策試

❶「剸」，光緒本作「剔」。
❷「劚」，光緒本作「討」。

亡私，奔走西嚮，將覬覦其萬一。未及弛擔，而貢舉已罷矣。羇栖輦轂，兩經晦朔，親老食盡，又當歸寧。踽踽而來，惘惘而返，士林不鑑其道，有位不知其名。背仕進之門，而復入於寒餓之水火，此亦烈夫好義所宜惜之也。

生平爲文，謹擇其二十四篇，寫成一册，及所著《明堂定制圖》一道并序，草具其副，塵諸左右。莅事之暇，時賜觀覽，足知覯心之所存焉。冒黷威重，伏增慚怖。不宣。覯再拜。

上李舍人書

脩撰舍人執事：洪惟天之清，地之淳，喬雲膏露，所禀無幾，甘泉紫芝，僅承其餘。是故其正氣也，升之則爲神，降之則爲賢。神所以造萬物，賢所以治萬物，其致一也。賢人之業，莫先乎文。文者，豈徒筆札章句而已，誠治物之器焉。其大則核禮之序，宣樂之和，繕政典，飾刑書。上之爲史，則怙亂者懼；下之爲詩，則失德者戒。發而爲詔誥，則國體明而官守備；列而爲奏議，則闕政修而民隱露。周還委曲，非文曷濟？禹、益、稷、臯陶之謨，虺之誥，尹之訓，周公之制作，咸曰興國家，靖生民矣。自周道消，孔子無位而死，而秦嬴以烈火劫之。漢由武定，晚知儒術。至今越千載，其間文教一盛一衰。大抵天下治則文教盛，而賢人達；天下亂則文教衰，而賢人窮。欲觀國者，觀文而可矣。

吾君接三后之遺烈，對皇天之駿命。身居九清，横制四海。獷俗庭而兵革偃，年穀豐而禮讓作。太平盛事，漸而無纇。繇是下明詔，戒文弊，抑末世之流宕，復先王之炳蔚。方内豪傑，[1]翕然承風。援毫者悉本三代，游談者羞聞五霸。始自薦紳，逮于韋布，盡雍雍如也。雖然，羽者必有鳳，毛者必有麟。文章之囿，則宗主存焉。

伏惟執事以大臣子知聖人道，策名天階，從事册府。奇辭高識，日新又新。潤色之任，拾取如芥。誠將輔君政而主師教，四三皇而七六經。固蒸人之宗主而學者之指南也。

竊念覯家於江表，生而嗜學。誦古書，爲古文，不敢稍逗橈。行年二十八，未獲薦用于時。謗讟益多，窮困益甚。怳然自疑其業之非是，輒敢決正于左右，未知蓍蔡之仁，肯錫之一言哉？謂之是，則區區姓名當由此而顯；謂之非，則齒少氣盛猶足以改習。然則謂執事爲文章宗主，而指南於學者，良不虛矣。生平爲文，謹采其二十四篇，寫成一册，及所著《明堂定制圖》一道并序，草具其副，辱諸侍者。演暢多暇，一賜觀覽。千萬幸甚！千萬幸甚！藪澤庸微，干犯崇貴，曷任畏罪。不宣。覯再拜。

上宋舍人書

脩撰舍人執事：覯不肖，竊謂文之於化人也深矣，雖五聲八音，或雅或鄭，納諸聽聞而淪入心竅，不是過也。嘗試從事於簡策間，其讀虛無之書，則心頹然而厭於世；觀軍陣之法，則心奮起而輕其生；味縱横之

[1] 「方」，光緒本作「海」。

説，則思譎詭而忘忠信；熟刑名之學，則喜苛刻而泥廉隅；誦隱遁之篇，則意先馳於水石；詠宫體之辭，則志不出於匳匣。文見於外，心動乎内，百變而百從之矣。諒非淳氣素具，通識旁照，則爲其所敗壞如覆手耳。韓子有言曰：「儒以文亂德。」❶豈謂是乎？然則聖君賢輔，將以使民遷善而遠罪，得不謹於文哉？

有周而上，去古未遠，而濬哲時起，以綱領之，彬彬之盛，如天地日月，不可復譽其大而褒其明也。至于漢初，老師大儒，未盡凋落，嗣而興者，皆知稱先聖，本仁義。數百年中，其秉筆者，多有可采。魏晉之後，涉于南北，斯道積羸，日劇一日。高冠立朝，不恤治具，而相高老佛無用之談；世主儲王，而争誇姦聲亂色以爲才思。虚荒巧僞，滅去義理。俾元元之民，雖有耳目弗能復視聽矣。賴天相唐室，生大賢以維持之。李、杜稱兵於前，韓、柳主盟於後，誅邪賞正，方内嚮服。堯舜之道，晦而復明；周孔之教，枯而復榮。逮于朝家，文章之懿，高視前古者，階於此也。

不意天宇之廣，頽風未絶。近年以來，新進之士重爲其所扇動。不求經術而摭小説以爲新，不思理道而專雕鎪以爲麗。句千言萬，莫辨首尾。覽之若游於都市，但見其晨而合，夜而散，紛紛藉藉，不知其何氏也。遠近傳習，四方一體。有司以備官之故，姑用汎取。瑣辭謬舉，無如之何。聖人之門，將復榛蕪矣。所幸明后在阼，賢臣在位，慨然興念，思遏其波。凡曰有識，孰不抃慰？❷然詢於輿人，則僉謂執事與禁掖數

❶「德」，《四部叢刊》影宋本《韓非子》作「法」。

❷「抃」，光緒本作「忭」。

公謀救斯弊，用心最切至。

覯僻遠之民也，獲聞是語，信之不疑。誠以執事負大才業，角馳英俊之場，疊爲天下第一。遭時結主，坐致嚴近。苟協洛同僚，翊起正道，鑿吾人之胸，而歸以中和之氣，固其職矣。雖然，世俗之仕，難以道諭，易以名誘。誘之之術，不在辭費。胡不於廣衆之中，擇其好古知道有出於人者，浴其塵垢，被以羽翼，使奮飛於天衢？庶夫聞見之者，知所勸勉乎。《記》曰：「以義度人，則難爲人；以人望人，則賢者可知矣。」若必求德行如顏閔、文學如游夏者而後取之，則是待飛兔腰褭而乘車也。伏惟稍卑其論而聽小人之請。

覯家於南楚，生二十有八年矣。自總髮讀書，羞以耿耿之心爲流俗所昏醉。開卷執筆，輒欲闚見古作者之狀貌，爲之浸久，非敢自謂有所得，然其用意，不爲不專矣。家貧親老，弗獲禄仕，或怒其介，或笑其迂。左排右擠，溝壑是虞。今兹旅食上國，日聞高義，不慚賤陋，奉累閽守。必欲招延雋傑，激勸頑鄙，顧可以隗爲始乎？昔牛奇章見稱於韓吏部而名遂籍甚，退之非僧孺所可跂及也。然而所以稱之者，急於教道，欲其行之者多，庸兹獎勵而已耳。

今覯雖不才，抑猶未肯與僧孺等列。執事不爲退之之事則已，若其爲之，幸少留意焉。嘗所著《明堂定制圖》一道并序，其意在贊明經義，以埤益一王之盛禮。天門祕邃，未敢通獻。謹繕其副，陳諸座隅。并以雜文二十四篇録爲一册，繼用塵瀆。潤色多暇，時賜裁擇，是所願也。志切言直，有犯威尊，俯伏待罪。不宣。覯再拜。

上范待制書

知府待制執事：覩嘗聞之《鶡冠子》曰：「賤生於無所用。中流失船，一壺千金。」始猶未信，今乃知之。

嗟乎！古之爲士者，何其顯榮哉？身弊緼而寵踰華袞，腹藜糗而富埒千乘。故有以南面之王而擁篲於匹夫，公子國相而執轡於羸老。茲戰國之事，尚未足法。漢有天命，四履之遠，化戎爲華，而猶求賢如不及。州郡察焉，四府辟焉，一介之善，無敢漏略。縣鄉小吏，名汙賤者也，翼之而仕，角之而朝者，往往有焉。此無他，蓋有國者慮下情之壅遏，得人以快耳目；當塗者畏曠官之罪，以舉賢爲稱職。習俗相尚，氣焰薰灼而然也。故于時能言以上，多自琢飾。闔門爲仕進之階，鄉黨乃榮名之路。獎助風教，夫豈小歟！

厥後古道不逞，辭科浸長，不由經濟，一出聲病。源而海之，以至今日。矧惟真帝在上，皇天乃睠，太平之根，穩貫坤厚。四鄙酣寢，無雞鳴犬吠之警。法令流暢，罔或牴牾。役夫賤類馳一乘之傳則足以呼舞諸侯矣，三尺童子據案弄筆則足以斬決强梗矣。不待偉人深智而職事已治。故雖浮華淺陋之輩，率爲可用。聲律取士，孰不曰宜？學小則易工，利近則可欲。員位有數，而求之者多，國朝患其或私謁也，於是糊其名，易其書，混致於考官之手。固不知其立身之行，幹蠱之才，雖有仁如伯夷，孝如曾參，直如史魚，廉如於陵，一語不中，則生平委地。況執其柄者，時或非人，聲律之中，又有遺焉。薦於鄉，奏於禮部，第於殿庭，偶失偶得，如弈棋耳。名卿大臣，以其無舉知之責也，閉其口不復言天下士，俛視同術，疏若秦越。養威重，崇愛惡，管庫之隸、洒掃之僕皆得以保任，而惜一言以舉遺逸。雖然，好古潔廉之士寧忍飢而死耳，安能仰面以希其咳唾？

於戲！學道之無益也如此，夫宜其腐儒小生去本逐末。父詔其子曰：「何必讀書？姑誦賦而已矣。」兄教其弟曰：「何必有名？姑程試而已矣。」故有縑緗凝塵，不記篇目，而致甲科。帷薄汙辱，市井不齒，而諧美仕。勸善懲惡，將安在邪？萬一史臣示書法於後世，則赤墀之下當有任其責者矣。噫！非大賢君子，其曷能矯之？

覯，建昌南城人也。生二十有九年矣。齠齔喜事，以進士自業。摘花蕊，寫雲煙，爲世俗辭語，頗甚可取。愚不惟道之隆替，時之向背，輒游心於聖人之藴志，將以堯吾君，羲吾民。晨夜精思，頗爲有得。視闕政如己之疾，視惡吏如己之讎，恨無斗水以洗濯瑕穢。四顧悲歌，時或涕洟。然而命薄計拙，動成顛仆。鄉書之不録，況爵命乎？孤貧無依，載其空文走南北。楫焉而川竭，蹄焉而路窮。嘗遊京邑，凡時之所謂文宗儒師者，多請謁焉。但伏執事之名，時最久矣。謀之於儒林，則又謂執事表知樂之士，有自褐衣而得召者。如覯等輩，庶可依歸。不幸未及弛擔而執事以言左遷。時異事變，卒無所遇。彷徨而歸，又黜鄉舉。身病矣，力窮矣，仰喜朝車適留兹土，故不遠五百里犯風雨寒苦來拜於廡下。

古之君子居易以俟命，不患人之不己知。今覯也，踽踽而來，若行賈之爲者，其故何哉？伏念家世貧乏，幼孤無兄弟，老母年近六十，饑焉而無田，寒焉而無桑。喁喁科舉，求不可望之禄以爲養，抑疏闊矣。每朝夕進側，則見髮斑體臞而食淡衣粗。烏鳥之情，痛劈骨髓。王城百舍，天門九關，銖銅不畜，何路自達？遐方小郡，知己斷絶。姦邪所怒，哆治所笑。身無油脂，日就乾腊。往時多事，勤苦成疾。今兹憂愁，益復發作。長恐醫餌不繼，忽沉溝壑，内孤慈母，上負明時，所懷不伸，抱恨泉壤。以此計校，不宜默默，是以來也。

伏惟執事以文學名家，以公忠許國。封書言事，及於母子夫婦間無所隱諱。庭辯宰相而辭不可屈，此其心將大有爲者也。不日祗奉明詔，歸于帝右，持衡制事，當不因循。然則仕籍未甚清，俗化未甚修，賦役未甚等，兵守未甚完。異方之法亂中國，夷狄之君抗天子。長驅大割，用工非一。肘腋諮議，豈宜少人？漸而收之，盍自今日。覯雖不才，以備一人之數，顧不可乎？苟取其窮而通之，取其賤而貴之，補罅續斷，粗當益國，不徒矯世俗，騰舉士之名而已。此在高明熟慮之也。弗復云云。

嘗所著《明堂定制圖》一道并序，前日度支魏公以列于座隅，兹不再獻。《潛書》十五篇、《野記》二篇、《禮論》七篇，共一册，謹用塵瀆。常行所業五卷，亦以資閒暇一笑。皆舊寫不精，致恕而憐之可也。不宣。

覯再拜。

上孫寺丞書

寺丞執事：當今天下職官孰輕重哉？去於民不遠，事之一介必折諸其庭，莫如縣大夫者。吾邑之在江表，亦繁鉅矣。户口櫛比，賦米之以斛入者，歲且數萬。自政不得人，二三年來，尤爲昏亂。公庭攘攘，塞耳不聞怨聲。民錢獄理，交手爲市。刺史弗之恤，廉使弗之問。裹糧北走，路宿一月，然後至京師。天門沈沈，虎士交戟，朝無親黨，袖無金貝，有能自達其寃者乎？是以窮夫細人，拷棒且死，噤不得言，唯仰首拜天，以願雪活耳。❶嗟乎！❷聖人在上，此何罪也？

不意復有執事取而正之。民之瘡痍，洗刷鍼療；吏之宿贓，奪諸其懷。書牒訟爭者，不持尺布斗粟，喜捷而返。里胥大徭，隨候衙喝，無土工木材之責。縉弊布衣，食菜飲水，晨而出，暮不敢休，勉勉哀矜，與赤子爲父母。貪人侈婦之所竊笑，守道君子嗟嘆之不暇。嗚呼！仕今之世，處今之俗，其心皎皎，追古人爲徒，伏惟執事之事業，其小大何如也。

小人無位，請贊言之。押券書、移畝税者，立判時遣，無淹久以匱其力，則農不傷。鼠竊狗偷，得情則已，無姑息以枝其辭，則捕逐之吏敢奉其職。村氓僻陋，遠者二百里，負米爲食，十捐六七，以足薪蒭房賃之費，旦入郭門，夜馳而出，往返猶且數日，若必求其根，待其蔓，或旬或月，然後罷歸，則將顛躓乞假之無地，耒耜不得深其田，斧斤不得采其山矣。賊徒狡獪，心豈廉耻，昨鞭今戮，猶或不悛。若必撫而哀之，則將沿上官之語以誣捕己者，如此則雖白晝解人之衣貝者，掩目而過矣。仰惟執事以明易慎，以義奪仁，情見則勿疑，罪當則勿恤，乃古君子佩弦之流也。玉光無瑕，綱目無漏，完粹精密，可勝道哉！但恐聽詳則事滯，愛極則姦生，高明多見，當自知矣。

覯，邑外草萊之民也，落魄不肖。生年二十三，身不被一命之寵，家不藏擔石之穀。雞鳴而起，誦孔子、孟軻群聖人之言，纂成文章，以康國濟民爲意。餘力讀孫、吴書，學耕戰法，以備朝廷犬馬驅指。膚寒熱，腹

❶「耳」，原脱，據光緒本補。
❷「乎」，正德本、光緒本作「夫」。

饑渴，顛倒而不變。非獨人之云云，坐而自歎且自笑者也。今者進不敢祈執事尺書之薦，退不敢受里閭啓齒之囑，以希幸於左右。觴酒臠炙，非所懷也。唯其公論末策，思得自陳，以增盛德之分寸。故爲之一來，執事以爲何哉？不宣。覯再拜。

上余監丞書

監丞執事：覯，南城小草民也。竊聞執事以文辭判是非，取先天下豪俊。馬首南嚮，尹兹大邑。盛名之下，不獲愛坐卧，越四百里，奔走來見。嘗所著文，家貧弗及更寫，謹獻舊稿一策，凡九十五首，約萬餘言，以請命階闥。

伏念覯十歲知聲律，十二近文章，思慮猖狂，耳目病困者既十年矣。而公不舉於州郡，私不信於閭里，梯天莫見明主，窮海未遇知己。朝談仁義，暮學計策云云，雖多，徒取笑怪。老母坐堂，親愛盈屋，耒耜不供升斗之食，桑麻不足一帶之衣。塵埃四走，乞丐無地，此亦立節丈夫所宜歎惜者也。

今執事識量足以鑒臧否，位望足以爲升黜，亦奚吝開卷一覽，思其所以哉？夫驅馬而賣之者，爲市人所貴賤，未足以爲駑良。遇伯樂而弗一顧，則雖日馳千里，皆驢材也。伏惟少留念焉。他日執事得位將相，洗濯四表，瑣瑣之力，一獻門下，以託名於本傳之末，顧不美歟！古之相遇者，或以一言之善，或目擊而道存，意氣所合，唇齒後也。不復浮辭，唯增媿畏而已。不宣。覯再拜。

上蘇祠部書

通判祠部執事：覯每習觀書傳，見古人有先後相因，貴賤相取，刷浴塵穢，挈而致之功名之境者，未嘗不廢書太息，已或泣下。何者？兹道寂寥爲日遠矣。士之褐衣革帶顛倒風塵時，無不扼肘歎望曰：「我無知己。」一旦成大聲，享大任，則復因循自守，鮮能知人。蓋處賤而求人知也，則利在乎己；既貴而知人也，則利歸於人。爲己而不爲人，是以然也。繇此，達者自達，窮者自窮，上下背馳，不翅胡越。見天球河圖，委在溝瀆，不肯一濡足振起之，而安行自若者，皆是也。欲望張皇古道，聳勸士類，使碌碌者聞風而勇善，不亦難哉？是皆假道義以自進其身，身既進則忘之矣。真有道者，果不如是。

伏惟執事以佐王之才，❶應期而出，第進士，爲能官，中賢良，受清秩，治道二十五策，霆轟風飛，震伏天下，非真有道者，安能卓犖如此？是則夷高翦蕪，爲後進開路，誠有望於執事也。

覯，南城賤民。自以家世儒素，❷生長好學，由六七歲時，調聲韻，習字書，勉勉不忘，逮于今兹，年二十七矣。其間染采薰香，附合時律外，尤存心於古學，沉酣鼓舞，其志不甚眇小。然而進不得州郡舉，退不得

❶「佐王」，光緒本作「王佐」。
❷「儒素」，光緒本作「業儒」。

鄉曲譽。饑寒病瘁，日就顛仆。抱其空文，四顧而無所之。今者竊嚮執事風采，不辭道路暑濕之勤，❶夙夜奔走，求通於門下。以執事之明，其亦爲之動心哉！

覯生平所著，力弱貨殫，不能盡寫。今所摯者，舊文五卷，蓋備舉子常禮，《禮論》七篇，《潛書》十五篇，別寫爲浄本一册。政治餘閒，首乞觀覽。其餘箧帙細碎，苟蒙顧取，續當具其稿以獻。雖然，猶未足以盡覯所懷也。

覯往者每見邦國政教有玷缺不完者，下民疾害有酸楚未復者，摭其條目，雜然甚多。因欲作《狂夫策》五卷，既成其五篇矣，自以意切言直，懼爲世俗所忿誚，執筆瞻顧，逗橈而止。又以明堂者，古先帝王之大事，而去聖久遠，規模莫見。《周禮·考工記》《大戴禮·盛德篇》、《吕氏春秋》十二記，「室个」之説，參差不齊。繇漢迄唐，老師大儒，各執一經，相爲矛盾，有國者不知所以裁定，遂使布政之宫，缺而不立。雖有作者，皆取臨時處置，非復先王之法象。覯謂《周禮》《大戴禮》《吕氏春秋》皆聖人賢人之所作述，不宜輒有乖異，反復究省，則制度果同。但立言質略，意義不顯。鄭康成、蔡伯喈輩泥文太過，遂成派分。故嘗挾而正之，決而通之，不以文害辭，不以辭害意。三家之説，坦然大同，堂室之度，靡所回惑。的的然如見成王、周公享帝視朔，朝諸侯於其上。因欲作《明堂定制圖》一道并序。遇病中廢，未克成之。復謂《易》者，三聖之

❶「濕」，光緒本作「熱」。

所以教人，因時動静，而終之以德義，五經特是爲深矣。古今解者，唯王輔嗣尤得其旨，❶然亦未免缺誤。況此經變動無常，學者不能知所準的。覯常撮其爻卦，各有部分，仍辨輔嗣之失，因欲作《易論》十篇。然非汰思慮，旬月間不可以措筆。是三書者，他日即成就，跪致於几席之側，則夏時、《坤乾》，未必不爲仲尼所取也。今之獻者，聊可味其一臠耳。

仰惟執事思古人相因相取之道，而念其所以來之意，羽凡骨爲飛仙，起涸魚爲雲龍，藥石哺乳，使其銜恩，則他日執事入坐廟堂，出擁旄鉞，遂大動於時，覯雖不才，東西指顧，必有可用。今也不敢豫自道，幸執事裁之。不宣。覯恐懼再拜。

寄上范參政書

慶曆四年六月四日，應茂材異等科李覯謹西望再拜奉書參政諫議明公閤下：覯一二年來，竄遯山谷，竊聞明公歸自塞垣，參預朝政，無似之人，辱知最厚，延頸下風，憂喜交戰。喜者何？謂冀明公立天下之功。憂者何？謂恐明公失天下之名。夫以明哲之性，樹剛中之德，裁量古今，愍測衰敝。昔者言之而不得行之，誠無可奈何。今在行之之位矣，蓋當築邦家之基，天不足爲高，地不足爲牢，此所謂冀明公立天下之功也。然塞孟津者，非捧土可足；治膏肓者，非苦口不宜。遺闕之原，豈是眇小？若曰患更張之難，以因

❶「得其旨」，光緒本作「稱通曉」。

循爲便，揚湯止沸，日甚一日，則士林稱頌不復得如司諫待制時矣。此所謂恐明公失天下之名也。

嗟乎！當今天下可試言之歟！儒生之論，但恨不及王道耳，而不知霸也、强國也，豈易可及哉？管仲之相齊桓公，是霸也。外攘戎狄，内尊京師，較之於今何如？商鞅之相秦孝公，是强國也。明法術耕戰，國以富而兵以强，較之於今何如？是天子有帝王之質而天下無强國之資，爲忠爲賢可不深計？《洪範》「八政」，首以食貨，天下之事未有若斯之急者也。既至窮空，豈無憂患？而不聞節用以取足，但見廣求以供用。夫財物不自天降，亦非神化，雖太公復出於齊，桑羊更生於漢，不損於下而能益上者，未之信也。況今言利之臣乎！農不添田，蠶不加桑，而聚斂之數，歲月增倍。輟衣止食，十室九空，本之既苦，則去而逐末矣。又從而籠其末，不爲盜賊將何適也？況旱災荐至，衆心悲愁，亂患之來，不可不戒。明公何不從容爲上言之？

國奢示儉，抑有前聞。動人以行，不煩虚語。必也省宫室之繕完，徹服玩之淫靡，放宫女以從伉儷，罷樂人以歸農業。後庭愛幸，使衣無曳地；群下賜予，使賞必當賢。戒逸樂之蕩心，慕淳樸之爲德。不唯惜費，亦足移風。至於昭事神祇，尊奉釋老，務從中道，無徇末流。郊祀天地，禮之大者，先王立法，實有明文，謂天下之物，無可以稱其德，故牲用繭栗，器尚陶匏，大路越席，以昭其儉。愚儒在野，不覩大祀，聞之道路，有異於斯，費鉅禮煩，願留意也。寺觀所須，未嘗盡見，唯前年在京，值修開寶寺耳。觀其所用，誠難定數，然以意論之，害亦大矣。且時賣官，雖大理評事，無慮一萬緡耳。假如此寺秖費十萬緡，亦當十員京官矣。彼十員京官，以常例，任使數年之後，便當臨民。以爲萬户縣尹，則十萬家之禍；又以爲十萬户郡守，則百萬家之禍矣。若輟一寺之費而不賣十員京官，是免百萬家之禍。佛如有靈，豈不歡喜？一寺尚爾，其他可知。孔子曰：「禮，與其奢也，寧儉。」矯枉過正，此其時也。設謂復于質略，虧損國容，無以觀示于下，則未知瑶臺瓊室孰若茅茨土階之榮也？若以遠古之道難爲比擬，則近世豈無其事哉？隋之文皇既可爲吾君法矣，唐之楊綰亦足作吾相師也。此事尤淺近，蓋在明公術内久矣。然恐富貴娱樂，有以移人，故敢告于左右。

嗟乎！人壽幾何？時不可失，無嗜眼前之爵禄，而忘身後之刺譏也。覯才不適時，體復多病，非有望于仕進者也。所願草茅之下，復見太平，瞑目黄泉，蔑遺恨矣。所著《慶曆民言》三十篇，謹録上獻，伏惟稍賜觀覽。干犯鈞台，寔增慚汗。不宣。覯再拜。

直講李先生文集卷之二十八

寄上富樞密書

慶曆四年六月四日，應茂才異等科李覯謹西望再拜奉書樞密諫議明公閣下：伏以天時否結，海内煩費，力支王業，屬在賢人。況樞密攬軍國之權，明公通古今之道，才位相稱，功德可圖，此有志之士，所以願忠於僕人也。

覯，江南人，請言南方事。當今天下根本在於江淮，天下無江淮，不能以足用；江淮無天下，自可以爲國。何者？汴口之入，歲常數百萬斛，金錢布帛，百物之備，不可勝計。而度支經費，尚聞有闕，是天下無江淮不能以足用也。吴楚之地，方數千里，耕有餘食，織有餘衣，工有餘材，商有餘貨。鑄山煮海，財用何窮？水行陸走，餽運而去，而不聞有一物由北來者，是江淮無天下自可以爲國也。萬一有變，得不爲廟堂之憂而姦雄之幸乎？

議者多輕東南，謂爲怯弱，而不知爲官軍則怯，爲亂賊則勇矣。今之卒伍，例非勁健，必也少有材力，自己别營衣食，安肯涅墨而就拘哉？唯無聊之人，塡壑是懼，不得已而爲之耳。謂之怯也，不亦宜乎！若夫驍悍之資，狡猾之性，因緣怨憤，過有覬覦，則安知其無勇也？世俗但見藝祖取之之易，而謂事勢常然，殊不知以我宋應天之始，乘李氏失政之餘，殘殺忠臣，熒惑群小，兵叩城下，猶未知之。而今而後，焉得此愚暗之賊，又焉得此神武之師乎？以治討亂，尚難爲計，以亂攻治，將如之何？曹公用兵，不謂不善，而弗能以一矢加於孫權者，非特山川之險，亦以馬超、韓遂在關西故也。今之輟耕壟上，豈無鴻鵠之志者？然且伏而未起，有所待也。不幸一旦邊鄙戒嚴，而荆揚乘釁，廟堂之上，何以謀之？長淮大江塹其前，西戎北虜猾其後，畏首畏尾，力屈貨殫，當是之時，雖周公爲相，太公爲將，恐無及也。幸今無事，何不早爲之所？

三四年前，閱人爲弓手，鄉閭之内，驚擾百端，曾未幾時，已聞停廢而募諸宣毅，繼以土軍。聖朝用心，小子何見？然以意論之，弓手雖無取，而宣毅、土軍又不如弓手遠矣。豈唯無益，且有害焉。昔者之籍弓手也，自成丁以上，皆守令親擇之，稍有强壯，悉無逃匿。彼宣毅、土軍，既曰募人，須從所願，當職之吏，務登其數，雖甚駑怯，亦預收録，此一不如也。夫弓手本乃良民徭於公上，或田園富厚，或骨肉衆多，自重其身，不爲罪惡。彼黥額之徒，率多無賴，階於窮困，旋置妻孥，一動其心，復何所顧？此二不如也。夫弓手訓練有時，團結有處，散歸廬井，無預廩給。彼宣毅之名，殆十餘萬，一歲之費，無慮三百萬矣。加之土軍未知其籍，是取無用之人，爲匱財之本。此三不如也。觀其罷輭之容，動皆取笑。驕盈之氣，已欲陵人。雖無武功，自謂禁旅。若主將無惠，失於撫循，姦回矯詔，卒令起發，因其怨恨，讐以訛言，不出城闉，自爲蟊賊，未可知矣。此所謂豈唯無益且有害也。朝廷徒見名籍之夥，且聞講習之勤，謂爲有備，蓋未之思矣。

夫用兵之道豈特武藝而已哉？先在治其心，次可用其力。昔晉文公始入而教其民，二年，欲用之。子犯曰「民未知義」，於是乎出定襄王，入務利民。又曰「民未知信」，於是乎伐原以示之信。又曰「民未知禮」，於是乎大蒐以示之禮。民聽不惑而後用之，故能一戰而霸。後雖不及，猶有吴起吮疽而戰不旋踵，李廣與士卒共飲食而愛樂爲用。上下相得，豈徒然哉？今之守郡監兵，職爲將帥，奉行邦典，豈敢他言？恩意不通，路人而已。立尸之地，何以使之？矧將帥之材，在乎奇偉。而今所謂良吏者，小心畏忌之士耳。彼欲笞人數十，猶顧文法，捉筆不敢斷，而望其一步百變，赴死如歸，何可得也？

嗟乎！既往不咎，來者可追。宣毅、土軍，聚之已久，誠不可去，然宜於不可去之中刪其尤無用者，降隸于廂，既減資糧，且實役使。其存者則析其部伍，易地而居，名之駐泊，離其黨則無構扇之姦，去其鄉則爲興發之漸，仍使稍供差遣，❶以代舊之屯駐。屯駐者又還故郡，則廂軍可省招收矣。此亦防患之微意而節用之一端也。其於章示武威，備禦他盜，無勞益衆，惟在選賢。商、周不敵，自古然矣。何不於朝野之間，舉守郡監兵之職？勿拘資級，務取英才。至如荆、潭、揚、壽、昇、洪、杭、福、廣、桂諸部，宜命大臣爲之節制，重其操柄，許以便宜，辟召豪傑，咨詢計策，淹之歲月，庶可鎮安。若謂假以威權，事當疑阻，則小白、重耳非無土地，陳勝、吴廣豈是侯王？或以霸主而尊周室，或以匹夫而亡秦族。逆順之心，豈皆形勢使然也？況今賦斂之煩，數倍常法，旱災之作，絶異曩時，民力罷羸，衆心愁怨，造形而悟，其可忽諸？明公受國厚恩，爲世賢輔，解絃易調，正在此時。謀人之軍師邦邑，苟有危敗，是誰過歟？

覯自惟迂闊之流，實無榮禄之望，但恨養生之地，僻在一方，憧憧衆人，無可與計事者。常恐小才爲累，

❶「仍」，萬曆本、光緒本作「假」。

白刃相臨，守死則無名，脅從則有罪。所以夙夜憂懼，寢食弗皇，不知我者謂我何也？語有之：「可爲智者道，難與俗人言。」瀝血書辭，敢告執事，幸而帷幄之籌，不舍庶人之議，毆我元元，躋於仁壽，則覯也得保首領以没，受賜多矣。所著《慶曆民言》三十篇，謹録上獻，伏惟少賜觀覽。仰犯鈞台，豈勝慚懼。不宣。覯再拜。

寄上富相公書

至和二年八月十七日，將仕郎試太學助教李覯謹西望再拜奉書集賢相公閣下：鄉者相公偃息于外十有一年，天下之士憤懣者無所吐，天下之民窮苦者無所愬。宗廟有神，社稷有靈，佑啓聖心，廓然日出。擯讒説於九地之底，登舊德於赤天之上。含氣之類，孰不相慶？千萬幸甚！千萬幸甚！

議者曰：「賢人當位矣，恢儒復古此其時矣。」覯以爲不然。周公相成王，必先有討於管、蔡、商、奄而後制禮作樂。孔子爲魯司寇，亦且殺少正卯，會夾谷以懼齊侯，取汶陽田，未聞區區以文字爲先。何哉？緩急之節然也。

今之大患，患在夷狄。士大夫之耳目屬于相公久矣，謂排難解紛不在他人。才如斯，位如斯，籌深策遠，蓋非小子所難窺也。若夫禍以忽而生，勢以激而動，亦不可不知。朝廷憂西北而不憂東南，無寇賊之備，是所謂忽也。用力於西北，則勢不救東南，生姦雄之心，是所謂激也。竊恐燕、趙有舉烽之變，則荆、揚無安堵之氓。其曰無備者，非兵非食，官不得人之謂也。

今之取才既不盡善，而南國卑薄，隔以江湖，朝士亦不欲來，比於四方，最爲少人。近者儂智高之亂，足以觀之矣。智高之起於邕也，非若鬼神出自恍惚，蓋有萌漸可見。人或言之，而主者如不聞。及其至於廣也，非有羽翼降自空虛，蓋已旬月之行。衆欲距之，而主者閉門之不暇。遂使百越之地，千里無煙，積尸成山，流血成川。非他也，官不得人之弊也。

凡今任官，貴在科名。彼嶺南郡守，不知幾人，非但無功，又不能死，唯趙師旦、曹覲以節義自顯。夫二人者，皆無出身。孔宗旦以負謗之故，謫掾于邕，事未起而言，言不用而死。夫人豈有科名哉？凡今用法，小過不宥，而大刑不行。小過不宥，故跅弛者廢；大刑不行，故首鼠者安。嶺南之吏，或不備不虞，或偷生惜死，而不聞有伏鈇鑕者。以不忍之政，馭無耻之人，如乘駑駘而舍鞭策，欲其致遠，何可得哉？所幸智高豎子，本無遠略，如使匹馬尺鐵，踰嶺而北，則江表生靈已魚肉矣。當是時，數百千里之中，無一人可與計事者。或云修城池，或云教士卒，秖以行破公文，何曾得似兒戲，令人見之，不覺大笑。賊若能來，誰有今日？

相公非常之人，固不爲常人之事，見幾而作，今也其時。若謂才之難得，道在馴致，則凡守大藩，如古方伯連帥者，且宜慎柬，每十數郡得一俊傑以臨制之，亦足以有爲矣。如此，雖大駕登單于臺，元帥勒燕然山，無南顧之勞擾。況當平世，誰敢動哉？

覯慶曆四年嘗以書言南方事，必達左右矣。後二年，作《長江賦》，欲干黼室之聽，而無路以通。謹録一本，塵玷台座。草茅之愚，行年四十有奇，一事不成，百病俱發，未知餘年有幾，唯未死間不逢亂賊，是所願也。故復呫囁，上瀆威尊。伏惟哀其狂而寬其罪。不宣。覯恐懼再拜。

寄上孫安撫書

皇祐四年十一月十三日，丁憂人李覯謹再拜奉書安撫密學諫議節下：覯病臥草中，聞朝廷委節下一方之事，載驚載喜，已而泣下。

嗟乎！自嶺表有變，數千里間，火熱湯沸，而未見有左右前後之臣，負大名於天下者一來鎮撫，竊疑江湖之民，獲罪上帝，不復得爲周家草木，在《行葦》之詩矣。今也傳言節下當來，有如司命仙官將自天降。荒陬士女，罕識貴人賢人，孰知所以來之旨？愚心耿耿，實異於衆。輒緣漆室憂魯之義，願有以控告。不幸酷罰在身，未經祥禫。請見則非禮，寄書則不恭。日夜惟思，罔知所措。忽覩牓示令，實封齎來，何幸如之。然而開設數路，許以酬賞，苟應募而言，是傭徒鬻賣之道，高潔之士得不唾其面哉？退又念古之人有殺身以成仁，安得避干賞之嫌，沮願忠之意？由此奮發，節下試聽之。

嗟乎！今之天下何其少人哉？人材高下，未敢輕量。若夫至公至忠，圖國忘身者，誠不易得。凡居位者，何異一曹司？但行文書，不責事實。但求免罪，不問成功。前後相推，上下相蔽。事到今日，猶不知非。昔西戎叛時，數年間，天下之民破骨出髓，而不能取元昊一塊土。今南蠻又叛，數月間，江湖之人拆衣賣絮，而智高方擁美女在珠玉堆中坐耳。何者？十羊九牧，朝令夕改，作無益以害有益故也。

彼智高者，豈英雄哉？打劫之尤者耳。愚嘗謂彼失於久，而我失於速。彼若能速，廣東非我有也。我若能久，彼焉得跳梁若是哉？

何謂彼失於久？ 當其自邕而來，所過諸郡，突如破竹，若能因其倉庫，撫其民人，分留同惡，合聚亡命以守之，避實攻虚，直趨英、韶、南雄以扼大庾，使江南之兵不得過，雖廣西兵來，而東路之勢已盛，則五羊孤城，仲子怯師，囊橐中物耳。舍此不爲，而爲持久之計，豈有人作賊深入主國，無饋糧、無外援，而可頓於堅城之下連月不去，以待王師之來哉？ 此所謂彼失於久地。

何謂我失於速？ 當賊在五羊城下時，王師幸得到英州，若能分兵屯守要害，堅壁清野以待之，彼將何如？ 梁孝王天子母弟，周亞夫尚不可救，況廣州仲簡何足可惜？ 彼求戰則不聽，欲走則無路，糧食當有限，寶貨豈可餐？ 越月踰時，自當乾死。況蕃漢烏合，其心不一，力盡勢窮，寧無疑貳？ 購賞在其前，斧鉞在其後，智高之首，何難可致？ 不戰而屈人之兵，古今一也。豈有人爲將，乘驛會師，與士卒未嘗相識，昏至晨戰，挺身入賊，如此，雖豫讓爲軍員，要離作節級，有何恩義能使之用命也？ 以侯伯富貴之身，落豺狼腥臭之手，遠近聞之，莫知所由，皆以賊爲鬼將神兵，非人可敵。故鋒刃未交，而心膽已碎。後敗甚於前敗，今日甚於昨日，徒使狂童謂天無綱。此所謂我失於速也。

自有事以來，江湖之間，誠宜設備，然所以備之，豈其道哉？ 豈作無益以害有益者哉？「居是邦不非其大夫」，不得爲節下盡言也。嗟乎！ 疾在四支，皆知護心腹矣，恐風氣之内入也。而不知用藥無節，則心腹自生疾。敵在嶺表，皆知備江湖矣，恐蠻寇之内攻也，而不知作事無術，則江湖自生變。四支之於心腹，嶺表之於江湖，其遠近緊慢，以節下之明，固不待人言也。

嗟乎！ 彼智高者，終何爲哉？ 歷觀自古，豈有如彼等人能成事也？ 彼之所至，奪人財物，燒人室宇，食人老弱，妻人婦女，人之仇讎，無甚於彼者，安能成事哉？但恐嶺表未定，江湖日貧，而群盜起耳。夫群盜者，初不足畏，或數人，或數十人，或數火，或數十火，然後以小合大，以近合遠，遂成千人萬人耳。雖然，此等亦安能成事哉？賊殺既已甚，天誅所未及，於是乎有長材大力，假忠借義，以討賊爲功，以要王爵，以歸民望。如孫堅父子，漸不可制。此愚心之憂也。

嗟乎！江淮而南，天府之國。周世宗之威武，我太祖之神聖，非一朝一夕而得，柰何因循，不以賢才守之？今日之事，可謂急矣。誠得左右前後之臣，負大名如節下者數人，使居潭、洪、荆、昇、揚、杭、福州，兼節制一路，屬郡官吏，得自廢置，然後可以言利害。官不得人，雖言之，誰爲行哉？朝上千疏，暮降百勑，付之曹司，適煩擾耳。如曰得人，請試言其略。

今之先務，莫若使甲兵不闕，盜賊不起，民不至無告，士不至失職。如此者，凡十事。

一曰：諸州舊有宣毅百數，雖云不武，悉已南征。昨者調鄉弓手，將以爲衛，縱今未罷，復何可憑？且勿論其人勇怯，彼弓手之家，固不在城，安有盡室已落賊中，而肯一身更爲官守？鳥驚魚駭，事灼然矣。愚謂守城當須城中之人，人生尚氣，愚智皆同。嘗觀角觝與競渡之類，一坊一巷，互争勝負，千百爲群，至相殺害，何者？恥居人下故也。官之使民，曾無激勸，點簿呼召，若牽牛羊，彼何興味而爲之哉？今若爲廣場於邑居之中，先取有勇力爲衆服者寵異之，使率其黨以閑暇習諸兵仗，勿爲名籍，各任去來，既不妨其業，又得以自由。於是制爲勸賞之法，凡若干日一試其藝。有地税者，常憂執役，試中，則與移下名。有市利者，唯患當行，胡剛切。試中，則與免一次。胥徒以此差補，僧道以此披剃。凡百施爲，必先武力。至于有罪，亦當原情，苟非害人，得以功贖。如此，則人可以日添，藝可以日進。比屋之民，皆爲甲士可也。然後束置帥長，潛加部勒，志定氣剛，誰不可用？況家貲在内，血屬滿眼，倉卒之時，必得死力。

二曰：昨者鄉弓手，萬家五百人，大縣至一二千人，[1]不謂不多。然而驅之來就郡邑，廢其耕耘，離其骨肉，負米擔錢，闔門在路，是不便於私也。手執戎器，心在閨門，藉此虚名，影其色役，是有累於公也。今若於村落之中，每十數里爲一教場，使其人員各以閑暇就便集之，既不妨農，且無所費。當户差役，勿復與免，或其有故，則許兄弟子姪遞代。乃是一人在籍，數人習兵。其餘户口及寺觀童行願教者亦聽，勸賞之法，一如城中。如此，則保全鄉里，扞禦疆界，求之人情，必可倚賴。

三曰：古之治民唯欲富庶，今之治民特惡豪右。夫富豪者，智力或有以出衆，財用亦足以使人。將濟艱難，豈無其效？今之浮客，佃人之田，居人之地者，蓋多於主户矣。若許富人置爲部曲，私自訓練，凡幾度試勝，兵至若干人，或擒盜至若干火者，授以某官，仍寢進納之令，以一其志。凡人既得以兵自防，又得以官自進，苟有餘財，其誰不勉？歲年之後，[2]千夫長、百夫長不難得矣。《周禮》鄉爲一軍，未聞反叛。秦人功賞相長，何患豪强？大有爲者，宜無猜忌。

四曰：人之爲賊，亦有其漸，始則黑面夜行，僅如狗鼠。或掠小家子，或劫獨行客。鄉亭之吏，知而諱

---

[1] 「一二」，原殘泐不清，據正德本、萬曆本、光緒本補。

[2] 「歲」，光緒本作「數」。

之，不告于公上。故使長惡不悛，積小成大，蔓草難圖，有自來矣。鄉亭之吏，諱之何也？凡今賊發之地，必責以賞錢。縣尉未下馬，耆壯已賣田。破人之家，前後不少，爲耆壯者懲。其若此，須求被劫之人，願陪所喪之物，與其賞一二百千，❶孰若陪一二十貫？但知惜費，豈復畏罪哉？賞所以得賊，亦所以失賊，諱之之謂也。然非厚賞則賊不可得矣。官不能備，必出於民，顧當改制耳。愚謂莫若鄉置賞，社計户，等以斂之，命富人以掌之，用盡更斂，以此爲常。今夫大鄉或二三千户，小者亦數百户，與其使耆壯三五人出泉，孰若使一鄉千百户同力？其數則少，其斂則緩，既免破家，誰肯縱賊？

五曰：茶鹽之禁，本非便人。經費所須，蓋不獲已。江嶺之交，最多鹽賊，起而爲大害者，往往有之矣。此本良民，但爲衣食，與商賈何異哉？惟其犯禁耳。俗吏不明事體，武卒又貪賞錢，不料形勢，多方伺捕。彼自以其罪重，寧鬭而死。幸而不死，豈得復爲平人哉？求活草間，固其宜矣。愚謂當少緩之。百姓日用，不可使知，姑以用度不足，某事某事，權住給賞，如此，則伺捕者宜其縮手，犯禁者得以安心。苟能加以仁恩，亦可録爲死士。

六曰：大抵東南土田美好，雖其飢饉之歲，亦有豐熟之地。比來諸郡，各自爲謀，縱有餘糧，不令出境。昨見十程之内，或一斗米糶五六十價，或八九十，或一百二三十，或二百二三十價，雞犬之聲相聞，而舟楫不許上下，是使賤處農不得錢，貴處人不得食，此非計也。況於境内，又有禁焉，止民糴以待官糴是也。且賈

---

❶「一」，正德本、萬曆本、光緒本作「者」。

人在市，農人在野，糴之則米聚州縣，不糴則穀留鄉村，徒爲日日修城池而不算其中蓄積，亦可笑矣。若曰官糴數足然後放民糴，俟河之清耳。官糴價一定，民糴價漸高，難易如何哉？愚謂當弛一切之禁，聽民自便，仍爲著令，以告後來。

七曰：古之貴者，舍征止其身耳。今之品官，及有蔭子孫，當户差役，例皆免之，何其優也！承平滋久，仕宦寖繁，況朝臣之先，又在贈典，一人通籍，則旁及兄弟，下至曾孫之子，安坐而已。比屋多是衣冠，素門方係繇役，日衰月少，朝替夕差，爲今之民，蓋亦難矣。愚謂三丞以上官及正郎以上子孫，若贈官兩省以上，自可且從舊制，其餘一例給使。如此，則農夫稍得息肩，世胄亦無自惰。

八曰：今之賦税，較古則輕，唯諸攤配，大爲煩費。夫攤配之物，皆受直于官，比之市價，不甚相遠。然而村民或去州縣一二百里，既難裹足，且畏後期。故有市井之人代幹其事，官未得銖兩，民已出斤鈞。執末者所以無聊，游手者所以專利。愚謂莫若使諸縣凡有求物，則選邑中富而好善者一人，委之集事，仍須令佐躬行檢校。事畢之日，計其實所費錢，使民償之。如此，財用可以無枉，困窮可以更生。

九曰：今之卒伍，饘粟甚厚而人不願爲者，何也？徒見其貧窮耳。饘粟厚而貧窮者，患在兼并。卒伍而可兼并者，亦勢之然。大凡從軍，多是單獨，初采營壘，未有妻孥，居則無屋，用則無器，於是兼并者得將養女召爲贅婿。今朝有室，明日上綱，在路日多，住家時少，故其一女可當數夫。既以家口爲名，即是衣糧入己。嘗見一家養十二三女，請五十餘分，而所養女日夜紡績，與其家作婢耳。饘粟歸於他族，貧窮切於己身。不死則逃，非偶然也。愚謂莫若使諸州凡招到人，官爲昏娶，及置屋宇什物，使得成家，然後遠役。如此，則不唯存恤見兵，亦足招延來者。

十曰：今之發解謄録封彌，雖曰至公，諒非遠慮。識平側者，昂昂哂笑；談王霸者，往往退藏。寃苦之聲，遠近如一。愚謂宜復祖宗之法，以求郡里之譽。凡諸征鎮，亦計辟除。如此，則人望有歸，學者知勸。原夫之輩得之何補？跅弛之士失之可惜。飢寒不如兵死，寧免生心；英雄落我彀中，乃爲上策。

嗟乎！弱甚矣，憂至矣，非立大奇，不足以救。愚言雖未奇，節下亦無忽。勿與儒生言，儒生必罪我；勿與俗士知，俗士且笑人。管仲復生，商君不死，天下乃安矣。

覯慶曆四年有《上樞密富諫議書》一首，俄聞富公出使河朔，未知其書達與不達。慶曆六年，又有《長江賦》一首，天險難升，無路通進。今各寫一本去，願節下覽之，足以知愚心之憂非一日也。嗟乎！行年四十四矣。結髮脩學，自謂非常人，老大栖栖，便是常人耳。然昔應制科，辱召第一。今爲試助教，雖云冗散，猶望朝廷以詞學進之。必不於風塵之際，以游説徼幸。節下明察，知其無意於酬賞也。嘗著《周禮致太平論》十卷，此乃愚心所自喜，可以備乙夜之觀者。節下幸問焉，當獻其稿。忉忉之懷，未盡於此，儻容白帶以見，宜有面言。不宣。覯再拜。

上蔡學士書

日月。應茂材異等科李覯謹再拜奉書諫院學士從者：伏以王佐之資，在言責之地，有行下國，將歸于朝，志義之士，靡不欲效肝膽於車下矣。覯不肖，郡縣之得失，軍民之利害，非所能知，然有事雖似小，而患則甚大，憤憤於心，弗能自已者，願一言焉。

同郡有鄒子房，自前年游京師，去年秋寄書於其家，自言因奏封事，得恩爲齋郎。鄉人以其無行也，初未甚信。及見北來者，且問諸部吏，❶皆曰無之。於是鄉人愈疑其詐矣。今兹來歸，果無禮部補牒，獨執御藥院文書一紙以爲符驗，而沿路郡府僉以衣冠待之。本屬轉運不疑其欺，又給憑由，使興置銀銅坑冶，因緣形勢，蒙蔽州間，萬目蚩蚩，無敢明辨。噫！可怪也。

覼竊評之曰，以御藥院文書可行耶？不可行耶？子房已受補牒而不以隨身耶？且三者，皆可爲之切齒也。

御藥院文書可行，則國家之禍耳；其不可行，或已受補牒而不以隨身：皆子房之罪也。夫爵人於朝，與衆共之，示天官之不敢私也。況武祖、文宗，防萌杜漸，上設中書樞密院，下分臺省寺監，所以夾輔聖政，互相關防。齋郎雖微，然須敕下禮部，而後給牒收補。今秪欲憑御藥院文字，不必朝省指揮，則是宦者奪宰相之權，王命出小臣之手。禍亂之本，莫斯爲大！女主幼君，尚不及此，陛下明聖，焉得有之？此可爲切齒者也。

若以其書不可行用，則安得執爲符驗？藍衫木簡，便稱官人。乘馬從徒，平接有位，國之常刑，將焉用也？且龊龊一夫，飾以巧言，自淮徂江，若履無人之地。設有大姦大賊，造爲妖妄，誘脅州縣，則孰能辨之

❶「部」，原作「邱」，據正德本、萬曆本、光緒本改。

哉？太宗時李飛雄詐取驛馬騎之，稱奉詔，縛清水諸將入秦州，將斬之以叛，賴宗社之靈，使自漏泄耳。萬一復有此事，其將奈何？此又可爲切齒者也。

若謂已受補牒而寄留在外或質當錢物，則是輕我君命，重乎貨財。輕君命則無爲臣之禮，重貨賄則非奉公之人，❶以此入官，未知安用？此又可爲切齒者也。

凡此三者，干涉大體，不可不言。而西望帝閽，邈數千里，言可及乎？「誰能執熱，逝不以濯」，學士其惜一勺水以快我心哉？

覯與子房舊相往來，别無嫌隙，齋郎職位非佳，覯誠不肯嫉妬。子房名位未著，覯又不與争能，言之至此，蓋公議也。況子房不慚妄冒，惟務驕矜。齎遠近書題，假轉漕符牒以興置銅銀之號，結太廟齋郎之銜，當大路，卓彩棚，椎鉦鼓，引百戲，周游城市，朝謁聖祖而後歸，呵止行人，凌壓尊老，意氣滿溢，無復忌憚，是可忍也孰不可忍？

伏惟學士有名於時，以道贊國，如此等事，寧不動心？萬乘之貴，尚當規正，矧此蕞微，豈難辨理？昔者學士未作諫官時，常刺諫官之不直；今既作諫官矣，無爲他人所刺。

伏恐朝車到此，迫於人事，無暇省覽，謹遣人投書道左，試財擇焉。不宣。覯再拜。

---

❶「賄」，光緒本作「財」。

上王刑部書

轉運刑部明公執事：覯天生愚魯，棄置藪澤，鱗鬐坐枯，風波不到。伏承明公以臺郎之貴，領州伯之重，才名所震曜，賢德所煦嫗，姦回醉心，良善吐氣，如九鎮之柱天，群山莫不仰；四瀆之紀地，衆流莫不赴。士之歸者，唯恐在後。而覯貧煎其家，病縲其身，隔數百里，無階請見，自甘屏遠，何所願望。不意近日，一二有位自北來者，乃言明公過垂聽察，深録姓名，不唯寘之齒牙，且欲引諸門下。一聞高義，慚媿累日。人之不遇者必曰時命，若覯也，獨命窮耳，於時豈有不遇哉？

自古正身立行，負抱才業，而遭值昏亂，不爲人知，辱在餓隷，或老死岩石，名字磨滅，銜寃厚夜者，夫豈少歟？小人無似，幸生明時。當路無朞功之戚，舉家無拳握之貨。馳駑無力，請託無緣。而賢卿大夫雖未相識，往往知其所爲，何不遇之有哉？君子疾没世而名不稱，苟由當代豪桀共相采色，使得光顯于後，則萬鍾不足校也。豫讓，一家僕耳。以衆人遇之，則以衆人報；國士遇之，則以國士報。吾黨之受知者宜何如哉？

既未得謁於閽人，且欲窮極紙筆，鋪張其言，冀明公多見其藴積。則又念今之進者，假儒之言，已進而言不驗，故真爲儒者羞自言，明公徐而察之可也。何遽言哉？聊寓書以謝左右，伏惟照其心，無責其禮。千萬幸甚！不宣。覯再拜。

與胡先生書

覯再拜先生胡君足下：康定初，錢塘相别。後二年，自京師歸，中道曾寓書。今又四年，雖不有教誨，而衣冠往來，每知動静。俗衰禮壞，用力者鮮。先生發憤叫呼，手提古道，以陂障末流，使東南之士有所模法，其功用何如哉？

覯於先生，齒卑德薄，然其所留心，何嘗不在天下國家？故聞先生之風，驩虞詠舞，唯恐其舉之不高，馳之不疾也。苟有聞見，敢不盡愚於左右？

伏念曩者爲會，以羈旅迫促，聽言觀行，什不一二，慕賢之心，且醉飽矣。至於紙筆之間，所以剴今而垂後者，尚未得請。近到弋陽，乃有以先生所著文爲惠者，喜而讀，讀而疑。謂先生之辭或者年少時作，漂流人間而不可追者乎？不然，幸察其區區。

竊觀《原禮篇》曰：民之於禮也，如獸之於囿也，禽之於紲也，魚之於沼也。豈其所樂哉？勉强而制爾。民之於侈縱奔放也，如獸之於山藪也，禽之於飛翔也，魚之於江湖也。豈有所使哉？情之自然爾云云。

覯不敏，大懼此説之行，則先王之道不得復用，天下之人將以聖君賢師爲讎敵，寧肯俛首而從之哉？民之於禮，既非所樂，則勉强而制者，何歟？君與師之教也。去自然之情而就勉强，人之所難也。而君欲以爲功，師欲以爲名，命之曰讎敵，不妄也。且制作之意，本不如此，唯禮爲能順人情，豈嘗勉强之哉？

人之生也，莫不愛其親，然後爲父子之禮。莫不畏其長，然後爲兄弟之禮。少則欲色，長則謀嗣，然後爲夫婦之禮。爭則思決，患則待救，然後爲君臣之禮。童子人所慢也，求所以成人，然後爲之冠禮。愚者人所賤也，求所以多知，然後爲之學禮。死者必哀之，然後爲之喪禮。哀而不可得見也，然後爲之祭禮。推事父之恩，而爲養老之禮。廣事兄之義，而爲鄉飲酒之禮。凡此之類，難以遽數，皆因人之情而把持之，使有所成就耳。

有是情而無是禮，則過惡襲之，情雖善，末如之何！故父子之禮廢，則子將失其孝；兄弟之禮廢，則弟將失其悌；夫婦之禮廢，則夫將失其義；君臣之禮廢，則臣將失其忠。一失之則爲罪辜，爲離散。嚮之所謂情者，雖積於中，安得復施設哉？故曰：因人之情而把持之，使有所成就者也。其大略如此。

然則有禮者得遂其情，以孝以悌，以忠以義，身尊名榮，罔有後患。是謂獸之於山藪，鳥之於飛翔，魚之於江湖也。無禮者不得遂其情，爲罪辜，爲離散，窮苦怨悔，弗可振起，是謂獸之於囿，鳥之於紲，魚之於沼也。而先生倒之，何謂也？若以人之情皆不善，須禮以變化之，則先生之視天下不啻如蛇豕，如蟲蛆，何不恭之甚也？幸深思之。萬一愚言可取，則願告于不知禮者曰：無近於囿，汝有山藪；無從於紲，汝有飛翔；無入於沼，汝有江湖云爾。則先王之道庶乎復用，天下之人其仰聖君賢師若司命焉。

又觀《送程令序》，斥言今之縣令不得其人。而末一句乃曰：與家君有代授之契，如是則尊。公亦今之縣令耳，蓋文之大病不可不察。若尊公之治有異於前之云云者，願少稱述，不然則削此一句，以存有隱無犯之義，甚善。

覯非好辯者，顧先生之文，學者所信，一有玷缺，爲患不細。故敢陳之，惟以情恕。未相見，千萬自愛。覯再拜。

答宋屯田書

屯田宋公執事：覯近者删定劉牧《易圖》，繼之《六論》，僅草具，未甚行。一來貴土，日接高誼，乃知執事舊有《王劉易辯》，其大略不異，故不敢自疑，以塵于席次。執事忘其陋寡，遽貺以書，謂聖人之道晦而復明，劉氏猶大盜既逸而成禽，豈復能爲梗？然六經近爲狂妄人所椎埋，如是者甚衆，且使覯堅其壁，主其盟，執事當奇所謀，鳴鼓而陣焉。主盟之命，雖不可當，若狂妄椎埋，豈惟執事患之，抑愚心未始釋然也。

孔子曰：「吾猶及史闕文。」蓋喜其本末爲世人所損益也。至於漢儒若鄭康成注《禮記》，其字誤處但云：某當爲某，《玉藻》全失次序，亦止於注下發明，未嘗便就經文改正。於《周禮》則備舉先鄭、杜子春解，此蓋尊經重師，不敢自謂己見爲得，姑兩存之以俟後聖耳。況夫一家之學，必由君命而後可行，以劉歆之才，在哀帝之側，嘗欲以《左氏春秋》列於學官，尚爲諸儒不肯置對。光武之世，議立《左氏》，而《公羊》之徒上書訟之。至和帝時，始得立學，其難而慎也如此。未聞有不請於帝，不謀於朝，而能以一人之私，鼓舞天下者也。

歷觀五經傳注及正義，誠有未盡善，志於道者，宜其致詰，然但當著爲私書，或言於同志，庶幾其説不泯絶。後有知我者，則先王之道明，如是足矣。彼官爲博士，居天子辟雍，將造成多士以待官使者也。初不奏立某氏《易》、某氏《春秋》，俾有司策試，一用斯義，而乃專肆己欲，棄傳違注，敺學者從之，其可乎哉？學者顧師資之禮，不得不從；有司執注疏之義，不得不黜，無乃非長育人材之意邪？矧博士之官，靡常其人，苟各用所見，不爲定準，今博士説如此，後博士又如彼，則更數十百年，天下之士爲儒、爲墨、爲釋、爲老，未可知也。此患甚大，不可不救。

而覯也貧賤委頓，無錙銖重，雖學者稍稍聽信，然悠悠之流，衆寡何如哉？覯與人作一記一序，猶未免在勢者或蚩蚩輩有所改易，陳言褻語，塗穢金石，後人弗知，將以我爲戲焉。況能主盟聖域，集第一之功乎？誠尊命之不可當也。執事文學豐富，爵位進長，既有其道，且得用焉。指撝人士，將無不可。苟鳴鼓而陣，則覯雖不勇，請當一隊，必有藉手以報。不宣。覯再拜。

答李觀書

覯白宗人祕校足下：八月初，徐秀才至，得所寓書，甚大惠。覯不肖，且未識君子之容，而屈辱厚意，以道藝見咨，顧無以當之，雖然，敢不薦其説？

來書謂孔子之後有孟、荀、揚、王、韓、柳，國朝柳如京、王黄州、孫丁、張晦之及今范、歐陽，皆其繼者也。而自謙讓，以爲畚土壤築太山，欲登於前賢之閫，而問其何如。

足下年少初仕，不汲汲於進取，而轉從寂寞之道，此非今人之心，古人之心也。曾子曰：「尊其所聞，則高明矣；行其所知，則光大矣。」苟取之以明，守之以誠，尚可爲聖人之徒，矧曰「前賢之閫」哉？然謂之賢者，豈非所論列十數公乎？足下欲以爲法，當考其所爲工拙，不宜但徇其名也。

孟氏、荀、揚醇疵之説，聞之舊矣，不可復輕重。文中子之書已泯絶，唯《中説》行，然出於門人所記，觀其意義，往往有奇奥處而陷在虚夸腐脆之間。《隋書》無本傳，又不得案其行事。退之之文，如大饗祖廟，天下之物苟可薦者，莫不在焉。佐平淮西，解深州圍，功德卓犖，在聽聞者不一，誠哉其命世也！子厚得韓之奇，於正則劣矣。以黨王叔文，不得爲善士於朝。近者如京，先倡古道，以志氣聞。黄州學而未之得，然其人諤諤有風標。彼孫、丁之文，舉人之雄者耳，其立朝不聞有所建明，而胎天下之禍，爲吾徒羞。晦之之辭不奇，❶諸所著文，未足可嘉，至於議論，則識精才健，無遠不到，若《洪範》《王霸》篇，籠絡天人，棰鍛古今，雖子厚好爲論，尚未及也。先朝文士，唯此人耳。惜其疏俊，得罪于世，故立身不可不慎。若子厚、晦之，皆非凡人，被惡名，雖欲自新，而死期至矣。范公、歐陽蓋爲賈誼、劉向之事業，窮高致遠，未易量也。

足下以愚言爲不妄，則可法與否，昭昭然矣。路遠不獲相見，勉之。李覯白。

答黄著作書

覯再拜漢傑著作兄足下：前日辱書，以覯所爲《景德寺》及《邵武軍學記》言浮屠事來討。覯不肖，然其爲文有新意處，恐學者疑，唯欲人問，因詳説之。而譊譊之徒，背憎是務，莫肯告者，吾心恨此久矣。今漢傑

❶「晦」，原作「誨」，據上下文及《四庫全書》本改。

乃惠然移書，使之明辨，不勝幸甚。

覯排浮屠固久，於《潛書》、於《富國策》，人皆見之矣。豈期年近四十，氣志益堅之時而輒渝哉？惟漢傑觀厥二記不甚熟耳。吾於此言，乃責儒者之深，非尊浮屠也。民之欲善，蓋其天性，古之儒者用於世，必有以教導之。民之耳目鼻口心知百體皆有所主，其於異端何暇及哉？後之儒者用於世，則無以教導之，民之耳目鼻口心知百體皆無所主，將舍浮屠何適哉？

漢傑兩執親喪矣，亦嘗禮佛飯僧矣，如使周禮尚行，朝夕朔月月半，薦新啓祖，遣有奠虞，卒哭祔，小祥大祥，禫有祭，日月時歲皆有禮以行之，哀情有所洩，❶則漢傑必不暇曰七七、曰百日、曰周年、曰三年齋也。吾故曰：儒失其守，教化墜於地。凡所以修身正心，養生送死，舉無其柄。天下之人若饑渴之於飲食，苟得而已。當是時也，釋之徒以其道鼓行之，焉往而不利云云。

至於敘其傳法，始卒甚詳，此誠文勢不得不然。吾自「無思無爲之義晦而心法勝」以下言儒不能明其道，而釋以其説象之。故「嗣迦葉者師子達摩」以下言此衰致彼盛也，非習聞其説，樂其誕，而自小如「孔子，吾師之弟子」之類也。若夫按白居易碑，迹景雲大師之事，蓋取其與顏太師真卿等友善，魯公之大節，古今鮮儷，而善於一浮屠，必若澄觀受知於韓吏部之比，其人材有足稱者也。而景雲乃景德之舊，因使其徒有所矜式焉。然則取信於白居易何尤哉？又覯所謂「及味其言，有可愛者，蓋不出吾《易·繫辭》、《樂記》、《中

---

❶ 「哀」，正德本、萬曆本、光緒本作「痛」。

庸》數句間」，漢傑以爲仲尼、子思群聖人之作述豈與此等説較論而爭衡邪？是誠漢傑之不思也。

且吾謂儒者「困于淫辟，恤乎罪疾，欲聞性命之趣，不知吾儒自有至要，反從釋氏而求之」，然後乃曰：「及味其言，有可愛者，蓋不出吾《易·繫辭》、《樂記》、《中庸》數句間，苟不得已，猶有老子、莊周書在，何遽冕弁匍匐於戎人前邪？」請詳此意，豈謂仲尼、子思與之較且爭乎？蓋以釋之言雖有可愛者，亦吾聖人先已言之矣，何必去吾儒而師事戎狄哉？苟不得已，尚不如學老、莊，其意亦昭昭矣。彼釋之書，數千百卷而不出吾數句間，其輕重如何哉？❶漢傑責於人無若是之暴也。

夫所賤鄭、衛者，非謂全無五聲十二律，不與雅樂相似也，唯其不中正耳。毛嬙、西施面目亦與人同，豈彼數千百卷書而無與吾聖人一句一字合者哉？九流百家同出於聖人而有所偏耳。聖人之備，其於用也，交相濟，故得中焉；諸子之偏，其於用也，執一而已，故有過有不及也。亦非謂無一句一字與聖人合者也。譬諸良醫之治疾，實者則瀉之，虚者則補之，熱者使之服涼，冷者使之服暖，故天下之疾無不治也。聖人之道如此。諸子則不然，見瀉而愈者，則謂天下之疾皆可瀉；見補而愈者，則謂天下之疾皆可補。於熱於冷亦然。故用藥失宜，而療病多死也，非謂其方不與良醫相似也。學者之視諸子若異類焉，是亦過矣。

漢傑罪我不如李習之，不爲僧作鐘銘。習之之論信美矣，然使唐來文士皆效習之所爲，則金園寶剎，碑版若林，果誰作也？來書謂張景原道頗正，漢傑何不視景集中所記浮屠事凡幾篇，其稱述何如？又謂設

❶「如何」，光緒本作「何如」。

不得已，猶可謹歲月，誌工用，亦不害於正。若但歲月工用而已，凡人皆能之，何必吾文？吾所是非灼見如彼，豈嘗害於正哉？聖賢之言，翕張取與，無有定體。其初殊塗，歸則一焉。猶李漢所謂「千態萬貌，卒澤於道德仁義，炳如也」。何須開口便隨古人？漢傑使我效李習之，膠柱矣。

今之學者，誰不爲文？大抵摹勒孟子，劫掠昌黎。若爲文之道止此而已，則但誦得古文十數篇，拆南補北，染舊作新，盡可爲名士矣，何工拙之辨哉？覯之施爲，異於是矣。既使明辨，敢不盡言？漢傑察之。十二月十三日，從表弟李覯再拜。

再答黄著作書

覯再拜：漢傑前書以言浮屠事求問，覯不才，不能多自引過，輒求義理，塵於左右。漢傑又以書稔吾之罪，不勝大慙。

覯行於天下，日聞其美，不聞其惡。於鄉黨，惟仲容老丈時賜教誨，❶然其人慎密，雖終日請問，猶未一言。今漢傑不惜累紙之書，以爲大惠，而覯如頑石焉，雖有雨澤，毋所受入，而今而後，不得聞過矣。覯何人哉！覯何人哉！尚賴君子之心，愍其孤陋。苟有聞見，更掛齒牙。則蕞爾之人，猶有望也。以多故未及請見。

❶ 「時」，正德本、萬曆本、光緒本作「特」。

答陳特書

覯啓：今日吴君坐中見僕夫捧三書以授我，問克讓，乃知其子姪以此爲惠。讀之皆今賢士大夫之文，甚善！甚善！夫贈送之作，惟師與友，若老聃、孔子、顔淵、子路，言者受者，皆非偶然。今覯與足下兄弟，無一日之雅，鄉井不同，年齒差倍，又非當大位、言得失之地，弗問弗求。獲此惠貺，私自惟念，莫知所來。無乃足下負大術業，潛於山藪，心之焰焰，無所發泄，假我以爲題目乎？不然，未敢當。凡所教誨，皆我心思慮之熟者。然夫子之道，如天如神，變化不測。恨行計速，不得與足下論其萬一。若皆如來示，則指掌而已，何必從師而後知哉？有言於覯者多矣，如虚舟焉，未嘗輒愠。今足下兄弟，言古而志高，於愚心未忍舍焉。故此奉告，且以爲謝。不宣。覯白。

直講李先生文集卷之二十九

雜　文

原　文

利可言乎？曰：人非利不生，曷爲不可言？欲可言乎？曰：欲者人之情，曷爲不可言？言而不以禮，是貪與淫，罪矣。不貪不淫而曰不可言，無乃賊人之生？反人之情？世俗之不喜儒以此。

孟子謂「何必曰利」，激也。焉有仁義而不利者乎？其書數稱湯、武將以七十里、百里而王天下，利豈小哉？孔子七十，所欲不踰矩，非無欲也。於《詩》則道男女之時，容貌之美，悲感念望，以見一國之風，其順人也至矣。

學者大抵雷同，古之所是則謂之是，古之所非則謂之非，詰其所以是非之狀，或不能知。古人之言，豈一端而已矣？夫子於管仲三歸，具官則小之，合諸侯正天下則仁之，不以過掩功也。韓愈有取於墨翟、莊周，而學者乃疑。噫！夫二子皆妄言耶？今之所謂賢士大夫，其超然異於二子者邪？抑有同於二子而不自知者邪？何訾彼之甚也？

原　正

祭非其鬼而求福焉，人知其不正矣。考之經，則禱祠之禮煩，設祝史巫覡，其術近乎怪，孰謂聖人而爲不正哉？君親，人所甚愛也；死亡，人所甚惡也。以所甚愛而之所甚惡，有告之曰：「禱可以免。」雖聖人其如何？孔子曰：「丘之禱久矣！」爲己故也。周公册祝，請代武王，臣子之心也。

今之學者，自以爲正人，視其親愛之疾則曰「有命」。噫！正可矣，曰孝與慈，則未也。不孝不慈而得正焉，吾不願也。

讀儒行

《儒行》非孔子言也，蓋戰國時豪士所以高世之節耳。其條雖十有五，然指意重複，要其歸不過三數塗而已。

平居自重慎，能處貧約。一曰道塗不爭險易之利，冬夏不爭陰陽之和，愛其死以有待也，養其身以有爲也。二曰其居處不淫，其飲食不溽。三曰一畝之宫，環堵之室，蓽門圭竇，蓬户甕牖，易衣而出，并日而食。四曰幽居不淫。臨事有守，奮發不顧忌。一曰劫之以衆，沮之以兵，見死不更其守；鷙蟲攫搏不程勇者，引重鼎不程其力。二曰可親而不可劫也，可近而不可迫也，可殺而不可辱也。三曰雖有暴政而不更其所。四曰讒諂之民有比黨而危之者，身可危也而志不可奪也。五曰世亂不沮。不苟合於君，視利禄如土芥。一曰難得而易禄也，易禄而難畜也。二曰委之以貨財，淹之以樂好，見利不虧其義。三曰上不答不敢以諂。四曰陳言而伏，静而正之；上弗知也，矗而翹之，又不急爲也。五曰上不臣天子，下不事諸侯，雖分國如錙銖。容人愛士，以身徇朋友。一曰慕賢而容衆，毁方而瓦合。二曰内稱不辟親，外舉不辟怨，程功蹟事，推賢而進，達之不望其報。三曰爵位相先也，患難相死也。四曰並立則樂，相下不厭，久不相見，聞流言不信。其餘亦常事。如席上之珍以待聘衣冠中之類。考一篇之内，雖時與聖人合，而稱説多過，其施於父子兄弟夫婦，若家，若國，若天下，粹美之道則無見矣。聖人之行如斯而已乎？或曰：哀公輕儒，孔子有爲而言也。曰：多自夸大以摇其君，豈所謂孔子者哉？

讀文中子

文中子之言，聖人之徒也，傳之者非其人，爲之瘫創而已耳。吾觀《中説》，謂所傳者，姦詐無禮之人也。世誚房、魏輩不稱師，顧諸公如何人也？竊人之財，猶謂之盜，學焉而不知所由來，固小人矣。然其佐唐命，基太平，行事灼見，非小人也。非小人而不稱師，未嘗以爲師也明矣。《隋書》，魏公所述，常人或得一傳，而無王通云者，豈窮爲弟子而忽忘若是乎？或謂以長孫無忌怒故。夫魏公引義諫諍，不爲天子屈，豈憚一無忌而削其師哉？蓋文中子教授河汾間，迹未甚顯，没後，門人欲尊寵之，故扳太宗時公卿以欺後世耳。懼其語之泄，乃溢辭以求媚。若杜如晦於萬民猶天、百姓日用而不知之類，其媚於唐帝，則下文曰堯舜者是也。

孔子之時，周王、魯公非有道也，至脩《春秋》，尊京師，别内外，戀戀不能已。江都弒煬帝，而文中子曰：「天其或者將啓堯舜之運，吾不與焉，命也。」其如君臣之禮何？孔子於孟懿子、季康子稱對稱名，「孟孫問孝於我，我對曰」云云。康子饋藥，拜而受之，曰「丘未達」云云。楊素、蘇夔、李德林，隋之大臣，且非弟子，而謂之請見，又名之。「素與吾言」，「夔與吾言」，「德林與吾言」云云。其如上下之禮何？吾故謂所傳者姦詐無禮之人也。雖然，不姦詐，不無禮，文中子之道不如是之光也。

流俗之視《中説》如視佛書，夫焉知佛之道可尊而尊之哉？徒聞其未死時，天地鬼神夷狄之君無不尊之者耳。或曰：文中子之道不如是之光則柰何？曰：不害爲聖人之徒。

弔揚子

歲陰在戊兮，其月季春。望前三日兮，是惟壬辰。面書林以齋慓兮，敢行弔于子雲。

嗚呼哀哉！高廟不神兮，借人以權。新都大盜兮，春國之咽。凶邪得志兮，明哲偷安。天爐熾炭兮，璞玉不燃。斂佐王之刀尺兮，迴智巧乎簡篇。❶何諸儒之喪明兮，復培塿乎泰山。夫聖者通之謂兮，可名而名之，豈有常人？昔成湯號伊尹曰元聖兮，固商書之所不删。夷之清而惠之和兮，孟氏亦以爲聖焉。謂子雲之非聖兮，何啻乎膠柱而操絃。韓退之云大醇而小疵兮，所論止于《法言》。兹對問之細碎兮，如入宫始見其堧垣。伊太廟明堂之巨麗兮，則盡在于《太玄》。兼三材而用五行兮，取度數於渾天。日如蟻而右轉兮，斗揭柄而左旋。陰陽晝夜之會合兮，非弄筆之所磨鐫。其指在於三綱兮，尤切切於君臣。君道光而臣

❶「篇」，正德本、萬曆本、光緒本作「編」。

道滅兮，尊卑之分以陳。消與息而相乘兮，無盛滿之不疾顛。言行禍福同出於罔兮，貴思慮乎未然。必稱孝而稱忠兮，異乎劇秦而美新。既廣且深兮，浩浩東溟之豬百川。

自哲人之萎於魯兮，獨子雲之書誰得而及肩？惟視之八曰，翡翠于飛離其翼，狐貂之毛躬之賊。蓋小才之足以殺其身兮，俾愚心之怱怱。奉新語以周旋兮，庶全歸於窀穸。彼叔明之爲注兮，間或失而或得。矧科指之不甚明兮，匪後生之能識。今之從事於此書兮，其説溺乎數術。隱怪之士借以爲己有兮，❶學者欲求而弗獲。

緊小子之不敏兮，將大爲之解釋。下以行諸講學兮，上以及夫邦國。計其業之勤勞兮，豈一朝而一夕？困于内者疾病兮，迫于外者衣食。念一家之言兮，終成之於何日？天有意於此書兮，使我壽考而强力。不然，子雲之道兮或幾乎息。我思古人兮，淚漣漣而霑臆。

復　説

孔子曰：「顔氏之子，其殆庶幾乎！有不善，未嘗不知，知之未嘗復行也。」《易》曰：「不遠復，無祇悔，元吉。」噫！顔氏之賢，肖夫聖者也，猶有不善乎？曰：衆人之不善，不至乎善也。賢人之不善，善而過者也。孔門高弟，師也過，由也兼人，有姊之喪而弗除，曾子執親之喪，水漿不入於口者七日。皆善而過者也，

❶「借」，原作「惜」，據光緒本改。

而未聞其復也。《中庸》曰：「回之爲人也，擇乎中庸。得一善則拳拳服膺而弗失之矣。」復而得中者，顏氏而已乎！故曰：「用之則行，舍之則藏，唯我與爾有是夫！」

人之患不在乎不及，而在乎過之。不及則下於人，下於人則憤，憤則知進矣。過之則出乎類，出乎類則矜，矜則不知其反矣。伯夷與鄉人立，其冠不正，望望焉去之，過於正者也。叔向三數叔魚之罪，過於直者也。於陵仲子不食兄之禄，過於廉者也。魯隱公攝位，過於讓者也。徐偃王不忍鬭其民，過於仁者也。尾生期女子，過於信者也。聖人則不然，子見南子似不正。昭公知禮似不直。將之荆，先之以子夏，申之以冉有，不欲速貧，似不廉。文王既没，「用我者其爲東周」，似不讓。誅少正卯，似不仁。諾陽貨曰「將仕」，似不信。應時遷徙，各得其所。禮所以制乎中，義所以謂之宜也。可與適道，未可與立；可與立，未可與權，聖人之情也。義之不存而苟變焉，然後爲小人矣。夔教胄子，臯陶陳九德曰：直而温，寬而栗，柔而立。是亦復之一端也。

天台王幾好學而多能，將有所就焉者也。幾之字曰復之，故爲之作《復説》。

命箴

宜失而失，斯謂之正。宜得而失，斯謂之命。身之不脩，責命可乎？謹爾攸趨，惟道之圖。命之不諧，躁乎則惑。慎爾食息，躁爾之賊。得失不言，吾道孰辨？臧之否之，繄我之願。言不以道，幸其哀己。食而摇尾，彼獸之耻。非道而哀，尚盍耻之？矧其無益，祇辱奚爲？三十曰壯，聖人以立。先迷無悔，今是猶及。蚤《詩》夜《書》，以遨以娱。戒之勿渝，天其舍諸！

畫　贊

畫工有圖貴人之像者，❶予哀其賢而無所遂也，爲之辭云：

道之可行，君子乃出。行而無成，君子之疾。位以名得，名以位失。古人丘壑，豈徒自逸。嗚呼！

弋陽縣學銘

慶曆恢儒，首自東都，爰及郡縣，築宫授徒。地不患小，權不在大，繫乎其人，乃勤乃懈。葛陂之南，縣廷之東，令異尉字，經始其中。居室以嚴，用器以利，曰藝曰儀，一爲品制。事則有變，衆則有散，非志之確，誰足之踐？易美知幾，孔戒已甚。太學三萬，黨人以禁。興雖有功，廢或爲福。湫漏之下，誦弦亦足。勗哉斯道，無與乎世。儒之全安，宜億萬祀。

嘿堂銘

黄介夫尉鄖鄉，作嘿堂以居，使人來告，故爲之銘曰：

---

❶「畫」，原脱，據光緒本補。

衆人之嘿，不材於天。賢人之嘿，保身以權。止則爲澤，行將爲川。雖欲勿言，安得不言？

太學議

覯伏以古今時異，沿革事殊，凡有設施，當求折衷。若曰上法周室，作爲辟雍，詢於儒者，諒無異議，行之本朝，或似不便。何者？雖作辟雍，必不欲廢國子監，未聞古者辟雍之上更有國子監也。況辟雍之設，非徒講授而已，便當行視學之禮、養老之事。國家大禮如籍田明堂，鑾輿未動，六軍之士已希賞賜。竊恐惜費，未能盡行，有其器而無其用，天下之望寧不歉耶？若欲太學不與國子監相妨，又無行禮之責，則宜近取唐制。國子監、太學、四門、律、書、算、廣文，凡七館，皆屬國子監。太學則七館之一，其於國子監，猶吏部、兵部之於尚書省也，不相妨明矣。萬一遭遇帝暉下臨，乃吾道之光耳。若猶未也，亦不爲朝廷之闕。至於棟宇之度，在唐無聞。如使講習有位，生徒有次，量事制宜，誰曰不可？然亦須見地之廣狹而後計之，若豫爲廣大之制而地或褊小，則是空文無所施用。

或謂周人立四代之學，今若以國子監爲唐學，又立辟雍以法於周，有何害耶？覯謂不然。周之四學並立，各有所用。如養國老於東膠，養庶老於虞庠，學干戈羽籥於東序，禮在瞽宗之類是也。今教學之職，盡在辟雍，若不使國子監統之，則祭酒司業當治何事？如使辟雍屬於國子監，則古者辟雍之上更無官司，故覯以爲不便。果能廢國子監而興辟雍，且脩視學養老之禮以飾之，則非覯之所敢議也。

策問三首

問：孟子稱舜爲天子，臯陶爲士，瞽瞍殺人，則執之。舜竊負而逃海濱，以有所受之也。觀諸《周禮》，則有議親之辟。夫宗室有罪，尚在八議，彼爲天子父，而吏得執之，是邪，非邪？抑異代之法，不可同條邪？二三子極言之。

問：夏之有德，遠方圖物，以鑄九鼎，使民入山澤，不逢不若，其功大矣。然所謂神姦者，固爲傀異之形而求近人邪？抑能變化與人亂邪？果其傀異，則民之見者，雖無有鼎，亦知懼矣。苟能變化與人亂，則何形之可鑄邪？當王孫滿之時，鼎猶在周，其所象物，蓋嘗目見，非虛語也，顧言之失其義耳。然則禹之爲是鼎，其何意也？

問：周官六屬，其職三百六十，而員數則多。如六鄉七萬五千家耳。自比長以上，卿大夫、士，萬八千餘人，此大可怪。學者每非之，而未見其説。抑序官之妄邪？則鄉州黨族閭比皆有職又不可闕，然則守其官者何等人也？

策問六首

問：太史公敘術學，崇黄、老而薄六經，其論以道家與時遷徙，應物變化，故曰聖人不巧，時變是守。以吾觀之，蓋不出夫《易》，《易》非六經乎？何其不察而遽薄之也？二三子試言焉。

問：韓退之有言：「老者曰：孔子，吾師之弟子也。佛者曰：孔子，吾師之弟子也。爲孔子者，習聞其說，樂其誕而自小也，亦曰：吾師亦嘗云爾。」佛之説吾不能詳。《曾子問》《老子列傳》則有問禮之事。史未足盡信。《禮記》，經之屬也，亦有妄乎？明辨之，無牽舊説。

問：韓退之謂：「楊、墨之書尚有存者，今之學者有學於彼者乎？有近於彼者乎？其已無傳乎？其無乃化而不自知乎？」吾考於《墨》，彊本節用，誠其所長。楊則無見矣，然乃孟子所謂「爲我」者也。歷觀士大夫之所以高人者，儉陋爲先，儉非墨之流乎？其施於天下國家恨未及也。至於先己而後人，持禄保位，不以治亂累其心者，亦楊氏「爲我」之流矣。❶及其論議，尚嚚嚚然曰：闢楊、墨。豈非化而不自知者哉？噫！時有變，事有宜，則夫二者爲是乎，爲非乎？將蓋而勿問乎？將折以先王之制乎？各言其畫。

問：《春秋》書王，所以見王者上奉時承天，而下統正萬國。吾習諸此，未始不舍業而嘆。深矣，先王之法也。然公羊子曰：王者孰謂？謂文王。杜元凱曰：所書之王即平王，學者往往未知所傳。今之儒生又有異意，謂《春秋》以天下無王而作，蓋號令賞罰，天子之事，孔子不敢私之，故書「王」以著號令、賞罰之所由出。若是則王非周也，孔子藉之云爾。吾心亦不安，兹用商于二三子，繹聖人之心，懋君臣之義，吾有望焉。

問：《周禮》，周公致太平之迹也。而於《大司馬》見「師不功」之文，《小司寇》有「詢國危」之目，諸如此類，蓋非周公所嘗行。若《春秋》舊凡亦曰「周公之制」，而弒君之例存焉，豈成王時有是也哉？故學者疑

---

❶「流」，原作「決」，據光緒本改。

《周官》凡例皆不出于周公，二三子以爲如何？

問：孟子曰：「未有仁而遺其親者也，未有義而後其君者也。」是時天子在上，而孟氏游於諸侯，皆説以王道，湯、文、武所以得天下之説，未聞一言奬周室者，庸非後其君乎？賢人之言必不徒爾，盍各求其意？

直講李先生文集卷之三十

墓　碑 傷辭附

進士陳君墓銘

潁川陳君，卒於天聖九年六月十二日，葬於明年二月甲寅。墓在南城縣太平鄉之壍陂。將葬，姪壻李覯敘而銘之。

君諱璆，字仲温。産富家，年少獨奮好學，蓄經籍，求師講問，晝夜不敢息。長於甲賦、唐風詩，時輩多所驚仰。憙技藝，無不該者。尤精玉筯書，得斯、冰體勢。覔薦王府，一不中，會家禍作，輒棄去，不復有仕宦意。

君爲人篤於孝慈，幼孤，事先夫人，左右無違。及居喪，捽茹飲水，終三年，匍匐致毁瘠落肌肉，僅能自活。既除之後，殆十載，言及其親，未嘗不歔欷涕下。此皆世俗所不能者。性復倜儻，重節義，聞人急難，與其所不足，若己當之。族親友舊，賴而濟者，蓋可指數。江吴之間，其人信鬼禍，習忌諱，疾病死喪，非其父母妻子率避遠之。君雖於無服之親，亦必瞻視，懃懃致藥物療治，❶愈有恩意。於其死，哭弔常先他人。含襲斂殯，多自經手。其接人重厚有禮，隆賤親疏，訖不以顔色冷燠之。然於論議亦不隱其賢不肖，非深得古君子之道者，其孰能如是邪？

既退居鄉里，益脩田宅，美池榭。日召賓客，飲酒遊宴，賦詩相獻答，亹亹不能自止。鐫琢粉繪，咀噍花葉，務爲深奇，若新進争名者。怡愉終日，弗以他事亂其間。雖術業不施於時，亦不爲無所用其心矣。

卒時年四十六，聞者無小大，莫不嗟惋，來哭必盡哀。至于役養無知輩，悉旁泣竊歎，謂不復有斯人。嗚呼！可尚也已。

曾祖諱某，祖諱某，考諱某，比三世俱不仕。娶東平萬氏，順惠莊飭，有理内法。生男女八人，長子某，襲父之志，以文行稱。❷識者謂慶在是矣。次某，警敏守生業。某亦志學，某方成童。長女壻鄧某，應進士舉。次黄某、范某。幼女許嫁范某。皆著姓子。初，君之弟曰某，既勝冠與其婦偕死，息女始絶乳，君愛養之如己子，長以嫁李氏。銘曰：

勤不獲禄，善不克年。謂天有知，何死之亟？謂天無知，何後之賢？嗚呼！百世之下，無敢壞其藏焉。

---

❶「懃懃」，正德本、光緒本作「慇懃」。

❷「稱」上，光緒本有「見」字。

處士陳君墓銘并序祭文附

君諱文藻，世家盱江，實建昌南城也。曾祖諱某，祖諱某，父諱某，皆不仕。

君初以素門善治生，終能憙事，用儒術教子，起家登朝。其門既高，其行益篤。沈厚有智，多歷艱難，故動而鮮過，❶爲鄉黨法。將有事者，亦來咨謀。自用儉節，至義可爲，則不有愛。其所周急，浹于疏親。性復謹禮，雖幼而卑，必待以賓客，未嘗見其懈。尤耻争辨，踰數十年無一人獄在州縣者，而衆莫不服。晚節授家事于子孫。其中休休，罔有不足。閉門終日，不與塵俗。風窗月墀，樂以忘老。年八十二，慶曆四年十一月庚午卒。明年及此月丙申，葬于郡東之龍池。

夫人周氏，既葬十二年矣，故不祔。子男二人：肅，繇進士第在官，爲能濟之重慎，得譽于薦紳間，以憂解殿中丞，執喪無失禮；次雍，孝友而外樂善。諸孫學問甚謹，無不令人源深哉！止而爲淵，行而爲川，未易窮也。五女嫁鄭某、朱某、范某、朱某、聶某，皆良族也。既卜日，孤以墓石來告，乃銘之曰：

《洪範》「五福」「六極」，爲天賞罰之柄。今君既壽且富，無久疾病。教子義方，不謂不好德；啓手足知免，不謂不考終命。天之勸人，何其盛哉！何其盛哉！

---

❶「鮮」，正德本、萬曆本、光緒本作「解」。

嗚呼！公之年德，遠出輩流。子孫善良，無身後憂。人生及此，何所不滿？送往以哀，情猶未免。昔我年少，孤貧里中。惟公見遇，與衆不同。然諾之重，有古人風。薤露易乾，隙駒難駐。彭殤一揆，瞬息千古。設奠告誠，後期無處。尚饗。

廣文陳生墓銘并序

陳生，予同郡，君平其名，某字也。初以童子來學。既冠，游京師，用進士入廣文館，升於禮部試。下第歸而病，後二年死，蓋年二十有四矣。

始吾奇其人神甚清，氣甚和。齒少而智老，居今而好古。其學業務廣，其文體務大，若馭長風，中江而下，假之日力，則海不難到。凡厥施爲，巖巖見頭額，去其俗遠甚。其父某，又有行誼，謂可以餘慶擬之，不意其短命也。病日革，尚不舍業，或導以博弈解愁憂，則曰：「我爲此益不樂。」❶拳拳文字間以即死。

嗚呼！吾之所好惡不類乎天之意邪？抑天之意皆與人異邪？或者天無有心而人妄責之邪？人亦無有主宰而自生自死邪？如何？如何？

贈某官。諱某，王父也。諱某，曾王父也。妻劉氏，有二女。其死孟夏，其葬仲冬，其歲辛卯，實皇祐三

❶「益」，正德本、萬曆本、光緒本作「亦」。

年。銘曰：

古石崇觀，今葬其旁。死者無知，則何所傷。若其有知，則顔魯公記麻姑山，謝靈運詩華子岡。雲環水怪，夕景晨光。尋群仙之轍迹，❶味古人之文章。魂兮優哉，豈與夫愚鬼同鄉。

進士傅君墓銘并序

皇祐五年冬，傅氏之子野請銘其考曰：先父諱垂範，字祖德，娶鄧氏。野中男，長任，少偁。女嫁董、張、江氏。壽六十有六，今年七月癸亥卒，十二月丙午葬。墓在宅東北仙羊峰下。曾王父封，王父宷，父逢，皆不仕。遠祖家信州，今爲南城人。銘曰：

君少篤學，見稱其儕。父隕兄落，欲進不諧。有田宅畔，有宅山限。既耕且養，曰優游哉。君之事母，室爲便户，夜再三起，即訊安否。君之事兄，兄嘗病苦，醫須人肉，爰割其股。族有鬭死，將質于官，礙君其間，縮不忍言。聞善己若，見惡愀然。教子與孫，居如師門。維孝維悌，於君罔闕。他行雖百，無乃其末。命有夭壽，時有窮達。含笑入泉，糞土黄髮。

❶「群」，正德本、萬曆本、光緒本作「神」。

聶夫人墓銘并序

夫人姓王氏，歙州某縣人。曾祖某，祖某，父某，蓋富家。歸于鄉人聶某，今爲南城主簿。聶君之曾王父某，王父某，不仕。考某，贈禮部尚書。兄某，終翰林學士。凡仕者數人。族大以蕃，而夫人宜之。爲婦孝，爲妻順，爲母愛而不弛。事姑三十年，未嘗蔕芥。既自治其家，舉有法度。於鄰里鄉黨，慶吉弔凶，以喜以憂，若在己然。見人乏絶，志於賙救，力不足不能自已。教厥子必以禮義榮辱，故克有成。長男武仲，進士及第。其次南仲、微仲、恭仲皆好學。女壻程某、閔某、汪某亦爲士。季女未許嫁。

夫人每敕諸子曰：「亟自立，汝後顯榮，吾不見矣。」皇祐三年來南城，未及安宅，夢人告曰：「爾在此二年而已。」五年疾病，時武仲與禮部籍奏，尚克聞之。已釋褐，有書至，不能言矣。夏四月十一日卒，年若干。明年某月某日載其柩還鄉，以某月某日葬于某。銘曰：

死生命邪？聖人罕言之。雖其有命，其可自知邪？夫人教子，謂不見其仕，及其登科，而母死矣。豈知而言邪？抑偶然邪？二年之意，形于夢寐，彼何神靈而告之丁寧邪？武仲有文采，諸子頗聰警，姑務於德，以求揚名，則親之魂魄，其不榮且幸邪！草露溥兮，松風凄兮，生者能幾時，死者無窮期。萬物皆如斯，又何足悲邪！

鄒夫人墓銘并序

前此者，聞新淦鄒氏有子曰迪，九齡以文求試于臺，遇疾罷去，得神童稱。今迪遺予以書，且列其妣之行，請銘于竁。❶予未識迪面，矧非州黨姻族，閨門之懿，所不及知。然觀庸俗，富而溢則驕其子，使淪於欲，若節信所謂「以賄喪精者」，往往而是。迪生五六歲，嗜讀書，屬詞句。既毀齒西游，仰視九門虎豹之威而不怯惑，有披青雲捧白日之志。事雖不果，與夫冕弁而童心輩相去幾十百倍。苟非胎仁乳義，沃染於初，如土斯瘠，其奚以藝嘉穀也哉？則其善狀宜不誣孔子之言孝者「立身行道，揚名於後世，以顯父母」。迪未冠，未克光大于時，懼其親之無傳，求哀於我，蓋亦孝子之節不可以已，故書之。

夫人姓楊氏，蓋鄒之邑人。曾祖某，不仕。祖某，亳州防禦推官。父某，亦不仕。其夫某，學不得官，以貲爲袁州助教。夫人之性順而明，憙篇籍，略知大指，書樂之藝，多所該綜。早孤，事母以孝。既嫁，未嘗一日不念母，念之至，則號泣廢眠食。善於夫之黨，外内無怨言。羞服器玩，舉有制節，罔或踰侈。唯迪一男，不以恩克義，且教且戒，期于有立。既不試而歸，益敕之，求師輔，繼短增卑，日取其效。一女亦尚幼，而夫人即世，年四十有五，至和二年某月某甲子也。越某月某甲子，葬于某鄉某地名。

噫！昔陶侃母湛氏，亦新淦人，唯能資厥子交結勝己者。然非侃强立以濟功名，曷由致其母不朽之如

❶「于」，正德本、萬曆本、光緒本作「其」。

此？迪之齒未也，誠能出溝瀆，逐鯨鵬於天海間，則楊氏之賢，當不媿于古，且使吾言見信於天下矣！銘曰：

宜神之祉，顧短以死。不在其身，維有子。

鉛山縣尉陳君墓銘并序

君諱某，字某，與予同郡，實建昌南城人。曾祖某，祖某，爲郡著姓。父某，尤善士。有二子，君其仲也。君幼而開爽，多智慮。以兄宦學，膝下少人，迺顓治生，若親之意。其先子豁達而好義，自放于詩酒間，罕視家事。而財用所出，近得以賙親故，遠得以及羇旅，爲有識所貴者，繄君之力是賴。既孤而母老，伯氏從王事，温清益謹而田里益修。彼仕千里之外而無反顧之憂者，抑君使然。免喪數年，遊京師，屬河決，以財佐公上，補太廟齋郎，選授邵武軍建寧縣尉。于時盜賊多，主名不見，邑居患之。君以機往，所至輒禽。郡守言其勞不報，替授茂州司户兼録事參軍。兄爲德陽宰，不宜俱入蜀，改信州鉛山縣尉。未行，以疾終，年五十一。嘉祐元年夏四月癸亥也。

娶鄧氏，生男光遠、光道，皆好學，見稱于士友。君之啓手足，命以卒業而已，不語他事。一女嫁黄某，亦冠族。其冬十一月壬寅葬于所居東北十有餘里太平鄉三異里符源。銘曰：

世無災兵，以敝其生。家有禮義，以爲之地。衣冠揖讓，優游以卒歲，復何歉於意哉？

徐夫人墓銘并序

宜黄徐復，皇祐五年進士出身，南郊放選，得贛縣主簿。明年改元至和，將輦其母之官，未及期，夏四月辛酉母死。秋九月來告曰：「吾母李氏，生十有六年而歸于徐。其居百口，姑之繼者四人，吾母事之亡蔕芥。至于女妐叔長穉婦，靡不得其歡心。先人諱某，宦學且久。吾母夙夜躬爨烹，以禮賓客，未始厭倦。復十八而孤，方肆詩賦。吾母請于先祖，使之卒業。舉不利，將退而服田，又勗遣之，以獲齒于下士。侖合之禄未登養器而遭大變。平生惻隱，以周急爲上務。斥衣賣飾，一簪亡所愛。死之日，親疏内外，❶皆哭出涕。天蒼地黄，何往何愬，願得銘以相哀。」

予與復非舊，憐其意從之。夫人之曾祖某，祖某，父某，俱不仕。復之兄曰某，弟曰某、曰某、曰某，豫亦好學。❷姊妹三，其長嫁杜某，其次進士胥某，其次戴某。銘曰：

人之教子，教成而親死，天下多如此。將爲善，思貽父母，令名必果，復也能之。則欲報之德，誰曰不可？

❶「内外」，原作「外内」，據正德本、萬曆本、光緒本乙正。

❷「豫」，光緒本作「俱」。

鄭助教母陳氏墓銘并序

鄭君，名某，字某，建昌南城人。吾母其從祖姑也。夫人於覯，爲舅之妻，故常得見焉。鄉里陳爲冠族。夫人之父某，贈殿中丞。祖某，曾祖某，不仕。歸于鄭氏，生二男裁數歲而寡。姑老子弱，門内外事，一介畢委于其躬。性嚴正，處之有宜。請謝姻戚，意厚諄諄。用福其家，以不失舊。壽六十有五，皇祐五年夏四月乙未卒。

小子曰倫，既蚤死，君孤露一身，延其世祀。曾祖某，父某，蓋皆善良能治生，而君繼之。抑管子所謂士工商農之子，少而習焉，其心安焉者矣！廣源蠻犯嶺表，朝廷以空名告身屬江湖轉運使，募入泉穀，而郡縣風曉之，君以此守撫州助教。執親之喪，數月得疾，未葬而卒，年三十有七。至和元年冬十二月也。二男曰某，七歲；曰某，三歲。妻謝氏，獨當家事，闔門無五尺之童，略如夫人初寡時。嗚呼！可哀也已。

明年三月乙酉以二喪厝于其縣太平鄉之龍宴窠，同塋而異壙。君之姊妹六人，嫁范某、徐某、胡某、聶某、陳某、夏某。五女嫁陳某、鄧某、張某，其二尚幼。銘曰：吉凶在人邪，彼壽者何淑於身，而夭者何怒於神？其曰偶然邪，何再世不夭，若辜而傳？夫人之意，常恤後嗣，其死未幾，而禍猝至。古人之言倚伏者，猶可信而俟邪！

處士陳君墓銘

君諱某，字某，建昌南城人。曾祖某，祖某，父某，自有誌。君性慈和且憙事，同産六七人，身爲之長。當母在時，一以家事屬其弟，無所前却，闔門百口，不識笞駡。及官府召呼，雖甚威怒，必躬以進，❶不移禍於人。爲政者伺察焉，❷未嘗辱。嗜酒，從游或詬之而或戲之，❸其色自若。子陟有詞學，愛之欲其達。其在京國，輒馳往視。既及第，爲邵武縣尉。至和三年春，又就見之，中道得疾，入官舍而卒，年五十四。輓其喪歸，冬十一月乙酉，葬于郡西太平鄉金塘。凡兩娶，陟出蔡氏。其繼徐氏，生防、階、附、隱。三女，長嫁朱某，其二尚幼。銘曰：

古人以一世爲夢一覺，其間利害何足可道？若君者其已覺也哉！

宋故贈都官郎中張公墓碑銘并序

駕部張員外守盱之一年，狀其先君郎中之善屬于覯，願爲文以表墓。竊迹三代，葬從死者之爵，祭用生

---

❶「必」，正德本、萬曆本、光緒本作「且」。

❷「伺」，原作「似」，據光緒本改。

❸上「之」字，原脱，據正德本、萬曆本、光緒本補。

者之禄。父爲士，子爲大夫，葬以士，祭以大夫。故勳勞不懋，名位不尊，雖子孫蕃大，唯致美乎宗廟。彼窀穸之事，無敢加焉。後王損益，有追贈之制。恩漏泉裏，咸同正官。國家仁甚於古，賞徧于下，凡在周行，必寵貴其父母，郊祀行慶，踵以爲常。今郎中得官五品，於令宜立碑。而員外出刺是邦，覯小草民，託寄宇下，見命執筆，其可以辭？謹按所狀而文之。

郎中諱某，邢州沙河人。曾祖諱某，父諱某，世不仕。積善之澤，漸于其躬。狀貌瓌偉，人鮮能及。性本孝弟，且憙義烈。自九族内外，悉能和諧。❶使無鬩很，而鄉人美之，豈所謂「施於有政，是亦爲政」者邪！厚本力穡，以給其家。身雖肥遯，言必《詩》《禮》。克致嗣子，策名于朝，又豈所謂「愛子教之以義方」者邪！其生五十有六年，祥符癸丑夏四月卒，即葬于所居西偏。既而贈大理評事、殿中丞、屯田職方員外郎、都官郎中。

夫人柴氏，某縣太君。生男女五人。員外名某，習孔氏《尚書》，景德中及第，試于州縣，無曠厥職。由大理寺檢法陞審官籍，其修《天聖編勑》，與有勞焉。歷鎮五郡，稱爲盡心。四女，伯、仲皆嫁李氏，叔趙氏，季尹氏。員外之二子業進士，今賦于太常矣。後胙饒衍，胡可量哉！銘曰：

大河之北，土風朴渾。公宅其間，孝義終身。閨門雍雍，鄉黨欣欣。❷生而不試，没乃推恩。君仁有加，

---

❶「和諧」，正德本、萬曆本、光緒本作「諧和」。

❷「黨」，正德本、萬曆本、光緒本作「飲」。

子心罔極。贈官五品，立碑九尺。慰彼顛靈，光于墓域。後昆之才，孝思是則。

宋故朝散大夫守尚書屯田郎中上輕車都尉賜緋魚袋江公墓碑銘并序

孔子稱：「聽訟，吾猶人也。必也使無訟乎！」長人者不恤義教而一之刀筆，雖聖與庸，或無以異，矧其人品中下云哉？世俗所以不甚相過者，無足可怪。士大夫不以賢自待，蒙耻苟得，習以爲宜。上亦不以賢待之，動有法令，不得行其意，爵列於朝而習史胥之業，❶故愚者亦足尸一官。賢人斂手于位，就繩墨，間有可道者，則今之循吏也已。嗚呼！江公非循吏而誰歟？

公諱鎬，字某。祥符五年進士及第。得汀州推官，繇興化軍判官除大理寺丞，歷殿中丞、太常博士、屯田都官職方員外郎、屯田郎中。其使知陵州仁壽、婺州金華縣，❷知英州，通判潤、宣州，知建昌軍處州，遂致事，年七十卒。時慶曆六年也。

公弱好文學，性孝友。既耆而執清河太君張氏之喪，尚致毁。於請老，當得一子官，舍其孫以與弟之子某，人以是稱焉。明且慎，善聽治。在興化常受命使府決諸郡之獄，故僉薦之仁壽。洪氏嘗爲里胥，利鄰人田，紿之曰：「我爲若税，免若役。」鄰喜，劃其税歸之名於公上，逾二十年。且僞爲券，茶染紙類遠年者以

❶「史」，光緒本作「吏」。
❷「使」，光緒本作「後」。

訟。公取紙即伸之曰:「若遠年紙,裹當白,今表裏一色,僞也。」訊之即服。金華舊梗而説公之政。粤民勤於役,其胥或世世與其族異財而同籍,率一胥影户數十。公至英乃擿而旬用之,轉運使指以示他郡,下户獲安。在建昌擊豪摝啾,嶷若山重,于今有述焉。

娶同郡戴氏,封萬年縣君,生六子而卒。長男某,都官員外郎,蚤有譽,不幸死矣。某,著作佐郎,某,太廟齋郎,皆有學行。三女,嫁進士毛某、程某、潁州推官馬某,皆良奧也。曾祖某,不仕。祖某,泌水尉。父某,贈都官郎中。自十六代祖世源因官占衢州開化,其上不可知。凡一姓多者數望,俗以意稱之,問其譜則亡,或斥古之顯者以爲祖,是之謂誣,故不書。覯經爲公甿,著作使來告喪,以既葬弗及誌,惟令五品有碑,請列兹文而繫以銘曰:

善不獨善,既施於民。福在子孫,不止其身。少進老退,始卒無悔。死而有知,何慶之大。

宋故將仕郎守太子中舍致仕宋公及夫人壽昌縣君江氏墓碣銘并序

公諱某,字某,其先江南宰相齊丘之族,遭亂播遷,自洪州南昌家建州建陽。曾祖某,祖某,以是無聞焉。父某,讀書客死太平州。公少時亦不顯,既而有子曰咸,字貫之,受位於朝,例以公爲大理評事,歷衛尉、大理寺丞,太子中舍致仕,年八十一。

夫人江氏,江南翰林學士文蔚之曾孫,本朝職方員外郎翹之孫,汝州龍興縣主簿湜之子,累封長安壽昌縣君。年八十,慶曆八年冬十二月壬午卒。越八日己丑又有公之喪。皇祐元年秋九月己酉合葬于所居壕南，從先塋也。

公逮事祖父母，能致其孝。以寡兄弟，其母程氏篤愛之，欲無去其家，故不使宦學。然性憙事，鄉之儒衣冠者多與之交。見人子孫孝弟學文，不啻出諸己，有良紙筆必往遺之。

夫人善言語，有識，於家内外，靡不規正，而姻族信之。前失數子，乃謂公曰：「積善餘慶，今生子不育，無乃父母有所闕歟？姑自修而已。」用是，時異夢而生貫之。❶總角好書，不同群兒。夫人曰：「此子必興宋氏。吾叔父知南劍州，可使從之學矣。」則司勳郎中名拯者也。不數年而貫之大成，應舉得官，由州縣至常參，皆補東南，以便侍養。

公老而静，勝日於官舍焚香誦佛書，有佳山水，未始出遊。迹其所爲，亦足以遠嫌疑，非苟然也。

夫人雅知子，初貫之知尤溪，在上位者嘗以憾，故使爪牙吏求貫之之私，將傳於法。及知瓊州亦如之。聞者鮮不憂。而夫人諗公：「吾兒志大且廉，決無私事爲人所得，不足憂也。」已而果然。

耄年俱不病，自知將死，教令婦子亹亹如平常，鄉人異之。三男，貫之爲屯田員外郎，有文章，年逾五十，學問不倦。書非聖人作，一切鋤去不問。至于爲吏，亦多見稱，此其功名未易知。次曰某，頗儁才，蚤死。曰某，能治生，得其母心。二女，嫁李氏、饒氏。

覯辱貫之游而不獲拜其親。於葬，又不克會。今貫之乃來求文，謹次所聞而屬之銘曰：

---

❶「時」，光緒本作「得」。

壽考人之願，而夫婦偕老，有嗣家之幸，而其子知道，四者得之，固已足矣。又申之以官邑之號，苟爲不善之人，安能到此哉？

宋故朝奉郎尚書都官員外郎上騎都尉賜緋魚袋陳公墓碣銘并序

南城治之右，麻姑山前左，麻源東南，其地曰某，是惟邑人陳公之墓。公諱某，字某，天聖五年進士及第。歷郴、寧、洪州推官，五遷爲都官員外郎，知宜春、臨川、貴溪、豐城縣，年六十有三而終，實至和元年。

公少好學，以其才有鄉曲譽，性重慎，不易出言，視之若無白黑。及逢其人則亹亹，是非必中。與人交，外澹泊，然其義分，雖白首如初。

在官文理堅著，罔有罅兆，其所持操亦不可奪。郴有土茶，既貢而價其餘，公言其賊民，轉運使以聞，及其貢者皆免。洪有久獄，逮證不已，公與守争，守怒而起，終以公爲能，遂舉之。臨川民有以庶弟爲異姓者，買吏得直，莫克爲辨。公召語之，不刑而服。其行事多此類，故在幕職時，舉者十有七人，張伯起、吴安道、蘇儀甫、趙叔平，皆世名臣。

居家孝友，親既没十年，與其弟某居，無間言。若親若故，或旁以生，要之言行，一有繩準，鄉人畏之。晚喜吟詠，久而益工。不善飲酒，發懷散憂必以詩，其存者若干首。將老于山林，未及言而疾作。哀哉！葬禮有碣，宜爲之銘，其繫世則誌諸壙。銘曰：

楚之東兮吴之西，山雄石俊兮盱之湄。公將退兮隱於詩，鸞鷟鵠兮裼蘭芝。志不就兮以喪歸，曰天與命兮竊難知。千萬年兮識者誰？公之美句其傳之。

宋故朝奉郎尚書都官員外郎上騎都尉賜緋魚袋陳公墓誌銘

公諱某，字某。建昌南城人。進士及第。爲郴州軍事推官，罷，得寧州，未行，以鹽鐵判官舉，監海州洛要場。遭母憂，復常權洪州觀察推官，除大理寺丞，知袁州宜春，移雅州盧山。父老，改撫州臨川，除殿中丞，又以憂解。既而知信州貴溪，除太常博士。明堂禮畢，遷屯田員外郎，替知洪州豐城，除都官員外郎。至和元年二月乙卯卒，年六十三。以其柩歸。明年及此月某甲子，葬于某鄉某里某地名。

曾王父某，王父某，不仕。父某，贈某官。母周氏，某縣君。妻黄氏，某縣君。長男某，廣文生，再就禮部試。次某，不應舉。次某，一舉下第，死于京師。女嫁黄某、范某、黄某。銘曰：

官六品非賤，年六十非夭。生而鮮悔後有紹，左神右仙維宅兆，天之福公夫豈少。

直講李先生文集卷之三十一

陳府君夫人聶氏墓誌銘并序

府君諱某，字某，世籍南城。曾王父某，王父某，父某，皆不仕。予六七歲時在山中，有人從外氏所來，言從母之夫病且死，其弟以股肉食，不起。既而事寡嫂有禮，族姻善之。及予長，審知其人乃府君也。景祐三年秋八月，府君年五十三卒。其冬十二月葬可封鄉安樂里源潭之陽。後十八年至和甲午夏四月，夫人聶氏年七十四卒。明年春某月，葬于其墓東南隅。孤來求銘，敢不聽？

吾邑陳氏爲富家而幅之以善，于今四五世，智不以駕愚，力不以鉏弱。官無訟牒，獄無繫人。入場屋，得禄位者，磊磊相望。而府君以孝悌處其間，喻子教孫，蚤閒暮燕，以終其身，不亦美哉！

夫人之曾祖某，祖某，父某，亦不仕。爲人母者五十年，主家事者三十年，旁禮娣姒，下法子婦。儉，故不乏用；慈，故不失恩。屬纊之日，門内百口，又何盛也！生八男，執喪者五人。曰某，其人和，能友群弟。曰某，善讀經書，作詞賦，郡薦新人，嘗爲之首。曰某，曰某，曰某，服産業。一女嫁黄氏遜之子曰陟，進士及第，初爲邵武尉。銘曰：

管仲有言：「倉廩實，知禮節；衣食足，知榮辱。」今之愚者，階其富，以趨犴獄。陳氏之良鄉所矚，君之夫婦全而復，積善有慶兮後昆百禄。

進士傅君墓表

亡友傅君代言，字某。生同鄉，長同學。心純行潔而外不亢激，見人善，卑之若臣僕。聞人過弗敢言，其在己則改不待頃。故在家而和，與衆無蔕芥。好學有辭，以進士得試于墀下，兩舉不利，歸而寢疾。以書請觀，願一言，庶乎不泯没。病革矣，書字幾不成，猶拳拳俟報而後死，哀哉！其意何邪？時年四十五，慶曆甲申秋七月也。後二年正月葬。

君家世善良，曾祖某，祖某，未嘗筮仕。父某，在祥符以前，用辭賦著稱，不遇而死。皆曰在後人，至君又無禄，識者益憐之。娶鄧氏，生二男，某，某，然未有立。葬已，其兄某使人來告，迺表其墓曰：

莊周論天曰自然，吾以爲妄言。至于仁者夭，鄙者壽，禍福之來荒忽而不可究，然後知周之言爲不謬。嗚呼！吾友不幸，而堂有老，室有幼，不然則大彭殤子，亦何足道哉？

陳伯英墓表

吾嘗銘陳君仲温之葬，以行高，故譜敘甚詳。其子漢公，字伯英，初名詠。後十二年而死，又從而表之。噫！逝者如斯，徒使吾文不施於樂歌舞蹈，而施於墟墓間也。

伯英少從吾游，俊健有智數，頗多能。應進士舉不售，因放失繩墨，衆非之，終克自反。於親勤，於家儉，於人恭，摩垢出光，清議始變。年四十得疾，不治。哀哉！

妻聶氏。有五男，其三嚮成人，曰汝羲、汝士、汝臣。女許嫁鄧潤甫、廖庭圭。幼者二人，其弟次公、次山皆有學行，庶幾大其門。噫！天人果通邪？善積必有慶，不然未可知。辭曰：

山可塵，谷可堙，謂余非妄人者，無褎伯英之墳。

處士饒君墓表

饒君，諱某，字彭年。世占南城，蓋予同鄉。曾祖某，祖某，父某，皆不仕。君耦周氏，生男景先、見先。女嫁陳某、李某、吴某、桂某。其齒六十有四死，葬里中之金灣。後一年，實慶曆七年，景先礱石以待我，故書其墓曰：

吾邑絶大江數百里，與閩粤爲腹背。土地衍沃，宜稻桑麻。無大水旱，飛蝗所不至，故其人足衣食。俗椎少機，不肄文法。爲獄訟事，吏惡政苛，鏖之百端，卒無敢言。以豐富之資，加自重惜，而居之名山水之間，花草禽魚，日變時異，使人見之，心竅恢恢。欲追騷人，校江山醜好，然則諸父兄行有不爲禄仕，而撙禮義探儒雅者，固其宜。彭年性温厚，力治生，以遠不足，其餘唯務爲詩，與學者更倡和，争錙銖，亹亹不倦。二子幼，讀書，不使參外事。故景先以其文再試于禮部。見先亦嗜學多藝。其壻陳、吴、桂皆應進士舉。由此觀之，抑好善之效。晚節自除葬地，築室其旁，以待賓客爲觀遊。歌琴賦酒，不覺老至。自囂塵處，聞其所爲，有足喜者。往時相見，領髮未素。今兹復來，墓草已宿。弔傷雲霞，嗟嘆栢竹，揭之墓門，千載可讀。

醫博士周君墓表

周君諱某，字某，鼎州桃源人。以醫來建昌，爲博士。年七十有一，皇祐二年夏六月卒，冬十有一月葬。其孤播、揔來求表之。辭曰：

君之至是邦，吾時未生。及吾成人，與之往還，尚二十餘年。其容體昂昂，口辯，多所跋履。凡荆楚間三川物象，屈原、宋玉嘗稱道者，往往記憶。上下巫峽，見神女事迹，言之鏗鏗可聽。善飲酒，要之坐花草，醉倒歌舞，不以年長辭。趣爲和同，然未始以氣下於物。用醫藥交有位，雖甚親比，亦無所私謁。吾以此知其人。吾母曾病急，不能言，衆醫縮頸遯去。唯君視之曰「不死」，治數日，起之。吾以此知其藝。命不謂短，家不謂貧，其教有義，其嗣有人。龍池之東，負山爲墳，後來弗知，信在斯文。

前進士廖君墓表

君諱夷清，字禮卿，南劒州將樂縣人。曾祖居素仕南唐，以剛直見忌。由校書郎二十年裁得大理司直。❶建隆而後，稟命我朝，遂課其功，累遷至瓊林光慶使檢校太保判三司。驟諫，後主不聽，閉門却食，服

---

❶「年」，正德本、光緒本作「載」。

朝衣冠，立死井中。已而，得大手書於篋，曰「吾不忍見國破耳」。故文士徐鍇弔之，有「三閭自投於灑浦，伍相願棄於江流」之句。不數月而金陵降，迄今鄉人有記其事者，皆叩頭稱之。祖仲符，少有志氣，以詞學名。兄弟蔭補，獨不就。及朝廷録忠臣後，授汀州掾卒。父知章，亦秀士，克世其家，未及進而死。

君童子而孤，力自樹立。篤學有才，作詩賦，尚俊壯，其於啓事、長調歌，尤能動人。性孝友，常省其姑，退必感泣謂人曰：「吾姑類先人。」其弟臣清，得官而夭，遺骸在唐州。君時下第至江南，聞之匍匐往收。方大饑，道遇刼，告以其故，賊亦義之，不害。初舉解頭，好事者寫其賦於屏，今猶未絶。五試禮部，皆不耦。慶曆二年，特奏名賜同三禮出身，未免選，没於京師，年四十八。昭武李誥帥其友舊，棺斂以歸。其冬十二月葬于建昌軍南城縣太平鄉凋水，實君之徙居邑也。

娶鄧氏，生四男：平、噩、可、至。一女嫁周翰。夫人之死，後君十二年。❶於其葬也，平自爲誌。平十二齡而無父，嶄嶄自然，出於泥滓間，以濟其業。聽高眂遠，有足嘉者。群弟壹於學問，皆未易知。積善之慶，將在是哉！以石表未立，捧其鄉先生屯田郎中李公之狀來。覯嘗辱君游，謹撮其要，託辭左方曰：

太保之忠，貫神炙天。當時不省其諫，後世不聞其賢。非君之才，而平之孝，孰能因而傳乎？爲人之子孫者，其可不然乎！

---

❶「二」，正德本、萬曆本、光緒本作「三」。

李子高墓表

南城縣東北遠百里，吾高祖之父家焉。天聖中，嘗省松栢至於子高之室。子高業已不仕，有男冠卿，生十三年，習爲歌詩，教義諄諄，無忝世儒。後冠卿第進士，試校秘書，守臨川主簿代歸。未幾而孤，來乞文曰：「惟先父好學篤善，應舉不得官，治衣食業，不能貪以取餘，醉吟山水間，忘其老。喜犇人之急，里有爭，往往和解之，使不致獄訟。衆亦愛悦用濟。不肖子于宦學，未始有報，而舍去忽焉。願得表其墳，託以不腐。」姑取其譜而系之辭。

子高諱喬，年六十八，慶曆四年四月庚子卒，十一月乙酉葬。考彦機，祖文遇，曾祖捷，皆布衣。初娶盧氏，生叔平、叔良，早死。一女嫁饒贍。繼陳氏，生冠卿，其季漢卿。辭曰：

生無失宜，死何足悲，有子而奇，其後焉可知邪？

先夫人墓誌

有宋皇祐三年冬十有二月乙酉，李氏之孤覯，奉其母夫人柩葬于所居西先父府君墓東南隅，實建昌軍南城縣鳳凰山之麓也。

夫人姓鄭氏，其先蓋鄉大姓。曾祖某，祖某，考某，皆不仕。夫人初有二男，爲無服殤。既而生覯，十四年而先君没。是時家破貧甚，屏居山中，去城百里，水田裁二三畝，其餘高陸，故常不食者。夫人剛正有計算，募僮客燒薙耕耨，與同其利。晝閲農事，夜治女功，斥賣所作，以佐財用。蠶月蓋未嘗寢，勤苦竭盡，以免凍餒。而覯也得出游求師友，不爲家事罔其心用，卒業爲成人。不然，藐爾小子，爲傭保，爲負販，供養猶不足，何暇孳孳學問問邪？復還舊居，娶婦有孫，如平人家。夫人滋不倦，門内細碎，覯尚未及知。慶曆中，應科目罷歸，迺自念親老矣而數棄去。舟江湖，客京國，以爲之憂。抑又窮空無以備甘脆，非人子所宜，因決不求仕進，忍恥業衣食，庶乎終養，無有憾焉。既八九年而智淺力少，不克如志。

夫人性多設施，好義而信人。祭祀、賓客、婚姻之禮，不以貧故略之。聞人緩急來有求者，應之唯恐不逮。衣服在身者必假，飲食在前者必輟。況於泉穀，❶固無吝心。由此困乏，百計不效。夫人亦厭之。覯惟《易》「窮則變，變則通」，所識公卿大夫多矣，苟扶吾親往乞食焉，尚可以濟，迺用此言告之。夫人喜曰：「是吾心也。幸而離鄉，非但謀食而已，且使雜人不到吾目前，則煩惱自少。況汝幼學，已而不進，吾與汝俱西，亦將有知汝者。吾孫又漸長，彼多英俊游，聞見當遠大也。」謀之未集，而及大故。疾病猶數數問行期。

嗚呼！夫人卒在葬前二百七旬有八日，實其年春二月丁未。壽六十有九，後先君没二十九年。先君嘗學，不應舉，以教其子作詩賦，亦樂施惠。尤直信，生平無所争，不識州縣廷。終以不得意死，年四十三。

嗚呼！覯何人哉？有心不明，有力不强，父已不待養，天幸有母，而方施施，進不能爲禄仕，退不能求財利以足其欲，使之顚頷，晚迺悔之，未及行而禍作矣。嗚呼！覯何人哉？天鬼不誅，王法不治，猶有面

---

❶「泉」，正德本、萬曆本、光緒本作「錢」。

目以視息世間，復何人哉？　誠懼乏祀，不自引決，敢因襄事刻石以記其罪，抑爲事親者戒。　嗚呼哀哉！

亡室墓誌

亡室陳氏，不知其先所自來，今爲南城人。　曾祖某，祖某，世大姓。　父某，弱冠夫婦同時死。　唯是女生五年，養于伯父某。　又十一年而嫁，嫁十七年而卒。

於戲！　吾家破久，及覯好自樹立，與世不諧，日益戹窮。　陳氏處之罔不寧，雖晨夕費，猶或已出，斥粧櫛，賣之單盡，執勞辱殆與臧獲等。　時復寒饑不可忍，終無一言。　族親期會，惡衣以往，參錦文珠象之間而不耻。　事姑瞻相顔色，惟先意之爲，吾母固愛之。　覯行四方，未嘗與謀，亦不敢問。　在家有所畜，獨居常數月，然不見怨望。　卑柔静正，亡世俗婦女之態。　訖不得報以死，悲哉！　長女許嫁陳某。　一男參魯僅毀齒。　中女五歲，其少未免懷。　姑老喪婦，子幼失母，號咷之聲，籍耳酸骨。　校善惡則尤人，論禍福則怨天，復何言邪？　復何言邪？

龜告吉日，用葬于城東二十有五里望州嶺之陰。　且刻石以識其墓，于時歲在丁亥，大宋慶曆七年。

亡女墓銘

李覯之長女，嫁爲陳汝翼妻。　年二十六死，其父傷之不能已，乃銘于墓曰：

巧以慧兮慎言語，之汝家兮畏如鼠。　人生皆樂汝獨苦，命之薄耶抑吾故？　汝來何爲何以去？　墓無子孫久誰護？後人知汝吾之女，幸掩汝骨無汝露。

鄧公儀傷辭并序

亡友公儀名立，姓鄧氏，舉進士，年三十二以死。嗚呼！公儀生數歲，秀異不群諸兒，善記誦，聞於鄉。長而學成，爲文辭，謹聲律，主故實，讀之温温可愛。性賢，深於事理。其道雖不著之策牘爲訓具，顧其身所履頗多矣。事父母孝謹，撫其弟愛而有法。廉不至狷，儉不至菲。氣堅正服義，疾惡人，不得已而與居，未嘗安，若據棘芒也。厭浮屠説，斥巫祝邪媚，遠之不使汙其門。其意與予正同，然予時有所避閉，不出諸口。公儀見事如不可忍，雖在親戚，多引繩墨彈直，故予猶憚之也。早苦氣逆，藥之且平。俄而執父喪，哀甚疾作，不可治矣，是以死。

嗚呼！予自始學善之，志合道一，居甚驩。衆不是吾行而公儀是之，衆不聽吾言而公儀聽之。樂未始不與共也，憂未始不與謀也。他雖甚厚，弗之若也。寃哉！失之矣，復何言也！公儀死前百餘日，予將西游，告之。别時公儀病矣，猶未知果至是也，姑勉焉而去。及其歸也而公儀葬矣。不見其死，友之不終也；不銘其美，文之不公也。吁！墓之草再黄矣，是皆弗可得而悔也！徒傷之以辭云：

落落其實兮，韡韡其華。晰晰其鄉兮，噩噩其家。出處默語兮，禮而弗邪。璞乎君子兮，孰訾其瑕？學優而仕兮，維人之欲。自𡤢而坦兮，始圜其轂。志愈張兮疾愈蹙，老愛弱慕兮嗷嗷其哭。嗚呼！豈人不好善兮鬼之求？不用于明兮用于幽？不然何時未之知而命奪之？善不獲福兮惟禍之隨。已焉哉！

鳥之飛兮隻其翼，航之中流兮欒斯溺。吾友之舍我兮不我力行，煢煢兮將焉得？自我不見兮再易其正，心煩憂兮曷月而寧？桂而酒兮以寫我誠，路漫漫兮莫造其塋。莊周之云兮，息以死而勞以生。斯言之信兮，子無根情。吾道之不病兮，吾文之行。千秋之下兮，庶存子名。

白石暹師塔銘并序

佛法之行於中國，豈不雄健不校矣哉？天之生民，靡不有事，賢者效志，愚者效力。以有貿亡，孳孳蚤夜，而鮮能得志。唯佛之徒，去離遠甚，安樂無算。王臣所嫗覆，士女所合湊。生則得其奉，没則得其歸。而況人材有以超類者，惟其心之所之而已。

噫！佛之法豈不雄健不校矣哉？今吾見惠暹師，其人材超類者乎！師南豐章氏子，生十三年出家。禮白石居壹長老，誦《法華經》。祥符中，以恩得度。壹既化去，其住者惠通、惠德而師繼焉。師有計慮，能施爲，自通、德住時已主院事，殆今無曠。性潔特，耻交凡俗，積四十年不踐城市。頗喜篇籍，詠古人詩，以對賓客。吾少居山中，嘗與往來。慶曆五年，復抵其居，因告我以年老，治送終之具，院西有官隙地，且買之以歸骨焉。懼久淪滅，無以旌識，幸我之來，請文以信之。吾既善師之行，又歎佛之徒能優游以卒也如此，迺授之銘曰：

生也何來？死也何歸？神形一離，曷封樹爲？土石峩峩，松櫝差差，惟門弟子，是瞻是依。

直講李先生文集卷之三十二

常語 上

或曰：仲尼之徒無道桓文之事者，吾子何爲？❶ 曰：「衣裳之會十有一」，《春秋》也，非仲尼脩乎？《木瓜》，《衛風》也，非仲尼刪乎？「正而不譎」，《魯論語》也，非仲尼言乎？仲尼亟言之，其徒雖不道，無歉也。嗚呼！霸者豈易與哉？使齊桓能有終，管仲能不侈，則文王、太公何悪焉？《詩》曰：「采葑采菲，無以下體。」蓋聖人之意也。

或問：伊尹廢太甲，有諸？曰：是何言歟？君何可廢也？古者君薨，百官總己以聽於冢宰三年。成湯既没，二十五月中，伊尹之知政，太甲之居憂，固其常也。不宫於亳而宫於桐，近先王墓，使其思念，名之曰「放」，儆之之至也。❷ 故三祀十有二月朔，伊尹以冕服奉嗣王歸于亳，二十六月而即吉也。則太甲之爲君，何嘗一日廢矣哉？

❶「爲」下，清《守山閣叢書》本余允文《尊孟辨》引有「與之」二字。

❷「至」，光緒本及清道光刻本《宋元學案》皆作「意」。

或曰：然則霍光廢昌邑王，非歟？曰：霍光之罪，滅族晚矣！知之不明，行之不慎，視君如玩物，去取在諸掌。董卓效之東京，桓温用之江左。宋、齊以下，覆車方軌，職光之罪也。敢問爲光者宜如何？曰：皇曾孫高材好學，而光不知。王賀放從，而光不察。既委質而臣事之矣，庸可悔乎？衛靈公之無道也，有仲叔圉、祝鮀、王孫賈而不亡。昌邑群臣有王吉、龔遂，忠直人也。吉諫游獵而賀加禮。遂捽大奴善，屬衛士長行法，而賀不禁。賀之資朴猶可爲也，況大將軍秉天下權，其讒諛者舉放逐之，❶如吉、遂者使居左右。若夫漢廷固多士矣，豈無輔弼之益哉？受皇帝璽綬二十七日而解之，何其暴也？賀之言曰：「天子有争臣七人，雖無道不失天下。」光而學也，慚恨死矣！

或曰：伊尹放太甲而天下厭然，周公屏成王而國有流言。何也？曰：周公，武王弟也，有次立之勢。管、蔡其至親也，易以生怨。以怨濟疑，理固然也。敢問太甲不能終允德，成王不見金縢之書，則伊、周柰何？曰：太甲賢也，不得不改。成王亦賢也，不得不悟。太甲、成王果不賢耶，則湯、武不以託伊、周，伊、周亦不受之於湯、武。

或曰：知人蓋未易也，周公不知管、蔡，安知成王？曰：事有小有大，有緩有急。監武庚之國，其任人也，常事也。天下之政多矣，譬諸日月，猶有所不照。夫以新造之周，而謀嗣焉，其用心奚若？堯不知四凶，可也。至于丹朱，其有不知者乎？

---

❶「放逐」，光緒本作「逐放」。

徐羨之、傅亮、謝晦廢宋少帝，立文帝。亮迎大駕於江陵，道路賦詩，有悔懼之辭，已而果誅。夫三子者，有功於文也，何疾之爲？曰：疾之必也。由其悲號嗚咽而後悔懼，亮見事遲耳。女之賊其夫而私於我者，其可以納之室乎？是亦將賊我也。宋文豈不謀其身？不爾則爲後嗣也。漢宣帝始立，謁見高廟，大將軍光驂乘，上内嚴憚之，若有芒刺在背。故曰「威震主者，不畜」。霍氏之禍，萌於驂乘也。

成濟刺殺高貴鄉公，司馬文王聞之，自投於地，乃收濟家屬付廷尉。夫弒逆非文王意耶？曰：弒逆之名，何可當也？有其意者，必假手於人而歸罪焉。養犬者固欲其禦人也，客來而傷，則擊犬；慚於客，不得不有説也。爲大惡而得大利，既外於人倫矣，况父母妻子狼藉都市者乎？智矣哉！王僧辯也，其對湘東王曰：「平賊之謀，臣爲己任；成濟之事，請别舉人。」

孰謂漢孝文恭儉而已乎？其有帝王之材者也，知權者也。周勃誅諸吕，迎立之。即日入未央宫，夜拜宋昌爲衛將軍領南北軍，張武爲郎中令，行殿中。然後坐前殿，勃之掌握已無物矣。許勃歸相印，既又使率列侯就國，何其决也！或曰：孝宣之初曷不然？曰：勢未可也。宣爲庶人，依許、史而已，不若文之有代資也。漢廷諸臣未始相識，誰可與言哉？既踰年矣，而光稽首歸政，不因此謝之，顧謙讓委任焉，過也。幸光速死，不爾，殆哉！敢問：光雖無術，其志忠矣，抑可疑乎？曰：使光未死而陰妻之語泄，❶則將何爲？

權乎權，君所以廢興，國所以存亡。戒之！戒之！一失之而不可復也。惟至明，然後可以權與人；

❶「妻」，正德本、光緒本作「娶」。

惟至忠，然後能以權歸上。敢問何謂也？曰：大權在己，大禍隨之。夫其用事日久，刑人之父，殺人之兄，絀削人之爵位者多矣。言而弗聽，求而弗得者又多矣。怨者幾人邪？怒者幾人邪？我一日而去其權，則彼無動邪？譬諸騎虎，下則死矣。富貴尚不足惜，其如我身何？其如我家何？舍隆盛而就夷滅，人情之所難。其附離者，又欲尺寸功，則斯人也，能不異慮邪？魏武有言曰：「不得慕虛名而處實禍。」信矣！其惟君子無求生以害仁者，斯可謂至忠也已矣。

或曰：古之至忠者誰歟？曰：其皇甫嵩、朱儁乎？平黃巾威震天下，梁衍説之而不肯從，陶謙推之而不肯應，聞命馳走，就拘朝廷，其忠不可及也。敢問不有郭子儀者乎？曰：子儀可人也。然唐室雖衰，人心未去，程、魚雖巧言，肅、代猶出命。君命而違，不反則叛矣。反叛之名，中人憚諸，況子儀乎？嵩、儁則不然。董卓、李傕之猖狂，獻帝雖在，無獻帝矣。因兵威，乘衆欲，以伐其罪，孰不曰宜也？彼以君命來，遂不敢拒。哀哉！二臣之心，吾嘗爲之痛哭矣！

或曰：范曄評嵩、儁，以爲「舍格天之大業，蹈匹夫之小諒，卒狼狽虎口，爲智士笑」，何如？曰：申生不敢愛其死，使天下知有父也。嵩、儁狼狽虎口，使天下知有君也。人以君命召我，我以矯詔拒之，其非矯者，亦足以爲之辭矣。夫除君側之惡，惡殛而君興可也。不幸投鼠而器喪焉，安得面目見天下哉？是二臣者所以自歸於陷穽也。彼范曄，弑君賊也，宜乎其笑之矣。

直講李先生文集卷之三十三

常語 中

晉明之明，王導之忠，其至矣乎？或曰：元帝固任導矣。曰：否。王敦初反導，不足疑也，而元帝疑之；王敦再舉導，乃可疑也，而明帝不疑。夫敦不以君爲君，其肯以導爲君？導既宰相矣，藉令敦捷，又何求焉？在他人猶可無異志，況導之爲腹心乎？而劉隗用事，導見疏遠，且欲悉誅王氏。當導之率昆弟子姪，每旦詣臺待罪也，呼周顗以百口累之而不應也。傷哉！唯恐其不免耳。再舉則不然，爲導者，盍懲前事有不自安之心；爲明帝者，盍以前事疑之無委任之理。而導詐哭，敦使衆有奮志，帝屬導節，使都督諸軍，君臣之間若合符契，遂平大難以濟中興。非至明至忠其孰能哉？

或問：閻纘訟愍懷太子之枉，皇太孫立，復上疏焉。夫以惠帝愚，賈后賊，安能聽言？徒觸死耳。纘奚爲哉？曰：上聽言，人誰不敢言？佳哉！纘也，是難能也。豈一時之言？萬世之言也。惠帝雖愚，萬世當不愚；賈后雖賊，萬世當無賊。其言欲使著令，諸有廢興倉卒，東宮兵馬，皆得輒嚴，須録詣殿前，面受口詔，然後爲信。聽其臣子，得如邴吉距詔書，周昌不遣王，田叔、孟舒隱親左右，所以固儲副、安後嗣，誠哉！人主有喜怒，宫掖多姦詐。怒解而後悔，詐行而後覺，無及矣！如纘之言，萬安計也。嗚呼！學者之忽也。吾與士大夫接三十年矣，未嘗有齒牙纘者也。

漢高帝使陳平乘馳傳載周勃代樊噲將，曰：「平至軍中即斬噲頭。」二人計曰：「樊噲，帝之故人，功多。又吕后弟，吕嬃夫，有親且貴。帝以忿怒故欲斬之，即恐後悔，寧因而致上，令上自誅之。」噲受詔即載檻車，詣長安，至則高帝已崩，吕后釋噲。或曰：平畏吕后而已矣。曰：不若是則高帝以譖殺功臣，吕后怒亦且報平、勃，平、勃死，則諸吕强，又誰制矣哉？高帝之不枉樊噲，吕氏之不害平、勃，平、勃得以誅諸吕、安劉氏，由燕之謀也。不亦善乎？

或曰：劉隗其亮直者歟？曰：敗中宗者，此人也。漢興至于孝景，庶且富矣。鼂錯以天下壓山東，卒動七國，横屍東市。中宗資王氏以有江左，其强固宜，帝不以術縻之，隗方翾翾執刀筆以裁其末，力不任兵而假鎮以亢，斯足以速禍而已矣！魯昭公不忍季氏，薨于乾侯。晉元帝不忍王敦，憂憤告謝，子家駒諫而劉隗勸焉，隗之罪著矣，帝終不悟，雪涕而遣之，闇哉！

孔子惡稱人之惡者，子貢惡訐以爲直者。夫有口才又有文法，以羽翼之而忘忠恕，何所不逮也？其甚者干人骨肉，不避父子，時主以爲忠，識者以爲賊。國無釁焉，則以自斃；一有可爲，則危宗廟矣。自斃者，商鞅是也。刑太子傅，黥太子師，惠王既立，身裂車下。危宗廟者，江充是也。太子家使行馳道中，充以屬吏，謝之不聽。陷爲巫蠱，殺戾于湖。武帝始以充忠直，奉法不阿，所言中意，終則作思子宫、歸來望思之臺。嗚呼！噬臍也已。

或問：泉鳩里加兵刃於戾太子者，初爲北地太守，後族，何變之暴也？以爲罪邪，何以賞？以爲功邪，何以誅？賞之是邪，誅之是邪？曰：理必然也。夫骨肉之恩，本諸天也。怒有已時，而愛無已。怒而欲殺，則殺者功；愛而不可得見，則殺者罪矣。夫豈不知殺之之由我也？內無以慰其心，外無以慰人心，故歸咎云爾。文帝逮諸縣傳淮南王不發封餽侍者，皆棄市。彼輜車封，誰敢發邪？非其人之罪也，借其死以謝天下也。小人因人喜怒以貪功而不度深淺，禍其至矣。故齊王自殺，而主父偃族滅；魚復侯不得還闕，而蕭順之憂卒。聖人作議親之辟，公族三宥，所以養恩，而小人間之，亦不知量矣。知其説者，其田千秋乎，其爰盎乎？

直講李先生文集卷之三十四

常語　下

或問：自漢迄唐，孰王孰霸？曰：天子也，安得霸哉？皇帝王霸者，其人之號，非其道之目也。❶自王以上，天子號也，惟其所自稱耳。帝亦稱皇，《書》曰「皇帝清問下民」是也。王亦稱帝，《易》曰「帝乙歸妹」是也。如其優劣之云，則文王、武王劣於帝乙者乎？霸，諸侯號也。霸之爲言，伯也，所以長諸侯也。豈天子之所得爲哉？道有粹有駁，其人之號不可以易之也。世俗見古之王者粹，則諸侯而粹者亦曰行王道；見古之霸者駁，則天子而駁者亦曰行霸道，悖矣。宣帝言漢家制度本以霸王道雜之，由此也。人固有父爲士，子爲農者矣。謂天下之士者曰行父道，謂天下之農者曰行子道，可乎？父雖爲農，不失其爲父也；子雖爲士，不失其爲子也。世俗之言王霸者亦猶是矣。若夫所謂父道，則有之矣，慈也。所謂子道，則有之矣，孝也。所謂王道，則有之矣，安天下也。所謂霸道，則有之矣，尊京師也。非粹與駁之謂也。

或曰：詩人以后稷先公致王業之艱難，其非諸侯矣乎？曰：武王既得天下，詩人迹其世世脩德，始於

❶「目」，《宋元學案》作「自」。

后稷、公劉，以至于太王、王季、文王，故云爾也。當商之未喪，誰有此言乎？如使紂能悔過，武王不得天下，則文王之爲西伯，霸之盛者而已矣。西伯霸而粹，桓、文霸而駁者也。三代王而粹，漢、唐王而駁者也。

或曰：《祭法》「共工氏之霸九州」，説者以「無録而王謂之霸，在太昊、炎帝之間」。然則霸非天子者乎？曰：説者之過也。項籍亦嘗霸九州矣，在秦漢之間矣，尊懷王爲義帝，分天下以王諸侯，自立爲西楚伯王，非霸九州而何也？然謂籍曰天子，可乎？彼共工氏，蓋籍之類也。敢問陽尊義帝，俄自殺之，亦足以爲霸乎？曰：謂其號也，不言其道也。

或曰：文王受命稱王，有諸？曰：否。不得已而伐紂，可也。紂猶未伐，功未加於民而遽自立，以昭其私焉。孰謂文王乃爾？武王舉兵建大號，追考虞、芮訟息之年以爲受命之始，故曰：「惟九年，大統未集。」「十有三年春，大會于盟津。」非西伯實改元也。《文王世子》：「西方有九國焉，君王其終撫諸。」後人追爲之辭，非西伯實稱王也。《大傳》「牧之野，武王之大事也。既事而退，追王太王亶父、王季歷、文王昌」，是也。康成取《緯候》以亂之，過矣。

或問：魯用王禮，何如？曰：成王以周公勳勞，命魯公世世祀周公以天子之禮樂，周公尊矣，故禰文王，郊后稷，皆倣王禮，而不備焉。周公而上，王禮可也。《魯頌》曰：「皇皇后帝，皇祖后稷，享以騂犧，是饗是宜，降福既多。」安有非禮而頌之云乎？周公而下則僭矣。隱五年九月，考仲子之宫，初獻六羽，公問於衆仲，始用諸侯禮也。

或曰：地方七百里有諸？曰：信也。然則孟子何言乎儉於百里也？曰：《閟宫》頌僖公復周公之宇，而曰：「公車千乘，朱英緑縢。」千乘之地，方三百一十六里有畸，山陵林麓，川澤溝瀆，城郭宫室，塗巷不與焉，其何儉於百里也？世俗疑《周官》「五百里」，以其大也，是亦不思耳矣。諸侯之於天子，非若敵國然也。大國貢半，次國三之一，小國四之一。諸侯有其地，天子食其税，譬之一郡而已矣。魯七百里，開方之而四十九，殆半王畿也。今之大郡，不有半京畿者乎？

或曰：紂囚文王七年，諸侯皆從之囚，紂於是乎懼而歸之，有諸？曰：紂以崇侯譖，囚西伯，謂其得衆也。諸侯又從之囚，其疑膠矣。彼諸侯之力，足以勝紂邪？盟津之會者八百，武王猶退師，當此時也，固未足以勝紂矣。力不足而從之囚，徒使其疑且怒耳。紂能脯鬼侯而不能殺西伯邪？是好事者之語也。若夫三子獻寶，則有之矣。然則聖人以賂免邪？曰：狄人侵邠，太王以皮幣、犬馬、珠玉事之矣，文王曷不可，況三子者之愛其君邪？君親之難，何所不爲也？

或曰：文王獻洛西之地、赤壤之田，請紂除炮烙之刑，有諸？曰：以炮烙爲是邪，非邪？是，則不可以除之矣；非，而請除之，則發紂之惡也，賣恩於民也。羑里之囚既免，又激怒之，豈人情邪？彼惟恐昭昭之不晦，圭角之不刓也。《易》曰：「内文明而外柔順，以蒙大難，文王以之。」其斯之謂矣。

或曰：湯、文王雖爲二伯，其國不出百里也。曰：唐之刺史有一州耳，其領節度、觀察則連十數州有之矣。彼中分天下而治之，威權所及，百里而已乎？後雖三分有二，其益者未多也。敢問湯崩，太丁未立，外丙二年，仲壬四年，則是太甲不繼湯也。曰：《書序》「成湯既没，太甲元年」，不言仲壬也。就令繼仲壬爲人後者，爲之子太甲固三年也。

或問：聖人之道固不容雜也，何吾子之不一也？曰：天地之中一物邪，抑萬物邪？養人者不一物，闕一則病矣。聖人之道，譬諸朝廷。朝廷也者，豈一種人哉？處之有禮，故能一也。女子在内，男子在外；貴者在上，賤者在下；親者在先，疏者在後。府史徒胥，工賈牧圉，各有攸居而不相亂也，夫所以謂之一也。他人之不一，則闐闐耳，終日紛紛而無有定次也，夫所以謂之雜也。世俗患其雜，則拘於一，是欲以一物養天下之人也。白而不受采，則人皆縞素矣，何足以觀之哉？其歸於諸子而已矣。

聖人無高行，何謂也？曰：聖人之行必以禮也，禮則無高矣。夫其高者，出於禮也，異於人也，故能赫赫之如彼也。孔子事親無異稱，居喪無異聞，立朝無異節，何也？安禮也。出於禮者，非聖人也，矯世者之爲之也。敢問聖人有過歟？曰：「加我數年，五十以學《易》，可以無大過矣。」夫豈無過哉？或曰：孔子謙也。曰：仲虺之美成湯改過不吝，豈成湯之謙也哉？世俗之説者，則謂聖人無過，顔子不二，猶或爲之辭，徒使人君之耻過也，而不欲聞之也。

三代之政可得而言歟？曰：民不知之也。商因於夏，周因於商，損之益之，未嘗與衆忤也。周公之制，諸侯因舊國而大之，百姓因舊田而廣之，天下得不和乎哉？世俗之説者，必曰復古，古未易復也。商鞅之除井田，非道也，而民從之，各自便也。王莽之更王田，近古也，而民怨之，奪其有也。孔子曰：「愚而好自用，賤而好自專，生乎今之世，反古之道，如此者，災及其身者也。」

孔子之爲司寇也，不聞其改法度也。沈猶氏不敢朝飲其羊，公慎氏出其妻，慎潰氏踰境而徙，魯之粥牛馬者不豫賈，必蚤正以待之也。世俗之説者不曰正其身，徒囂囂以疾人之法度，其亦非孔子之志也。

大哉孔子，吾何能稱焉？ 顏淵曰：「仰之彌高，鑽之彌堅；瞻之在前，忽焉在後。」「仰之彌高」也，則吾以爲極星，考之正之，舍是則無四方矣。「鑽之彌堅」也，則吾以爲磐石，據之依之，舍是則無安居矣。「瞻之在前，忽焉在後」也，則吾以爲鬼神，生之斂之，舍是則無庶物矣。 他人之道，借曰善焉，有之可也，亡之可也。 夫子之道，不可須臾去也。 不聞之，是無耳也；不見之，是無目也；不言之，是無口也；不學之、不思之，是無心、無精爽也，尚可以爲人乎哉？ 吾於斯道，夜而諷之矣，晝而讀之矣，髮斑斑而不知其疲矣，終没吾世而已矣。

直講李先生文集卷之三十五

古　體

三　賢　詠

魯連誓蹈海，夷齊甘采薇。秦王不得帝，周武終見非。輕死議萬乘，强哉三布衣。凡人欺貧賤，貧賤豈易欺。

和蘇著作麻姑十詠

魯　公　碑

他人工字書，美好若婦女。猗嗟顔太師，赳赳丈夫武。麻姑有遺碑，歲月亦已古。硬筆可破石，鐫者疑虚語。驚龍索雷鬬，口唾天下雨。怒虎突圍出，不畏千强弩。有海珠易求，有山玉易取。唯恐此碑壞，此書難再覩。安得同寶鎮，收藏在天府。自非大祭時，莫教凡眼覷。

七　星　杉

五行與萬類，有象皆在天。如何彼杉樹，反更侔星躔？予思古昔意，欲媚兹山巔。草木尚有斗，人物誰非仙？栽培自何代，衰老今多年？大旱不減翠，涉春無益鮮。生當好世界，過盡閑雲煙。房心欲布政，柱石安可捐？

煉丹井

丹竈久已毁，井泉空獨存。此地非常地，今人非昔人。我願刀圭藥，輕舉朝明宸。一言洗天日，萬物歸陽春。群仙誰嫉妬？使我身漂淪。俯視廢井水，欲飲礙荆榛。徘徊片雲下，泣涕霑衣巾。少壯幾何時？且醉樽中醇。

玳瑁石

前有縣大夫，取此石爲器。囂然夸謂予，材與工俱美。如何爾鄉人，器用曾莫備？無乃居荒陬，俗鄙不喜事？答云此石堅，攻磨動時歲。官用錢出民，民用錢出己。出民官不知，喜事誠可貴。出己乃傷財，誰能一作其。不惜費。大夫聞此言，如有所忿戾。今君倡是詩，敢以報嘉惠。

秦人峰

秦法雖甚苛，秦吏若猶拙。山林不數里，俾爾逃得脱。予觀後世事，政役火烈烈。苟非爲鬼神，何計避羈紲？聖皇今在御，百事咸均節。常披詔書意，苦念生財竭。誰能將順者？所望在賢哲。無使峰中人，笑我民屠裂。

流杯池

幽居久不樂，心死如濕灰。聞言山有池，仙客曾流杯。披衫向西坐，欲望無崇臺。何當命遊宴，盡聚不羈才。顧恐狹隘地，未足開吾懷。仰手斸河漢，決向天南來。移舟復轉嶽，壅遏成環迴。横持北斗柄，量盡酒星醅。箕踞接下流，一畝空千罍。八風助吟倡，萬怪供嘲諧。醉來散髮卧，蠅聲視霆雷。冷笑勢利子，茫茫塵土堆。

碧 蓮 池

碧蓮何歲開？我時不得見。于今到池上，只有紅蓮綻。紅蓮非醜惡，物以多爲賤。阿蠻雖解舞，不見真妃面。

虎 跑 泉

虎跑本何爲？彼將對以臆。有如大丈夫，卓爾抱剛直。盜泉既不飲，譖人亦不食。山中小禽獸，何足勞捉搦？勇氣無所泄，爪地成遺跡。地神嘉乃誠，水源如開闢。尋常竊六畜，夜傍人牆壁。是與豺狼同，聞此宜慚色。

丹 霞 洞

山西十數里，乃是丹霞洞。直上窮雲霓，中寬入罌甕。紅塵生不識，明月手可捧。人家千里庭，泉源六月凍。風雨氣勢惡，草木精神竦。靈物少形見，仙官何職貢？俗緣易厭倦，世事足愁痛。寄語松上鶴，他年期一控。

葛 仙 壇

仙翁猶在時，壇上何設施？仙翁一去後，夢草空離離。下士固大笑，言者多不知。嗟嗟天壤内，共是枯魚池。

穫稻

朝陽過山來，下田猶露濕。餉婦念兒啼，逢人不敢立。青黄先後收，斷折傴僂拾。鳥鼠滿官倉，于今又租入。

哀老婦

里中一老婦，行行啼路隅。自悼未亡人，暮年從二夫。寡時十八九，嫁時六十餘。昔日遺腹兒，今兹垂白鬚。子豈不欲養？母豈不懷居？繇役及下户，財盡無所輸。異籍幸可免，嫁母乃良圖。牽車送出門，❶急若盜賊驅。兒孫孫有婦，小大攀且呼。回頭與永訣，❷欲死無刑誅。我時聞此言，爲之長嘆嗚。天民固有窮，鰥寡實其徒。仁政先四者，著在孟軻書。吾君務復古，旦旦師黄虞。赦書求節婦，許與旌門閭。緊爾愚婦人，豈曰禮所拘。蓬茨四十年，不知形影孤。州縣莫能察，詔旨成徒虚。而況賦役間，群小所同趨。姦欺至骨髓，公利未錙銖。良田歲歲賣，存者唯萊汙。兄弟欲離散，母子因變渝。天地豈非大，曾不容爾軀？嗟嗟孝治王，早晚能聞諸。吾言又無位，反袂空漣如。

❶「車」，《宋詩鈔》作「連」。
❷「頭」，《宋詩鈔》作「顧」。

寄懷三首

鳥獸死有用，羽角筋革齒。❶ 輦輓入工師，飾作軍國器。玉食白如瓠，瞑目已腐穢。生者不敢留，埋藏與螻蟻。百年富貴身，孰若鳥獸類。❷ 唯有令名人，終古如不死。

又

根生但爲松，翼飛但爲鳳。王侯尚可輕，道義本來重。癡兒似婢妾，寸步矜恩寵。傍人忍笑時，佯把衣袪弄。

又

齪齪復齪齪，淺謀同燕雀。不思明日憂，但取今日樂。俗儒抱書卷，未去眼中瞙。誰將古人淚，更爲今人落？

避暑

富貴責且重，慚耻心如何？貧賤事易了，飽煖幸已多。大熱火天下，虚堂枕山阿。拔俗嫌人影，考古分賢科。漱冷齒雙噤，飲香顔半酡。一跳或移日，遇狂還自歌。去就各有志，彼此無相訶。原憲豈嘗病，賜也徒來過。

---

❶「革」，光緒本作「骨」。
❷「鳥」，《宋詩鈔》作「禽」。

喜雨

人皆喜膏澤，我獨憂豐年。歲凶已賤糶，年豐安得錢？賦役忽驚駭，倉廩甘棄捐。銖銅苟可換，富賈寧我憐？❶歸來官事了，相弔柴門邊。農夫未盡死，穀價應常然。王心幸仁聖，分職當忠賢。謂穀賤爲美，咄咄無欺天。

送上官直

失意多怨尤，有誰能自知？遊人務乞丐，之子唯求師。成名在積善，干禄先闕疑。根本苟深固，春風諒無私。

題昱師房三笑圖

高僧不出院，屏畫三笑圖。客子倦遊者，欲去復踟躕。古人骨朽不可追，今人相見如古時。人間觸事入吾笑，何必門前有虎谿？

寄祖祕丞

我本山田人，好尚與衆異。平生重交遊，所得固無幾。昨者應茂才，西行覯朝美。時當慶曆初，選舉實多士。茫茫帝王州，栖栖遠行子。携錢賃破屋，乞火蒸陳米。鞍馬到即賣，僮僕癡難使。有時造公卿，努力向廛市。數步則一歇，長吁乃能起。衣冠信質野，言語欠婉媚。閽人顧之笑，將命見而避。往往得所請，蹌

❶「賈」，正德本、萬曆本、光緒本及《宋詩鈔》作「貴」。

蹌向前跪。何能剖懷抱，浪自慕尊貴。貴人如天神，喘息生雲氣。野夫等麋鹿，芻豢非所冀。歸來坐空窗，惆悵夕不睡。塵埃滿鬚鬢，臭惡入口鼻。業已辭吾親，中道豈可廢？僶俛待報聞，愁憂遂經歲。二年正月晦，閑房適假寐。有奴來啄門，手披上聲擇之刺。承命驚下牀，赤脚誤穿履。從來未識面，只是聞高第。名顯宦且達，見我當何爲？再拜請就席，熟視知可畏。昂昂貌甚古，崖石掀氛翳。渾渾氣甚和，璞玉無芒鋭。高談貫先哲，雅意在茲世。昔人相遇間，一言猶合契。今吾於擇之，寧假再三計。自此習往還，中心蔑疑貳。如熱息廣廈，如飢享盛饋。君授南康守，舟維蔡河涘。我館汴之陰，前去路則邇。時時結帽帶，踽踽尋英軌。衆人嬌綺羅，相對紉蘭芷。朱絃自三嘆，笑殺彼鄭衛。王命有期日，都門一反袂。君行劇鴻軒，我處近匏繫。曠日及孟秋，皇慈始收試。崇崇九門開，窈窈三館祕。主司隔簾帷，欲望不可跂。中貴當棖闑，蒐索徧靴底。呼名授之坐，敗席鋪冷地。健兒直我前，武怒足防備。少小學賢能，謂可當賓禮。一朝在檻阱，兩目但睤眙。捉筆析所問，移時數千字。讀書取大者，纖悉或靡記。炙背雖自奇，寧當至尊意。龍馬騰天衢，駑駘合羞死。量才與揣命，坦蕩更何事。振衣託歸舟，河流迅弧矢。淮清江且平，蹁月在枕几。及過廬山南，聞君初布治。船檣既入岸，馬首已來暨。迎我到府署，相見共欣喜。嫩橘摘千苞，肥魚斫千尾。蕭晨徹骨清，佳境邀人醉。高會雖暫歡，故園當速至。草草成別愁，悠悠渡湖水。是時東方曙，俄然北風厲。陽烏畏威逃，江神以儒戲。氣象斗不同，波濤大可悸。長帆張去聲欲裂，孤舟蕩無倚。或從玉井出，或自銀山墜。篙工斂手立，脈脈無窮淚。從者閉目坐，嗟嗟不敢視。我時撫牀歌，分去聲作長江鬼。所恨生劬勞，不孝而已矣。禍福果無妄，險難行可弭。脱身得平康，引領望鄉里。厥後過挾日，幸得見維梓。入門何怡怡，饌具有甘旨。稚女能紉針，驕兒偏生齒。芟除閑草萊，疏通舊沼沚。君廬可終焉，生計由此始。郡守方仁賢，學宮盛脩理。踵門致勤恪，命我論經藝。麻衣何紛紛，鄉人子若弟。不唯務章句，所欲興禮義。施爲有本末，動静有綱紀。蚤與鷄同覺，夜與月相值。孳孳忘飲食，齗齗在文史。時附南康書，或逢北來使。尺素雖滿前，話言難到耳。殆及三年冬，聞君受朝寄。名稱按刑獄，勢可平寃滯。故人漸大任，賤子差自慰。軒車日已遠，翰墨益難致。薄命良可傷，降災渾未已。是年之季冬，舉家纒疫癘。老母尚委頓，微軀蓋螻蟻。形骸非我有，魂魄與心離。權柄在鬼物，功力非服餌。曉突誰能炊？午關猶未啓。荏苒再周月，幸會天不棄。春風動枯槁，甘雨澆根柢。行行夏交秋，吉微凶不替。高堂何戚戚，疾病日攢萃。一夕脾臟間，發泄不復止。詰朝問無言，目瞑口齒閉。號呶諸兒孫，雜沓大鼎沸。嗟哉當彼時，誠恐弗可諱。醫師相急熱，巫覡兩經緯。藥草極酸辛，法術殫怪詭。薄暮乃復蘇，踰旬僅知味。方兹戀庭闈，旋已對獄吏。試言其所由，内省亦無媿。有人同州閭，發迹自徒隸。竊被儒衣裳，曾亡小材技。突如游京邑，欲以干明叡。朝家焉可欺？羈旅謀自濟。乃造黄紙書，便取青袍衣。乘船歸南方，斂板謁當位。自言章奏奇，因藉宦官勢。詔文降自中，宰府不預議。既云能占天，且曰善興利。江淮一經過，郡府十不啻。到處争逢迎，莫能思處置。轉運苦愛奇，得之如國器。故使按坑冶，庶可展才智。小人靡忖度，假寵愈放肆。行符索吏卒，圈印發傳遞。閭閻望塵拜，州縣從風靡。遮道結繒綵，鋪筵塞珠翠。車騎前後呵，給使數百指。何者爲典刑？獨自誇爪嘴。在昔秦無人，繞朝贈之箠。緊我非聾瞽，碌碌寧不耻？作書貽諫官，姦詐患不細。有詔令逮捕，按驗取真僞。是夫知計窮，誣我以罪戾。上官猶眩惑，準例皆拘係。幽幽囹犴中，憤憤争競裏。周旋二十日，乃克見巧敝。畫地尚不入，叢棘曷可寘？惟玆謝吾母，幾不全髮體。教道亦難行，凡庸豈同志？吁哉養英才，徒以釣積毁。篋書歸敝廬，庠門任蕪穢。去年仲夏後，盛暑若火熾。郊園有餘爽，蔬果聊可嗜。時復觀田疇，畢力奉耘耔。人生但飽暖，此外皆淫侈。思君非一日，欲去無雙翅。俄聞遷黄州，又説丁喪制。古來聖與賢，誰不遭醜詆。蜀日駭狗犬，夏鼎愁魑魅。人壽有短長，孝子謾憂思。滅性經所貶，節哀禮爲是。矧夫王佐才，簡在唐虞際。揚名以顯親，報德豈不韙？加飯苟如願，蒼生猶有恃。適時匪我長，不朽乃所擬。道義果弗充，富貴反爲累。回憲本無官，桀紂焉得此？俗子但相非，吾心已居易。近者游葛陂，念君在衰臯。作詩布幽懷，讀之勿嗤鄙。

名男曰參魯以詩喻之

孔門有高弟，曾子以孝著。求諸聖人言，尚曰參也魯。才敏誰不願？顧恐難荷負。苟無德將之，何益於父母？❶ 昔如吴起者，善兵亞孫武。齧臂游諸侯，親喪哀不舉。楊彪有子脩，器能頗可取。一旦以罪誅，舐犢徒虚語。吾生本薄祐，略無兄弟助。及汝又一身，不絶如綫縷。祖母唯汝愛，無異所生乳。寧止託祭祀，亦欲興門户。伎倆勿求名，適時乃有補。計慮勿尚巧，合義乃可處。持重尚寡過，摧剛庶無懼。内以保家族，外以揚名譽。高山在所仰，今人豈殊古？參魯爲汝名，其字曰孝孺。

---

❶ 「益」，原作「溢」，據光緒本改。

女色無定美贈卿材

女色無定美，寵至美則多。士才無定稱，用顯稱已過。長安小家子，粲粲秋池荷。性慧不覺耻，母憐不加訶。出户一囊麝，見人雙眼波。情動笑難止，語嬌音屢訛。都人口如沸，觀者踵相摩。因緣幸充選，恩澤成偏頗。少費萬金珠，一呼千綺羅。佯愁慘白日，猛唾傾天河。東鄰有賢女，春緑涵脩蛾。花艷不裁翦，玉光無切磋。自小固聞禮，藏頭豈知他？親戚尚未見，媒官當柰何？過時誰訪問？生世就蹉跎。豈不有配偶？市里或山阿。豈不有奉養？春饎與機梭。列女不得傳，樂府無人歌。容華日衰落，涕泣坐滂沱。富貴易脩飾，貧賤多笑呵。柳下無仲尼，小官終滅磨。進退在勇决，遲疑兩皆蹉。退當事奇偉，夙駕追雄軻。進當取勢位，健筆爲干戈。胡然守一節，獨自埋隨和。

江亭醉後

平生尚倜儻，壯大苦摧折。主人能結納，佳境爲鋪設。渺淼東江來，谽谺暮雲裂。倡女稍多藝，市酒且供啜。俠氣復何聊？心朋幸相悦。解冠從放蕩，大呼誰輓掣？咄哉千里足，嗟呼三寸舌。海物唤龍取，❶天葩令鬼折。艷唱聲非雅，戲談理當譎。帷房笑私昵，閭巷嘲瑣屑。更鼓莫催睡，夜風纔去熱。俗士鮮大志，于今重小節。内行豕在泥，外貌犬伏紲。吾儕古豪傑，方寸浴日月。被謗肯自疑，爲歡顧猶拙。放飯彼不慚，使我無齒決。

❶「海」，原作「悔」，據光緒本改。

寄章友直

人生何足貴？貴在天資秀。譬如沙石間，金玉豈常有？有才不善用，多爲淫邪誘。嗟哉棟梁材，往往厄樵手。章子吾不識，美在衆人口。如何材藝多？四十無所守。所守者何爲？非貴亦非富。古今聖與賢，歷歷垂星斗。景行苟有成，進退無一繆。不能攻天下，尚可名身後。百年隨飄風，白髮勇未鬬。良時且不反，飲恨唯尸柩。無謂學已足，大海難掬漱。無謂過可文，希珍尚磨垢。智者當自知，既往誠可咎。❶西子蒙不潔，見者掩鼻走。惡人幸齋戒，上帝必孚祐。相如竊妻逃，犢鼻從沽酒。一朝賦《上林》，在漢爲稱首。努力念前哲，吾言非子詬。

中春苦雨書懷

《春秋》書大雨，三日已爲霖。如何方春時，終月常積陰？淙空若泉瀉，盪地成淵深。曾無晝夜别，顧恐山嶽沈。疑是天上河，底漏不可禁。傍無女媧石，欲補難爲針。又疑坎宫水，陽曜所不臨。何等大鬼物？戲把北斗斟。誰籠三足烏？冷卧空桑林。勾芒失權柄，羞耻啼盈襟。枉殺幾樹花，恣許泥土浸。一作「侵」。或云天有意，欲使誅荒淫。田穀彼何罪？芽穎當森森。一粒且漂溺，不啻千黄金。路絶吊客行，餒我一作「死」。憂巢禽。風聲怒打屋，寒氣獰穿衾。况我出山遠，久次兹江潯。嗟嗟歲月晚，悠悠金玉音。無聊但詼笑，有得還歌吟。莫怪旅愁甚，旅人千萬心。

---

❶ 「可」，原作「何」，據正德本、萬曆本、光緒本改。

弋陽縣學北堂見夾竹桃花有感而書

暖碧覆晴殷，依依近朱欄。異類偶相合，勁節何能安？同時盡妖艷，無地容檀欒。移根既不可，潔心誠爲難。外貌任春色，中心期歲寒。正聲尚可聽，誰是伶倫官？

孤　懷

智者在不惑，君子貴知幾。彼昏有耳目，無能辨是非。蜀犬盡鳴吠，羲輪自光輝。古人不可作，垂涕沾吾衣。

讀韓文公駑驥篇因廣其説

主人渴良馬，僕夫念駑駘。行遲追易及，力少牽易來。時聞千里足，百箭攢其懷。主人雖欲買，衆口大悠哉。

送陳次公茂材

俗人無心胸，貴僞不貴誠。口吻當文學，犇走成名聲。之子出蒿萊，行潔業且精。中美未外發，樸質亡華英。持此嚮廣衆，詎免笑與憎。況復覓薦舉，路險豈易行？所願天命泰，因之主者明。牙絃一鼓時，鍾子耳必傾。

蝦　蟆

蝦蟆爾奚爲？閤閤攪人耳。在官不爲去聲官，在私無私事。徒將一寸口，日夜相鳴吠。豈能鬄語言？且欲譟夢寐。何者孔稚珪？愛之如鼓吹。誰論正與淫？各自有知己。

惜鷄詩

曩予家居，見鷄有異者，爲之動心，嘗欲作詩而不果。戊寅夏五月，學于山中，乃追賦之曰：

吾家有鷄母，乘春數子生。生來踰六旬，互覺羽翼成。其母且再卵，❶逐之使離散。衆雛既不來，一子獨戀戀。戀戀不肯離，逐之終不移。母行無險易，唧唧相追隨。卵生亦云足，母伏窠中宿。厥子苦無依，攣背如悲哭。窠中母所安，忍渴復忘餐。子於背上卧，不捨須臾間。我時見之喜，異類能如此。因欲觀其終，其終諒何似。一朝大長成，乃知牝牡情。膨脝娠在腹，漸見東西行。行行求飲食，欲以助生息。卵出子還多，養子何勞役？朝啄荆草林，暮爪汙泥深。昔時隨母意，今作愛雛心。雛生誠可愛，母老寧忍背？物性乃不常，使人心歎慨。物類本無知，無知孰責之？斯鷄與衆異，酷似有天資。天資以仁孝，變更何太早？況彼本無知，血毛安足道？萬物靈者人，孰不念其親？少艾與妻子，所以奪吾真。五十慕父母，虞舜稱稽古。埋子得黄金，邇來唯郭巨。古人往莫追，言之淚沾衣。斯言足自警，題作《惜鷄詩》。

日出吟

日出百鳥喜，羈人嬾舉眸。長恨年光緩，禄養未可求。若至年光過，高堂又白頭。羲和君有知，奈我心悠悠。

❶ 「卵」，原作「卯」，據正德本、光緒本及《宋詩鈔》改。下一「卵」字同。

聞女子瘧疾偶書二十四韻寄示

昨日家人來，言汝苦寒熱。想由卑濕地，頗失飲食節。脾官驕不治，氣馬癡如紲。乃致四體煩，故當雙日發。江南此疾多，理不憂顛越。顧汝僅毁齒，何力禁喘噎？寄書詰醫師，有藥且嚼啜。方經固靈應，病根終翦滅。但恐祟所爲，嘗聞里中説。兹地有罔兩，乘時相罥結。嗟哉鬼無知，何於我爲孽？我本重脩飾，胸中掬冰雪。禍淫雖甚苛，無所可挑抉。疑是饕餮魂，私求盤碗設。盡室唯琴書，何路致葷血？無錢顧越巫，刀劍百斬決。徒恣彼昏邪，公然敢抄撮。吾聞上帝靈，網目匪疏缺。行當悉追捕，汝苦旦夕歇。慈愛早有加，憶念今逾切。塵勞差可畏，歸計又云輟。所生能劬勞，祖母矧聰哲。羸卧縱未蘇，撫視諒非拙。勉勉多自安，風來信勿絶。

讀　史

子長漢良史，筆鋒頗雄剛。惜哉聞道寡，氣志苦不常。心如蟲絲輕，隨風東西揚。一事若可喜，不顧道所長。公言絀原憲，俠賊乃爲良。仁義謂足羞，貨殖比君王。黄老先六經，斯言固猖狂。吁嗟夫子没，兩觀無刑章。予懷班孟堅，駁議何洋洋。傳與後世人，慎思其否臧。

和育王十二題筠州楊屯田以僧常坦詩俾予和之，題之，義坦自有解。

金　沙　池

遥聞金在沙，知是虚名號。世人方競奢，何兹有遺寶？

佛迹峰

佛迹空在兹，佛心無處所。尋迹以求之，似學邯鄲步。

七佛石

萬物雖散殊，孰非道之體？何必石岩岩，方疑金色臂？

袈裟石

梵教一來東，群心日歸向。土石至無情，也作披緇狀。

明月臺

月色固無改，臺基亦不壞。嗟哉翫月人，古來誰更在？

石屏風

形模皆自然，樹立豈人力？松影與秋光，掃成真水墨。

靈鰻井

田苗自枯槁，井鰻人所禱。若教龍有靈，此魚何足道？

供奉泉

璘師鑿此泉，晨夕奉親老。因知達者心，豈嘗離孝道。

育王塔

嘗聞有爲法，佛説如夢幻。胡然窣堵波，香花耀凡眼。

八角殿

晉後千百年，茲殿儼如昔。梵宇若皆然，應須省民力。

晉年松

典午既陵夷，群材共淪謝。唯有青青松，于今被王化。

重臺蓮

長疑佛界中，天女來行樂。爲怕山風寒，仙衣盡津忍。重著。

美女篇

繁霜毒春木，花開苦不早。愚夫擇利婚，美女貧中老。曷不冶顏色，門前車馬道。閨房有禮文，自衒誰言好？俗態競朱粉，古心慕蘋藻。所期君子恩，卒以慰枯槁。

苦熱夜

熒熒背明燈，黯黯垂疏帷。階庭豈不好？蚊蟲苦相期。壞扇無清風，暗樹多斜枝。屈指山泉侶，寂寥空所思。

丐僧

靡靡步康衢，喋喋問流俗。誰將今日財，願易來世福？休論身善惡，佛眼重金玉。

閔俗

君門若無禄，陳編孰能讀？公庭若無法，穢德誰不足？煦煦儒者言，沈沈小人腹。傷心勿復道，拂絃寄清曲。

感歎二首

世常羞貧賤，貧賤非我羞。道成不見取，貧賤誰之由？陛楯擁堯舜，廊廟居伊周。面對豈無説？咫尺路阻脩。浮雲關太虚，白日光逆流。嗟爾臨人者，蔽賢天所仇。

又

得志萬罪消，失志百醜生。誰云王路寬？枯槁不敢行。出言到口角，縮舌悔恨并。自省由若此，况乃蚩蚩氓。故知當今賢，未有非簪纓。

寄鄰父

離山闕歸期，滯蹤如在獄。他門一臠炙，賤子萬端辱。吟憶圃花盡，❶夢知原麥熟。公言富貴遲，何似耕穫速？

竹齋題事

低齋結空野，小竹移孤林。齋閑竹净好，日媚幽人心。南方夏厭暑，獨此留殘陰。戛雨挫促夢，穿風搜涼襟。長茵展麗蘚，亂歌奏歡禽。侍奴裹村服，語客抛塵簪。志高成利讐，思爽生詩淫。值聖喜盈卷，感古悲入琴。山迎穩履遠，月勸澄杯深。榮名雖未染，幸亦非堙沈。

❶「吟憶」，光緒本作「唸特」。

贈黄秀才别

朝闈入有籍，疏遠難見君。世眼不識道，貧賤無高文。蘭蕙生同草，鴻鵠心在雲。贈子喜别離，兒女安得聞？

雨中作

群陰侮陽德，雨陣春嘈嘈。白曉慘成夜，瓦口生飛濤。凝雲列山鞘，冷氣攢衣刀。徑鬧有松竹，庭卧唯蓬蒿。花淫得罪隕，鶯辯知時逃。隰苗出水短，木菌隨日高。微吟雅於樂，快飲甘如膏。朱曦待未見，天蓋空牢牢。

獨居

苔根跨階發，白雨滿四簷。春眠嬾下枕，日午誰開簾？浮塵裹酒榼，餒蟲鏤書籤。榮樂豈不欲？非義固所嫌。

閔雨詩

吴江之南，是曰豐國。五種之生，天下食。一歲不登，吾民菜色。如何天不仁，縱彼旱孽稱其神。矯矯赤龍推火軒，來自東南山。咸池慄水不敢沃，陽侯失色愁烹煎。況兹畎畝流涓涓，何足吸之唇齒間。但見禾與黍，蓬勃紅塵起。土伯勑其屬，掃路迎飢鬼。哀哉氓蚩蚩，託身釜鬲惟蒸炊。小人怨咨君子知，天生天殺今其時。我聞皇穹大德在生育，愛養萬物同嬰兒。産民之身賦民食，中道絶之何所爲？當時冥冥間，委任非其宜，山川之神各守土，群龍受位司天池。上帝當軒親戒勑，十日一雨無愆期。帝心仁且信，臨下固不疑。謂言庶事有分職，屏去視聽思無爲。安知愚下鬼，負德孤恩難制指。弄天之權侮人命，貪嗜牛羊邀祭祀。忽焉一物不稱情，因教此旱災生靈。雷霆之官畏罪莫敢諫，頭枕天鼓眠不醒。帝在紫微垣，下隔千里雲，徒勞銜血向空哭，帝心雖聖安得聞？北斗侍帝側，斡運氣母均四時。五星曁衆宿，照曜亡偏私。夫何容此鬼，恣行胸臆輕天威？定是機務繁，耳目有所遺。小臣亦何者？草莽負奇節。欲係神頸無長繩，欲斬龍頭劍鋒缺。皇穹如未察凶邪，空使小臣心鬱結。

訪周道士

豈無飲食奉歡樂？亦有賓客相追遊。宿酲在枕或時起，❶俗話入耳令人羞。偶隨賢友訪仙子，一臨花檻斟瓷甌。塵埃何處是浮世？松竹此地長清秋。古來擾擾富且貴，天下茫茫公與侯。蓋棺事了何足數，乘興嘯傲真良籌。

甘露亭詩

乾坤父母莫匪慈，胚胎億兆成角羈。其間哺乳不及處，有時泣殺呱呱兒。南川上游號沃野，景祐丙子嘗凶饑。新田始苗舊穀罄，十室八九無晨炊。伏陰何者不仁甚，釀作水災來助之？煙煤刷天雨汁黑，嘔山泄谷争奔馳。横流一夜打城郭，萬弩竊發穿毛皮。東隅有洲尸揖揖，❷如蟻欲走遭水圍。屋根無力樹腰

---

❶「酲」，光緒本作「醒」。

❷「尸」，光緒本作「居」。

折，蛟蜃食人猶擇肥。濤波一望萬山阻，六親不得相扶持。國子劉公好仁者，惟時假守兹軍麾。民生在我不在命，告舟往救無敢違。童兒赤立婦女困，載之刳木何纍纍。泥沙外冷内飢渴，口噤不語如狂癡。牽攣坐卧滿府舍，賦以酒飲加饘糜。❶隨流往往亦不死，遠在百里無人知。捐金購得問氏姓，召使親族携之歸。司農倉廩盡發出，不待奏報先施爲。有餘况可補不足，大賈蓄家如響隨。來瞻去察夜繼晝，赤熱不忍蔭華榱。由斯一郡十萬户，餓膚日月生膏脂。存者相保没者葬，唐虞仁壽重歐躋。聖主養賢賢養物，氣和郁郁通高卑。城西老宫古松徑，一朝墜露甘如飴。千柯萬葉結不解，玉階瓊樹光離離。甿俗奔走競觀覩，手攀口吮同齎咨。學老之人周氏子，好善不類黄冠師。欲令事迹絢久遠，築亭其地高巍巍。公之歸朝不可借，松樹至今猶未衰。我作此詩揭亭上，他年墮淚如羊碑。

送丘寺丞

嗟予兀兀何施爲？學無異意唯傳師。嘗言先聖所述作，人事而已亡他岐。安知步步有天道？緊我丘師能識之。《春秋》下應三千歲，《雅》《頌》周流十二支。闡幽《大傳》與隱旨，圖寫轉匝成圓規。勞兄示我復教我，一字不曉如癡兒。文侯聽樂唯恐卧，今我幸免指目皮。丘明子夏言不及，我兄所得何神奇？直疑前身是顔子，獨受師説無人知。又疑夢寐感靈怪，常與周孔相追隨。不然悠悠千載後，何傳何習遽如斯？窮愁著書古有例，昨官閩中今海涯。海涯路遠學者少，斯道未有施行時。聖皇誅賞甚明白，歸來奏牘無遲

❶「賦」，光緒本作「賜」。

遲。江南臈雪片如掌，酒花上面寒力衰。是非得失從此止，馬頭一别東西馳。

答緣概師見示草書千字文并名公所贈詩序

佛谿西域漸中土，欲使群心皆鼓舞。若顯梵語及胡書，昧者雖從明孰與？其徒往往多材能，暗結時賢爲外助。遠公自昔來廬山，誇逞蓮花邀社侣。吁嗟君子遭亂邦，舍此未知何處去。邇來一行善記覽，鬔破乾坤尋曆數。或攻文苑掠芬香，辭則貫休筆懷素。其餘曲藝與小詩，布在人間難悉數。賢豪大抵多憐才，引致門牆無齟齬。其人既重法亦尊，羽翼大成根本固。我緣山谷見不遠，緇褐憧憧盡愚魯。坐量此去朋黨衰，纖縞焉能拒强弩。去年有使自番陽，手藉一函來我所。發函乃是緣概書，千字滿前雲縷縷。衆人飽食已用心，欲嗟伯英肥美處。當時名士嘉其能，長序短篇聯繡組。因思幅員千萬里，如師之能更幾許？以儒輔釋日益多，何恤區區一韓愈？

春社詞并序

寶元二年，嘗夢大雨震所居室，驚而仆地。既已，有一人甚長大，紫衣而冠，意謂雷之神也。呼覨使前，授之題曰《春社詞》。「詞」或作「篇」，字不能審。覨懼，栗栗援筆，得八句與之。及覺，尚記其首三句，頗怪麗。今七年矣，值暇日以五句足之。

吴臺翫春鎖春色，雨刷花光入龍國。田邊大樹啼老鴉，野雲癡醉寒查牙。年華欲住風雷惡，蘭臉知秋淚先落。時榮時謝無了時，扶起混沌須神醫。

聞訓狐

昔年因讀昌黎文，知有訓狐猶未真。客堂昨夜滅燭後，一聲竊發誠驚人。慈母入席匪虚語，據此麄暴誰敢聞？殺人之子養爾子，天地不管胡爲仁？豈無鷹隼善搏擊，去路昏黑難相親。亦有弓矢可彈射，却恐誤中東西鄰。我今獨處雖無懼，聒不得睡寧不嗔。嘗聞鳳凰百鳥君，丹穴萬里誰能言？行當整頓《九韶》樂，奉迎綷羽掀重雲。直前再拜列爾罪，爾軀何足爲灰塵？

聞喜鵲

翩翩者鵲何品流？羽毛白黑林之幽。生平智力可料度，有巢往往輸鳴鳩。天然却會報人喜，愚兒幼婦唯爾求。萬聲千噪幾曾驗，聞者終是軒眉頭。從來烏鳥愛反哺，孝慈情性誰可儔？其間於事最先見，告人凶禍令人憂。憂時不肯自脩飾，禱請神鬼争啾啾。告之愈驗愈見惡去聲，共云災患鴉之由。彈丸瓦石相驅逐，名園佳樹難依投。忠言逆耳世罕用，屬鏤曾割伍員喉。莫笑後來司馬公，事事稱好真良謀。

解湯延祖字

仲尼作經授曾子，明稽至孝之終始。始於事親終立身，以是揚名於後世。《大雅》有言念爾祖，述脩其德乃爲美。聖訓昭昭十八章，寫之琬琰千餘歲。湯生本由義方教，石磨沙盪求成器。其名延祖有意哉，吾以子立爲之字。立身之道將何如？非曰凡人富與貴。不賢而位何能爲？蠅蟲豈不披紅紫？周公亦人舜亦人，口銜日月坐天際。勗哉見善勿遲疑，往往後生誠可畏。

直講李先生文集卷之三十六

近體　五言二韻

詠　竹

外邊雖節目，内裏却空虛。從來汗流浹，只爲寫經書。

霜

夜落無人見，朝看到處新。非君有分別，力不柰松筠。

冰

水性本來弱，漸寒成此堅。東風有時到，幾日是殘年？

鵝

逸少曾留翫，人因喚右軍。鳥名加爵號，不離羽毛群。

鴨

庶人常用贄，貴在不飛遷。飽食待庖宰，虛教兩翅全。

惜　才

醜婦易爲潔，愚兒多守純。天將惡文采，萬物恐無春。

五　言　四　韻

山舍寓止

無計柰疏拙，走逃雲水隈。鶴飢雖厭夜，龍睡却嫌雷。師友關千古，窮通付一杯。商巖版築者，底處有梯媒。

東巖精舍

像設彼何時，高僧白衲衣。水寒吞日氣，樹老慣霜威。幡影捎天近，鍾聲落谷微。可憐成道易，無事即無機。

閑　夜

披衣坐小亭，夜氣拂人清。月暗先成暈，蟲吟不識名。舉杯期混沌，開卷賞《莖》《英》。此興知誰會？松風鶴睡驚。

霧

光明人所好，幽暗此何爲？樹在谿無影，禽來鵲未知。愛花留潤與，避日卷陰移。底事偏相惱，天涯欲望時。

自詠

俗態共紛紛，吾心誰與論？幾因清夜夢，還見古人魂。聖域寧無樂，文家別有尊。此身聊自足，獨恐累兒孫。

睡思

俗語不入耳，旅愁還到心。❶坐多渾易厭，夢好欲重尋。暴雨撩蓬響，殘陽過嶺陰。迴看犇競苦，此興貴南金。

秋熱

江湖限南鄙，秋令到還稀。節换空看曆，人閑未趁衣。齊紈方得意，厦燕莫言歸。秪有松筠徑，風高暑氣微。

鑑湖夜泛以「明月到樽前」爲發句。

明月到樽前，拏舟古岸邊。亂山斜入霧，遠水倒垂天。酒氣薰龍戲，歌聲弄鶴眠。迴頭嗤李郭，此外更無仙。

池亭小酌得和字。

客思都無著，臨池一醉歌。唤春呈物象，移性入天和。月影碎荆玉，波紋緯蜀羅。相看盡仙骨，俗態已

❶「到」，正德本、萬曆本、光緒本及《宋詩鈔》作「對」。

無多。

迴胡舜元賦稿

一把長篇讀，驚嗟即過旬。誰知後來者，還似老成人。古訓但時習，英辭當日新。慚無稱薦力，空此見天麟。

迴黄通詩篇

老杜没已久，嗟哉吾子心。時人任詬病，獨自革浮淫。美玉寧須琢，朱絃豈在音。鍾期如未見，慎勿等閑吟。

送路拯北遊

六月地欲赤，驅車河朔行。王師備戎羯，游子念功名。盡識山川險，深窮彼我情。歸來具封奏，直上請長纓。

感　事

太平無武備，一動未能安。廟算何時勝，人生到處難。役頻農力耗，賦重女工寒。秖有盱江守，憐民不愛官。時國子慎博士守本郡。

閑　居

無物可勞情，空郊日閉扃。雨吟春破碎，貧飲客凋零。世事重江險，才名一夢醒。同心秖松柏，見我尚青青。

萍

盡日看流萍，誰原造化情？可憐無用物，偏解及時生。泥滓根萌淺，風波性質輕。晚來堆岸曲，猶得護蛙鳴。

送張譺㗐

人意皆懷土，嗟君無故園。欲行須盡室，此去又他門。静裏文章好，貧來節行存。振淹知有日，倚伏豈虚言？

村　行

産業家家壞，誅求歲歲新。平時不爲備，執事彼何人。朱户仍奢侈，柴門轉窶貧。若非衢室畔，無用説悲辛。

感懷寄擇之

衆人皆鋭進，唯我復幽居。慮遠夢多亂，身閑氣不舒。干求非禄位，好尚豈詩書。日夜又日夜，霜寒鬢髮疏。

鷄

嗟爾羽蟲類，昂然冠距麄。徒爲識昏曉，猶未免庖厨。年少苦令鬬，主人頻見呼。寧思避弋者，天外去鴻孤。

堂西夜坐

炎蒸得避處，鋪席對西牆。有月樹陰黑，無風山氣涼。聚蚊妨袒裼，飲井當壺觴。❶妻子詎知我，笑言皆在傍。

寄題陳適追養亭

築室先塋下，哀心有所歸。每來開户牖，渾似戀庭闈。丘木成風樹，衰裳換綵衣。吾生與君類，東望涕交揮。

送宜黄柳尉

荒郊人事絶，歡喜見時髦。舊業椽爲筆，新官草染袍。幽明終考績，州縣豈徒勞？況有松筠性，凌寒節更高。

送君俞

之子來相問，吾言豈不誠？文章難得理，聲律易求名。貧甚須清節，親安莫遠行。異時如有立，宗族亦知榮。

送黄祕丞

天下爲人子，何人似慶門？二親皆白首，同日拜皇恩。就養蘭生畹，娱賓酒滿樽。自嗟偏侍早，相送

❶「井」，光緒本作「酒」。

只銷魂。

寄題廖説蒙亭

聖人雖在上，君子有窮時。自得山居樂，何須世俗知？夜多松月分，涼與水風期。只恐亭通去，清閑却付誰？

晏　起

貧士無所務，閑眠常起遲。謾勞鷄口喚，不柰睡魔欺。宿酒猶薰腦，朝飢未到脾。誰能空汲汲，肉食自謀帷？

養　疾

少小唯貪酒，病來纔信醫。問方逋客許，尋藥野人疑。夜擣全聽慣，寒煎覺沸遲。古賢曾愛死，此意亦誰知？

遠　山

最能牽病眼，天際一山横。盡日是秋色，無人知地名。暗時雲自合，缺處路應平。才子霑衣淚，千秋共此情。

送吴伯華

典學淡無味，畏塗來幾程。舉家應好事，努力爲求名。馨膳南陔遠，連環昨夢驚。壽觴何以薦？經術抵金籯。

次韻陳殿丞除夜感懷

浮世因循過，流年次第新。迴思舊來事，都似夢中人。不飲偏嫌雪，多愁却怕春。星魁欲寅位，五鼓莫頻頻。

早　歸

病馬不妨騎，出門常便歸。見人無事説，是物與心違。通塞元關命，驅馳轉覺非。莫教塵裹汗，壞却篋中衣。

晚　聞　角

傾耳斜陽裏，無聊拭淚頻。平生慣聞處，今日自愁人。夜近歇不久，風來聽得真。蛚笳更何物？只此已傷神。

庭　樹

不是栽培力，誰容此處生？細聲饒客睡，斜影與鄰清。地窄根猶迸，秋遲葉未驚。虞人雖欲伐，却怕損簷楹。

哭　女　二　首

妻死女已病，踰年成二喪。此生誰骨肉？未識好衣裳。看面雖猶小，聞言盡可傷。最知憐祖母，句句刮人腸。

又

老樹枝葉薄，先秋風雨過。人間不善事，身外想無多。理遣誠如幻，悲來豈柰何？從前短鬢髮，爲爾漸雙皤。

贈端師

十載寓都城，人傳善相名。一言知禍福，相識盡公卿。洪井舊鄉路，紫衣歸計榮。塵緣應漸了，何日悟無生？

寄題鄒氏延壽亭

一世躋仁壽，君今更欲延。山中想無事，分外得長年。松老多經雪，雲閑不到天。區區殉名者，迴首倍凄然。

感秋

徙倚重咨嗟，非緣惜歲華。關山異鄉客，砧杵别人家。天冷雲含日，谿清水獻沙。屈魂終不返，悲思更無涯。

次韻答陳殿丞

不能隨薄俗，非是向深山。自喜道無屈，所嗟心未閑。酒鄉貧更入，詩債病猶還。一字成虚美，通宵只厚顔。

讀趙氏淳化詩集

少年曾誦習，誤認古人詩。風雅世不重，姓名誰得知？高情如隱者，薄宦過明時。地下尋才鬼，應逢陸與皮。

小　女

惜汝今何恃？言來淚滿襟。死生雖分定，襁褓累人心。飢買鄰家乳，寒勞祖母針。豈知泉路隔，時撥繐帷尋。

送　吳　著

好學誠雖篤，事親心不忘。秋風滿黄葉，歸路正重陽。力行宜無改，脩辭況有方。起家知可望，蘭秀自聞香。

題靈陽宫

費君投杖處，行客過彷徨。水面風雷散，沙頭草木荒。一壺誰世界？千古共淒涼。大塊偏勞我，燒丹未有方。

龜峰精舍

去縣二十里，路平時正春。四山唯有石，一寺更無塵。融結疑天意，經營憶古人。但知安樂處，何必是金身。

鳴蜩

雨餘雲漏日，蟲思已喧喧。時節驚初夏，聲音似故園。爲誰吟緑野，相共送黄昏？便是秋來信，霜髯更幾根。

送張評事

江上楚花鮮，君行一黯然。居官無藉手，選部豈知賢？廉善雖由己，亨通亦在天。都人如問我，疏嬾甚當年。

送春

送爾歸天去，天應解禍淫。物生誰得所？我見獨傷心。《楚詞》有「目極千里傷春心」之句。好景吟來徧，芳樽醉不禁。東風別無用，百草已成林。

君錫以新詩相示因成四十字答之

君詩三十首，一一敵琅玕。語近終非俗，情閑不似官。姑山蟠郡碧，盱水蘸天寒。景物將才思，相期李杜壇。

送李侍禁

三載盱江上，軍和盜亦殲。事煩終不惓，貧極始知廉。別袖揮寒日，歸舟載夜蟾。懋功宜有賞，天意在官占。

寄周寺丞

我愛南豐宰，天資舉措奇。上官如不怒，善政有誰知。賦役貧中減，鞭笞惡處施。邑人多未悟，去後始應思。

次韻閻判官除夜

密雪穿窗入，孤燈向壁光。老來人不覺，夢斷酒猶香。世事休思慮，年華任短長。朽株難長育，空此見春陽。❶

送閻判官

鄉樹江淮接，軍籌歲月深。從公雖盡力，當路少知音。賦命休重問，離觴且滿斟。君言鵬與鷃，何者是飛沈。

送彭昱應舉

計偕千百數，太半是虚名。近日逢吾子，中心歎筆精。衆人皆禄位，所貴在誠明。努力唐虞際，期於大有成。

送黄銑應舉

先世宦不達，少年才已雄。何人爲父執，獨自振家風。物色營求廣，賓興禮數隆。孤寒今有望，太守漢

❶ 「陽」，《宋詩鈔》作「傷」。

吴公。

夏日郊園

三徑是生涯，朋游日已賒。野情饒皓鶴，寒氣入甘瓜。移竹調風韻，疏泉浴月華。塵埃應附勢，不肯到貧家。

寄黄晞

長憶黄夫子，才高行亦淳。世情輕近事，見慣即常人。何力康時務，將身役路塵？七閩山水國，是處好安貧。

送黄介夫

短亭車馬地，送子一盤桓。不畏離群久，所嗟行路難。曬衣雲日薄，撲面水風酸。聖有《中庸》訓，時時著意看。

送山甫

喜爾年將壯，爲儒志可嘉。鄉閭知行實，場屋見辭華。公道方無壅，君門况不遐。直應千里足，世世出吾家。

送沈郎中

僞飾久終變，真誠老益純。官爲郎位貴，家似舊時貧。去作吾民福，歸尋楚水濱。他年名粗立，林下願相親。

送江茂才

少小尚英奇，高談與衆違。久窮纔信命，遠客合思歸。簞食非無樂，京塵誤入衣。雲山仍舊好，況是覲庭闈。

贈端上人

佛法本無二，誰論律與禪？水行到處入，月出有時圓。事去何嘗念？忙中不廢眠。松堂白日永，幡影自飄然。

千福寺昧軒

何人指蒙昧？題作此軒名。天理自晝夜，道心無晦明。用當群物化，舍去一毛輕。磊磊山前寺，時聞鐘磬聲。

怡山長慶寺

行行金碧裏，氣象怳如春。不記來時路，自嫌衣上塵。院香知有佛，僧静似無人。十載京華夢，相逢一欠申。

傅翼甘圃

老圃君何學，中心切養親。從來啜菽處，便作采蘭人。百行當無愧，三牲未足珍。孝廉方察舉，勉勉詎長貧。

林屯田思軒

慮遠無如静,茲軒得地幽。一官雖智效,萬仞更心游。風月趨吟筆,乾坤入坐籌。延英期上對,豈是爲身謀。

迴明上人詩卷

學佛有餘力,吟詩過一生。情閑氣啖少,句好琢磨成。柏竹門庭古,冰霜筆硯清。輸他飽食者,終日自無營。

聽周太師琴

已解琴中意,更加絃上聲。他人鄭衛雜,此手鬼神驚。深夜衆籟息,寒天孤月明。四鄰應得睡,濁酒且同傾。

送覺師西遊乞御書

累聖多材藝,留神翰墨間。皇墳非小道,玉版徧藏山。上士持三學,西行謁九關。奎華如可捧,歸伴白雲閒。

送分司吴太博還鄉

休官衆未許,分政且歸閩。名係金閨彦,身爲蕙帳人。林泉新得主,冠履漸無塵。知足應常足,安能更問津?

送任大中

真僞少分别，吁嗟此世情。西施作老婢，南郭逞新聲。命合生來困，詩應没後名。旅游何所得？赤日又徒行。

送杜奉職

青紫皆同道，稀曾到薜蘿。感君非我輩，無事每來過。此别當貧病，何年共醉歌？人生有後會，争柰鬢雙皤。

送陽曲蔡尉

鳳皇貴在德，孔翠豈無文？詩禮多承訓，賢能迥出群。談清蜕塵滓，志大躡烟雲。更喜并州牧，豪英天下聞。

送武陵令

之子當爲邑，吾朝信擇人。位卑難立事，任重合憂民。槃瓠多遺種，桃源即近隣。登臨如有見，才思日應新。

送酸棗鄧主簿

畿縣官雖小，京華日可親。文章成薄俗，交結最難人。典學應無廢，存誠況已純。邦工尋尺用，杞梓詎沉淪。

送仙遊知縣許延評

策名曾未幾，奮迅出埃塵。陋巷潛心久，亨衢得意新。君恩方責報，民業近多貧。莫學悠悠者，謀身不爲人。

送杜寺丞知永城

薦表同時入，天衢自此通。弦歌新邑宰，清白舊家風。官舍隋河北，離觴華谷東。勖哉松栢操，咫尺是堯聰。

迴廖解元所業

昔者聞鄉舉，良田恐甚蕪。于今觀日益，珍樹已垂珠。衆惡吾雖察，謙卑孰敢踰。聖賢明訓在，只此是亨衢。

送張寺丞

三載居鄰縣，得聞金玉音。路遥相見少，道合受知深。已矣瓜時戍，悠哉魏闕心。歸舟望不及，白日隱寒林。

送何祕丞

吴人作蜀官，萬里泝驚湍。地俗雖云異，民情想一般。智明終戒察，政惠不須寬。前史多循吏，乘閑更熟看。

送劍州張掾

名在鄉書久，恩由父任優。從今紹清白，即此是箕裘。交結多良士，經過半舊游。舉知應有望，鴻翼佇横秋。

送演教大師東遊

野客相知久，年來髮漸華。衣冠從異教，言行似儒家。通塞隨天命，遨遊徧海涯。武夷應有會，好去醉流霞。

寄贈福山長老

時世重因循，師何獨苦辛？潔齋徒衆散，剛直里閭嗔。游藝能濟物，舊交多雅人。雲山雖好住，住久轉勞神。

五言六韻

書樓夏晚

地僻無他管，樓危有剩涼。遠流通越派，殘日共秦光。鳥道頑雲黑，人家病葉黄。高情夢箕潁，閑景畫瀟湘。山藥香多桂，漁歌濁少商。太平知可喜，何者是簪裳？

小　杉

小杉高丈餘，體直立還孤。任過千年雪，應無一節枯。鬼狂從髮解，龍長怕鱗麄。怪狀春寧笑，清聲月所娱。地終存古氣，景合在仙圖。不作明堂用，良工莫厚誣。

乾元節群臣祝壽，小人無位，以詩繼之

帝命當敷佑，民生有厥初。千秋唐節日，萬國禹朝車。韶美笙鏞外，需亨飲食餘。神仙似姑射，夢想即華胥。嘉會誠難得，愚忠敢自疏。古人誰最壽？《無逸》在《周書》。

悶　書

行行四月晦，絺綌未能裁。天氣疑無定，春寒恐再來。襲衣從汗浹，交扇取風回。野秀深成黑，鑪薰冷作媒。年高情已淡，俗薄意多猜。李杜今何在？芳樽誰與開？

同徐殿丞遊麻姑山，陳屯田聞之以詩見寄，次韻第一首

良友嗟塵網，相期物外遊。求珠非赤水，不死是丹丘。機上麟交擗，樽中蟻亂浮。仙家一度醉，人世幾千秋？藥氣多留鼎，茶香細出甌。堯人方曠蕩，容易學巢由。

五言八韻

送李著作知柳州

到官十五月，太半在他邦。惠術未施一，公心無與雙。剖符新使粤，盡室始浮江。地理將分嶺，行程即下瀧。旅愁侵酒座，秋色漏船窗。屬吏誰非慴？群蠻不易降。人稀財豈厚，俗異性多憃。自此觀賢業，洪鍾且試撞。

五言十韻

送知縣蘇祕丞移英州

大邑曰南城，唯君治道行。何曾設鉤距？到底是聰明。鼎在神姦伏，鷹來鳥雀驚。詐窮多自笑，刑重亦知平。府史如廉士，農桑學頌聲。在官嗟不久，丕績已垂成。嶺路當過庾，州圖喜得英。遠人天與幸，弊俗日將清。遊刃非無地，摶風別有程。上心應寤寐，彝器待書名。

夏日雨中

一雨遂不止，我行當此窮。蜀東天亦漏，堯後水猶洪。大點有片重，密濛無寸空。曉唯壺箭覺，暖似炭爐通。書筆提梅洗，征衣擘潤烘。簾間稀去燕，枕下即鳴蟲。竹粉千腰白，桃皮半頰紅。物華嬌自衒，天意猛相攻。酒退愁城外，吟興憤涌中。遣誰咨畢宿，留作旱時功？

七言二韻

鄉思

人言落日是天涯，望極天涯不見家。已恨碧山相阻隔，碧山還被暮雲遮。

少年

新翻曲調恐人傳，不許高聲唱玳筵。金獸也嫌春態淺，向風噴作緑楊烟。

自　勉

月欲東生日又西，莫隨兒女醉明時。黄泉一向埋愚鬼，不與人間史筆知。

戲題玉臺集

江右君臣筆力雄，一言宫體便移風。始知姬旦無才思，秪把《豳》詩詠女功。

讀皮襲美病中書事詩，有「可憐真宰意，偏解困吾曹」之句，偶代答之

刺虎屠龍古有名，事於難處迭相矜。要知真宰争功意，困得英雄始是能。

雪中見梅花二首

品物由來貌取難，共言花卉易凋殘。寧知姑射冰肌侣，也學松筠耐歲寒。

又

數枝斜出短牆陰，密雪無端苦見侵。天意似憐群木妬，盡教枯朽作瑶林。

和慎使君出城見梅花

化工呈巧異尋常，鏤月裁雲費刃芒。莫怪使君曾立馬，染衣渾似有天香。

雪中贈柳枝

暖氣來時柳眼新，一場冰雪更愁人。要知真宰無誠信，取次東風未是春。

柳　枝　答

春早寒餘豈足哀，平生多難媿非材。去年二月都城裏，曾共花房帶雪來。慶曆二年二月五日，京師大雪。

和天慶觀瑞香花

聞説仙花玉染紅，别留春色在壺中。瑶臺若見飛瓊面，不與人間夢寐同。

烏　鵲

烏鵲翩翩競羽毛，南飛無樹過良宵。就中管得他人事，秪與天孫倩作橋。

方　平

五百餘年别恨多，東征重得見青娥。擗麟始擬窮歡樂，不柰閑人背痒何。

璧　月

璧月迢迢出暮山，素娥心事問應難。世間最解悲圓缺，秪有方諸淚不乾。

睡　起

簟卷鱗紋帳繫紗，六龍西降樹陰斜。秪應夢裏成蝴蝶，猶記南園數種花。

讀長恨辭二首

玉輦迢迢别紫臺，繫環衣畔忽興哀。臨卭謾道蓬山好，争柰人間有馬嵬。

又

蜀道如天夜雨淫，亂鈴聲裏倍霑襟。當時更有軍中死，自是君王不動心。

羿　妻

有窮兵死爲遊畋，惆悵佳人獨上仙。試問單棲與同穴，可能雲漢勝重泉？

梁帝

凝旒南面總虚名，廟祀何曾暫割牲？ 但學禪心能忍辱，莫羞侯景陷臺城。

鞦韆二首

華郭春光欲暮時，綵繩争蹴夜忘歸。 佳人不道羅紈重，擬共楊花苦鬭飛。

又

風静高標埋暗霧，月明孤影落澄波。 狂心擬逐遊童上，無柰春醪足困何？

嘲漢武

甲帳居神本妄言，露盤猶在國東遷。 欲知千載金人淚，爲耻君王不得仙。

戚夫人

百子池頭一曲春，君恩和淚落埃塵。 當時應恨秦皇帝，不殺南山皓首人。

有感三首

官家的的要寬征，古時什一今更輕。 州縣酷嫌民漸富，幾多率斂是無名！

又

白刃刼君君勿言，人生禍難俱由天。 君家歲計能多少，未了官軍一飯錢。

又

庭下縲囚何忿争？ 刀筆少年初醉醒。 黄金滿把未迴眼，笑殺迂儒欲措刑。

自　遣

富貴浮雲畢竟空，大都仁義最無窮。一千八百周時國，誰及顔回陋巷中？

睡　思

睡魔氣勢重千鈞，壓倒心閑食飽人。莫笑坐間常似醉，當年滿腹是精神。

遊寺醉歸却寄同坐

江村古寺偶閑行，一飲全疑酒有靈。水底屈原應大笑，我今獨醉衆人醒。

索　酒

不醉多愁醉多病，幾迴愛酒又停杯。死生若是有天命，莫放愁來任病來。

憶錢塘江

昔年乘醉舉歸帆，隱隱前山日半銜。好是滿江涵返照，水仙齊著淡紅衫。

謝傅神平上人

蕞陋徒煩妙筆傳，呼兒看了獨凄然。丹青不解隨人老，相似都來得幾年？

次韻答提刑孫都官二首

病樹難隨萬木榮，閉門終日自愁縈。繡衣使者知何取，肯向民間問死生。

又

真賞由來世上稀，幾人相見不相知。如今一字成華衮，豈識龍章與鳳姿？

謝知縣徐殿丞示及新詩

當時子賤好援琴，千載誰傳治世音？ 珍重南城多暇日，盡將風化入清吟。

送流人

人情自古怕遷移，更去南方路險巇。 從此異鄉誰是侶？ 只應明月解相隨。

送周山人

鬼事無形尚可疑，人倫有驗衆皆知。 武夷山路幾百里，歸去西風落葉時。

遣興

境入東南處處清，不因辭客不傳名。 屈平豈要江山助，却是江山遇屈平。

詠桃

方朔相逢阿母家，别來幾度换年華。 春風合是教伊笑，開盡無名草木花。

閏正月三日偶書二首

一步寒郊一慘眉，望春春色苦來遲。 東君未必私桃李，只恐梅花謝有時。

又

無賴年年逐酒徒，今年不飲興何如？ 醉鄉若有人名籍，但願春風點檢踈。

論文二首

今人往往號能文，意熟辭陳未足云。 若見江魚須慟哭，腹中曾有屈原墳。

又

天寶年中事事新，長安還有謫仙人。騎鯨去後無尋處，輸與勾芒自管春。

送僧遊廬山

行非爲客住非家，此去廬山況不遐。要見南朝舊人物，池中唯有白蓮花。

李　郭

元禮禍成鉤黨後，林宗身免閉門時。死非不智生非怯，同室鄉鄰各有宜。

戲題荷花

昔人詩筆説蓮花，不嫁春風早可嗟。今日倚欄添懊惱，池臺多是屬僧家。

戲　贈　月

夢中識路亦何爲？古詩有「夢中不識路」之句。恰要逢人已自迷。一月解行天一匝，嫦娥猶未免單棲。

葛　陂　懷　古按《費長房傳》葛陂當在汝南，今信州弋陽有之，未明其故。

長房化去已千年，鬼魅紛紛不畏天。老鼈若來爲太守，何人殺向葛陂邊。

七　夕　二　首

無柰家家乞巧何？豈知天上拙人多。唤他烏鵲辛勤殺，纔得扶舁渡淺河。

又

一年一度暫和諧，幽閉生心亦可猜。莫道乘槎無徑路，支機曾屬客星來。

宗人宅折桂堂

從來皎月印長空，桂樹遥看影在中。好問素娥多折取，莫教閑占水晶宫。

麻源題壁

一到麻源日又曛，幾迴欲起却逡巡。世間豈是無山水？不柰閑人好聒人。

馬嵬驛

六軍剛要罪楊妃，空使君王血淚垂。何事國忠誅死後，不將林甫更鞭尸？

齊世家

莫以荒淫便責君，大都危亂爲無臣。若教管仲身長在，何患夫人更六人？

漢宫

哀平外立國權分，只爲當時乏嗣君。試問莽新誰佐命？最應飛燕是元勳。

景陽宫井

以色從人自古然，幸逢聖主得稱賢。太王姜女來岐下，應不相將墮井泉。

燕雀二首

燕子從來巧語聲，主人相愛是常情。黄頭老雀何能解？飽食官倉過一生。

又

繡户珠簾見最頻，暖來寒去但安身。翟公門下時飛入，全勝交情斗頓人。

張　禹

漢室尊儒未得真，只求學藝不知人。君王幸已疑王氏，苦把春秋助賊臣。

孔　光

王莽欲爲先與草，董賢將過自迎門。省中樹木何閑事，❶却對妻孥不肯言。

元紀二首

孝宣應是不知書，便謂先王似竪儒。若使周家純任德，親如管蔡忍行誅？

又

君道乾剛豈易柔，謬牽文義致優游。高皇馬上辛勤得，總被儒生斷送休。

聞　鶯

纔轉歌喉碧樹枝，驚飛還避巧丸兒。可憐蜂蝶無言語，入徧花房人未知。

學北堂有海棠一株，顔色至佳，凋落稍速，憶而爲詩

來時初見滿枝紅，璧碎珠沉幾日中。宋玉有鄰誠耐事，三年猶在短牆東。

玉胡蝶花

胡蝶生來只愛花，春工描樣作奇葩。莊周有夢何曾覺？冰雪肌膚落幾家？

---

❶「閑」，光緒本作「闗」。

次韻答陳殿丞南塘觀魚見寄

鱗鬣摧殘幾許年？水平風静得潛淵。喜無美味登君俎，且學驪龍盡日眠。陳丞以「魚在深淵」借喻鄙薄，故有是答。

送傅野

國學先生石與孫，金鈴木舌士林間。欲將天下觀諸掌，之子從今上泰山。

送杜萬

谷口生涯已是貧，素衣還擬冒京塵。因風早寄登科信，裝點江南幾日春。

儒行

一死相從患難時，何人能與古人齊？酈生泉下還知否？賣友而今價轉低。

感義

懊惱常人只好儒，古來忠義出屠沽。試將朱亥相倫擬，幾箇衣冠是丈夫？

屈原

秋來張翰偶思鱸，滿筯鮮紅食有餘。何事靈均不知退？却將閑肉付江魚。

宋玉

世間佳麗每專房，一顧多應萬事荒。夢裏若無真實處，不妨頻爲賦《高唐》。

贈日者鄒生

賢不必通愚不窮，悠悠無處問蒼穹。可憐富貴君之柄，斷在山人指掌中。

送夏旦赴舉

嶺梅初盡草初生，馬上春風酒易醒。好共大鵬雙奮擊，此行有路到南溟。

送　春

宜春臺上送春歸，淚滴金杯不自知。懊惱黄鶯解言語，飛來唯見落花枝。

曉　角

腸斷城頭畫角聲，燈青月黑酒微醒。濃香夢裏誰曾管？只有離人夜夜聽。

送丁正臣

鉛槧辛勤四十年，摶風不上鬢霜寒。朱門何處是知己？短褐空瓢行路難。

惜　才

子雲辭賦似相如，自説雕蟲異壯夫。何事犬羊誇質素？患他人愛著貂狐。

登越山

臘後梅花破碎香，望中情地轉凄涼。遊山只道尋高處，高處何曾見故鄉？

送古山人

喜聞吉事怕聞凶，天下人心處處同。乍出山來言語拙，莫將刺字謁王公。

送毗師西遊

望望王城十二門，青山行盡入紅塵。近來富貴皆天與，到處應多問命人。

送春寄呈祖袁州二首

去年春盡在宜春，醉送東風淚滿巾。今日春歸倍惆悵，相逢不是去年人。

又

東君此去幾時來，雪裏梅根待暖廻。莫似仙家寥落甚，蟠桃千歲始重開。

次韻陳屯田途中所寄

封豕長蛇戰嶺南，何人肉食不懷慚？只今唯有高眠好，風弄松聲水濺庵。

正月二十日，俗號天穿日，以煎餅置屋上，謂之補天，感而爲詩

媧皇没後幾多年？夏伏冬愆任自然。只有人間閑婦女，一枚煎餅補天穿。

送　薛　經

多能未必有相知，况是東南義士稀。京洛路長何日到？風塵依舊化人衣。

僧志月碧雲軒改爲景雲軒因書二首

長見江淹雜體詩，碧雲非是惠休詞。試言日暮佳人怨，何事高僧却得知？

又

景雲持律冠當年，遺迹雖沉古寺存。釋子若能精進去，便應題作景雲軒。

書景雲軒壁

二江斜入似娥眉，盡日凭高把酒巵。貧賤别應無好處，猛忙中是我閑時。

因遊華子崗題麻源壁

平生猶未識紅泉，今日纔遊石磴邊。宿雨半晴秋草濕，困來無處可閑眠。

直講李先生文集卷之三十七

七言四韻

苦雨初霽

積陰爲患恐沈綿，革去方驚造化權。天放舊光還日月，地將濃秀與山川。泥途漸少車聲活，林薄初乾果味全。寄語殘雲好知足，莫依河漢更油然。

野人

村落蒼茫半草茅，路無車轍水無橋。婚姻取足唯春繭，鹽酪歸來待晚樵。一樣寬衣疑效古，幾人華髮未經徭。相逢不會寒温語，借問官家合是堯？

書麻姑廟

流俗好仙方學道，至人樂道自成仙。飛昇若也由貪欲，紫府還應用詐權。塵裏笙歌千古夢，洞中星斗幾家天？無心便是歸真日，姹女河車總謾傳。

客有話故丁祕監京師舊宅因而傷之

等閑榮謝已愁聞，況話三公極寵身。青史尚爲今世事，朱門不是舊時人。文章散入諸蕃口，花藥留添上國春。生死交情渾易見，有誰過此爲霑巾？

五 龍 塘

世傳鱗物有蟠時，分得寒泉住翠微。天命雖教爲潤澤，神心終是索虔祈。一圍石岸刓無迹，幾族陰雲禁不飛。風脚斗回波面黑，向人渾似逞嚴威。

寄 小 兒

兩世煢煢各一人，予無兄弟，才生此兒三歲矣。生來且喜富精神。欲教齠齔從師學，秪恐文章誤爾身。但有犂鋤終得飽，莫看紈綺便嫌貧。不知别後啼多少？苦問家僮説未真。

季夏雨中宛有秋色，四望之際百感生焉，因題於紙

粟花時節雨脩脩，莫道如秋即是秋。客路幾千成大夢，年華一半落東流。眼存將聖生前筆，心得騷人格外愁。微物若教無所失，塵埃猶願補嵩丘。

秋 懷

褚冠斜頂對清秋，病骨支撑懶上樓。輔世功夫何日是？少年滋味此生休。山含紅樹隨時老，天帶黄昏一例愁。自笑酒腸空半在，❶前村無處典鷫裘。

---

❶ 「腸」，光緒本作「觴」。

書松陵唱和

天命相逢陸與皮，當年才調兩權奇。朝端未有輸忠處，詩外應無用力時。意古直摩軒昊頂，言微都洩鬼神私。近來此道中興也，泉下英魂知不知？

七　夕

天孫何許是來時，月意愔愔露氣微。可道星河難得過，自緣烏鵲合高飛。秋宵已勝春宵短，今會還如古會稀。早晚望夫能化石，盡分人世作支機。

早起有懷

草草西風動葛衣，呼僮前啓竹間扉。山僧好睡鐘聲晏，社户多貧酒氣微。豈是客愁渾較可？秖因書卷解忘歸。盱江百里清無滓，枉屬閑人坐釣磯。

留題歸安尉凝碧堂

騷人得助是江山，千里幽懷一凭欄。野色豈唯春晚秀，天風長似月邊寒。身閑暫覺塵埃遠，境勝纔知宇宙寬。秖恐仙壺提挈去，不教凡眼醉中看。

答張醆晲

幾年江外恣荒唐，偶脱荷衣覘國光。自是狂言無可擇，敢嗟賢路有相妨。謾將文史爲生業，已約漁樵共醉鄉。多謝故人貽絶唱，爰居寧解聽鏗鏘。

清明日作

遲遲日景坐成醺，聞説清明在此晨。花卉不宜愁眼看，勾芒能爲幾人春？銷磨志氣多因老，點檢交游半作塵。欲向醉鄉聊自適，病來還厭舉杯頻。

晚思

一檻東風小箔開，亂山明暗水縈迴。流年漸共春華去，暴熱還隨霽色來。天氣濁多人欲睡，地形卑甚物先梅。❶因知楚客迷魂處，不是江東不足哀。

暮春始遊城西

病多無力逐紛華，三月衡門未見花。長恐後期成索寞，果逢殘景獨咨嗟。欄干倚望山空在，杯酒遲留日易斜。謾説明年更春色，不知園囿屬誰家？

寄傅代言

交游散盡客來稀，門掩城隅晝漏遲。春地更無嫌草處，雨天還有詐晴時。輕量世事世不罪，冷笑人言人豈知？猶喜道途收拾早，將閑對病最相宜。

丙子冬至夜酒醒

盡道一陽初復時，不期風雨更凄凄。凌晨出去逢人飲，沉醉歸來滿馬泥。多恨恐成千斗氣，欲言那得

---

❶「梅」，光緒本作「霉」。

上天梯。韓文公《月蝕》詩，有「無梯可上天」之句。燈青火冷睡半醒，殘葉打窗烏夜啼。

南齋詠風

懊惱南窗一道風，只應天配與貧窮。不歸羅綺飄飖處，故入松篁冷淡中。久座披襟塵榻穩，半醒吹面月帷空。城邊菡萏今多少，❶偷得清香是爾功。

小　雨

已是蛟龍未肯忙，誰教蝃蝀更相妨。來時槁葉疏疏響，過後浮雲片片光。徑草微滋垂粉汗，砌沙圓滴蔟蜂房。嗟予不及高飛鳥，先得天邊幾點涼。

題净居院

寺門幽獨傍江城，江水清含地氣清。隔岸樓臺人醉死，遶堦松竹夏寒生。❷路經橋遠塵難過，僧占閑多俗不争。唯有行吟憔悴客，這廻須去濯長纓。

清暉亭

池亭何處占清暉，只在暉江更向西。山上白雲如有雪，水中明月似無泥。郊原不改春來秀，徑路終憂客到迷。沈約東陽曾入詠，使君才調好留題。

---

❶「今」，正德本、萬曆本、光緒本及《宋詩鈔》作「知」。
❷「夏」，光緒本作「夜」。

往山舍道中作

截竹成輿不用輪，東行盡日穩宜身。前看疊嶂如無路，每到平田始見人。下户半曾差作役，朽株多已祀爲神。生涯一撮誠何有？且免庸兒共拜塵。

秋晚悲懷

漸老多憂百事忙，天寒日短更心傷。數分紅色上黄葉，一瞬曙光成夕陽。春水別來應到海，小松生命合禁霜。壺中若逐仙翁去，待看年華幾許長。

殘　葉

一樹摧殘幾片存，欄邊爲汝最傷神。休翻雨滴寒鳴夜，曾抱花枝暖過春。與影有情唯日月，遇紅無禮是泥塵。上陽宫女多詩思，莫寄人間取次人。

哭十姪

到官六月一作「日」。寄書迴，未病封題死後開。一命至卑人盡得，九泉何事獨相催。唯憂旅櫬還鄉遠，況是親喪繼踵來。數世學文終若此，❶可憐門户轉隳頽。

秋　陰

一夜風聲曉更狂，起來庭户頓凄涼。不知紅日在何處，時見黑雲微有光。天落水中兼鴈影，露啼林罅

---

❶「文」，光緒本作「問」。

帶楓香。愁人莫苦登高閣，説著江山已斷腸。

寄　介　夫

天恨吾儕各一方，夕陽千度到西窗。因循流俗今皆是，磊落如君信少雙。書未隔年難得報，心從薄宦始應降。可憐漢水無拘係，長與盱江會九江。

書懷寄介夫

棄材幸免雜輿薪，收拾緇衣出洛塵。漸老得閑纔是性，謾言成謔且隨人。能傳身後須文字，要識胸中只鬼神。俗子不勞輕毀譽，問天長乞醉鄉春。

關　徐

雲長不絶舊君情，元直終隨老母行。立效報公何感慨，指心辭主更分明。三方本以兵攻戰，一士能爲國重輕。多謝曹、劉存大度，任教忠孝得成名。

送張宏下第南歸

世家元是武夷孫，四上觀光預國賓。地底豈無干斗氣，天邊争柰飲牛人。田宜秫稻應多酒，路入溪山漸少塵。身計未諧歸計好，一樽猶可醉鄉鄰。

葛陂逢何道士

十數年前别我行，相逢猶是舊顔形。琴聲漸古聽來淡，藥味雖凡試最靈。出有酒錢天下富，住無家地浪頭萍。神仙可學應須學，萬里蓬萊一點青。

俞秀才山風亭小飲

炎炎千室熱如烘，亭壓山頭獨有風。雨意生獰雲彩黑，秋容細碎樹枝紅。半天斜日歸心動，一面平川醉眼空。却是夢魂無所得，人間豈少翠微宫。

謝宋屯田見示永平録海南編

多少儒衣只假塗，貴來誰肯更觀書？其間或以文争勝，未見如君識有餘。長把六經爲準的，最應三代是權輿。可憐後世名空在，直釣而今豈得魚？

閩中歲暮

休道南人暖過冬，苦寒今與北方同。霜嚴欲裂地到底，日短不行天正中。誰使智愚相伴老，便將榮辱斷還空。鄉愁莫更欺閑客，薄酒從來亦有功。白樂天有《酒功贊》。

送侯殿直之官吉州

待詔何年别玉堂，筆端渾欲繼鍾王。官資未出風塵外，蹤迹曾親日月光。扶老只今非遠道，薦能從此有封章。廬陵若要高文寫，争得滁州在故鄉。滁州歐陽使君，廬陵人也。

偶題饒秀才豁光亭

北出城來駐馬蹄，君家别舘幸臨谿。雄虹見雨過不斷，潦水到秋痕漸低。萬事熱心成浩歎，一樽撩眼怕長迷。俗人誰會儒生意，是處醉吟還日西。

宗人宅仁知閣

江南盡是山水地，君子固求仁知名。可憐塵土不到眼，只有雲泉相伴清。人間擾擾知何在，日暮悠悠空鬪行。明月一欄風一枕，醉鄉猶可過浮生。

早夏偶作

閑愁不覺過年光，强半精神似醉鄉。幾度雨來成惡熱，有時雲斷見斜陽。古人事業塵空滿，故國園林草自長。賴得《南華》憐我病，一篇《齊物》勝醫方。

匈奴傳

漢家經武意如何？也信狼心欲偃戈。豈是虜庭佳麗少？自緣婚禮貨財多。女從宗室方掄擇，賦出齊民更刮摩。若向大臣求姪媵，當時誰肯議通和？

忠武侯

齊霸燕强舊有基，當年管樂易爲奇。何如新野羈栖後，正值曹公挾帝時。❶指畫二州收漢燼，安排八陣與天期。才高命短雖無奈，猶勝隆中世不知。

次韻答陳殿丞見寄

顛倒江湖二十春，干時的是妄庸人。先容不肯收蟠木，高足無從得要津。衆與善名酬苦志，莫將吟味

❶ 「值」，原作「植」，據光緒本改。

養閑身。❶食田飲井知誰力？下有驕兒上有親。

贈韓侍禁

閥閲山西舊將家，一官淪落向天涯。目皮相處應難識，髀肉生來只自嗟。野圃幾年飢虎豹，旱雷何日起龍蛇？吴歌楚舞時相慰，劍鋏梅乾鐵有花。

送沈祕校

君家龍虎弟兄賢，斗酒相逢楚水邊。雨露自今榮一命，塵埃未免困三年。高談欲出稠人右，敏政當居俗吏前。異日能來見逋客，麻姑碧洞古時天。

寄題錢塘毛氏西湖園

昔年曾泛西湖流，君今更住西湖頭。人生多是未得往，地上有天何處求。朱樓照影鐘磬曉，畫船落手芙蓉秋。鯉魚赤鱗應不少，待與水仙相伴遊。

自解

人生何苦要多才？百慮攢心摘不開。夜月幾曾無夢處，春風只管送愁來。秃毫强會悠悠事，浮世無過滿滿盃。看取秦坑烟焰裏，是非同作一抔灰。

❶「味」，光緒本作「咏」。

不寐

四壁空空絶語聲，困來終是睡難成。孤燈要與人相背，寒漏苦教天不明。累月故園無信息，幾般閑事惱心情。別愁若解生華髮，一夕應添一萬莖。

韓偓集有自撫州往南城縣舟行見拂水薔薇之詩，南城吾鄉也，因題八句

韓偓當年赴七閩，舟行過此倍凝神。江邊石上知誰處，緑戰紅酣別是春。往事幾多書不記，仙源依舊地無塵。花光柳色今何限？更有才人勝古人。

代書答陳次公

咄咄休休一世閑，百年都是浪悲歡。高談不待傍人笑，立事須知自古難。時見老顔來鑑裏，已將生計託雲端。六鼇未可揮刀斫，肯便臨谿把釣竿。來書以俗子疑予，求人慰薦，故有是答。

和君錫題堯輔齋壁

書林老仙頭欲斑，近日卜居吴楚間。麻姑世界盡贏得，羲皇興味先追還。川流切對夏無暑，山月出來門未關。笑殺區區躁求者，不因貧病不曾閑。

送王都曹

古木亭邊夜嚮晨，餞壺重疊擁雙輪。高文健筆科場手，白髮青衫宦路人。十月霜風還劈面，六街塵土會欺貧。麻源碧澗神仙地，早晚歸來伴隱淪。

送危太博

一片靈臺衆共知，宦途寧肯避危機。至誠似有神明助，盡室初從瘴海歸。烈火豈能傷美寶？覆盆終是見炎暉。人生未出功名外，多少京塵待染衣。

題虞侍禁山亭

嶺上欄楹締構新，我來登望倍凝神。可憐韜略真名將，猶與谿山作主人。會把松心欺過雪，更憑花萼占留春。江南風物雖佳麗，争奈燕然有虜塵。

君錫宰壽春

淪落多愁笑不成，水邊還是送君行。官爲令長前程好，地近鄉關喜氣生。百里有人觀惠術，三年唯我見交情。山中後夜思賢處，風月猶應似舊清。

餞寺丞知白州

大邑歌謡日尚新，忽驚千騎擁行塵。宦游莫歎登長道，天意先教福遠人。城在海隅門少客，地鍾陽氣景常春。政成不患無知己，按察當今正直臣。集賢杜公出使廣西。

次韻答史太博

驛使將詩訪遠山，發函寧暇正衣冠。秦城未割難論價，燕谷纔吹已不寒。佔畢有心忘老至，惰農無罰賀恩寬。一枝數粒唯知分，豈是明時學考槃？

蟬

一蜕囂塵向此生，柳枯槐老正傷情。高吟盡日知誰聽？零露充腸且獨清。螳斧不勞陰致害，貂冠猶可共傳名。騷人若有遺魂在，應放冤聲伴爾鳴。

寄史屯田

秀汝清盱數舍中，繫匏名謁竟難通。只知俗吏隆官業，不意高文有古風。朝請待趨天屏北，家園歸省浙江東。遠民利害聞應熟，早晚嘉謀沃舜聰。

答丘寺丞示月蝕詩

一夜吟公《月蝕詩》，睡魔驚走醉魂飛。如將混沌重區别，要使君臣有等威。天道至高全指掌，古人雖死合知非。相思無計能相見，何日軒車向北歸？

蓬　屋

長簷數尺庇堂東，疏漏從來只有蓬。日影碎如秋樹下，雨聲初似夜船中。竹經蠹了多垂地，箬到乾時半捲空。此處想非人所競，衆言千萬莫相攻。

堦　基

堂前一級似堦墀，無石無甎只舊基。泥飾頃因年節近，蹋崩唯是客行時。誰曾羅襪雙來上？多謝蒼苔久不離。從此便成貧景致，竹簾垂處最相宜。

宜春臺

謫官誰住小蓬萊，唯有宜春有古臺。千里待看毫末去，萬家攢作畫圖來。雲中羅綺香風落，月底笙歌醉夢迴。莫怪江山苦相助，騷人没後得真才。

東湖

古郡城池已瞰江，重湖更在郡東方。水仙坐下魚鱗赤，龍女門前橘樹香。路絶塵埃非灑掃，地無風雨亦清涼。使君待客多娱樂，只有醒時覺異鄉。

送趙柎祖諱湘

先朝名士有遺孫，狼藉麻衣化洛塵。筆下每求千古意，醉中曾過幾迴春。勞生只見年年老，客路相逢事事新。滿座狂歌時莫笑，眼看燕市若無人。

太平州十詠亭

客遊無日暫開顔，姑孰谿邊偶得閑。風景直疑圖畫出，古今都似夢魂間。桓温罪逆休重問，謝傅英靈已不還。深美謫仙遺世務，酒船椎皷浪如山。

送王尉

義激中心不再思，宦途從此抱瑕疵。誰憐君子篤親意，況是明王孝治時。靖節田園應久廢，尚平婚嫁豈宜遲。一官塵土休迴顧，海上群鷗舊有期。

野意亭

福唐城郭掌中窺，旭日登臨到落暉。誰在畫簾沽酒處，幾多鳴櫓趁潮歸？晴來海色依稀辨，醉後鄉愁積漸微。山鳥不知紅粉好，纔聞歌板便驚飛。

靈源洞

纔出塵來尚未知，漸攀藤竹漸臨危。伏流似是龍藏處，古樹應無春到時。誰把石崖齊剗削，直教雲氣當簾帷？良工畫得猶宜秘，莫與凡夫肉眼窺。

送陳司理

平生直道恥求人，下位沈英久未伸。齊吹古來偏有濫，葉龍今更不宜真。天邊奕世三台貴，江上先廬一畝貧。大抵窮通相倚伏，這廻寒谷解逢春。

送黄承伯

君來別我向番陽，時節初春曉尚霜。茶褐園林新柳色，鹿胎田地落梅香。❶此行硯席多知己，是處樓臺可舉觴。只恐詔書非久下，槐花又在眼前黄。

謝蔡十八丈相示詩卷

昔年多幸枉高軒，示我新詩累百篇。使者即時還趙璧，夢魂今尚憶鈞天。據鞍馬援誰云老，陋巷顔回

❶「田」，正德本、萬曆本、光緒本作「天」。

始是賢。桂樹寒山風景好，近來應更有長編。

清話堂詩

至和元年秋九月，與周伯達宿景德寺義明上人房。予喜，誦李涉詩云：「無限心中不平事，一宵清話又成空。」其意與今夕相似，因目其處爲清話堂，且題八句。

釋子相延暫解冠，一宵清話到更闌。漆盤香燼死蚯蚓，紙瓦雨聲鳴彈丸。往事莫將閑口笑，勞生誰在定中看。明朝頳面還歸去，依舊塗泥濺馬鞍。

送郴縣吴主簿

數十年來預薦書，當時文行聳群儒。青衫近始霑王澤，白首從新入宦途。四壁生涯雖寂寞，一官趨進轉崎嶇。楚南若是江山好，閑日猶應味道腴。

覽余堯輔詩因成七言四韻

少年心苦向毛錐，老大生涯只有詩。哀樂萬端成畫繢，江山大半入鑪鎚。格如平易人多愛，意到幽深鬼未知。白髮尚新才不盡，幾時吟興是哀時？

次韻酬屯田陳丈見寄

老年纔到病還催，老病成叢撥不開。腹冷有時如咽雪，耳虚終日獨聞雷。半生辛苦歸三徑，萬恨銷磨向一梧。賴得竹窗無事處，清風頻共故人來。

同徐殿丞遊麻姑山，陳屯田聞之以詩見寄，次韻第一首

塵寰漸遠漸凄清，似向崑崙采玉英。此地已知鄰華子，幾人猶道識方平。步高那復肌膚重，心逸都疑羽翼生。苦恨俗緣無了處，歸來依舊馬蹄聲。

和陳屯田送知縣徐殿丞次韻

近年雙闕暫鳴珂，出宰南城户數多。古道存心公道顯，惡人鉗口善人歌。登高賦處英辭在，垂槖歸時舊物訛。當比瑞金囂訟後，要移風俗擬如何？

和屯田陳丈寄唐休次韻

白屋從來未有官，一名須作佛名看。彦倫北谷重歸去，安石東山足舊歡。常調幾時趨鳳闕，湛恩唯待立雞竿。胸中況是多奇藴，自比陽春退苦寒。

和王刑部遊仙都觀

尋幽西去路非賒，回首紅塵事可嗟。不待鸞驂并鶴駕，便分人世與仙家。幾函《道藏》金壺墨，一片秋容玉井花。還似武夷高會日，骨凡猶幸醉流霞。

和遊丹霞有懷歸之意

暫時來訪道家流，肯伴煙蘿滯一丘。爲憶長安瞻日下，欲尋蓬島向鼇頭。陶潛醉後雖眠石，王粲憂多更上樓。宣室歲餘虚席在，青山何路更重遊。

七言八韻

送知軍曹比部移虔州

要知賢者善居官，法自嚴明性自寬。黠吏欲欺難作計，愚民初懼久方安。獄辭大小情皆見，市物公私價一般。農力不聞供土木，窮閻猶得免飢寒。星爲二使來巡撫，考未三年悉可觀。劇郡便當煩鎮守，君恩寧許更盤桓。兩輻贛水行非遠，五袴盱江日漸單。從此天衢龍躍去，野人懷德謾悲酸。

直講李先生外集卷第一

告詞二　劄子四　薦章四首

告　詞

敕建昌軍草澤李覯：藩臣仲淹以覯所著文二十四篇來上。予俾禁掖近侍詳較，皆曰學業優，議論正，有立言之體。且履行脩整，誠如薦章所云，故特以一命及爾。爾其益自進于道，勿患朝廷之不知也。可特授將仕郎試太學助教，不理選限。

皇祐二年七月□日

敕將仕郎試太學助教、説書李覯：夫太學者，朕所以出教化，而賢士之所由進行誼也，師儒之官可輕授乎？爾醇明茂美，通于經術，東南士人，推以爲冠。自佐學政，逾年于兹，孜孜渠渠，務恪厥守。祭酒司業以爲博士之職莫宜于爾，是用推恩。爾其悉心使諸生兟兟興于廉讓而服于教訓，則其善也。可特授通州海門縣主簿，太學説書散官如故。

嘉祐三年七月□日

劄　子

國子監奏：伏覩試太學助教李覯，素負才學，博通經史。嘗應制科舉，雖因名臣薦論，命以試官，不霑政禄。而養道丘壑，聚徒教授，南方士流，皆宗師之。欲望朝廷特與注授一官，差充太學説書，所冀有裨庠序風化之職。如蒙擢用，後犯入己贓及不如舉，其本監主判管幹官並甘同罪。候勑旨。會問到國子監稱：李覯在建昌軍或在撫州，奉聖旨，李覯令赴太學供職。劄下江南西路轉運司指揮，發來赴闕，仍仰見在處支賜盤纏錢伍拾貫文。

右劄付李覯。

國子監奏：據屯田員外郎充直講楚、泰等狀，伏見大理寺丞篆石經張次立，素有學術，深通經義，俾居講席，足厚素風。泰等欲乞補充直講，填殿中丞孫復闕。當監體量得，本官實有學行，深明經藝，可補講員，伏乞朝廷特賜差補。如蒙擢用，後犯入己贓，管幹主判官並甘同罪。候勑旨。

續據國子監奏：已保舉張次立充直講，填孫復闕，竊慮未依得自來條制。竊見試祕書省校書郎文勸劉棐素有履行，通經術，堪充國子監直講，填孫復闕，候勑旨。

勘會太學助教李覯已奉聖旨，令赴太學供職。檢會令文太學助教掌貳博士事，分經教授。

右奉聖旨，宜令李覯依前降指揮，赴學供職。其孫復名闕，更不差人，所舉張次立等不行。

右劄付李覯。准此。

太子中允充天章閣侍講兼管幹太學胡瑗奏：爲臣多疾，乞於通州、泰州、秀州、漣水軍、無爲軍、江陰軍、廣德軍，除臣一差遣。候勑旨。奉聖旨胡瑗再與假，將理仍差李覯權同管幹太學。

右劄付李覯。

國子監奏：據通州海門縣主簿太學説書權同管幹太學李覯狀，爲有祖母墳在建昌軍，未祔先塋，今欲請假往彼遷葬，申乞指揮，所據李覯狀，候勑旨。奉聖旨依奏，除程，給假一月，不得有違日限。所有太學公事仍仰鄭穆權管幹，李覯回日仍舊。

右劄付李覯。准此。

薦　章

范文正公二首

右臣聞聖人坐以待旦，旁求俊乂，蓋將盡天下之才，成天下之務。故爲臣者，以舉善爲忠，亦將竭知人之明，副待旦之意也。

臣親逢聖辰，❶嘗忝近輔，❷輒慕前脩之節，少答非常之遇。臣伏見建昌軍草澤李覯，前應制科，首被召試，有司失之，遂退而隱，竭力養親，不復干禄，鄉曲俊異，從而師之。善講論六經，辯博明達，釋然見聖人之旨。著書立言，有孟軻、揚雄之風義，實無愧於天下之士，而朝廷未賜采收，識者嗟惜，可謂遺逸者矣。

臣竊見往年處州草澤周啓明，工於詞藻，又江寧府草澤張元用及近年益州草澤龍昌期，並老於經術，此三人者，皆蒙朝廷特除京官，以示獎勸。

臣觀李覯於經術文章，實能兼富，今草澤中未見其比。非獨臣知此人，朝廷士大夫亦多知之。臣今取到本人所業《禮論》七篇、《明堂定制圖序》一篇、《平土書》三篇、《易論》十三篇，共二十四篇，編爲一十卷，謹繕寫上進，伏乞聖慈當乙夜之勤，一賜御覽，則知斯人之才、之學非常儒也。其人以母老不願仕宦，伏乞朝廷優賜，就除一官，許令侍養，亦可光其道業，榮於閭里，以明聖人在上，下無遺才。若不如舉狀，臣甘重受朝典。謹具狀奏聞。伏候勑旨。

皇祐元年十一月二十日

臣伏見建昌軍草澤李覯，十餘年前曾撰《明堂圖》并序一首，大約言周家之制，見於《月令》及《考工記》

❶「辰」，《四部叢刊》影印明翻元刊本《范文正公集》作「旦」。

❷「近輔」，《范文正公集》作「輔臣」。

《大戴禮》，而三家之説少異，古今惑之。覯能研精其書，會同大義，按而視之，可以制作。臣於去年十一月録進前人所業十卷，其《明堂圖序》爲一卷，必在兩制看詳。今朝廷行此大禮，千載一時，何斯人學古之心上契聖作。臣今再録其《圖》并《序》上進，伏望特賜聖覽，於朝廷討論之際，庶有所補。仍乞詳臣前奏，殊加天奬，以勸儒林取進止。

六月□日

奏爲薦胡瑗李覯充學官❶

臣聞臣之至忠莫先於舉士，君之盛德莫大於求賢，泰通之朝，豈敢隱默！

臣竊見前密州觀察推官胡瑗，志窮墳典，力行禮義，見在湖州郡學教授，聚徒百餘人，不惟講論經旨，著撰詞業，而常教以孝弟，習以禮法，人人嚮善，閭里歎伏。此實助陛下之聲教，爲一代美事，伏望聖慈，特加恩奬，升之太學，可爲師法。

又建昌軍應茂才異等李覯，丘園之秀，實負文學，著《平土書》《明堂圖》，鴻儒碩學見之欽愛。講貫六經，莫不贍通，求於多士，頗出倫輩。搜賢之日，可遺於草澤，無補風化。伏望聖慈，特令敦遣，延於庠序，仍索所著文字進呈，則見非常儒之學。取進止。

---

❶ 本篇爲整理者據《范文正公集》補。

余侍郎一首

具銜臣余靖伏覩先降勑節文：賢良方正，能直言極諫，并高蹈丘園等科，❶並許少卿監已上及本路轉運使副逐處長吏奏舉者。右謹具如前。臣竊見建昌軍草澤李覯，博學通識，包括古今，潛心著書，研極治亂，江南儒士，共所師法。曾於慶曆元年應茂材異等科，祕閣召試，下第退居鄉里，四方生徒從之講習。有此寒畯，淹在草萊，於臣鄰封，不敢緘蔽。臣又伏見草澤邵亢與覯同時就試，後來亢以臣寮奏舉，已授職官。今覯退居，獨未蒙用。伏乞朝廷，特與召試，以廣得賢之路。謹具狀奏聞，伏候勑旨。

❶「科」，原作「料」，據《四庫全書》本改。下「茂材異等科」同。

直講李先生外集卷第二

名公手書

范文正公三書❶

仲淹白秀才李君：在鄱陽勞惠訪，尋以改郡，不敢奉邀。今潤州初建郡學，可能屈節教授？又慮遠來，難爲將家。蘇州掌學胡瑗祕校見《明堂圖》亦甚奉仰，或能挈家，必有經畫。請先示音爲幸。保愛！保愛！不宣。仲淹上李君奇士足下。八月十九日。

仲淹頓首秀才仁弟：别來傾渴無已，想至仙鄉拜慶外無恙。此中佳山水，府學中有三十餘人，闕講貫與監郡諸官，議無如請先生之來，必不奉誤，誠於禮中大有請益處。至願！至願！不宣。仲淹上秀才仁弟，十月十九日。

❶「三書」二字，原無，據底本目録補。下同。

小簡

此地比丹陽又似閑暇，可以卜居，請一來講説，因以圖之。誠衆望也！誠衆望也！兒子在蘇州，足下可能早來。今冬欲行鄉飲，俟先生講求也。仲淹上。

仲淹白：中間辱教，承已拜恩命，雖德業雅遠，未稱人望，而朝廷奬善，鴻漸于時，惟聰明精至，曉之深矣。未相會間，千萬自愛！自愛！不宣。仲淹上太學先生。閏十一月二十八日。

小簡

仲淹已受勑改青州，見理舟行次，希善侍加愛。

孫覯文三書

沔啓：錢塘幸獲瞻對，以扶護過江，不果欵接。後聞談經于府中，恨不得執卷座末，益爲企戀！企戀！近日諒雅候無恙，沔冬中襄事畢，正初詣杭，如文蓋盤旋必良會矣。冬温旅次，希保愛！保愛！因王先生行，草草上問，不次。沔拜上建昌李君先生之右，二十三日夜。

沔白：人來捧書，伏知旅中無恙。示及南歸，未知奉會之時，企戀！企戀！途中慎護，冬寒希保愛！保愛！人迴草草奉此咨問，兼謝。伏惟照察，不次。沔拜上先生李君之右，二十一日。

沔白：錢塘之別，又二載餘，後未獲良會，復疏致問。專介遠來惠書，且知居憂無恙。示教民病數十條，非留心博愛，何以及此？以賊未定，過嶺經制，必未及一一行下，當擇要以施之。春後賊定，方到江西奉見矣。示及事不須如此，何害？冬寒，保愛！保愛！草草上問，兼謝，不宣。沔上太學先生李君。十二月九日。

希文夏中過徐，遂不肯行，以後事見託，一一如其志。哀痛！哀痛！行狀乃勉爲述之，忙中未及，以草寄去。

余侍郎三書

靖頓首李君秀才：別來每增翹渴，忽枉手跡，備荷勤至，於邑鄙吝，渙釋懷抱。所示《禮論》七篇，推進《禮經》，準的世教，派仁義，賛刑政，正其本於禮，成一家之言。工古人之未工，導明王之要道，豈止獨步江表，校聲名於後俊者哉！開益蒙蔽，不勝降歎。人回謹此爲謝，不宣。將作監丞余靖白。正月十四日。

靖頓首：近接緒言，止于再見。蘭游霧息，未盡雅懷。所示《上豫章守書》，可以激昂士範，支梧頹圮，健羡！健羡！別來鬱鬱，動不如意。邈然風規，每益牢吝。忽枉手牘，深認勤勤，木脱火流，切希進道外，保愛是祝。謹奉簡陳謝，不宣。大匠丞佘靖頓首李君秀才。七月二十八日。

靖啓：靖屏居南夏，久不相知，及今得書，乃審有太學之授。國家誠有憐才之意，而不寘於可用之途，何哉？道遠未由胥會，徒益傾渴耳。冬寒保重。人迴謹此爲謝，不宣。靖手啓助教執事。十月十日。

如有朝命召赴成均供職，亦可行道，不宜辭免。或令赴選，須詳去就也。靖啓。

歐陽内翰一書

脩啓：冗事牽迫，久疏。奉長者之論，不知兩辱過門，甚媿！甚媿！脩來日有少事須出，即今幸家居，可以拂席奉俟軒蓋。顒企！顒企！不然當別拜聞，貴不失約也。脩頓首賢良先生。

蔡密學二書

襄頓首啓：襄才識不能過人，天子誤知，擢置諫列。每自念孤賤之迹，旁無尋尺之助，一旦名徹萬乘而收録之，此宜如何論報効之誠也！示及庸奴，非所謂難言，但未得其詳耳。足下業已發之，當爲予究之。至詢他人，果詐不虚，必逃去矣。就令不逃，亦生姦計。莫如密得其詳，擿之以寘于法，於時不爲無補。行路疲憊，草草裁答。足下取其意，略其禮也。襄頓首啓。二十三日夜。

襄啓：近承從者之勞，過臨海郡，適以久疾，無悰爲禮，疏略遽此，離間豈勝！慚跂！慚跂！春寒道上，愛護爲佳。不宣。襄頓首李君足下。二十日。

馬雜端三書

遵頓首啓：曏吏京邑，日與權幸人爲敵，趣了目前，力有不逮，千里脩問，病未能也。未幾以罪逆復丁家難，扶挽南歸，備嘗艱厄。甫達里中，即襄大事。即日僅餘殘息，無復生意。忽辱來諭，承家居安甚，併爲慰也。知非久游錢塘，且有迂顧之意，何幸如之！遵近得彼信，將來亦當一詣。目即有私冗未幹，兼本郡守尉故人同年，累書相招，受代伊邇，若揞饒而趨杭，不免去就厚薄之責，頗非人情。當暫謁之，不知行期遲疾近遠。掃榻聯鑣，俱未敢必。靈隱西湖之會，當不蹉跌矣。秋暑自愛。倉遽草此，不次。遵頓首上答泰伯先生足下。七月十一日手啓。

遵再拜：奉別數年，居常企咏，以家禍屏居僻左，無階脩問。比見卿材，具得起居之實，所慰多也。遵無他奇，區區徇禄食，當求南中一官，以便安輿盱江，乃素心，未知所願果否？前月已被臺移，明日上路，咫尺不克一趨師坐，少冀誨言，爲恨甚深。因風示字，欲知動止，匆卒聊此上謝。夏暑切自愛。傾渴！傾渴！遵不勝私心，不宣。遵再拜泰伯先生書几。十五日謹簡。

遵悚久，遵到淮南二年矣，署而居者不數月，犇走之勞不可勝道，以故僅了目前，四方交游，書問闕如也。或云先生居倚廬，聞問不審，有失陳慰。人來得書，伏承孝履支裕，先生未起，有識惋惜。遵素性樸愚，上下窘困之際，乃佐此局，咎責日深。先生有聞，無惜見教。涉夏勉抑自愛。人回聊此爲謝，餘俟後信。多悉！多悉！不宣。遵悚久再拜泰伯先生大孝服次。三月二十八日。

蕭閣副一書

十一月望日，長沙野人蕭注致書隴西泰伯先生足下：注昨偕弟英求舉于京師，聞足下應賢良預第一人召試，是時萬口一發，萬意一同，未有不心思目願，欲識其面者。

一日英請於叟曰：李泰伯預賢良召，未知其道果如何？叟曰：今之賢良異於古，泰伯其爲今之賢良，古之賢良耶？若爲今之賢良，則天下可車載；爲古之賢良，則覆載無三四。英曰：敢原其賢良之今古？曰：今之賢良，所學者，美身之具也。口誦之，心記之，然後分句讀，辨訓詁，數條目，駕虛辭，而强名曰策、曰論。主司既不能別白，則互曰：彼人之富於學也，此人之富其才也。上既取之，下思習之，中其選者，十年間往往陶天下之民。嗚呼！以斯術而致吾君，陶吾民，則蟲蝗水旱盜賊不作，其可得乎？古之賢良，發其言則爲箴、爲規、爲教、爲化。明陰陽倚伏、災異變盈之事。提耳萬乘，擯斥凶黨，亂臣賊子不敢正目而視，使三王之風復見于當世。故漢之文、景可比周之成、康者，由斯道也。叟尋與英下第南歸，聞足下不中選，二心頗疑，後得足下《退居集》，啓而讀之，則知足下果非今之所舉賢良之人，其不中選則宜。夫人之相知，患其道不同。道同，雖夷貊亦可爲兄弟。注鄙人，然而有志於聖賢之術。心銘足下之道，故發此書以聞。非今之趨炎附勢輩，聞足下有大名而沽相知之幸。足下其以爲是非？里人葉國器歸旅中，草草非書，冀留意，不宣。注再拜。

小簡

注頓首：前書寫意，兹不云云。相慕之極，旦夕常在。家貧至甚，僕馬無具，因而辜見賢之望。噫！進不得地，退無以居，丈夫之心於此將盡。有風西來，書以爲寄，則野人之請。餘希自愛。注再啓。

祖學士五書

無擇再拜泰伯先生：酷熱以來，氣體何如？驛置相望，不遠千里，無階披奉，祇增詹企。法掾連君錫，僕之故人，有文而善與人交。泰伯見之，當相得以驩矣。千萬善愛，慰此多憶。無擇手記。頓首泰伯先生。六月十七日。

無擇啓：累日前，軍校過敝邑，得泰伯所示書，承起居無它，爲慰甚深也。《慶曆民言》皆極當時之病，真醫國之書耳。使今相天子宰天下者聞其言而行之，何憂乎獯粥？何患乎拓跋氏邪？無擇疏賤不得言於朝，泰伯又俾附寄永叔，即須良便致之也。君錫行日，曾託奉書，必得通上。無擇近作《愛堂銘》與《文爽序》，在君錫處，宜枉觀覽，因風幸示可否之教。秋暑千萬善愛，不宣。無擇再拜。二十六日。

無擇自來淮楚，以地遠且少便，復吏事無餘暇，故不得時時拜書，徒日思頌亡已。足下之門人高第者曰陳生過聽不佞，遣介走數千里，惠然以書見抵，且示之策。捧覽之際，覿生面目。兹足下之不鄙遺我而俾之相示也，顧愚何足以當之？推轂之教，豈敢不勉？趨奉未由，惟祝善愛。諸懇可期面會，兹不能布萬一。無擇再拜泰伯足下。四月九日淮上書。

無擇再拜泰伯先生：無擇嚮者居憂丹陽，辱書者再，兼承見寄長篇及賦，不任感仰。然以道塗阻遠，少遇信便，無階致誠，而望風依依，靡忘終食也。去歲過洪井，見建昌牙校，首詢動止，且將附問，乃先生赴范杭州召，已行矣。又不得通區區于左右。今陳秀才人來，捧所貺手尺，具悉起居如宜，差慰詹渴萬一。無擇方此奔走，披晤未日，仰蘄千萬。爲道自愛，愚懷所望。無擇再拜泰伯先生。

無擇再拜泰伯先生：言念久不附問，惟劇詹馳。夏末抵袁，即欲致記，竊承軒車寓泊洪井，及詢諸相識，乃云它適。蓋傳聞之，不得審的耳。介至忽捧手墨，承體局休佳，殊慰區區。敝郡已作學，更三兩月可成，當須坐邀長者來此，爲後生唱導也。乃時專遣人禮請，次謹先此。洛露秋涼，希千萬若時加愛，懇懇！無擇再拜。八月二十三日。

李侍郎一書

淑白：近承雅顧，獲奉嘉談，兼摯雄文，重將厚意，欽降之切，昕夕以之。忽辱手緘，承有小疾，戒舟涉遠，幸保冲襟。惟精學之邁倫，固懵迷之詎測。汶圖魯議，空祕家楹之藏；《洞蕭》《上林》，猶慚侍臣之薦。興言瞻聳，交集下誠，不宣。淑頓首。

孔宗旦一書

宗旦啓：自京師爲別，迨四年矣。每聆風聲，鄙氣銷爍。伏承日來體休道洽，師表江左，捐棄名場，沉蘊事業。《易》曰：「肥遯無不利。」惟泰伯之道乎？甚善！甚善！今二十二日徂徠石守道卒，嗚呼！天喪吾道，俾我先生短命死矣。泰伯能不痛悼哉！秋風蕭條，江山脩邈，願固顏色，以厭忉怛。子靜行次，聊此起居，惟少垂察。不宣。曲阜孔宗旦啓上泰伯先生坐前。

直講李先生外集卷第三

序　詩　墓銘

張學士送李君南歸序宗古

三代以還，漢唐爲盛。孝武雖講求三雍之制，而迂儒駕説怪誕而不經。有唐貞觀、開元，幾于治古，雖希闊畢講，而明堂之議寂寥而無詔。國家承百王之餘，夷僭黜暴，典章法則，洪𢀖純備。然往者挾佞之臣，讀儒書，被儒服，一旦得貴位，則誘導上心，務極土木，以崇釋老，斤斧既息，流竄亦至。後之卿相，勤恤民力，以實邦本，合宫之作，我故未暇也。惜乎！自周室距今，曠千餘載，此禮廢絶，隔于耳目。所以學者各是己見，競牽師習，若《詩》分《傳》離，愈失愈遠。天豈使三王經制將遂泯乎？故復出泰伯以明其本。

泰伯家江西，嗜古學。以謂今天子享上帝，朝諸侯，雖有其禮而無其位，迺潛心憤悱，貫覽數家之説，自《周官・考工記》《大戴禮・盛德篇》《禮記・月令》、漢白虎諸儒及歷代論議，參總會一，稽同合異，曲者暢之，滯者通之。爲《明堂定制圖》一篇并序，凡數千言。揭來京師，摯見時彦，若李、宋二紫微，左史聶長孺，集賢葉道卿，皆盱衡接納，鄭重推許。可獻公車登乙，攬補朝廷之闕，當晨奏而暮召，泰伯猶謙謙不處，罔敢露才而自薦也。會貢舉罷詔，拂髦有懷親之感，歸艎泊渚，拱袂言别。余恐江西英俊未盡知泰伯之道，反中朝士大夫稱詠所以然，故筆爲序以送之。異日舉脩墜典，咨謀折衷，泰伯必攘袂危冠，群立高議，與宿儒故老較辨于赤墀矣。斯言不誣，故乏輝潤，謹序。

葉內翰詩

清臣啓：累日前，伏蒙袖書臨訪，并小文編及《明堂圖》，披玩尋繹，彌增景服。偶書二百四十言以伸謝臆，伏惟采鑑。

進士不讀書，明經不根義。詬病君子儒，于今作文弊。禮部右詞賦，諸生竊科第。從道不違人，追趨斯近利。李生何爲者？力學務遜志。羞耻事章句，深湛刺經藝。常惟天子貴，無大明堂位。邈焉三代風，尠矣百世繼。去聖日逾遠，攻端非共致。公玉既妄圖，戴德亦繆記。漢唐盛容典，規畫不足示。其間區區者，何暇盛德事？確論無甚高，闊講寖而墜。披文會今古，援筆考同異。面勢本《周官》，纖悉探吕氏。俛拾林甫長，仰擿康成盭。昭發老生矇，冥符作者意。聖期接千統，縟禮恢萬祀。無文既已秩，同節此云備。寧當總章法，未擘雲臺議。廢興有時合，聰明自民視。成厦繄衆材，致理豈一士？南闕朝奏書，中朝夕鳴佩。行矣無自遺，日中今可彗。

祖學士詩

奉和泰伯《送春》絶句，繕寫寄呈，幸垂笑覽。范陽祖無擇上。

憶昨相逢甲午年，與君同賦《送春》篇。等閑又見春風老，更捧新吟一悃然。萬樹紅芳落漸稀，浮榮能得幾多時？孤根未識陽和力，春去春來兩不知。

送春長句呈泰伯先生

晝日臨風把酒巵，宜春臺上送春歸。已看緑樹愔愔静，猶有殘花怗怗飛。歲月任從隨手過，功名未必與心違。我緣客宦無常處，後會如今亦恐稀。

無擇啓：前日承泰伯先生寵示新詩三首，謹依嚴韻奉和，幸賜采覽。

異鄉何處散幽懷，賴得城中百尺臺。還向天涯經歲住，那知春色爲誰來。雪消江上看梅發，風暖衡陽有鴈回。强擬登高聊賦詠，再三愧乏楚人才。

右宜春臺

晴煙羃歷澹湖光，勢勝居然占一方。拂水萬絲楊柳弱，倚風千蓋芰荷香。縱遊閑汎蘭舟穩，半醉狂眠石席凉。公退每來須度日，却疑身出利名鄉。

右東湖

九十日春今日盡，送春何况我偏知。後期只在經殘臘，重探梅開雪裏枝。

右送春

黄先生晞詩❶

寄李先生

黄先生晞

久不見泰伯，中心頻損和。近聞束書卷，更卜好山阿。學古成儒癖，敦風蕩俗訛。周公法已矣，原憲事如何？母老禄未及，身閑鬢不皤。新文海裔播，舊業釣竿拖。甯戚歌寧發，麻姑僂屢過。時人一握小，吾道片雲多。友弟俱游宦，池樊自摭莎。聞猿詩興逸，敲户酒徒羅。鄉里名光也，朝廷禮後麽。年來魚信至，怪我客蹉跎。

黄寺丞通詩

麻姑山一首贈陳仲父賢良兼泰伯先生

黄寺丞通

麻姑山直斗牛角，形勝擁斷東南隅。五百年來畜英氣，特爲吾宋生真儒。李姓覯名泰伯字，風骨古秀飄髯鬚。其人於世少似者，無乃稷契荀孟徒。自傷出處苦奇剥，不得寸禄遮妻孥。歸來築室郡北郭，反關唯作文字娱。先生之門足高第，中間仲父有輩無。曾繼先生列科舉，簡編滿載三十車。先生不遇子亦退，高文懿行夸江湖。麻源谷口田數頃，歲計取足無贏餘。生涯俯就隱意決，便棄城邑廬郊墟。上有慈親享甘

❶「黄先生晞詩」，原無，據底本目録補。下「黄寺丞通詩」同。

旨，下有子弟森庭除。平生胸臆渺溟渤，惟學虞卿窮著書。平生志氣薄雲漢，惟學子陵閑釣魚。每當春秋社時候，萬象瀟洒神仙居。喦花野卉照几席，溪風谷靄清襟裾。先生乘興或還往，殺雞炊黍開尊壺。共評古今正經史，不知口角清涎濡。名教果有如是樂，彥輔之言誠豈誣。蓮社竹谿詑高逸，究竟未免歸狂愚。争如仲父與泰伯，相樂以道情愉愉。文酒逢迎二十載，一日不見已爲疏。松門大開俗不到，水雲軒檻空清虛。仰愛二友嗟不與，欲别仙墅猶踟躕。

門人陳次公撰先生墓誌銘并序❶

有宋經明行脩，道德沈純。用則任公卿，尸教化；而不用，以夫子之道教授學者。門人陞録千有餘人，有如游、夏者，則其賢可知也已。文章高於當世，版而行之凡數集。每爲歌、詩、誌、表，未嘗以一字借人，而人自求而得之，皆自言曰：「如此。」爲父兄求而得之，皆自言曰：「父兄如此。」下筆多典故，世莫及也。天下皆曰「泰伯先生」。士大夫争識其面，其爲當世推伏也若此。

先生姓李氏，諱覯，字泰伯，南城人也。其實如秋，其受如海，外示發舒，中以直正。其於道也，如天焉，無不覆；如地焉，無不載。天地以萬物遂成爲功，先生以四海咸若爲功。用則任公卿，尸教化；而不用，以夫子之道教授學者。後之覽其遺書，則如其所以然。曾充茂才，有《富國》《安民》《强兵》三策，《易》《禮》二

❶ 該篇題原作「先生墓誌銘并序」，「門人陳次公撰」署於下，據底本目録改。

論，合五十首，天下傳誦。及退居，爲《周禮致太平論》并序五十一首。其敵天命，又有《潛書》《慶曆民言》、寄范、富、孫公四書、《長江賦》。蓋不忍夫一世之傷，而兩臂幾廢。常語其徒，其略曰：「大哉孔子！吾何能稱焉？顏淵曰：『仰之彌高，鑽之彌堅；瞻之在前，忽焉在後。』『仰之彌高』也，則吾以爲極星，考之正之，舍是則無四方矣。『鑽之彌堅』也，則吾以爲磐石，據之依之，舍是則無安居矣。『瞻之在前，忽焉在後』也，則吾以爲鬼神，生之斂之，舍是則無庶物矣。他人之道，借曰善焉，有之可也，亡之可也。夫子之道，不可須臾去也。不聞之，是無耳也；不見之，是無目也；不言之，是無口也；不學之、不思之，是無心、無精爽也。尚可以爲人乎哉？吾於斯道夜而諷之矣，晝而讀之矣，髮斑斑而不知其疲矣，終没吾世而已矣。」其語如此，衆驚而萃非之，先生之志益堅。然則不非之，不足以爲泰伯先生也。先生燕申講解，嚴重慎密，弟子畏之。有騺則對之以狀，察無溢美，然後進之。今爲墓刻，畏比神靈。

自祖禰以往，丘蓋不言，只於集中得《子高墓表》曰：「南城縣東北遠百里，吾高祖之父家焉。」《先夫人墓誌》曰：「先君嘗學，不應舉，尤直信。生平無所争，不識州縣廷，終以不得意死。」又於官簿，得曾祖諱某，祖諱某，父諱某，母鄭氏。始娶陳氏，再娶饒氏。有男參魯，三女，長適陳汝翼而卒。先生之生也，以己酉，而卒也，以己亥，年五十有一。其卒仲秋，其葬季冬，實嘉祐四年。祔先君之塋，在鳳凰山足。

夫南城，載于西漢《地理志》，唐屬撫州臨川。國朝別建軍曰建昌，縣隸焉。鳳凰山在縣西北，城背之塋在麓東，松櫝萬株，山川如畫，乃真宅也。然而其抱負如此，天之報之止如此。其後焉有不達者乎？嗚呼！先生之名大顯，世之顯人及有道之士莫不知者，下至農工、負販、士女、釋老盡能誦其文章。天子亦聞之，乃以將仕郎試太學助教就門官之。末年，又召入太學説書。復以通州海門縣主簿禄之，權管幹太學。非其好也，逾年以告歸，歸逾月而卒。臨終無他言，獨執次公手以《明堂制圖》爲託，又以爲《三禮論》未成爲恨。其孜孜爲學者如此。何哉？次公夙荷教育，過於强仕之年，哲人既殞，復何聊哉？泣而銘曰：

余侍先生，得堯、舜、禹、湯，文、武、周公、孔子之事甚詳，皆本《書》《詩》，非諸子之緒言也。於是浩歎魏、晉之際，莽、卓之間，惠、慎之時，聖人之道已大壞。有由然及究莊生之言，「今世之仁人，蒿目而憂世之患；不仁之人，決性命之情而饕富貴」。「焉知曾、史之不爲桀、跖之嚆矢」，曰儒者未嘗是之，而余獨是之。嗚呼！天乎！其意不在斯文乎！何奪先生之速哉？何奪先生之速哉？

建昌新建李泰伯祠堂記

天下之美，恒興於賢明而廢於愚暗。使賢明迭繼，雖百世可也。設不幸而值愚暗焉，雖有鉅美，且廢于成，況望其能興夫既廢也哉？又望其能崛然興起也哉？柰何賢明者之不常有，宜乎天下之美之難成也。

盱江宋儒泰伯李先生，存心高古，履行剛方。竭力養親，不求榮達。倡立盱江書院，講明正學，從而師之者，恒數十百人。范文正公稱其講論六經，辯博明達，釋然聖人之旨。著書立言，有孟軻、揚雄之風。今草澤中未見其比。并上其所業《禮論》《明堂定制圖序》《平土書》《易論》，凡二十四篇。皇祐初，與余襄公交章薦爲試太學助教，後補將仕郎海門簿，召爲太學説書而卒。熙寧中，其門人尚書左丞鄧潤甫奏上其《退居類稿》《皇祐續集》并《後集》，請官其子參魯爲郊社齋郎。其墓在鳳凰山麓，維時守令同學官春秋拜掃，歲以爲常。不知自何時，廢而不講，延至于今。墳墓雖存，率爲草莽之區，樵牧之所蹂躪，狐狸之所棲息。過者千百，誰復致慮？幸而邑人吏部驗封主事左君時翊過而見之，慨然興感，乃疏其所以，且曰：臣伏覩詔旨：名臣賢士墳墓毁發，即爲修治，仍復近民一人以守。恩至渥也。若李覯者，信非常儒，尤可矜式。若得一如詔旨，封其塋域，禁其樵牧，立祠歲祀，其於風化不爲無補。疏入，翼日下詔允之。禮部定制，歲一春祭祀以少牢，有司行禮如式，并復守者。

時建昌守長樂謝侯仲仁謂事干風化，首捐俸資，以倡繕修塋域，乃建祠堂。堂凡三楹，縱廣如干尺，甫踰時落成。高亢靚深，堅緻完好。中妥神主，外繚周垣，蔭以嘉木。别爲子屋，以居守者。時成化戊子之秋九月也。

工既訖功，時翊過予，請言識諸石，爲永永圖。於乎二三百年已廢之典，不有賢明孰知其爲美而興舉之？且先生於世，官列甚庳，未久而逝，徒以空言託諸文字而已。既無氣焰以凌爍人，又無功德以覆冒人，若未足以爲美也。而賢名之垂，訖今不已，雖有氣焰、有功德者，亦不若是烈也。學問之有益於人如此，信乎君子不可以不學也。時翊是舉，非特所以崇先賢，亦所以儀後進，俾鄉之人，景慕興起，皆知績學纍行如先生，雖在草澤，名猶不泯，況通顯乎？其於世教，誠非小補。若夫一塋之封，一祠之作，雖不能加重於先生，而後學景仰之心，不如是不足以遂。此時翊所以爲賢且明也。仲仁亦克樂其美而速成之，謂非賢且明不可也。故并書之，爲來者勸，慎勿甘爲愚暗而隳其成也。

《詩》曰：「風雨攸除，鳥鼠攸去，君子攸芋。」今之君子信能成其美矣。又曰：「夙興夜寐，洒掃庭内。」後之君子尚繼美於無窮哉！時翊又嘗編輯先生詩文三十七卷、附録三卷行世，可謂盡心焉爾已。

成化六年歲庚寅春三月下浣，朝列大夫國子祭酒經筵官前翰林侍讀學士兼修國史古吴陳鑑撰。

左贊乞修李覯墓狀

禮部爲陳言崇儒事於禮科抄出吏部驗封清吏司主事左贊奏。

伏覩天順八年正月二十二日詔書内一款：各處帝王陵寢及名臣賢士墳墓，有被人毁發者，所在有司即時修理如舊。令附近人民一丁看護，免其差役。其餘墳墓，但有露棺暴骨者，悉與掩埋。此皇上仁厚之盛心，曠古所無之令典也。

臣原籍江西建昌府南城縣人。切見本縣有宋太學説書李覯墓在鳳凰山麓，祝穆《方輿勝覽》紀覯無子孫，每歲春秋守貳同學官拜掃，以爲故事。歷年既久，不惟拜掃之典已廢，而其墳墓亦爲樵牧踐蹂。若更數年，必致毁夷。臣考得李覯立心高古，履行脩整，竭力養親，雅尚恬退。倡立盱江書院，講明正學，訓迪生徒，學者稱爲泰伯先生。其所著述有《易論》《禮論》，共二十篇。《富國》《安民》《强兵策》各十篇。《明堂定制圖序》《周禮致太平論》皆足以羽翼聖經，發明治體。又有《平土書》二十章，得井田之遺意。《慶曆民言》三十篇，論時政之得失。其他文字若《太學議》《袁州學記》之類，皆可矜式。當時名臣范仲淹、余靖交薦其賢。先儒朱熹稱覯《周禮論》與其意合。聖朝纂修《五經大全》，覯所立言亦見采録。臣聞古者鄉先生没則祭于社。如覯者，可謂一代之名儒，後學之師表，不但如古所謂鄉先生而已。今墳墓荒蕪，俎豆不及，臣竊惜之。

欽惟國家崇儒重道，以壽斯文之脈，以衍太平之運。如蒙准言，乞勑該部行移有司，封其塋域，禁約樵牧，照例令附近人民一丁看護。仍於墳所量立祠宇，歲時致祭，則於風化不爲無補。緣係陳言崇儒事理具本，親齎具奏。成化三年九月二十日該通政使司官於奉天門奏奉。

聖旨：該部知道，欽此。欽遵抄出到部，看得吏部驗封清吏司主事左贊奏稱，要將先儒李覯墳墓令「有司封其塋域，禁約樵牧，照例令附近人民一丁看護。仍於墳所，量立祠宇，歲時致祭」一節，緣崇祀本處名賢，乃有司當爲之事。合行連送仰付該司，類行江西布政司，轉行建昌府委官督同南城縣當該官吏，即將宋儒李覯墳墓封其塋域，令附近里老人民時加看護，禁約樵牧，不許侵犯，違者究治。仍於墓前量立一祠，每年春，宜從有司祭以少牢，行禮如儀，毋得因而科擾不便。

建昌府重修李泰伯先生墓記

生而必死，聖賢無異於衆人也。死而不亡，與天地並久，日月並明，其惟聖賢乎？泰伯先生其亦聖賢之徒乎！先生姓李氏，諱覯，字泰伯。學通五經，尤長於《禮》。以文辭自立，其言大而正。郡治北有鳳凰岡，先生創書院其下，學者餘千人。❶ 南豐曾子固，其高弟也。范公仲淹、余襄公靖交薦之，召爲太學説書。

❶ 「餘千」，疑當作「千餘」。

卒年五十一，葬鳳凰岡之麓。寶祐二年，郡守楊鎮立興文堂以祀之。開慶元年，郡守曾埜更其堂曰思賢。右立盱江書院，仍舊名也。書院廢，而先生之墓墟矣。成化三年春，長樂謝公士元來守郡，夢先生對浮大白飲，覺而異之。翌日有白于府曰：「盜發先生墓矣。」太守具棺衾將易葬焉，啓壙視之，一大白宛然夢中見者，夢方解。於是議請祠如故事。會吏部主事左公贊以請，命下立祠塋南，名曰景賢。賜以少牢，春暮行禮，歲如初。又募閩石工，大營塚壙。壙以石爲之，壙中高五尺，廣視高損一，深視廣倍之。中甃加堊，外固以石。前廣若堂，繚以周垣。湖西羅倫瓣香謁之，太守述其夢曰：「先生之殁，距今四百十三年矣，而精神感通有如此者。蘇子曰『不依形而立，不恃力而行，不待生而存，不隨死而亡者』，其此之謂乎？」回視煙草中塚纍纍然，太守嘆曰：「是庸非人乎哉？」倫曰：「何獨此也。桓山之石，驪山之錮，庸非人乎哉？其圖身後者非不至也。曾幾何時，狐兔穴其傍，樵兒牧豎躑躅其中！草中纍纍者，曾不若也。方其生也，柄一國之雄，擅四海之富，何求而不遂哉？身死而遂不保焉。何也？先生以蔀屋寒夫，初無一命之榮、尺土之富，而身後之榮終乎天地焉！君子其知所擇矣。」太守曰：「夫子之言，雍門周不如也，請告邦人，庶有聞先生之風者。」

成化八年壬辰春三月朔旦立石，賜進士及第翰林國史脩撰永豐羅倫撰。

直講李先生年譜

真宗皇帝大中祥符二年(公元一〇〇九年)己酉,先生始生。

祥符三年(公元一〇一〇年)庚戌,二歲。

祥符四年(公元一〇一一年)辛亥,三歲。

祥符五年(公元一〇一二年)壬子,四歲。

祥符六年(公元一〇一三年)癸丑,五歲。

祥符七年(公元一〇一四年)甲寅,六歲。

祥符八年(公元一〇一五年)乙卯,七歲。

按:先生見蘇祠部書云:「六七歲時,調聲韻,習字書,勉勉不忘。」則知先生一二年間知向學矣。蘇祠部舜欽。

祥符九年(公元一〇一六年)丙辰,八歲。

天禧元年(公元一〇一七年)丁巳,九歲。

天禧二年(公元一〇一八年)戊午,十歲。

按:先生見余監丞書云:「十歲知聲律。」則知先生於是年知習舉業矣。余監丞時爲南城宰。

天禧三年（公元一〇一九年）己未，十一歲。

按：先生作《疑仙賦》，序云：「吾母無子，徧禱無不至，祥符元年，夢二道士弈棋於户外，往觀之。其一取一子授焉，遂娠。」又云：「生十餘歲從先父適田間，宿東郊，夢人以書褾與之，曰《王狀元文集》，夢中以爲沂公之文也，既而就學，果不甚魯。或時開卷，慠然憶念，謂曾讀此書，再思之，未嘗見也。」詳此二夢則知天生賢哲以壽斯文之氣脉，豈偶然哉？

天禧四年（公元一〇二〇年）庚申，十二歲。

按：先生見余監丞書云：「年十二，近文章。」則知先生於是年能文矣。

天禧五年（公元一〇二一年）辛酉，十三歲。

乾興元年（公元一〇二二年）壬戌，十四歲。

是年丁府君憂。按鄭夫人《墓誌》云：「年十四而先君没。」又云：「先君嘗學，不應舉，教其子作詩賦。❶亦樂施惠，尤直信。」則知先生家學有派委矣。

仁宗皇帝天聖元年（公元一〇二三年）癸亥，十五歲。

天聖二年（公元一〇二四年）甲子，十六歲。

天聖三年（公元一〇二五年）乙丑，十七歲。

---

❶「教」，原作「故」，據本書卷三十一《先夫人墓誌》及正德本改。

是年府君服除。按鄭夫人《墓誌》云：「稍出游，求師友。」則知先生出游必在府君服除之後。

天聖四年（公元一〇二六年）丙寅，十八歲。

天聖五年（公元一〇二七年）丁卯，十九歲。

天聖六年（公元一〇二八年）戊辰，二十歲。

天聖七年（公元一〇二九年）己巳，二十一歲。

天聖八年（公元一〇三〇年）庚午，二十二歲。

是年娶夫人陳氏。按：慶曆七年先生作夫人《墓誌》云：「陳氏今爲南城人。生五年，養于伯父。又十一年而嫁，嫁十七年而卒。」❶又云：「復還舊居娶婦。」蓋先生前此出游，至是年始還家歟？又有見余監丞書云：「十歲知聲律，十二近文章，思慮猖狂，耳目病困者既十年矣。」此書當作於是年。

天聖九年（公元一〇三一年）辛未，二十三歲。

是年著《潛書》十五篇。又有見孫寺丞書云：「年二十三，鷄鳴而起，誦孔孟群聖人之書，纂成文章，以康國濟民爲意。」「文章」蓋指《潛書》也。孫寺丞時爲南城宰。

明道元年（公元一〇三二年）壬申，二十四歲。

是年著《禮論》七篇。其後余襄公有書與先生曰：「所示《禮論》七篇，推進《禮經》，準的世教，派仁義，贅

---

❶「七」，原作「一」，據本書卷三十一《亡室墓誌》改。

刑政，豈止獨步江表，校聲名於後俊哉！」先生之有功於《禮經》也如此。又作陳仲温進士《墓誌》。

按：陳仲温諱璆，先生之伯丈也。故《墓誌序》之末曰：「初，君之弟與其婦偕死，息女始絶乳，君愛養之如己子，長以嫁李氏。」

明道二年（公元一〇三三年）癸酉，二十五歲。

景祐元年（公元一〇三四年）甲戌，二十六歲。

是年有《邵氏神祠記》，其略曰：建昌城北有民邵氏，世奉「五通」，禱祀之人日累什百。景祐元年里中大疫，而吾家與焉，唯「五通」諗以無害。疾之解去，皆約日時。有功於予，其可廢而不載？作記恐是此年。

景祐二年（公元一〇三五年）乙亥，二十七歲。

按：先生見蘇祠部書云：「由六七歲時，調聲律，習字書，勉勉不忘，逮于今兹，年二十七矣。」此書當作於是年。

景祐三年（公元一〇三六年）丙子，二十八歲。

是年修《明堂定制圖》並序，《平土書》，《上聶記注書》，《上李修撰書》，《上宋修撰書》，《太平院住持記》，《冬至夜酒醒詩》，《甘露亭詩》。

按：見聶記注書云「行年二十八矣」，當在是年。見李修撰書云：「生平爲文，謹採二十四篇，寫成一册，及《明堂定制圖》一道并序，草具其副，辱諸侍者。」見宋修撰書云：「嘗著《明堂定制圖》并序，其意在贊明經義，以裨益一王之盛禮。謹繕其副，陳諸座隅。」則《明堂圖》之作亦在是年也。獨《平土書》不著所作歲月。然先生明年見范公，而范公他日薦先生必以《禮論》《易論》《明堂定制圖》《平土書》共獻，必同作於此一二年之間。張宗古送先生南歸序，其略曰：「自周室距今，曠千餘載，此禮廢絶，所以學者各是己見，競牽師習，故復出泰伯以明其本。」蓋指《明堂圖》也。是年入京，贄見宋修撰、李修撰、聶記注、葉集賢諸公，皆許可。宋公庠、李公淑、聶公冠卿、葉公清臣也。會貢舉罷，遂歸。

景祐四年（公元一〇三七年）丁丑，二十九歲。

是年往鄱陽見范文正公。其書云：「年二十九嘗遊京邑，彷徨而歸，又黜鄉舉。」其後范公與先生書云：「在鄱陽勞惠訪，尋以改郡，不敢奉邀。」則知先生是年鄉舉不利而往鄱陽訪范公也。

寶元元年（公元一〇三八年）戊寅，三十歲。

是年作《廣潛書》十五篇，《命箴》，《野記》，❶《鄧公儀傷辭》，《緣概師詩》，《惜雞詩》。

按：《廣潛書自序》云：「歲辛未，泰伯以『潛』名書。後七年，羈栖山巖，即而廣之，復爲十五篇。」則此書當作於是年。《命箴》云：「三十曰壯，聖人以立。」則此箴亦當作於是年。《廣潛書》云「羈栖山巖」，則《野記》亦作於是年。

寶元二年（公元一〇三九年）己卯，三十一歲。

是年先生夢大雨震所居室，有一人紫衣而冠，謂之雷神，呼先生使前，授之題曰《春社詞》，援筆得八句與

---

❶「野記」，據本書卷二十七《上聶學士書》，當作於二十八歲前。

之。及覺，記其首三句，頗怪麗。後七年，以五句足之。按此夢與《疑仙序》二夢而三，一爲誕彌厥月之祥，二爲神授斯文之印。天生賢哲，豈虚其證？是三夢皆可書。《富國》《彊兵》《安民》三十策。按：先生以康定二年試制科，則此策必作於是年。

康定元年（公元一〇四〇年）庚辰，三十二歲。

是年得男參魯。有《上江職方書》。又往越州赴范高平公招，故有《登越山詩》。按：丁亥年先生作《亡室墓誌》云：「二男參魯僅毀齒。」蓋自庚辰至丁亥凡八年，故曰「僅毀齒也」。

按：先生《上江職方書》云：「行年三十餘，近訪吴、越而歸。」曰「三十餘」，則當在是年。曰「訪吴、越而歸」，則訪范公也。江公鎬寶元元年以職方守盱。

康定二年（公元一〇四一年）十一月改慶曆元年，辛巳，三十三歲。

是年作《建昌軍集賢亭記》《修麻姑殿記》《麻姑山仙都觀修三清殿記》《梓山院修佛殿記》，上吴舍人、王内翰、富舍人、劉集賢、慎殿丞書，《日出詩》《感事詩》《和慎史君出城見梅詩》。

按：《集賢亭記》序曰：「康定二年夏六月，太守慎公作新亭于軍門之南，孟秋告成，郡人李覯爲記。」《三清殿》及《麻姑殿記》皆是康定年號，《梓山佛殿記》亦云康定二年秋九月，則是數記皆作於康定未改元之前也。《上慎殿丞書》蓋慎公鉞其時以殿中丞守盱江，此書當作於未入京之先。

上吴舍人、王内翰、富舍人、劉集賢書。蓋吴公肅、王公堯臣、富公弼、劉公敞其時皆居朝，此書當作於入京之日。然是年郡舉，先生應茂材異等科，有旨召試，故入京，上諸公書。又《寄祖秘丞無擇詩》歷序應科本末，則云「憂愁經歲」，是先生留京一年也。

慶曆二年（公元一〇四二年）壬午，三十四歲。

是年先生試制科得召第一。長沙蕭注與先生書云：「昨偕弟英求舉於京師，聞足下應賢良預第一召試，❶未有不心思目願，欲識其面者。」秋七月試制科不第，歸。過南康，見郡守祖祕丞。

按：《皇祐類稿》與祖祕丞詩云：「及過盧山南，聞君初布治。」又曰：「高會雖暫歡，故園當速至。」是先生留康，廬日淺而歸興濃矣。

是年又有《寄小兒詩》、《送余疇若序》、《與章望之祕校書》、《與楊屯田書》、楊文公億之子。《麻姑山賦》、《寄周寺丞詩》、《惜才詩》、《送侯殿直知吉州詩》。

按：《寄小兒詩》注云：「此兒纔三歲。」蓋庚辰得男，至壬午恰三歲。《送余疇若序》《寄周寺丞詩》，蓋周燮以是年宰南豐，請余疇若南豐主學，故先生以序送其行。楊屯田其時守筠州，故有書與之。《麻姑山賦》乃述高臺層瑶、繚垣築粉之美，必是修麻姑殿後所作，當在是年。《送侯殿直詩》：「曾得滁州在故鄉。」按國史，歐公以慶曆二年知滁州。此詩之作亦當在是年也。《惜才詩》恐亦是作於下第之後。

慶曆三年（公元一〇四三年）癸未，三十五歲。

---

❶「聞」，原作「間」，據本書《外集》卷二及《四庫全書》本改。

是年集《退居類稿》十二卷、《慶曆民言》三十篇，作《周禮致太平論》三十篇，❶《撫州菜園院記》，《雪中贈柳枝》及《柳枝答詩》，《寄周寺丞詩》，❷《送錢寺丞知白州詩》，《三賢詠》，《上蔡學士書》，❸《寄祖祕丞詩》。❹

按：先生集所爲文名《退居類稿》，云：「自弱冠迨今十五歲，得草稿二百三十五首，❺類爲十二卷。」是年冬至日南康守祖無擇爲先生作序，則知先生是年下第退居。既集《退居類稿》，又有《周禮致太平論》焉。其後陳次公述先生墓誌云「及退居，爲《周禮致太平論》并序」，則實作於是年也。《上蔡學士書》言鄒子房事，蓋蔡公以慶曆三年爲諫官，此書亦作於是年。周寺丞夔時爲南豐宰，錢寺丞得臣時以南城宰知白州，故先生有詩送之。❻ 又《寄祖祕丞詩》云：「郡守方仁賢，學宫盛修理。踵門致勤恪，命我談經藝。」余襄公《薦章》云：「下第退居，四方生徒從之講習。」鄧温伯云：「慶曆三年，南城始詔立學，先生爲之師，四方來學嘗數百人。」則知先生以是年退居于家，故郡守請主學事。《柳枝詩》蓋因是年二月入京遇雪而作也。

---

❶「三十」，據本書卷五當作「五十」。下同。
❷「寄周寺丞詩」，文集中僅一見，《年譜》慶曆二年已出，此處似衍。
❸「書」，原作「詩」，據本書卷二十八篇名及下文所引改。
❹「寄祖祕丞詩」，此詩在文集中僅一見，按詩意當屬慶曆五年作。下同。
❺「五」，文集自序作「三」。
❻「之」下，原衍一「勤」字，據正德本、萬曆本、光緒本删。

是年，中女生。按：丁亥年先生作陳夫人《墓誌》云：「中女五歲，其少未免懷。」蓋中女之生在是年也。先生作《周禮致太平論》三十篇，而《内治》七篇居其首，其略曰：内宰以陰禮教六宫，六宫，后也。又以陰禮教九嬪，九嬪掌婦學之法以教九御。后，尊也，不得不受教；女御，卑也，而教亦及之，是在王宫者，不可不知禮也。余按：此篇三歎成王、周公致太平之書，其精神心術盡在於是。使先生之志獲行，如有用我，執此以往，豈特王河汾能言之。惜夫其不果也。

先生作《慶曆民言》三十篇，《開諱》而下，言言藥石，字字規戒。先生斯時無官守言責，少露梗概。一二年間，杜、富、韓、范、歐、余、王、蔡，君明臣忠，三陽道泰。公既不能爲三諫之詩以效君謨，又不能爲濃墨之頌以効石介，雖在畎畝，惓惓忠赤，不能自已，作爲此篇。天子聖明，蒭蕘博採，持此上聞，言者無罪。四十二年之治，實嘉賴之。故祖無擇曰：「真醫國之書爾。」

慶曆四年(公元一〇四四年)甲申，三十六歲。

是年上富公、范公書，作《麻姑山真君殿記》《李子高墓表》《陳伯英墓表》《寄祖祕丞書》《除夜感懷詩》《南塘觀魚詩》。❶ 二詩並次陳殿丞肅韻。

按：上富、范書蓋獻《慶曆民言》及言國事故也。

《李子高墓表》云卒於慶曆四年，則墓表想亦作於是年。

---

❶ 「寄祖祕丞書」，文集中無此書。據下文所引，「書」當作「詩」。下「寄祖祕丞書」同。

《陳伯英墓表》云：「吾嘗銘陳仲温之葬，其子漢公，字伯英，後十二年而死，又從而表之。」仲温乃先生之伯丈，伯英乃郎舅也。仲温之葬在壬申年，伯英以甲申年死，故曰「後十二年」，則墓表亦當作於是年也。《寄祖祕丞書》云：「教道亦難行，徒以鈞積毀。篋書歸敝廬，庠門任蕪穢。」先生此言，蓋因《上蔡學士書》言鄒子房事，鄒因誣織先生同入郡圄。其事既白，先生乃棄學事而復家居也。

慶曆五年（公元一〇四五年）乙酉，三十七歲。

是年有《與胡先生書》、《寄祖祕丞詩》、《南城縣廳記》、《處士陳君墓誌銘》及《祭文》、《白石暹師塔銘》。

按：《與安定書》云：「康定初，錢塘別。後二年，自京師歸，中途曾寓書。❶今又四年。」則此書當作於是年。

是年余襄公薦先生于朝，其章略曰：「李覯博學通識，包括古今，潛心著書，研極治亂，江南儒士，共所師法。」

閩中名士黄通以書與范文正公曰：「李覯生聖時三十七年也，其德行文學，其智識材術，疑三代英靈復生于今。大江而南，皆呼曰先生。曁應詔來都下，今副樞富公、諫省歐陽公、紫微余正言、三班田紫微、淮南祖提刑，皆當世之名儒，莫不競造其門而優禮之。若吾公者，知泰伯爲最深。惟其知之也深，故嘗有論薦泰伯之心。」

---

❶「寓」，原作「寫」，據本書卷二十八《與胡先生書》改。

慶曆六年(公元一〇四六年)丙戌,三十八歲。

是年作《長江賦》,集《皇祐續稿》,作序,足成夢中《春社詩》、《上王刑部書》、《次王刑部遊麻姑詩》及《唱和詩序》、《傳代言墓表》。

按:先生乙未年再上富公書云:「慶曆四年以書言南方事,後二年作《長江賦》。」則此賦當作於是年。王刑部乃漕使逵也。是年游信州,作《弋陽縣學銘》、《聞女子瘧寄詩》、《弋陽縣學北堂見夾竹桃》《海棠》二詩,❶《題靈陽宫》《龜峰精舍》《葛陂懷古詩》《逢何道士詩》。

按:先生皇祐三年作《新城院記》云:❷「前此予歸自信。」又云:「既去,五六年。」自此年至皇祐三年約五六年,則游信必在是年。若銘若詩皆作於在信之時也。

慶曆七年(公元一〇四七年)丁亥,三十九歲。

是年作《禮論後語》、《删定劉牧易圖序》、宋屯田《延平集序》、《亡室陳氏墓誌》、《處士饒君墓表》、《建昌知軍廳記》、《景德寺重修大殿及造彌陀閣記》、《邵武軍學莊田記》、《小女詩》、《海南編集》、《題韓偓詩後》、《答黄漢傑書》。

按:《禮論》作於明道元年,而《後語》云:「吾爲《禮論》後十五年,有持章望之論一篇,以吾爲好怪。」則《禮

❶「學北堂」,原作「堂北」,據本書卷三十五詩名改。

❷「城」,原作「成」,據本書卷二十四篇名改。下同。

論後語》當作於是年。《刪定劉牧易圖序論》見於《答宋屯田書》，亦當作於是年。宋屯田《延平集序》，蓋因入閩訪福帥蔡學士，路經昭武而作也。宋屯田咸，字貫之，時爲延平倅，假守昭武。《海南編詩》因宋屯田見示《海南編》而作。《題韓偓詩後》因游閩而作。《答黄漢傑書》以漢傑貽書言《景德寺記》及《邵武軍學記》言浮屠事，故先生答漢傑書云：「覯排浮屠固久，於《潛書》、於《富國策》人皆見之矣，豈年近四十而輒渝哉？惟漢傑觀厥二記不甚熟爾。吾於此言乃責儒者之深，非尊浮屠也。」先生言「年近四十」，則此書當作於是年。

是年夫人陳氏卒。按陳次公述先生《墓誌》云「再娶饒氏」，不知娶於何年。

慶曆八年（公元一〇四八年）戊子，四十歲。

是年中女子死，有《哭女詩》云：「妻死女已病，踰年成二喪。」曰「踰年」者，蓋去年陳夫人卒，今年中女死也。冬十一月作《建昌軍儀門記》《太平寺浴室記》《寄祖祕丞詩》。

皇祐元年（公元一〇四九年）己丑，四十一歲。

是年作宋中舍及江夫人《墓碣銘》、《送李山甫詩》。

是年范文正公薦于朝，其章略曰：李覯著書立言，有孟軻、揚雄之風義。臣今取到本人所業《禮論》七篇、《明堂定制圖序》一篇、《平土書》三篇、《易論》十三篇，共二十四篇，編爲十卷，繕寫上進。乞賜御覽，則知斯人之才之學非常儒也。其人以母老不願仕，乞就除一官，許令便養。

皇祐二年（公元一〇五〇年）庚寅，四十二歲。

是年作《周醫博墓表》《迴向院記》《謝官表》《謝范咨政啓》《怡山長慶寺詩》。

是年赴范文正公招于杭州，范公再薦于朝。其章曰：「臣去年録進李覯所業十卷，其《明堂圖序》一卷。今朝廷行此大禮，千載一時。斯人學古之心上契聖作，再録上進，乞加天獎，以勸儒林。」旨授將仕郎太學助教。《誥詞》云：「學業優，議論正，有立言之體。且履行修正，誠如薦章，特以一命及爾。其益進于道，勿患朝廷之不知也。」

皇祐三年（公元一〇五一年）辛卯，四十三歲。

是年作《廣文陳生墓銘》《承天院記》《麻姑山仙都觀御書閣記》《新城院記》《送知軍曹比部移之虔州詩》。

按：《盱志》曹公觀以皇祐三年守盱，此詩當作於是年。

是年丁母鄭夫人憂，十二月葬于先府君墓東南隅，實建昌鳳凰山之麓。按《墓誌》云，方謀扶親西遊，夫人許之，未及行而遭大故。

皇祐四年（公元一〇五二年）壬辰，四十四歲。

是年集《皇祐續稿》八卷，作序，刊行《周禮致太平論》十卷，《上孫觀文書》，《酬陳屯田詩》。

按：《續稿序》云：「行年四十四，疾疹時發作，其於文字間尚克有進也歟！」又云：「慶曆癸未，録《退居稿》，後三年復出百餘篇。」當在是年。《上孫觀文書》，蓋是年儂志高寇廣西，孫觀文沔持節討之，先生寄書陳利害十事。孫公答書云：「示教民病，非留心博愛，何以及此？」《酬陳屯田詩》云：「封豕長蛇戰嶺南。」蓋指儂寇也。此詩亦當作於是年。

皇祐五年（公元一〇五三年）癸巳，四十五歲。

是年著《常語》上中下三卷、《承天院羅漢閣記》、《柏林温氏書樓記》、《傅進士墓銘》。

皇祐六年（公元一〇五四年）甲午四月改至和元年，四十六歲。

是年除鄭夫人服。作《常語後序》、《袁州學記》、《清話堂詩》、《送嚴介序》，聶夫人、徐夫人、張都官《墓誌》，《袁州雜詩》三首。

先生作《袁州學記》，河東柳淇書，京兆章友直篆，天下號爲三絶。其《學記》略曰：「惟四代之學考諸經可見。天下治則撣禮樂以陶吾民，一有不幸，猶當伏大節，爲臣死忠，爲子死孝。」詳味斯言，此豈特爲袁州學校重，且將爲天下國家重，故曰「君子化民成俗，其必由學乎！」《袁州雜詩》，郡守祖無擇皆賡其韻。《清話堂詩》蓋與周伯達宿景德寺而作，其詩云：「無限中心不平事，一宵清話又成空。」遂目其處爲清話堂，且題八句云。

至和二年（公元一〇五五年）乙未，四十七歲。

是年寄富公書并《長江賦》一首，皆論東南利害。《寄祖祕丞詩》《送春二絶》《送陳司理序》《江屯田墓誌》《陳都官墓碣銘》《鄒夫人墓誌銘》《鄭助教母陳氏墓銘》《陳府君夫人聶氏墓銘》。

至和三年（公元一〇五六年）丙申九月改嘉祐元年，四十八歲。

嘉祐二年（公元一〇五七年）丁酉，四十九歲。

是年有《鉛山縣尉陳君墓銘》。

是年國子監奏，乞差太學助教李覯充太學説書，旨令赴太學供職。按奏劄云：雖因名儒論薦，命試一官，未沾政禄而養道丘壑，欲望朝廷差充太學説書，冀有裨庠序風化。

嘉祐三年（公元一〇五八年）戊戌，五十歲。

是年除通州海門主簿太學説書，作《太學議》一篇，《景德寺修院記》。

按：《誥詞》云：「爾醇明茂美，通于經術，東南士人，推以爲冠。自佐學政，逾年于兹，孜孜渠渠，務恪厥守。祭酒司業以爲博士之職莫宜於爾」，「可特授通州海門縣主簿，太學説書如故」。旨令詳究太學制度，故有《學議》。

嘉祐四年（公元一〇五九年）己亥，五十一歲。

是年權同管勾太學，蓋因胡瑗以病告假，故有斯命。尋以祖母未祔先塋，請假歸遷，旨給假一月，先生遂歸。八月卒于家，十二月祔葬于鳳凰山府君之塋。按：陳次公作先生《墓誌》云：「臨終無他言，惟執次公手以《明堂圖》爲託，《三禮》未成爲恨。」是先生又作《三禮論》，未成而絶筆也。

直講李先生門人録

先生《年譜》所以載先生之行事，今以《門人録》附庸者，亦欲使來者知先生師友之淵源也。按陳次公誌先生之墓曰：「門人陞録者千有餘人。」今姓名可考者僅三十八人。兹而不書，久則愈無可考，故附録云。

陳次公，字漢傑，南城人。父璆，先生夫人之伯父也。次公與兄漢公，字伯英，弟次山，俱學於先生。次公舉茂材異等不中，歸隱谷口著書，與先生往還者二十年。先生臨終執其手託以遺文。先生《墓誌銘》乃次公所述也。次山登皇祐五年第。

傅野，字亨甫，南城人。學於先生。其先上饒人。父垂範，先生爲誌其墓。野學於先生，蚤有立操，與陳次公俱爲門人稱首。熙寧中，郡以高材淹滯聞，旨賜粟帛，充軍學教授，歷明州定海尉，歸隱於沙溪之東巖。有文集，名《通稿》。先生《後集》乃野所輯也。

鄧潤甫，字温伯，避高魯王諱，以字行。少與弟佑甫、仲甫俱學於先生。温伯文章角出諸生上，登皇祐元年第，官至尚書左丞，三入玉堂。熙寧中上先生輯稿，乞官先生之子參魯。佑甫登熙寧二年第，仲甫高尚不仕，元祐中，舉遺逸，賜號和静先生。

李山甫，字明叟，避高魯王諱，以字行。更字公晦。先生之族子也。少學於先生，登皇祐元年第，官至西京作坊使，知澧州，號龍溪釣叟。

陳光道，字公亮，南城人。與兄光遠俱學於先生。光道剛果廉辯，多智數，登嘉祐四年第，仕至撫州通判，號有爲子。先生之子參魯墓銘，乃光道所作也。光遠登元豐八年第。

廖平，南劍人。父夷清，徙居南城。平十二歲而孤，能自立，學於先生，登治平二年第。《常語》後跋乃平所作也。

陳汝器，字適用，南城人。學於先生，能詩。元祐中，爲廬陵宰，山谷亟稱之。

黄曦，字耀卿，南城人。學於先生，文章典麗，南豐先生亟稱之。元符三年乙科。

傅翼，字翼之，南城人。學於先生，文行俱高。熙寧六年乙科，終永豐令，號甘圃，有《甘圃集》。

余疇若，字堯輔，南城人。學於先生。慶曆二年大理寺丞周燮知南豐，聞其賢，請主學事，先生以序送之。❶

傅代言，南城人。學於先生。及卒，先生爲表其墓。

陳瓔，字天貺，南城人。學於先生，出諸生右。晚自肆山水，號谷口耕叟。

鄧立，字公儀，南城人。學於先生，志合道一。年三十二而卒，先生爲辭傷之。

陳君平，南城人，都官肅之子也。學於先生，少能文。甫冠舉進士入太學，不第，終於京。年二十四，先生誌其墓。

廖廷玉，南城人。陳漢公之壻也，學於先生。

---

❶ 「序」，原作「詩」，據本書卷二十五《送余疇若南豐掌學序》改。

饒景先，南城人。偕弟見先學於先生。先生表其父昌齡之墓。

杜萬，南城人。居谷口，先生有詩送之。

王幾，字復之，天台人。學於先生，字之，爲作《復説》。

陳世南，豫章人。學於先生，以序送之。

陳公燮，字思道，閩人。學於先生，贈之以序，改字中道。

張宏，武夷人。學於先生，嘗以詩送之。

張延之，字伯仁。學於先生。爲作《字序》。

以後十二人鄉貫無傳。

湯延祖，字子立。學於先生。字之以詩。

陳特兄弟二人，俱學於先生。答之以書。

彭昱，學於先生。嘗以詩送其赴舉。

夏旦，學於先生。以詩送其赴舉。

黄銑，學於先生。以詩送其赴舉。

廖説，學於先生。爲詩其蒙亭。

周伯達，學於先生。見《清話堂詩題》。

吴伯華，學於先生。以詩送之。

上官直，學於先生。以詩送之。

吴著，學於先生。以詩送之。

嘗讀盱江舊志云：曾舍人鞏、鄧左丞温伯，皆先生之高弟，竊有疑焉。蓋温伯他日爲中丞，進先生所爲文，奏乞官其一子。温伯遊先生之門明矣。然不能排新法之非，識者惜之。今《盱志》以南豐並稱，不知何據？按：李直講生於祥符之己酉，曾南豐生於天禧之己未，以年數考之，則直講多南豐十歲也。若以直講、南豐爲師友，恐不其然。謂其在鄉學師之歟？則直講以慶曆三年主郡學，而南豐以是年自洪州歸臨川，《上齊工部書》云：「祖母樂居臨川。」其後爲文多道臨川之事。謂其在太學師之歟？則直講以嘉祐二年爲太學説書，而南豐以是年登進士第，明年調太平州法曹，烏在其爲師友哉？舊志所載，若不加訂正，襲訛承舛，惟恐後人復誤後人也。

直講李先生門人録卷終

賢太守之爲邦，崇鄉賢，風後學，凡以因敬梓者之心而教易行肆。泰伯先生於我盱有常祀，七八年來，乃或撤厥祠亭爲堂，厥偪宰壠爲院，而置先生於雜祀，或惘然不知有先生。惟先生嘗言：「人於夫子之道，不聞之，是無耳也；不見之，是無目也；不言之，是無口也；不學之、不思之，是無心、無精爽也。」今有仕是邦，而不知有先生，不亦猶之無耳、目、口、心、精爽者乎？往弗諫。景定初元，太守雪軒魏侯峙祠墓，乃復建亭，朔告必躬，頓異乎前時觀。又取遺書讀，嘆其言足經世興太平。獨恨《年譜》有闕遺，字畫有訛脱。更與盱之士參以它書讎正，二年鋟之梓。其將以開世之無耳、目、口、心、精爽人矣乎？予方服侯之爲，會天子嘉侯治狀，改守袁州，因誦泰伯《袁州學記》「爾袁得賢君」之句而有感，❶遂書其後。三年上巳日，里中子張淵微敬書。

❶「州」，原無，據本書卷二十三篇名補。

附録一

佚文

常語

據宋余允文《尊孟辨》補，末三條據宋邵博《邵氏聞見後録》卷十二、十三補。

一

堯傳之舜，舜傳之禹，禹傳之湯，湯傳之文、武、周公，文、武、周公傳之孔子，孔子傳之孟軻，軻之死不得其傳焉。如何？

曰：孔子死不得其傳矣！彼孟子者，名學孔子而實偕之者也，焉得傳？

敢問何謂也？

曰：孔子之道君君臣臣也，孟子之道人皆可以爲君也。天下無王霸，言僞而辯者不殺，諸子得以行其意，孫、吴之智，蘇、張之詐，孟子之仁義，其原不同，其所以亂天下，一也。

二

孟子曰：「五霸者，三王之罪人也。」吾以爲孟子者，五霸之罪人也。五霸率諸侯事天子，孟子勸諸侯爲天子。苟有人性者，必知其逆順耳矣。孟子當周顯王時，其後尚且百年而秦并之。嗚呼！忍人也，其視周室如無有也。

三

孔子曰：「桓公九合諸侯，不以兵車，管仲之力也。如其仁！如其仁！」又曰：「管仲相桓公霸諸侯，一匡天下，民到于今受其賜。微管仲，吾其被髮左衽矣。」而孟子謂以齊王猶反手也，功烈如彼其卑，故曰「管仲、曾西之所不爲」。

嗚呼！是猶見人之鬭者而笑曰：胡不因而殺之，貨可得也。雖然，他人之鬭者耳。桓公、管仲之於周，救父祖也，而孟子非之，奈何！

四

或曰：然則湯、武不爲歟？

曰：湯、武不得已也。契相土之時，詎知其有桀哉？后稷、公劉、古公之時，詎知其有紂哉？夫所以世世種德，以善其身，以及其國家而已。湯、武之生，不幸而遭桀、紂，放之殺之而莅天下，豈湯、武之願哉？仰畏天，俯畏人，欲遂其爲臣而不可得也。由孟子之言，則是湯、武修行仁義以取桀紂爾。嗚呼！吾乃不知仁義之爲篡器也。又《仲虺之誥》：「成湯放桀於南巢，惟有慚德，曰：予恐來世以台爲口實。」孔子謂「《武》盡美矣，未盡善也」。彼順天應人猶鯢甈如此，而孟子固求之，其心安乎哉！

五

「三分天下有其二，以服事殷，周之德，其可謂至德也已矣。」又曰：「有君民之大德，有事君之小心。」《書》序：「伊尹既醜有夏，復歸于亳。」孟子亦曰：「五就湯、五就桀，伊尹也。」夫周顯王未聞有惡行，特微弱耳，非紂也，而齊、梁不事之；非桀也，而孟子不就之。嗚呼！孟子之欲爲佐命，何其躁也！

六

大哉，孔子之作《春秋》也，援周室於千仞之壑，使天下昭然知無二王。削吴、楚之葬，辟其僭號也。諱貿戎之戰，言莫敢敵也。微孔子，則《春秋》不作；微《春秋》，則京師不尊。爲人臣子，不當如是哉？嗚呼！孟子其亦聞之也哉！首止之會，殊會王世子，尊之也。其盟復舉，諸侯尊王世子而不敢與盟也。洮之盟，王人微者也，序乎諸侯之上，貴乎王命也。美哉齊桓，其深知君臣之禮如此。夫使孟子謀之，則桓公偃然在天子之位矣。世子王人爲亡虜之不暇，孰與諸侯相先後哉！

七

孟子曰：「盡信《書》則不如無《書》。仁人無敵於天下，以至仁伐至不仁，而何其血之流杵也？」曰：紂一人惡耶，衆人惡耶？衆皆善而紂獨惡，則紂亡久矣，❶不待周也。夫爲天下逋逃主、萃淵藪，同之者可遽數耶？紂亡則逋逃者曷歸乎？其欲拒周者又可數耶？血流漂杵，未足多也。或曰：前徒倒

❶ 「紂亡」，《宋元學案》作「去紂」。

戈攻于後，以北。故荀卿曰：殺者皆商人，非周人也。然則商人之不拒周審矣！曰：如皆北也，焉用攻？

又曰：甚哉！世人之尚異也。❶孔子非吾師乎！衆言讙讙，千徑百道，幸存孔子，吾得以求其是。虞、夏、商、周之書出於孔子，其誰不知？孟子一言，人皆畔之，畔之不已，致今人至取《孟子》以斷六經矣。❷嗚呼！信《孟子》而不信經，是猶信他人而疑父母也。

八

或曰：然則「舜避堯之子於南河之南」，「禹避舜之子於陽城」，何如？

曰：堯不聽舜讓，舜受終于文祖。舜不聽禹讓，禹受命于神宗。或二十有八載，或十有七年，歷數在躬，既決定矣，天下之心，既固結矣，又何避乎？禹、舜未相避也，由孟子之言，則古之聖人作僞者也，好名者也。王莽執孺子手流涕歔欷，何足哂哉！

九

或曰：「以德行仁者王，王不待大，湯以七十里，文王以百里」，何如？

曰：皆孟子之過也。《大雅》曰：「瑟彼玉瓚，黄流在中。」九命然後錫以玉瓚秬鬯。帝乙之時，王季爲西伯，以功得受此賜。周自王季中分天下而治之矣，奚百里而已哉？《商頌》曰：「玄王桓撥，受小國是達，受

❶ 「尚」，《宋元學案》作「好」。
❷ 「至」，《宋元學案》作「之」。

大國是達。率履不越，遂視既發。相土烈烈，海外有截。帝命不違，至于湯齊。」契之時已受大國，相土承之，入爲王官伯，以長諸侯，威武烈烈，四海之外率伏，截爾整齊。商自相土威行乎海外矣，奚七十里而已哉？

嗚呼！孟子之教人，教人以不知量也哉！

一〇

或曰：「父母使舜完廩，捐階，瞽瞍焚廩。使浚井，出，從而揜之。象曰：『謨蓋都君咸我績，牛羊父母，倉廩父母，干戈朕，琴朕，弤朕，二嫂使治朕棲。』象往入舜宫，舜在牀琴。象曰：『鬱陶思君爾。』忸怩。舜曰：『惟兹臣庶，汝其于予治。』」有諸？

曰：《書》云：「瞽子，父頑，母嚚，象傲，克諧。以孝烝烝，乂不格姦。」又曰：「負罪引慝，祇載見瞽瞍，夔夔齋栗。瞽瞍亦允若。」瞽、象未嘗欲殺舜也，瞽、象欲殺舜，刃之可也，何其完廩浚井之迂，其亦有所慮矣；象猶能慮，則謂二嫂者，帝女也，奪而妻之可乎？堯有百官、牛羊、倉廩以備事，舜於畎畝之中而不能衛其女乎？雖其見奪，又無吏士、無刑以治之乎？舜以父母之不愛，號泣於旻天，父母欲殺之，幸而得脱，而遽鼓琴，何其樂也？是皆委巷之説而孟子之聽不聰也。

一一

舜「誕敷文德，舞干羽于兩階，七旬有苗格」，則孟子之譏《武成》，宜矣哉？

曰：以天下征一國，以天子征諸侯，如孟賁搏童子，遲速在我，修文德以待其來可也。《大雅》曰：「以爾鉤援，與爾臨衝，以伐崇墉。臨衝閑閑，崇墉言言，執訊連連，攸馘安安。」以方伯伐諸侯，固有訊有馘，武王以諸侯伐天子，奚不用戰哉？牧野《詩》云「檀車煌煌，駟騵彭彭。維師尚父，時維鷹揚。涼彼武王」是也。

一二

或曰：孟子之言，諸侯實不聽之也。謂迂闊者乎？

曰：迂闊有之矣，亦足憚也。孟子謂諸侯能以取天下矣，位卿大夫，豈不能取一國哉？爲其君不亦難乎？然滕文公嘗行孟子之道矣，故許行、陳相目之曰仁政、曰聖人。其後寂寂，不聞滕侯之得天下也，孟子之言固無驗也。

一三

孔子與賓牟賈言《大武》曰：「聲淫及商，何也？」對曰：「非《武》音也。」「有司失其傳也。若非有司失其傳，則武王之志荒矣。」武王之志猶不貪商，而孟子曰文王望道而未之見，謂商之禄未盡也，病其有賢臣也。文王貪商如此其甚，則事君之小心安在哉？豈孔子之妄言哉？孔子不妄，孟子之誣文王也。

一四

或曰：孟子之心，以天下積亂久矣，諸侯皆欲自雄，苟説之以臣事周，孰能喜也？故揭仁義之竿，而湯、武爲之餌，幸其速售以拯斯民而已矣。

曰：孟子不肯枉尺直尋，謂「以順爲正者，妾婦之道」，其肯屑就之如此乎！夫仁義又豈速售之物也！「子噲不得與人燕，子之不得受燕於子噲」，固知有周室矣。「天下之所廢，必若桀、紂」，周室其爲桀、紂乎？

盛之有衰，若循環然，聖王之後不能無昏亂，尚賴臣子扶救之爾。天下之地，方百里者有幾？家家可以行仁義，人人可以爲湯、武，則六尺之孤，可託者誰乎？孟子自以爲好仁，吾知其不仁甚矣。

一五

孟子曰：「紂之去武丁未久也，其故家遺俗，流風善政，猶有存者。又有微子、微仲、王子比干、箕子、膠鬲，皆賢人也，相與輔相之，故久而後失之也。尺地，莫非其有也；一民，莫非其臣也。然而文王猶方百里起，是以難也。齊人有言曰：『雖有智慧，不如乘勢；雖有鎡基，不如待時。』今時則易然也。」今之學者曰：自天子至於庶人，皆得以行王道。孟子説諸侯行王道，非取王位也。

應之曰：行其道而已乎，則何必紂之失也？何憂乎善政之存？何畏乎賢人之輔？尺地、一民皆紂之有，何害諸侯之行王道哉？齊宣王問曰：「人皆謂我毁明堂，毁諸？已乎？」孟子對曰：「夫明堂者，王者之堂也。王欲行王政，則勿毁之矣。」行王政而居明堂，非取王位而何也？君親無將，不容纖芥於其間，而學者紛紛强爲之辭，過矣。

一六

學者又謂孟子權以誘諸侯，使進於仁義。仁義達則尊君親親，周室自復矣。

應之曰：言仁義而不言王道，彼説之而行仁義，固知尊周矣。言仁義可以王，彼説之則假仁義以圖王，唯恐行之之晚也。尚何周室之顧哉！

嗚呼！今之學者雷同甚矣。是《孟子》而非六經，樂王道而忘天子。吾以爲天下無《孟子》可也，不可無六經，無王道可也，不可無天子。故作《常語》以正君臣之義，以明孔子之道，以防亂患於後世爾。人知之非我利，人不知非我害，悼學者之迷惑，聊復有言。

一七

或問：「禹薦益於天。七年，禹崩。三年之喪畢，益避禹之子於箕山之陰。朝覲、訟獄者不之益而之啓，謳歌者不謳歌益而謳歌啓，曰：『吾君之子也。』」有諸？

曰：禹不知啓賢邪？知而且以傳益邪？父不知子，安用明哉？知其賢，天下終歸之，而讓以爲名，是僞也，孰謂聖人而不明且僞也？夫益亦不知啓賢，不辭於禹，禹崩而後避之，以蹈舜禹之迹，又終不得爲舜禹，其無慙乎？益與稷、皐陶一體人也，不宜如是，且吾夫子未之言也。

一八

或曰：然則仁義無益於人者乎？

曰：奚其爲無益也？天子用之以保其天下，諸侯用之以保其社稷，卿大夫用之以保其宗廟，士用之以保其禄位，庶人用之以保其田里。使君臣上下，父子、兄弟、夫婦，相愛相恭，相正相救，厭然如宫商之應，如畫繢之次，禍亂日以消，名譽日以廣，奚其爲無益也？若夫挾欲趨利，圖謀非分，豈仁義之意哉？乃孟子之邪言，陷人於逆惡也。

一九

齊王欲見孟子，而稱有疾。明日，出弔。王使人問疾，醫來，孟仲子請必無歸，而造於朝。不得已而之景丑氏宿焉。孔子「君命召，不俟駕行矣」。則曰：孔子當仕有官職。夫孟子爲齊卿，無官職邪？「天下有達尊三：爵一，齒一，德一。惡得有其一以慢其二？」孔子德薄且齒少邪？君之所不臣者二，當其爲尸，則弗臣也；當其爲師，則弗臣也。謂講道之頃耳，匪常常然也。人君尊賢，其臣尚當辭，矧可以要之也哉？是孟子之驕習矣，宜乎其教諸侯以反天子也。

附　楊升庵李泰伯不喜孟子

小説家載李泰伯不喜孟子事，非也。泰伯未嘗不喜孟子也。何以知之？曰：考其集知之。《内治》論引仁政必自經界始。《明堂制》引明堂王者之堂。《刑禁》論引瞽叟殺人，舜竊負而逃。《富國策》引楊氏爲我，墨氏兼愛。《潛書》引萬取千焉，千取百焉。《廣潛書》引男女居室，人之大倫。《省欲》論引文王以民力爲台爲沼，而民歡樂之。《本仁》論引以至仁伐不仁。《延平集序》以子思、孟軻並稱。《送嚴介序》稱章子得罪于父，出妻屏子，而孟子禮貌之。《常語》引《孟子》儉于百里之制，又詳説之。由是言之，泰伯蓋深于《孟子》者也。古詩《示兒》云「退當事奇偉，夙駕追雄軻」，則尊之亦至矣。今之淺學，舍經史子集而勦小説，以爲無根之游談，故詳辨之。

附録　二

宋史儒林傳李覯傳

李覯，字泰伯，建昌軍南城人。俊辯能文，舉茂才異等不中。親老，以教授自資，學者常數十百人。皇祐初，范仲淹薦爲試太學助教，上《明堂定制圖序》曰：

《考工記》「周人明堂，度九尺之筵」，是言堂基脩廣，非謂立室之數。「東西九筵，南北七筵，堂崇一筵」，是言堂上，非謂室中。東西之堂各深四筵半，南北之堂各深三筵半。「五室，凡室二筵」，是言四堂中央有方十筵之地，自東至西可營五室，自南至北可營五室。十筵中央方二筵之地，既爲太室，連作餘室，則不能令十二位各直其辰，當於東南西北四面及四角缺處，各虚方二筵之地，周而通之，以爲太廟。太室正居中，《月令》所謂「中央土」「居太廟太室」者，言此太廟之中有太室也。太廟之外，當子、午、卯、酉四位上各畫方二筵地，以與太廟相通，爲青陽、明堂、總章、元堂四太廟；當寅、申、巳、亥、辰、戌、丑、未八位上各畫方二筵地，以爲左个、右个也。

《大戴禮·盛德記》：「明堂凡九室，室四户八牖，共三十六户七十二牖。」八个之室，并太室而九，室四面各有户，户旁夾兩牖也。

《白虎通》：「明堂上圓下方，八窗、四闥、九室、十二坐。」四太廟前各爲一門，出於堂上，門旁夾兩窗也。左右之个其實皆室，但以分處左右，形如夾房，故有个名。太廟之内以及太室，其實祀文王配上帝之位，謂之廟者，義當然矣。土者分王四時，於五行最尊，故天子當其時居太室，用祭天地之位以尊嚴之也。四仲之月，各得一時之中，與餘月有異。故復於子、午、卯、酉之方，取二筵地，假太廟之名以聽朔也。《周禮》言基而不及室，《大戴》言室而不及廟，稽之《月令》則備矣，然非《白虎通》亦無以知窗闥之制也。聶崇義所謂秦人《明堂圖》者，其制有十二階，古之遺法，當亦取之。

《禮記外傳》曰「明堂四面各五門」，今按《明堂位》：四夷之國，西門之外。九采之國，應門之外。時天子負斧扆南鄕而立。南門之外者北面東上，應門之外者亦北面東上，是南門之外有應門也。既有應門，則不得不有臯、庫、雉門。明堂者四時所居，四面如一，南面既有五門，則餘三面皆各有五門。鄭注《明堂位》則云「正門謂之應門」，其意當謂變南門之文以爲應門。又見王宮有路門，其次乃有應門。今明堂無路門之名，而但有應門，便謂更無重門，而南門即是應門。且路寢之前則名路門，其次有應門。明堂非路寢，乃變其内門之名爲東門南門，而次有應門，何害於義？四夷之君既在四門之外，而外無重門，則是列於郊野道路之間，豈朝會之儀乎？王宮常居，猶設五門，以限中外；明堂者效天法地，尊祖配帝，而止一門以表之，豈爲稱哉！

若其建置之所，則淳于登云「在國之陽，三里之外，七里之内，丙巳之地」；《玉藻》「聽朔於南門之外」，康成之注亦與是合。夫稱明者，宜在國之陽；事天神也，宜在城門之外。

今圖以九分當九尺之筵，東西之堂共九筵，南北之堂共七筵；中央之地自東至西凡五室，自南至北凡五室，每室二筵，取於《考工記》也。一太室、八左右个，共九室，室有四户、八牖，共三十六户、七十二牖，協於戴德《記》也。九室四廟，共十三位，本於《月令》也。四廟之面，各爲一門，門夾兩窗，是謂八窗四闥，稽於《白虎通》也。十二階，采於《三禮圖》也。四面各五門，酌於《明堂位》《禮記外傳》也。

嘉祐中，用國子監奏，召爲海門主簿、太學説書而卒。覯嘗著《周禮致太平論》《平土書》《禮論》。門人鄧潤甫熙寧中上其《退居類稿》《皇祐續稿》并《後集》，請官其子參魯，詔以爲郊社齋郎。

附録三

敘文

孫甫正德本直講李先生集序

晦翁謂李泰伯文得自經中，雖淺，然皆自大處起議論，蓋有取爾也。後儒以文名家，言或離道，藝也，弊也，人奚庸哉！泰伯先生在宋爲盱江一時儒宗。盱江，今南城也。正德乙亥，余至邑，謁境内載祀之祠，至先生墓堂，瞻拜興思，求後世子孫，得希先、希哲二少俊，育之庠。復求先生遺文，得所藏抄本，多殘缺。明季得全集於邑吏部夏東洲，板自閩中書窟，歲久亦訛。嗚呼！先生高風奮乎盱江千百季矣。其所以論其世而起後學，賴有此集爾！遂與邑之文人共加參訂，選諸善書，鍥諸梓氏，圖永其傳焉。工食之需，薄俸三之一，李氏子孫三之二。刊成，識此于末。

正德戊寅孟冬上日賜同進士出身知南城縣事川南孫甫序

陸瑶林李泰伯先生文集原序

世之所稱不朽者，自事功而外，道德文章其上焉者。若夫盛德可師，名文範世，俾千載下想見其爲人，足以傾動名流，醉心雅彦，真所謂俟百世而不惑者也。執鞭欣慕，實獲我心。

李泰伯先生，舊屬南唐之裔，生於宋真宗之時，道德文章，卓絶一世，且多所著作，學者皆斗山仰之，蓋屹然爲宋代儒宗。然志不樂仕進，當時名卿碩輔，嘗交薦登朝，授以清要，而先生意淡如也。雅志歸休，高尚其事，雍雍然效教授河汾之致，一時門人如曾子固、鄧潤甫，其表著焉。先生先于周、程、張、朱數十年，嘗與范希文諸先輩上下論議，暢發乎堯、舜以來相傳之旨，于是理學大明，儒風蔚起，識者謂濂、閩、關、洛之學，皆先生有以啓其緒焉。其所以羽翼聖經，匡扶世教，豈淺鮮哉！憶予方舞勺之年，曾讀先生《袁州學記》，未免有管窺半豹之感，洎予筮仕雲林，乃得與其裔孫步生遊，遂獲先生全集而縱觀之。生平傾慕，一朝饜飫，其喜固有洋洋者矣！由是咏先生詩賦則高步唐人之風，讀先生序記則淵涵宋儒之理。更尚論先生爲人則會心聖賢，不求聞達，其西漢仲舒，東都之林宗、叔度歟！所謂盛德可師，名文範世，微先生其孰與歸？顧先生之文，其存笥者，雖炳若日星；其鋟鍥者，不無虞殘斷。

今步生以俊偉博洽之才，扶摇九萬之力，志欲表章先緒，光大前休，糾合族之同志而謀所以重刊之者，蓋庶幾先生之道德文章，盛而傳，美而彰，以垂不朽也。予愧言之無文，曷能出一語以弁簡端，猶記家大人之督學西江，亦嘗過高空，致少牢，登先生之堂，誦先生之文，仰先生之風，惟唯唯然讚嘆於山高水長而已。

予不肖，雖有唧唧之言，亦何加于山之高、水之長也哉！ 嚴命催歸，就養方亟，明日者指四明以言，旋嘆駪駪之靡及矣，步生其勉之。

康熙甲辰仲秋月吉旦平湖後學陸瑶林謹拜手書于繡谷之崇正書院

李來泰宋泰伯公文集原敘

孔、孟不作而堯、舜、禹、湯、文、武之道之復明於宋者，宋君相崇儒之效也。有宋之治之不臻於堯、舜、禹、湯、文、武之隆者，宋君相任儒之不專也。夫儒者，代不乏人，而明道之儒，唯宋獨盛，周、程、張、朱，其最著矣。然學問淵源，遞相師祖，如家泰伯生於宋真宗之末年，是時理學尚未繁興，公菰蘆中一韋素耳，將伯無助，獨挺然倡絶學於東南，其於干禄應制之文，屏棄弗習，一以六經四子爲宗，闡析微義，股肱大道。且竭力養親，行誼真摯，處則純儒，出爲碩輔。公固可以仕矣，然仕匪公志也。及范文正公疏薦於朝，始起公爲國學博士，何國學未幾而公遂賦歸來？ 意者蘇舜欽、王益柔兩人亦文正公所薦士，後皆以讒沮，公所見如是，故遂無意於出而終於處也耶！ 雖然，士患不行其道耳。樂行憂違，出處原無二致，自公退居鳳崗，創立盱江書院，遠近生徒之聚而講貫者，幾於鱗集麕至。如曾子固、鄧潤甫皆其高弟也。凡公生平所著述，俱有孟軻、揚雄之風，若雄尚未許與公方也。顧有謂公於書無所不讀，惟不讀《孟子》，此豈真知公者哉？ 予以爲自唐迄宋，接孔、孟之派者，實維家泰伯。

始第其書，不甚廣於世。憶童時侍先嚴大夫側，授讀公所爲《袁州學記》，中有「盱江李覯諗於衆曰」之句，因而叩我先大夫曰：泰伯公之所自出果盱江歟？先大夫曰：公固南唐之胤也，先封於臨，自臨徙金谿，至公六世祖，始挈家而籍盱城之長山，長山即今之瀘溪縣是然。則公之稱曰盱江也者，亦猶犖本臨川，世輒稱之曰曾南豐云。姓氏殷遥，家集零燬，予嘗欲緝而刊之，以昭先型示來許，奈視學督儲之弗遑也。幸家步生，少食餼於上庠，博雅承先，深懼遺澤之將湮，爰糾文學之同族者，蒐羅故本，釐而正之，爲目凡四十卷，重付鋟梓。梓成，而六七百載之斷簡殘編離焉復舊。是我泰伯公之精神再出，而吾家學亦藉是以繩繩弗替。嗚呼！孫子如步生其人，洵可謂有光前烈者矣。所微惜於我泰伯公者，公以一代大儒，致君澤民，宜大暢厥施，乃僅博一官以老，得無儒術之或疏歟！疇知大儒德業，從來所遇不竟所用，微獨家泰伯爲然，胡、潘氏專致歎於濂、洛群哲之不登相位也，且周、程、張、朱，或出或處，或處而復出。唯公一出即處，確乎不拔其操，犖遁丘園，優遊竹素，前引關、閩、濂、洛之緒，後啓青田、豫章之傳，是公之出處誠正，公之學問誠可與周、程、張、朱後先並耀者矣。抑考史册所紀，周、程、張、朱，生而阨遺，死則贈爵贈謚，祀典昭於無窮。我泰伯公之歿也，既勑葬有加禮矣，復祀之少牢，歲祭以官，迄今蕃衍盛大，四支之嫡裔，隸在撫、建、饒、廣者，靡不徬徨而駿奔焉。繇是觀之，儒者身雖困於一時，而其道實亨於奕世，大都如是，何必獨爲我泰伯公致惜哉！唯是大儒之生也不偶，或當代而無其人，或有其人而不用，或用其人而一鳴輒斥。故儒者之盛，莫過於宋，乃堯、舜、禹、湯、文、武之道彰，而堯、舜、禹、湯、文、武之治不與之俱彰者，夫豈儒者之負人家國哉？專與不專，亦司君相者之所務擇也。有志於致治興道者，慎毋若宋人然。予故於序斯集也，而感慨併係之矣。

時康熙乙巳孟夏月世後來泰拜手書於皖江舟次

劉玉瓚李泰伯先生文集原敘

宋之天聖、景祐，蓋常治矣。非獨其君相賢也，其下之學士君子，草茅誦讀，亦能留心世務，原本經術，著爲一家之言，以冀用于天下而一邀上之人省覽焉。雖其或用或否，不可預期，然而其書炳然傳之後世，上以羽翼聖經，鋪揚治道，而下亦足以自見其人之生平本末。雖貫穿出入，而皆較然有以知其不欺。蜀之蘇明允，盱之李泰伯，其最著者也。明允稍後泰伯。英、神之間，文治大興，又有子瞻、子由以爲之子，前或挽之，後或推之，故其聲名赫奕，振動天下。而泰伯始終仁宗之朝，敦龐沕穆之氣，猶有存者，雖一時公卿，如范文正、余襄公先後交薦，一官説書。嗚呼！是安足以盡泰伯之道哉？

余嘗謂明允之學，縱横權詭，其道近霸；泰伯真淳深厚，其道近王。故其言禮也，一以仁義知信，政刑樂律之屬，悉舉而歸之禮。其言富强也，一以《周官》遺法，委曲詳盡，悉舉而歸之《平土》。雖迂闊繁重，若不宜後世者然，然自儒者言之，其道有不可易也。夫爲治之道亦難矣，其君謹守祖宗之成法，其臣謹奉朝廷之功令，雖有良法美意，其君亦不能遽行之於臣，況臣能遽得之於君？臣得之君矣，其欲以調在廷之口而一衆庶之心，即起伊、周于漢、唐、宋之間，有甚難者。而欲以一書生上書執政，欲其罷宣義士軍，欲其擇東南重鎮，其縣人之補授齋郎者，又率是非而可否之，今世士君子有一於此，鮮不以謂大怪而刑罰隨之矣。然則泰伯得以優遊林泉，抱道著書，猶以薦辟膺一命，不可謂非泰伯之遇也。獨怪泰伯之書，意旨包括有合於古人者最多，即其《周禮致太平論》三十篇，《内治》七篇居其首，其略以陰禮教六宫，六宫以陰禮教九嬪之説，若拳拳注意於郭后、楊尚之間，微損聖德，卒不能一當長門之賦。而明堂位制之圖，獨于皇祐之初舉行大禮，若合聖心。嗟乎！明堂位制豈更急于《周禮》致太平、平土、富强諸務者乎？即其位置諸圖，悉依泰伯舉行，爲視公玉帶是非賢否勝矣，亦何預民生利弊、國計盛衰？故襲古人之迹，夸大飾美，後世侈爲口實，而委曲詳盡，利濟生民之事，輒見以爲迂闊而不可行，宜乎長卿發憤爲封禪之書，而明允去爲權謀智術之説，以希於當世或有知之，或有行之者也。

康熙四年乙巳，金谿李生化鰲等爲泰伯先生裔孫，重刻家集，廣而行之。問序於余，余爲感先生本原聖道，留意世務，而終不得一當世用如此，且念今之山澤，或有本原聖道，留意世務，庶治一遇之，以鼓吹至治，如慶曆、皇祐時也。因爲書其卷之首，以畀李生云。

康熙四年乙巳重午燕山劉玉瓚題

高天爵李泰伯先生文集原敘

天下之不朽者，文章與氣節而已。文非品不貴，人非文不傳。人與文堪傳而壽之梨棗，重以彝鼎，皆所以誌勿諼焉。猶慮有遺孅也，則又爲之馨香俎豆以永之。若其間升沉絶續，或存或亡，則氣運爲之也。是在表章世業者，式先民之典型，服高曾之規矩，使文無匿采，韻有遺音，哀足尚爾。

余守建武有年，吊古先哲。泰伯先生爲宋大儒，秉姑巒之清淑，萃旴水之精靈，胸羅今古，博洽五經。

范文正公薦以著書立言有孟軻、揚雄之風，召爲太學博士。羽翼先正，蔚爲儒宗。退而講學章教，從遊者賢才輩出，濟美一時。考其著作，論策傳記、圖序詩銘諸書，洵足媲美昌黎，嗣徽永叔，唐、宋大家之風，賴以長存。且介氣孤情，出處一致，百世之下，聞其風而高其德行，不啻價比南金，光同琬琰已！滄桑世變，兵革繁興，煨燼之餘，求先生之剩簡殘編，不可得。嗟乎！世之頌法者，咸推盱江人文之一席，與濂、洛、關、閩之諸賢，鼓吹而頡頏者，光華遂不復旦哉！兹後昆諸生化鰲、駿聲等，發皇祖德，補先人未墜之緒，而思彰明之。搜緝遺文，重付剞劂，風流文采，猶有足觀，而流水高山，清徽其未遠矣。乞言於余，是亦斯文絶續，疑信所關也。予嘉兩生之志，繼序肇修，持此以往，先生之榮聞，益振振有乎於永世，佩玉有心，書紳如在，敬忘其檮昧而爲之序。

康熙四年乙巳仲秋高天爵題

李化鰲宋泰伯公文集原序

鰲生也晚，相距吾泰伯公二十有四世。初，幸里居如故，版籍猶舊，撫今追昔，尚無間然。無何桑滄易矣，公生平所遺著述，彙爲文集若干卷，昔藻鑑于先正，今燬滅于兵燹。昔梓藏于府庫，今散逸于煙草。搜遺卷而徬徨，能無今昔之感乎哉！久欲與同志續鐫行世，惜有心而力弗逮，因去春有發六始祖之墓，訟于瀘令公張聖符師，惓惓以得見吾泰伯公文集爲念，悉具所以慨然捐助爲之倡，鰲何人斯！甯敢爲之後？爰藉手同族，協力勷成，壽之梨棗，一旦吾泰伯公之文章，光華復旦，是果先靈之不昧歟！抑賢與賢相遇，實令公之精神有以召之也。繇是編次如初,無敢損益。特列以族里,匪煩贅也,迺明支分派别之有本源;表以文獻,匪餚盛也,迺明承先啟後之有淵流。然吾家乘家學,正於此窺見一班爾。

猶念藉以不朽者文章,而賴以追遠者祀事。既勅葬勅祭,代有加禮。致墓堂風雨不蔽,誰爲之孫子,不肖蓋忍乎哉?謀所以重創之,時輸資輸力,響應雲集,較昔之頹焉瓦礫者,今則峩然維新矣。一舉而二美具焉,不惟燕翼有光,祖靈實憑依之。蓋不肖不辭拮据之勞,而手澤攸存,俎豆攸馨,敢曰表章攸屬哉!亦僅守先之爲孜孜,若夫莫爲之前,雖盛弗傳;莫爲之後,雖美弗彰。是所望於繼起之孝子慈孫,後之視今,猶今之視昔焉耳,併引言以爲之誌。

時康熙乙巳年季秋月後裔化鰲百拜書於少室含靈堂

傅振鐸盱江李泰伯先生文集原敘

學以有用爲大,曰用世也,匪世用也。盱江李泰伯先生,以文章理學率倡大江以西,青田、豫章俱後起者也。蓋其在天聖、景祐間,余襄公靖、范文正公仲淹,颺言帝廷,謂先生有孟軻、揚雄之風,可大用也。授太學助教,終於主簿説書。所學若此,所遇若彼,世用、用世爲何如哉?

宋自太祖、太宗定天下,敦尚禮教,稱爲太平天子,用世之儒皆尊焉。嘗讀先生《禮論》,推本見末,正名責實,循乎所至近,包乎所至廣,雖刑政爲帝王大法,仁義智信爲天秉良彝,悉範圍于兹。準且繩之,存乎其禮;神而明之,存乎用禮之人。然則伏羲氏之治天下也,理肇《河圖》;唐虞氏之治天下也,道傳精一。亦將以周公之禮，省括於其中，謂足致太平，其道盡焉矣。得無遺者精蘊，渺者義類乎？先生自言曰謂《周禮》足致太平，非徒解經，有爲之言也。粵稽《内治》諸篇，正男女之分，順陰陽之情，不愆時序之節，務使無瀆無僭，勿濫勿懟，内外等威閒，卓然有所持立。夫然，國用有經，兵戎有衛，刑禁可詰，官人教民之道胥舉焉矣，其曰足致太平，豈欺我哉！先生不又論《易》乎？《易》與象通，實與天準。謂與象通也，乾牛坤馬之喻。陽數用九，陰數用六，數變靡窮。謂與天準也，乾父坤母，震男兑女，老少長幼之位次，亦若奠麗于禮中而莫之外。禮統天也，難使王天下者致太平耶，更爲廣其論，治仁之學，復禮先之；爲國之道，秉禮要焉。誠如先生鏡禮之源，綜禮之用，其旨也該，其義也晰，其思慮也深。忠君愛國，昭德弼違之意，蓋嘗於《内治》諸篇敷言而三致意焉，豈與詹詹小言，抉一漏萬，膚聒而爲功利之説，抑或肆志焉荒唐而爲迷謬之辭者同日語哉？是書也，洵堪行遠，使得實其用而行之，正宫壼以正邦國，正邦國以正萬民，太平有象，不在先生天聖、景祐間耶！而又不然者，《易》曰「無成有終」，又曰「王臣蹇蹇，匪躬之故」，其先生之謂歟！雖然，世用先生不若先生用世之爲大。世代殊王，考禮則一。今周公之禮具在，先生之言具在，可使當日之君若相聞之，後之君若相聞之，是有龔黄卓魯官斯土者，矜若珪璋；奕葉雲礽世其澤者，奉爲弓冶。匪但此也，君子之澤，五世而斬，其未得爲先生徒者，亦思有以自淑，識大識小之間，立言行遠之際，其可忽乎哉！

時康熙乙巳冬長至之日前進士第歷官諫議後學傅振鐸識于度山精舍

李丕則盱江先生文集原序

余嘗立三家之書以觀理道，一曰《天文》，二曰《輿圖》，三曰《周禮》。三書者，自有天地人物以來之載籍也。河出圖而《易》行，洛出書而《範》貢，皆是物也。丙午歲杪，自華嶽抵雲林。雲林爲舊筮仕之邑，其間多文章道義之知己，以惪義規成者，無如資萬，偶持重鐫泰伯公文集以示。泰伯公祖居鳳林里，雖屬邑盱江，而地與雲林接軫，其苗裔之分居者尤盛，多名碩焉。乃展集而讀之，公爲守禮君子，首接孔、孟道統之傳者也。其學本於禮，此横渠之知禮成性也。其道本於性，此開明道之定性體仁也。嘗歎學者迷於空玄之教，天地幾於不位，萬物幾於不育，累著中庸之説以辨之。古之爲是説者，自孟子井田學校而外無聞焉。然而井田學校未有不本於仁義之道，仁義之道未有不本於性善，此太極之理，自未有天地以至於既有民物，未有外於太極之生理者矣。如泰伯公者，言必尊經，行必盡倫，道爲中道，學爲實學，三代以後，接孟氏井田學校之傳者，舍公其誰與歸？公之所難者，前無顏、曾、思、孟之面命，後無濂、洛、關、閩以親承，獨抒心得，陰合古道，所謂質諸先聖而不惑者矣。

余生也晚，得是書而讀之，覺向所編《天文》《輿圖》《周禮》微有合焉者矣。家雖北産，奉教於理道之學舊矣。幸與公同系出，猶龍奕葉相沿，敢不敬承道統之宗傳乎？資萬之伯兄步生，博學蜚聲，篤志承先，因考宗譜於予，喜得其同，竊僭爲之序。

康熙丙午家後學丕則拜題

王謙李盱江先生文集原序

有儒者之文，有文人之文。一人之文取觀美而已。或襍權謀，或闇世務，求其有裨實用，戛戛乎難之。儒者言必衷諸聖，事必酌諸時，不幸不見用，輒目之曰迂遠，曰常談，庸詎知道固爾耶？大用則效立覩矣。三代以下，刑名盛，正學熄。漢承秦之敝，雖有匡衡、劉向、賈誼、董仲舒之善立言，而不能進漢世於三代，時爲之耶？抑儒者不大用故也？嗣是言理學者莫盛於宋，而周、程諸子之先有不立理學之名。理學實胚胎於此，而非聖勿言，非時務勿昌言者，盱江李泰伯先生其人也。

先生少以道自任，嘗憤斯文失墜，屏棄舉子業，日夜講求孔子之道，以上溯六經本旨。又熟晰當世大務，凡天人運會，古今治亂得失之繇，無不發之於文。論《禮》者八，論《易》者十有三，論《周禮致太平》者五十有一。其策《富國》者十，策《强兵》者十，策《安民》者十。又《平土》二十章，《慶曆民言》三十篇。皆經之翼也，非諸子之荒，説士之陋也。他文多稱是。朱紫陽所謂「皆自大處起議論」者，可以括先生之文矣。倘當日大用其言，禮樂富强之效，必赫然一變。後日靖康之亂之萌必不作，作亦禍不若是其烈。奈何以仁宗之知人求治，范文正、余襄公之交章推薦，而區區説書太學以終其身，使當世不蒙儒術之益，而但傳其文以謂經世大言，豈先生之志，而亦豈天下仰望先生之志哉！信乎，儒者之用舍，所關世道者大，而漢、宋之不得爲三代者，有故也。

往余篤好曾文定公文，衷聖言而酌時務，其師承實出自先生，則先生不但爲儒者倡，且爲文人倡，而徒以儒者之文目先生，抑又固矣！　先生故南唐宗室，始封臨川，繼徙金谿，又徙瀘溪，復徙安仁。　今金谿後人李思言奉瀘溪刊本文集求序，而金谿令毛君復爲申請，蓋先生之文余樂爲表章以訓後學者也。　因敘其本末而歸之。　其稱《盱江文集》者，以先生論道盱江，學者稱盱江先生云。

時康熙三十二年癸酉端陽前三日江西視學使者平干後學王謙拜題

王綜重修李盱江先生文集原序

或問於余曰：「李盱江先生何人乎？」曰：「先生固文章道德之大儒也。」「然則先生之文章何也？」曰：「明道之文也。」「先生之道德何也？」曰：「經世之道也。　明道與經世合而乃見先生之人也。」「然而范公始薦之，既又與余公交薦之，而卒不達，何也？」曰：「達不達，命也。　不達固無害其爲先生之文章道德也。」「然則先生不授太學助教、太學説書乎？」曰：「先生少貧不遇，特以母老乞授一官以便養，既奉命，即願已足，其謝啓云稍殊編户，便已安居者也。　既而權同勾管太學，尋請假去，是終始未大遇也。」「然而當時之文章不有歐陽、南豐諸公乎？」曰：「歐陽、南豐皆登科目，躋顯仕，踐履清華，而先生蹭蹬布素，寒餓寂歷中，嚅嚌道腴，研討經術，故遇合雖艱而文章聲價遂上齊廬陵而且下啓南豐也。」「且當時之道德不有韓、范諸公乎？」曰：「韓、范諸公道德勳名，顯在社稷生民，而先生獨以一介書生，抵掌而談當世之事，其所以心籌手畫而見之紙墨者，皆琅琅金石，光芒萬丈，長沙之明達，敬輿之愷切，無以過之，而先生講明正學，竭力養親，不慕榮利，故位雖卑而道則高也。」「然則文正之稱之曰有孟軻、揚雄之風，何也？」曰：「昔孔子悲天憫人，皇皇濟世，而孟子繼之，説仁義陳王道，每津津於伊伊納溝之恥，其與先生惓惓當世，明體達用，慷慨立談，而可見之施行者獨有合也。揚子雲寂寞玄亭，終歲一床書而家産不過十金，鴻文大章，照耀簡册，其與先生推明聖學，博辨閎達者有合也，故曰有孟軻、揚雄之風也。且《易論》《禮論》《明堂定制》諸篇，侃侃鑿鑿，喬喬皇皇，悉發前人所未發，俾天下後世知文章之即爲道德，即爲經濟，與世之徒工鞶帨者，大相懸絶，而先生之道明矣！」

今先生文集將朽，裔孫思言欲謀重修而苦於無貲，凡遠邇文子文孫，當有同心，其毋以余言爲贅矣。

康熙歲次乙亥莧月之吉江西視學使者關中後學王綜拜題

謝甘棠重刊盱江全集序

堯、舜以來，道統在君相；孔、孟以後，道統在師儒。有宋道學之興，濂、洛、關、閩抑盛矣，然皆互相師友，淵源一脈。若夫上總孔、孟之學，下開濂、洛、關、閩之傳，前無所師，後無所友，則唐昌黎子外，其吾鄉泰伯先生乎？昌黎《原道》一篇，辨道德仁義，闢佛老，其功不在孟子下，匪獨文起八代之衰已也！惜其時舉世尚詞章之學，言無聽而倡無和，吾道之不明，乃氣運爲之，非昌黎能爲力也。予獨怪昌黎之言曰「荀與揚也，擇焉弗精，語焉弗詳」，夫荀、揚者，吾道之罪人也。昌黎或因其立説著書，詞有可採，遂節取之歟？荀卿以刑名授李斯，肇焚書坑儒之禍；揚雄劇秦美新，廉恥盡喪。吾未見所言所行巧詐卑鄙若是，而所擇而語焉者之猶能有合於道也。予嘗謂傳道學者，孟子而後惟昌黎，昌黎以後惟泰伯，泰伯以後，名賢繼起，代不乏人，則皆昌黎與泰伯綿延一線之功也。

泰伯生平所爲文凡卅二卷，其於《禮經》，尤擇之精而語之詳，洵足羽翼經傳，接紹真傳，讀者覽而可見，無俟予之贅詞。惟年代湮遠，板集無存。康熙間，泰伯裔孫化鰲等重刊於瀘溪。兵燹後，板亦燬滅，予嘗心傷之，欲復刊焉，未果。庚寅歲，洪雨樓明府來宰南城，政樂民和，暇時與予瀹茗傾譚，偶及鄉先輩行誼，因謂予曰：「聞《盱江集》板燬久矣，子其有意重刊乎？」時同邑梅秋澄明府，危子垣、劉栢士兩太守均在坐，咸慫恿玉成其事，於是集貲付諸手民，計六閱月而書告成。是舉也，不特予之素願斯慰，亦吾鄉諸君子所樂與有成者也，是爲序。

時光緒十九年歲次癸巳孟夏月郡後學謝甘棠敬撰并書

附録四

提要

李泰伯退居類稾十二卷　續稾八卷　常語三卷　周禮致太平論十卷　後集六卷

太學説書南城李覯泰伯撰。其自序曰:「天將壽我歟? 所爲固未足也。不然,足以藉手見古人矣!」《類稾》慶曆所録,《續稾》皇祐所録,《後集》則門人傅野編。泰伯不喜《孟子》,《常語》專辨之。嘗舉茂材不中,世傳試論題有全不記所出者,曰:「此必《孟子》注也。」擲筆而出。

(宋陳振孫《直齋書録解題》卷十七)

盱江集三十七卷　年譜一卷　外集三卷

宋李覯撰。覯字泰伯,建昌南城人。皇祐初以薦太學助教,終海門主簿、太學説書。事蹟具《宋史·儒林傳》。考覯年譜,稱慶曆三年癸未集《退居類稾》十二卷,又皇祐四年庚辰集《皇祐續稾》八卷。此集爲南城左贊所編。凡詩文雜著三十七卷,前列《年譜》一卷,後以制誥薦章之類爲《外集》三卷,蓋非當日之舊。

宋人多稱覯不喜孟子,余允文《尊孟辨》中載覯《常語》十七條,而此集所載,僅「仲尼之徒無道桓文之事」及「伊尹廢太甲」「周公封魯」三條，蓋贊諱而删之。集首載祖無擇《退居類稾序》，特以孟子比覯，又集中《答李覯書》云，孟氏、荀、揚醇疵之説，不可復輕重。其他文中，亦頗引及《孟子》，與宋人所記種種相反，以所删《常語》推之，毋亦贊所竄亂歟！

覯文格次於歐、曾，其論治體，悉可見於實用，故朱子謂覯文實有得於經。不喜《孟子》，特偶然偏見，與歐陽修不喜《繫辭》同，可以置而不論。贊必欲委曲彌縫，務滅其跡，所見陋矣。集中《平土書》《明堂》《五宗》皆別有圖，此本不載，則或久佚不傳，未必贊所刊除也。

覯在宗不以詩名，然王士禎《居易録》嘗稱其《王方平》《璧月》《梁元帝》《送僧遊廬山》《憶錢塘江》五絶句，以爲風致似義山。今觀諸詩，惟《元帝》一首，不免傖父面目，餘皆不媿所稱，亦可謂淵明之賦《閒情》矣。《湘山野録》載覯《望海亭席上作》一首，集中不載。考是時蔡襄守福唐，於此亭邀覯與陳烈飲，烈聞官妓唱歌，纔一發聲，即越牆攀樹遁去，講學家以爲美談。覯所謂「山鳥不知紅粉樂，一聲拍板便驚飛」者，正以嘲烈，殆亦左贊病其輕薄，諱而删之歟！

（《四庫全書總目提要》）

「《儒藏》精華編選刊」選目

經　部

周易鄭注
漢魏二十一家易注
周易注
周易正義
周易口義（與《洪範口義》合册）*
温公易説（與《司馬氏書儀》《孝經注解》《家範》合册）
漢上易傳
誠齋先生易傳
易學啓蒙
周易本義

楊氏易傳
易學啓蒙通釋
周易本義附録纂注
周易啓蒙翼傳
易纂言
周易本義通釋
易經蒙引
周易述
周易述補（江藩）（與李林松《周易述補》合册）
周易述補（李林松）
易漢學
御纂周易折中

周易虞氏義
雕菰樓易學
周易集解纂疏
周易姚氏學
尚書正義
鄭氏古文尚書
洪範口義
書傳（與《書疑》《尚書表注》合册）
書疑
尚書表注
書纂言
尚書全解（全二册）
尚書要義

讀書叢説
書傳大全（全二册）
古文尚書攷（與《九經古義》合册）
尚書集注音疏（全二册）
尚書後案
毛詩注疏
詩本義
吕氏家塾讀詩記
慈湖詩傳
詩經世本古義（全四册）
毛詩稽古編
毛詩説
毛詩後箋（全二册）
詩毛氏傳疏（全三册）
詩三家義集疏（全三册）
儀禮注疏

儀禮集釋（全二册）
儀禮圖
儀禮鄭註句讀
儀禮章句
儀禮正義（全六册）
禮記正義
禮記集説（衛湜）
禮記集説（陳澔）（全二册）
禮記集解
禮書
五禮通考
禮經釋例
禮經學
司馬氏書儀
春秋左傳正義
左氏傳説

左氏傳續説
左傳杜解補正
春秋左氏傳賈服注輯述
春秋左氏傳舊注疏證（全四册）
春秋左傳讀（全二册）
公羊義疏
春秋穀梁傳注疏
春秋集傳纂例
春秋權衡（與《七經小傳》合册）
春秋集注
春秋經解
春秋胡氏傳
春秋尊王發微（與《孫明復先生小集》合册）
春秋本義
春秋集傳

春秋集傳大全(全三册)
孝經注解
孝經大全
白虎通德論
七經小傳
九經古義
經典釋文
群經平議(全二册)
新學僞經考
論語集解(正平版)
論語義疏
論語注疏
論語全解
論語學案
孟子注疏
孟子正義(全二册)

四書集編(全二册)
四書纂疏(全三册)
四書集註大全(全三册)
四書蒙引(全二册)
四書近指
四書訓義
四書賸言
四書改錯
四書説
爾雅義疏
廣雅疏證(全三册)
説文解字注

史　部

逸周書
國語正義(全二册)

貞觀政要
歷代名臣奏議
御選明臣奏議(全二册)
孔子編年
孟子編年
陳文節公年譜
慈湖先生年譜
宋名臣言行録
伊洛淵源録
道命録
考亭淵源録
道南源委
聖學宗傳
元儒考略
理學宗傳
明儒學案

宋元學案
四先生年譜
洛學編
儒林宗派
程子年譜
學統
伊洛淵源續録
豫章先賢九家年譜
閩中理學淵源考（全三册）
清儒學案
經義考
文史通義

子部

孔子家語（與《曾子注释》合册）
曾子注釋
孔叢子
新書
鹽鐵論
新序
説苑
太玄經
論衡
昌言
傅子
大學衍義
大學衍義補
朱子語類
龜山先生語録
胡子知言（與《五峰集》合册）
木鐘集
西山先生真文忠公讀書記
性理大全書（全四册）
居業録
困知記
思辨録輯要
家範
小學集註
曾文正公家訓
勸學篇
仁學
習學記言序目
日知録集釋（全三册）

集部

蔡中郎集
李文公集
孫明復先生小集

直講李先生文集
歐陽脩全集
伊川擊壤集
元公周先生濂溪集
張載全集
温國文正公文集
公是集(全二册)
游定夫先生集
和靖尹先生文集
豫章羅先生文集
梁溪先生文集
斐然集(全二册)
五峰集
文定集
渭南文集
誠齋集(全四册)

晦庵先生朱文公文集
東萊呂太史集
止齋先生文集
攻媿先生文集
象山先生全集(全二册)
陳亮集(全二册)
絜齋集
文山先生文集
勉齋先生黄文肅公文集
北溪先生大全文集
西山先生真文忠公文集
鶴山先生大全文集
閑閑老人滏水文集
郝文忠公陵川文集
仁山金先生文集
静修劉先生文集

雲峰胡先生文集
許白雲先生文集
吴文正集(全三册)
道園學古録　道園遺稿
師山先生文集
曹月川先生遺書
康齋先生文集
敬齋集
涇野先生文集(全三册)
重鐫心齋王先生全集
雙江聶先生文集
歐陽南野先生文集
念菴羅先生文集(全二册)
正學堂稿
敬和堂集
涇皋藏稿

馮少墟集
高子遺書
劉蕺山先生集（全二册）
霜紅龕集
南雷文定
桴亭先生文集
西河文集（全六册）
曝書亭集
三魚堂文集外集
紀文達公遺集
考槃集文録
復初齋文集
述學
揅經室集（全三册）
劉禮部集
籀廎述林
左盦集

出土文獻

郭店楚墓竹簡十二種校釋
上海博物館藏楚竹書十九種校釋（全二册）
秦漢簡帛木牘十種校釋
武威漢簡儀禮校釋

*合册及分册信息僅限已出版文獻。